# 业务连续性管理实务

王 曙◎著

BUSINESS CONTINUITY
MANAGEMENT PRACTICES

人 民 邮 电 出 版 社

北 京

**图书在版编目（CIP）数据**

业务连续性管理实务 / 王曙著. -- 北京 ：人民邮
电出版社，2022.4（2022.6重印）
ISBN 978-7-115-58120-4

Ⅰ．①业… Ⅱ．①王… Ⅲ．①业务管理 Ⅳ.
①C931.2

中国版本图书馆CIP数据核字(2021)第247939号

## 内 容 提 要

组织需要为保障业务持续经营进行连续性管理，业务连续性管理就是组织为预防和应对运营中断而主动付出的努力。作为相对较新的管理方法，人们对业务连续性管理所涉及的治理和管理结构建立、业务影响分析和风险评估、业务连续性策略选择、业务连续性计划（和应急预案）编制和管理、培训和意识以及演练等方面的理论和实践仍存在种种误解和疑惑。

本书系统论述了业务连续性管理与关联学科的关系，业务连续性管理的发展历程、价值、基本概念与原理，以及业务连续性项目集管理、能力框架、能力建设和保持、应急预案和业务连续性计划、人员能力和意识准备、演练、事件处置、危机沟通和管理、业务连续性评估以及审核等理论和实务问题，详细阐述了业务连续性管理是什么、为什么以及怎么做。

本书可供各类组织中从事业务连续性管理的专业人员和相关管理人员使用，也可供与业务连续性管理工作相关的应急管理、风险管理、供应链管理、安全生产、网络信息安全、IT灾难恢复和审计等人员参考。

- ◆ 著　　　王　曙
　　责任编辑　李士振
　　责任印制　周昇亮
- ◆ 人民邮电出版社出版发行　　北京市丰台区成寿寺路 11 号
　　邮编　100164　　电子邮件　315@ptpress.com.cn
　　网址　https://www.ptpress.com.cn
　　固安县铭成印刷有限公司印刷
- ◆ 开本：700×1000　1/16
　　印张：28.5　　　　　　　　2022 年 4 月第 1 版
　　字数：588 千字　　　　　2022 年 6 月河北第 3 次印刷

定价：99.80 元
读者服务热线：(010)81055296　印装质量热线：(010)81055316
反盗版热线：(010)81055315
广告经营许可证：京东市监广登字 20170147 号

# 推荐语

社会公民自治是国家治理的重要组成部分，是推进国家治理体系和治理能力现代化的一项重要工作。组织是社会的基本单元，组织业务连续性管理体系建设是实现组织自治的重要支撑。积极推进组织业务连续性管理体系和能力现代化，既有助于组织降低重要业务中断的可能性，快速恢复被中断业务，缓解运营中断的负面影响，也有助于构建更具韧性的社会。

积极推进组织业务连续性管理体系和能力现代化，既要借鉴国际上包括 ISO 22301 业务连续性管理体系等在内的有益做法，也应充分考虑我国的实际情况，充分吸收我国在业务连续性管理中的最佳实践，如本书提出的以能力为中心的业务连续性实务框架。

秦挺鑫

——全国公共安全基础标准化技术委员会秘书长

一次好的演练应该是真（科学）、善（目的）、美（艺术）三方面的统一。建设业务连续性管理体系的组织，不妨遵循本书的指引，把每一次演练都看作一个机会、一项实验、一件作品，因为本书不仅提供演练的方法，而且指导组织保持求真务实的态度。

邓云峰

——中共中央党校应急管理教研部演练室主任

业务连续性管理方法是一种适用领域广泛的管理方法，在我国已有 10 多年的发展历史。在欧洲，业务连续性管理方法多应用于工商、金融、保险领域；美国也出台了相关的社团标准，推荐在应急、消防、危机管理以及突发事件处置中采用此种方法。在实施高质量发展战略的当代中国，推广采用这种管理方法既具有现实意义，也有提高管理水平的促进作用。普及业务连续性管理的知识和方法，助力全社会应急管理和防灾减灾水平提高，促进韧性社会、韧性城市建设，正当其时，应大力为之。

高伟

——中国消防协会原秘书长

当今世界，云计算、大数据、人工智能、移动应用、区块链等新技术的跨越式发展，深度交叉的创新应用正在深刻地改变着社会，数字社会已经到来。与此同时，数字社会的治理也变得尤为关键。全面提升社会公共服务水平，保障社会公共安全，增强人民幸福生活的获得感，离不开数字技术的创新应用，更离不开新发展理念的保驾护航。建设一个有保障、有活力、有弹性、有韧性的数字社会，需要我们进行更为广泛的探索与实践，而王曙的专著给我们提供了有益的借鉴。

何宝宏

——中国信息通信研究院云计算与大数据研究所所长

王曙老师在业务连续性管理领域有多年的研究和实践经验，其《业务连续性管理实务》一书突出问题导向，紧扣业务连续性管理实践中的疑难问题，值得一读。

赵刚

——赛智产业研究院院长、饮鹿网创始人

作为曾经的卫生条线、现应急条线（原安全生产监督管理局）的学者和执法人员，我非常高兴看到《业务连续性管理实务》能够出版。学习之后，我对本书大概有以下几个方面的感受。

一、有逻辑。学术逻辑处处可见，体现在从文献引用、观点综述一直到破题解题的全过程；闭环管理逻辑尤其明显，不仅体现在事前、事中、事后的分类上，更精准地体现在预防准备、监测预警、处置救援、恢复重建的整体循环流程中。

二、有实践。无论是历史上的案例，还是作者本人参与的具体工作实践，作者都没有浓墨重彩地铺叙，而是进行轻描淡写、简明扼要的比较，让人对案例产生更加独特的感触。

三、接地气。不同于业内的其他书籍，本书的内容简明扼要、直指人心，如在"它们不是一回事儿吗？"的疑问中否定，在"不需要多此一举！"的感叹中否定，直面业务连续性管理的现实问题。本书以白描的方式记录，接地气若此，可谓难得。

四、关注痛点。美国"9·11"事件、日本9.0级大地震、墨西哥湾原油泄漏事件、天津港"8·12"瑞海公司危险品仓库特别重大火灾爆炸事故……本书不仅关注事件（事故）本身及经验教训，更关注到大型灾难发生之后运营中断及在两年内破产的企业多达3/4！痛点本身就值得关注，但本书尤其难得地关注其后的业务、业务连续性以及由此引发的破产及非自愿性失业等人道灾难，作者可谓用心良苦。

白杰

——应急管理专家、"ABC安全"公众号创始人

当下企业面对的是不断变化的商业环境和风险，而适者生存是不变的法则。企业除了需要能带来高效益的业务模式，还需要一套完整的风险管理体系。王曙对业务连续性管理和风险的深入理解在本书中体现得淋漓尽致，这不只限于通透的理论，也体现为众多的实战经验。本书广度和深度兼备，在业务连续性管理书籍中甚是少见，值得推荐。

Richard Ang

——新加坡业务连续性管理专家

王曙老师立足于其在业务连续性管理领域多年的研究和实践经验，花费数年光阴，呕心沥血完成了《业务连续性管理实务》一书。细细读来，我收获颇丰，故推荐大家阅读此书。

赵阳

——中国致公党中央宣传部信息办公室副处长

王曙老师是中国人民银行郑州培训学院客座教授，经常在学院的培训班授课，在金融机构业务连续性管理方面有很深的造诣。《业务连续性管理实务》沉淀了他在业务连续性管理领域多年的研究成果、实践经验和培训实效，对金融机构在业务连续性管理方面有很大的指导意义。

李明凡

——中国人民银行郑州培训学院国际合作培训部副教授

业务连续性评估和审核是衡量组织的业务连续性管理能力的有力抓手。评估和审核人员应该遵循和使用哪些要求和标准来评估和审核组织的业务连续性管理能力？按照哪些程序进行评估和审核？项目实践中可能存在哪些坑？……王曙这本《业务连续性管理实务》用专章回答了上述问题，既有国际化视角，又有中国实践，接地气，值得各类型组织中从事业务连续性管理相关工作的人士阅读，也特别适合从事业务连续性评估和审核的人员参考。

马庆

——曾获得 CISA、CIA、CCSA、CBCP、ISO22301LI

# 序

## 驾驭复杂世界的底层逻辑

2021 年端午节前夕，王曙送来他的新书稿《业务连续性管理实务》，嘱为作序。几十万字的专著，凝结了王曙近 10 年来的心血。虽然我与业务连续性管理这一领域也曾有过近 20 年的交集，但最近这些年笔者比较关注互联网思想和数字化转型，对业务连续性管理的关注度有所下降，正好借机补补课、充充电。

过去 10 多年里，"复杂多变"这一词语，因 2008 年美国华尔街金融风暴的推动，成为描述 21 世纪基本特征的重要用语。世界快速变化、多元因素交织、冲突此消彼长成为"常态"，世界秩序的底层逻辑从"确定性"转变为"不确定性"。伴随移动互联网、数字经济、智能技术的快速发展，世界呈现出愈来愈有别于工业时代底层逻辑的新的变化。

一是数字迁移。与 20 世纪 90 年代美国麻省理工学院媒体实验室尼葛洛庞帝所描绘的"从原子到比特"不同，由智能技术驱动的"数字迁移"更多地表现为"万物互联""数字孪生"。在这场史诗般的迁移、互联中，人的认知与行为深度嵌入这张日益庞杂的数字网络。

二是虚实互嵌。实体世界和虚拟世界的互嵌，一方面突破了实体世界的空间阻隔，另一方面极大地强化了信息流动的时间约束。同时性、共在性，使得每一个个体与组织的依存度大大提高，相互影响的深度和广度也随之复杂化。

三是界面消失。迁移与互嵌是一个不断发生、发展的动态过程，其中的共生演化突破了传统个体与组织的边界，每一个个体与组织的行为的影响都有全局性，反过来，每一个个体与组织也都受到全局变化的影响。

这三重变化，使得传统意义上的"业务连续性"问题逐步呈现出新的特点。

"业务连续性"的理念，是在 20 世纪 60—70 年代为应对灾难事件、突发公共事件所形成的危机管理、风险管理理念的基础上逐渐形成的。特别是在计算技术、通信技术大量进入工业应用领域之后，灾难事件通过级联效应加剧了灾害影响的烈度和深度，加之工农业生产中大量采用的农药、杀虫剂等对环境的广泛影响，人们在 20 世纪 70 年代逐渐形成了"可持续发展"的理念。

"业务连续性管理"正是在这种背景下孕育的。它的主要思想是，企业或组织在深入分析潜在威胁、风险的基础上，站在整体的角度，为确保业务持续运行，确保在可以接受的最低业务品质水平下延续必要的产品和服务供给，所制定的系统的应对策略和相应的应对程序。"业务连续性管理"的理念为企业和组织制定常态化的运营策略、管理策略提供了新的视角，即关注组织在生存与发展中面临的种种突发事件和外部威胁，力争最大限度地保存企业和组织业务持续运行所需的基础资源和基本条件，将危机管理、风险管理的意识常态化，并制定相应的灾难恢复计划，为应急响应、灾害处置、灾难恢复、灾后重建准备必要的资源和能力。从一定程度上说，"业务连续性管理"的理念与传统的"永续经营"的理念是一致的。

然而，对企业和组织来说，最近 10 多年来的各种灾难事件、突发公共事件，包括地震、海啸、洪水、泥石流、瘟疫等自然灾害，也包括爆炸、有害物质泄漏、生物物种入侵、环境污染等人为灾害，有了全新的特征：其一，关键基础设施的广域性、连通性，使得灾难事件的传播速度、深度和广度大大提高和拓宽；其二，网络自身的脆弱性增强和薄弱环节成倍增加；其三，网络空间的开放性、传播手段的多元性，使得灾难事件往往伴随舆情事件同步扩散，进一步加剧了灾害处置与恢复的复杂性。

这些新特征要求业务连续性管理的思想有新的视角和新的研究框架。传统业务连续性管理领域存在两个误区：一个是将"业务"狭隘地理解为企业的责任；另一个是片面地解读"连续性"的要求。前者忽视了万物互联背景下数字世界的广泛连通性，没有将个人事务、公共事务、跨组织跨地域关联及多层级多主体交织的人类活动纳入"业务"的统筹范围；后者则将"连续"与"间断"简单地对立起来，未能将"主动中断""降低业务复杂度"作为必要的应对策略并与业务连续性要求有机地统一起来。

在互联互通的数字时代，组织在业务连续性问题上，除了需要考虑传统意义上的"业务连续"的要求，还需要拥有全局视野、总体安全观，需要深刻领会"复杂多变"的时代的含义；在确保组织的韧性、应变能力之外，还需要应时而变、应势而变，确保组织目标的主动性、完整性和延续性。

这些新的要求在总体上有一个特征，就是将组织变革与发展的动能建立在"驾驭不确定性"的基础之上。

当今世界正面临百年未有之大变局，这种"大变局"是经济社会、政治文化多元目标共存的深刻体现，是发展过程中不同发展理念、不同发展道路和发展目标多元交织的体现。把握和驾驭"复杂多变的大变局"，需要牢固树立"人类命运共同体"思想，深刻认识到当今世界已经呈现出"你中有我、我中有你，相互依存、相互影响"的总体格局。

在总体发展观、总体安全观、生态文明观的思想指导下，企业和组织进行业务连续性管理需要牢固树立"共同体思维"，将业务建设、业务发展置于长周期持续发展的轨道上，突破狭义的"业务连续性管理"理念和方法。这里主要有 3 个方面值得进一步探讨。

第一，业务发展的逻辑框架需要建立在健康、有序、良性的生命价值基础上。新冠肺炎疫情的全球大流行，充分表明生态安全、生物安全、物种安全已经成为全人类共同关注的话题。因此，基于工业时代片面追求经济增长、效率至上的"业务连续性管理"理念需要在发展观、安全观、生态文明观 3 个维度重新审视自我。

第二，业务连续性管理不是使哪一个企业或者组织"独善其身"的局部策略，而是影响着公共秩序、全球战略安全的重大问题。企业和组织制定业务连续性管理战略和相关的管理策略，需要以整体性、系统性、全局性的视野通盘考虑。

第三，业务连续性管理既是理论探索，也是实践探索和行为塑造。现代科学技术，特别是大数据、人工智能、虚拟现实、物联网、区块链等，大大提升了企业和组织的业务连续性管理水平，增强了全民应对灾难事件、风险事件的能力。业务连续性管理既有广阔的创新空间，又充满挑战。

我与本书作者王曙相识已近 20 年。20 年前，王曙在联想公司做信息安全方面的工作。记得在一次学习沙龙上，很多互联网、IT 公司的年轻人在热烈地讨论当时非常流行的 3 个技术框架：英国信息安全标准 BS7799、IT 运维管理框架 ITIL、美国信息安全与控制审计标准 COBIT。这 3 个技术框架对当时国内方兴未艾的信息化建设，特别是刚刚开启数据大集中进程的应用领域来说，可谓出现得正是时候。

那段时间，我在赛迪集团旗下的《中国计算机用户》杂志社工作。像王曙这样的研究者和实践者，包括孙强、左天祖、刘亿舟、王东红等，都是前沿领域积极的探索者和宣传者，也为当时我任职的杂志贡献了很多优秀的专栏文章。

2003 年之后，国家层面迅速展开了应急管理领域的系统研究和部署，出台了《突发事件应对法》，并提出了应急预案、应急体制、应急机制、应急法制的"一案三制"建设的总体规划，制定了较为完善的国家突发事件预警、应对、处置、恢复的整体方略。这些宝贵的理论指南和实践经验，经历了应对汶川大地震等重大灾难事件的考验，推动我国应急管理、灾难应对、总体安全保障的体制和机制日益成熟。

在数字时代的巨大变革面前，业务连续性管理既是一个老问题，又是一个新问题。业务连续性管理与应急管理的关系是什么？二者有什么共性，有什么差异？突发事件驱动的应急管理体系，如何在深刻领会"百年未有之大变局"的总体形势下，充分理解"复杂多变"的世界格局和发展环境，将"未雨绸缪"与"四个自信"有机地结合起来？如何在深刻把握人类高度共生共荣的基础上，重新理解什么是"业务"，什么是"业务连续性"？这些问题都需要相关领域的专家、学者静下心来，共同研究、深入探索，从"人类命运共同体"的高度深刻领会复杂世界的底层逻辑，助力中国特色社会主义建设之路枝繁叶茂、行稳致远。

是为序。

段永朝

2022 年 2 月

# 前言

2021 年，在自然灾害方面，青海地震、河南特大暴雨等相继发生；在社会和技术发展方面，随着数字经济的快速发展，网络安全和勒索软件攻击事件此起彼伏，多种不利因素使 ICT 供应链风险的脆弱性进一步暴露……这一切使许多企业面临逐步加剧的运营中断风险。我们知道，运营中断会给企业带来种种负面影响，企业如果不能迅速恢复运营并控制负面影响，就可能蒙受不可承受的损失。有统计数据表明，在大型灾难导致运营中断的企业中，有 40% 再也没有恢复运营，剩下的企业也有接近 35% 在两年内破产。在新的挑战下，企业的生存和发展需要新的管理方法。

起源于 20 世纪 70 年代末的现代业务连续性管理，正是一种致力于帮助企业降低运营中断发生的可能性，或在运营中断发生后快速恢复被中断业务并尽可能减少负面影响的管理方法。2011 年，机缘巧合下，我进入了业务连续性管理领域。在过去 10 年的业务连续性管理研究实践和学习交流的过程中，我发现业界普遍存在对业务连续性管理的基础概念、原理和方法逻辑理解不清晰，解决实际问题（如业务影响分析、业务连续性计划编制和演练等）能力不强，以及总结和推广国内良好实践工作不到位等问题。

具体而言，我在不断地遇到种种有意思的问题——有的是业务连续性管理从业人员直接提出的，有的是其他专家或朋友提出的，还有的是自己觉得必须要解决的，例如："企业需要具备与其业务性质和风险状况相匹配的业务连续性能力，但为什么我们建设和管理的是业务连续性管理体系（而不是直接构建和保持业务连续性能力）？""我们已经通过了 ISO 22301 认证，为什么领导还说有时会因担心（业务中断）而睡不着觉？"

这些问题的核心在于业务连续性和业务连续性管理体系的关系。现实中，一些企业在建立了业务连续性管理体系并通过了第三方认证（或通过了监管机构的检查）后，其从业人员觉得业务连续性管理工作已进入常态，每年只需按照要求更新业务影响分析和风险评估报告、业务连续性计划和应急预案，完成内部审核和管理评审等工作，但心中又总觉得这么做似乎有些不大对劲儿，并且不清楚为什么会让自己陷入两难的境地。

其实，在业务连续性管理的相关语境中，业务连续性能力是企业关注的最终目标；而业务连续性管理体系是帮助企业达成最终目标的方法。业务连续性管理体系会帮助我们有效地构建和管理业务连续性能力，但我们要清楚，企业对业务连续性能力的要求会因为业务性质和风险状况的改变而变化，如果我们不清楚业务连续性能力的目标而只是专注于业务连续性管理体系的规划（Plan）、建设（Do）、检查（Check）和改进（Action），就会导致盲目经营。前面问题中，领导"会因担心（业务中断）而睡不着觉"和从业人员觉得"有些不大对劲儿"，就是因为他们在实际的业务连续性管理工作中搞错了对象，这是完全可以理解的。

业务连续性能力既然是一种组织能力，它到底包括哪些能力？这种能力应如何规划，如何建设和保持，如何运用，如何管理评价？业务连续性管理是实施和保持业务连续性的管理过程，涉及业务影响分析和风险评估、业务连续性策略和解决方案、业务连续性计划和程序、演练等，那每一项具体工作又是如何开展的？……这些问题都有待回答。

笔者对业务连续性管理的理解和实践就是伴随着这一个个问题的提出、思考和解答而逐步发展的，这也契合我编著本书的初心：澄清基本概念、原理和方法逻辑，解决相关人员面临的具体问题，沉淀我国的良好实践和创新。当然，本书难免存在不足之处；同时，书中有些回答可能也并非最终答案，因为随着我们对业务连续性管理的研究和实践的进一步深入，未来我们可能会发现更好的答案，在此，提前请读者谅解。

业务连续性管理在国内要得到大发展，发挥其效用，为保障企业持续经营、行业稳健运行和韧性社会建设尽一份力，需要我们结合我国社会、行业的具体情况，在消化、吸收国外良好实践的同时，面向当前的问题和困难去解决问题，创造出具有中国特色的优秀实践。让我们一起努力吧！

王曙

2022 年 2 月 1 日

# 目录

## 主题 20　业务连续性审核

# 业务连续性管理与应急管理的关系

**问题**：不是有应急管理了吗，怎么又出来个业务连续性管理？它们不是一回事吗？

相关问题如下：

"我们有部门专门负责应急管理，业务连续性管理不是和应急管理差不多吗？不需要多此一举了！"

"不就是做风险评估、编预案、搞演练和宣教培训，应急管理已经全部做过了，业务连续性管理还能干啥？"

**简答**：业务连续性管理和应急管理不同，它们在管理主体、管理对象、管理目标和管理方法等方面都存在差异。业务连续性管理是组织风险与安全管理体系的重要组成部分，也是当前公共安全应急管理和组织安全管理急需加强的一环。

**关键词**：应急管理；业务连续性管理；社会安全体系。

**解题**：大多数人对保障生命财产安全的应急管理已耳熟能详，却很少听说致力于确保组织生存和持续运营的业务连续性管理。组织中的各级管理者，特别是领导干部，只有弄清业务连续性管理是做什么的、有什么用，才能更有效地使用这个重要的管理工具。下面具体阐述。

# 1.1　应急管理和业务连续性管理的区别

目前，人们对应急管理的界定并不完全统一。一个传播得比较广的提法是："应急管理是为应对特重大事故灾害的危险问题提出的。应急管理是指政府及其他公共机构在突发事件的事前预防、事发应对、事中处置和善后恢复过程中，通过建立必要的应对机制，采取一系列必要措施，应用科学、技术、规划与管理等手段，保障人民的生命、健康和财产安全，促进社会和谐健康发展的有关活动。"依据这一表述，应急管理是由政府主导的公共事务，强调有效组织、协调政府内部和全社会的人力、财力和物资资源，以有效应对自然灾害、事故灾难、公共卫生事件和社会安全事件。

一般认为，《国家突发公共事件总体应急预案》（2006 年 1 月 8 日发布）和《突发事件应对法》（2007 年 11 月 1 日正式施行）的制定和实施，标志着规范应对各类突发事件的基本法律制度的确立，为有效实施应急管理提供了较为完备的法律依据和法制保障，也标志着我国的应急管理步入法制化的轨道。

从《突发事件应对法》《国家突发公共事件总体应急预案》和其他相关法律法规中，我们可以看到以下几方面的内容。

（1）应急管理是政府主导的各种社会力量积极参与的政府行为，其主体是政府及其他公共机构，强调政府主导、社会参与（当然，也有专家强调应急管理中的"治理"机制，提出多元主体管理，民主式、参与式、互动式管理，而非单一主体管理）。

（2）应急管理的对象包括自然灾害、事故灾难、公共卫生事件和社会安全事件四大类突发事件，所以应急管理是一种"全风险"管理。

（3）应急管理的目标包括：保障人民的生命财产安全；维持社会秩序；维护公共利益（包括国家安全、公共安全、环境安全等）。应急管理希望达到零损失、零破坏的目标，但通常难以达到。

（4）应急管理的过程包括预防和准备（事前）、监测和预警（事发）、处置和救援（事中）、恢复和重建（事后）4 个阶段，如图 1-1 所示，可见应急管理是一种"全过程"管理。

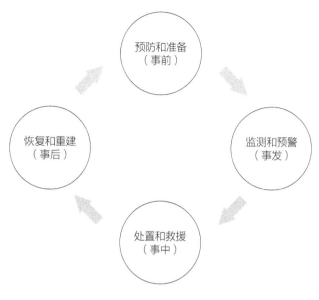

图 1-1　应急管理的过程

对于业务连续性管理,国际灾难恢复协会(DRII)、国际业务持续协会(BCI)、亚洲业务持续管理协会(BCMI)等机构给出的定义虽不同,但大致内容一致。我们可以采用业务连续性管理体系的国际标准 ISO 22301:2012(国内等同采用为《GB/T 30146—2013 公共安全 业务连续性管理体系 要求》)对业务连续性管理的定义:"识别对组织的潜在威胁以及这些威胁一旦发生可能对业务运行带来的影响的一整套管理过程。该过程为组织建立有效应对威胁的自我恢复能力提供了框架,以保护关键相关方的利益、声誉、品牌和创造价值的活动。"

也就是说,业务连续性管理面向的是具体的特定组织,侧重于保障该组织的持续运营,关注整个组织的生存。根据相关定义,我们可以得出以下几个结论:

(1)业务连续性管理的主体是组织,包括企业、政府机构、学校、医院、社区、非营利组织等各种类型的正式和非正式组织。

(2)业务连续性管理的对象是运营中断事件。运营中断事件一旦发生,就必然给组织的正常经营甚至生存带来破坏性的影响。

(3)业务连续性管理的目标是保护关键相关方的利益、声誉、品牌和创造价值的活动(即业务)。组织需要事先(量化)确定最低水平的产品和服务交付能力,并且必须达到目标要求。

(4)业务连续性管理的过程包括事前准备、事发响应、事中恢复和事后重建等阶段，如图1-2所示，可见业务连续性管理也是一种"全过程"管理。

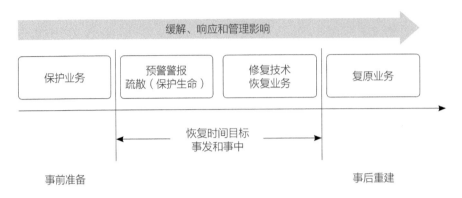

图1-2　业务连续性管理的过程

事实上，我们前面所说的"应急管理"本质上是"公共安全应急管理"。全国突发公共事件应急预案体系，如图1-3所示，明确了6类应急预案，将企事业单位应急预案（企事业单位根据有关法律法规制定的应急预案）纳入其中。但这里的企事业单位应急预案的对象、目标和过程属于公共安全视角的，强调事后恢复与重建。而"业务连续性管理"则是组织视角的业务连续性管理，强调业务的事中恢复和事后重建。

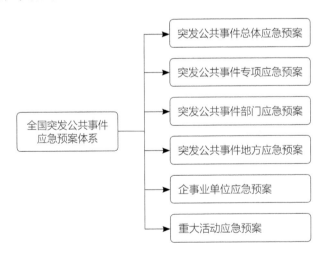

图1-3　全国突发公共事件应急预案体系

形成这种差异的根本原因在于，（公共安全）应急管理的主体是政府，目标是保障人民的生命、财产安全和维持社会秩序等，所以必然强调事中处置和救援。

要求企事业单位等各类组织制定应急预案，并将其纳入全国突发公共事件应急预案体系的目的仍然是达成保护人民的生命及财产安全、维护社会秩序和公共利益这些高优先级的公共安全目标。对政府而言，一旦这些公共安全目标达成，就可以进入事后恢复和重建阶段。但对组织来说，在这些高优先级的公共安全目标达成后，只要组织的业务运营（生产经营）未得到有效恢复，组织就仍处于事中业务恢复阶段，即组织要经历事中恢复、事后重建。

当然，两者的区别还表现在很多方面，如有专家提出在实务中，应急管理强调管理，业务连续性管理更强调治理等。

总体而言，应急管理和业务连续性管理各具特点又有紧密的联系。例如，两者的共同目标都是减少由灾害造成的破坏和损失，因此，两者都需要我们进行风险评估，分析威胁（或危险）可能带来的后果及可能产生的影响，根据风险评估和影响分析的结果安排风险处置措施和应对计划等。表 1-1 总结了应急管理和业务连续性管理的区别。

**表 1-1　应急管理和业务连续性管理的区别**

|  | 应急管理 | 业务连续性管理 |
|---|---|---|
| 管理主体 | 政府及其他公共机构 | 各类组织，如企业、政府机构、学校、医院、社区等 |
| 管理对象 | 自然灾害、事故灾难、公共卫生事件和社会安全事件 | 运营中断事件 |
| 管理目标 | 保障人民的生命和财产安全<br>维持社会秩序<br>维护公共利益（如环境等） | 关键相关方的利益、声誉、品牌和创造价值的活动（即业务） |
| 目标实现要求 | 零损失、零破坏<br>（通常难以达到） | 产品和服务交付能力不低于预先确定的水平（必须达到） |
| 管理过程 | 预防和准备（事前）<br>监测和预警（事发）<br>处置和救援（事中）<br>恢复和重建（事后） | 事前准备<br>事发响应<br>事中恢复<br>事后重建 |

## 1.2  业务连续性管理是组织安全管理的重要组成部分，和组织应急管理有很强的互补关系

我们换个角度来看应急管理和业务连续性管理。

构成社会的最基本单元是组织（如政府机构、企业、学校、医院、社区等）和个人 / 家庭。因此，完整的社会安全体系应由 3 部分组成：个人 / 家庭安全和组织安全这两个部分聚焦其内部目标的安全，这两个部分之外是公共部分，即公共安全，如图 1-4 所示。

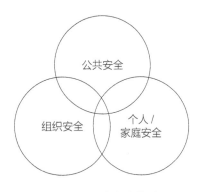

图 1-4  社会安全体系

- 个人 / 家庭安全，即以个人 / 家庭为主体的安全，目标包括保护个人和家庭成员的健康和生命安全、维持稳健的财务状况和良好的社会关系等。

- 组织安全，即以组织为主体的安全，主要目标除了保护生命财产安全、不影响社会秩序、不损坏公共利益（这 3 个方面也是公共安全对组织的强制要求），还应包括保障业务持续运营，使品牌、声誉不受到负面影响，增强组织的竞争力，促进组织可持续、稳健发展等。

- 公共安全，指多数人的生命、健康和公共财产的安全，即社会和公民个人从事和进行正常的生活、工作、学习、娱乐和交往所需要的稳定的外部环境和秩序。公共安全可理解为"公共 + 安全"，公共是指公共性，涉及多数人的利益；安全与危险相对，指避免危险、威胁、侵害、损失等，以维护正常秩序。公共安全管理的主体是公共安全管理政策的制定者、

指令的发出者和主要行动的组织实施者，不仅包括各级政府及其下属部门，还包括其他权力主体，如非政府组织、社会团体等。各种管理主体在公域之治中各司其职、各展所长，发挥着重要作用。

一个突发事件，因影响和波及的范围不同，可能会涉及个人/家庭安全、组织安全甚至公共安全，即这 3 个领域有其独立部分，也有相互交叉、重叠的部分。例如，在天津港 "8·12" 瑞海公司危险品仓库特别重大火灾爆炸事故中，瑞海公司的危险品仓库发生爆炸，造成 165 人遇难、8 人失踪、798 人受伤；304 幢建筑物、12428 辆商品汽车、7533 个集装箱受损。截至 2015 年 12 月 10 日，核定该事故造成直接经济损失 68.66 亿元（非最终统计数字）；对局部区域的大气环境、水环境和土壤环境也造成了不同程度的污染。

显然，这是一起由特定企业（组织）安全事件引起的公共安全事件，对大量的个人/家庭和组织造成了影响。在事件发生、演变的过程中，中央政府、天津市人民政府、天津港、消防队、附近的企业（如天津港附近的多家银行与互联网企业数据中心）、小区居民、保险公司等都受到了这一事件的影响，并需要根据受影响情况进行应对。

从社会安全的角度来看，日常语境下的应急管理多指公共安全应急管理，而我们在此处说的组织应急管理，即组织中涉及保护人民生命财产安全、维护社会稳定和公共利益的安全生产、环境保护等实为公共安全应急管理和组织安全管理的交叉部分。而业务连续性管理重点关注运营中断事件对组织的影响，并考虑采取有效措施恢复业务运营和保护品牌、声誉，是组织安全管理的重要组成部分。

就组织安全来看，组织应急管理和业务连续性管理的目标不同，如图 1-5 所示。组织应急管理关注生命财产安全、社会秩序和公共利益等，业务连续性管理关注组织持续运营和保护品牌、声誉等，这就导致两者在事前、事发、事中和事后的关注重点不同。组织应急管理的重点在于应急处置和救援，对技术和业务恢复的关注度较低；业务连续性管理的重点在于技术和业务恢复，应急处置和救援工作主要涉及人员疏散和确认人员安全。因此，这两者在实务中有很强的互补关系，需要我们结合运用。

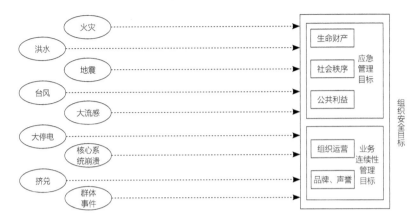

图 1-5　组织应急管理和业务连续性管理的目标

# 1.3　业务连续性管理是公共安全管理、组织安全管理急需补上的一环

进入 21 世纪以来，美国、英国、日本等国的业务连续性管理得到了包括政府在内的公共安全管理部门的重视，并被结合应用于公共服务部门的工作中。

例如，美国联邦应急管理署（FEMA）在 2004 年 6 月颁布了《联邦准备规章》，该法律要求总统以及各政府机构迅速制定运营连续性计划和灾难恢复计划；英国在 2004 年颁布了《国民紧急事务法案》，要求第一类响应者[1]制定业务连续性管理安排；明确第二类响应者[2]属于"响应合作机构"，会严重地卷入突发

---

1　第一类响应者为处于大多数突发事件核心的组织：A.地方当局；B.应急服务机构，包括警察局、消防局、紧急救护中心；C.医疗卫生机构，包括全国卫生服务信托基金和健康保护机构；D.政府部门，包括环境部门、战略卫生局、海事和海岸保护部门。

2　第二类响应者为：A.公用事业（水、污水处理、燃气和电力）、电话公司、铁路公司、航空公司、港务局、高速公路公司、旅行社（提供公共运输服务的机构与个人），他们在应急响应和恢复中起重要作用；B.潜在响应者，包括志愿者机构、军队（英国军队的主要任务是保卫英国主权、服务北约及其他跨国调度，士兵也可被联合国调用）、在法律法规允许下正在从事特殊工作的人员。

事件中，需要与第一类响应者合作并共享相关信息；澳大利亚审计署（ANO）在 2000 年 1 月出台了《业务连续性管理的指导方针》；新加坡主管国内经济振兴及标准化工作的贸易产业省下属的标准、生产力与创新局（SPRING），在 2003 年 7 月就颁布了"业务持续管理要求"的标准；日本政府在 2005 年 7 月对"防灾基本计划"进行修订，明确了"制定业务连续性计划是企业防灾工作的重要一环"。

从理论上讲，一方面，我国政府主导的公共安全应急管理具有集中力量办大事的优势，但是包括政府、企业在内的任何一个组织均无法单独满足突发事件应急管理的所有需求，这就需要社会组织和机构在突发事件中具有连续性运营能力。另一方面，突发事件对社会的影响是一个个组织的业务中断造成的影响的总和，如果这些社会组织实施了业务连续性管理，在突发事件中能保持连续性运营，则突发事件对社会的影响将会降低，政府的应急管理压力也会相应减轻。

就当前而言，大力推动各类组织增强业务连续性管理能力，对加强组织的风险管理，促进其有效履行社会责任，增强公众信心和维护社会秩序，有着重要的现实意义。

## 延伸阅读

1．夏保成，张平吾：《公共安全管理概论》，当代中国出版社，2011 年。

2．宋劲松：《应急管理社会动员》，中国经济出版社，2012 年。

3．闪淳昌，薛澜：《应急管理概论：理论与实践》，高等教育出版社，2012 年。

4．张海波：《公共安全管理：整合与重构》，生活·读书·新知三联书店，2012 年。

5．范维澄，刘奕，翁文国，等：《公共安全科学导论》，科学出版社，2013 年。

6．吴鹏森：《公共安全的理论与应用：改革以来我国公共安全研究综述》，中国人民公安大学出版社，2014 年。

7．国务院：《天津港"8·12"瑞海公司危险品仓库特别重大火灾爆炸事故调查报告》，2016 年。

# 主题 2
# 业务连续性管理与安全／风险管理的关系

**问题：**我们（企业）已经有信息安全管理、HSE（Health，Safety，Enveronment）管理和全面风险管理了，业务连续性管理和它们是什么关系？

相关问题如下：

"我们已有 IT 服务管理、IT 灾备了，业务连续性管理和它们是什么关系？"

"我们已经有应急管理和舆情／危机管理了，业务连续性管理和它们是什么关系？"

"作为业务连续性管理人员，在工作中如何处理业务连续性管理工作与其他安全／风险管理工作的关系？"

**简答：**业务连续性管理应对的运营中断风险本质上是一种右侧风险。业务连续性管理不是全面风险管理，而是一种综合风险管理方法。就管理关注层级而言，业务连续性管理是介于战略层和执行层之间的一种管理工具，它上承全面风险管理，同时需要多种执行层的管理方法支持才能有效落地。

**关键词：**运营中断风险；右侧风险；领结模型；综合风险管理。

**解题：**业务连续性管理与信息安全管理、IT 灾备、IT 服务管理、HSE、应急管理、舆情／危机管理和全面风险管理等安全与风险管理手段相互交错、相互支持，所以组织需要根据具体情况设计不同管理体系之间的关联关系，并明确业务连续性管理人员的具体岗位职责。下面从业务连续性管理方法的特点、定位等方面阐述其与其他安全／风险管理方法之间的关系。

# 2.1　业务连续性管理应对的运营中断风险本质上是一种右侧风险，所以业务连续性管理是一种综合风险管理方法

ISO 31000：2018 对风险的定义是"不确定性对目标的影响"，这一定义已获得了较为广泛的认同，我们将在此基础上展开以下讨论（其实，不同的风险定义对以下讨论影响不大）。

马文·拉桑德在《风险评估：理论、方法与应用》中提出，认识风险，我们需要回答 3 个主要问题。

问题 1：会出现什么问题？ 为了回答这一问题，我们必须识别出可能会对我们希望保护的资产造成伤害的潜在风险事件。我们要保护的资产可能是人、动物、环境、建筑、技术装备、基础设施、文化遗产，也可能是我们的声誉、信息、数据等。

问题 2：出现问题的可能性有多大？ 这个问题的答案可能是一段定性的描述，也可能是一个概率或者频率。我们需要逐个考虑在问题 1 中识别出的风险事件。为了确定这些事件发生的可能性，我们一般需要进行因果分析，识别出可能导致风险事件发生的根本原因（也就是危险 / 威胁）。

问题 3：后果是什么？ 对于每一个风险事件，我们都必须识别出其潜在的伤害或者对问题 1 中提及的资产的负面影响。绝大多数系统都会安装安全栅，以防止或者缓解伤害。资产是否会受到伤害将取决于这些安全栅在风险事件发生时能不能发挥应有的作用。

在回答了问题 1 之后，我们就可以识别出每一个风险事件，从而分析问题 2 和问题 3，分析过程如图 2-1 所示。图 2-1 描述了不同的危险 / 威胁可能会导致风险事件发生，这些风险事件又可能会产生不同的后果。在危险 / 威胁和风险事件之间，我们可以部署各种安全栅。同时，安全栅也可以置于风险事件和后果之间。图 2-1 所示的模型就是经典的风险的领结模型。

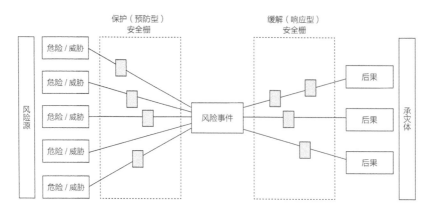

图 2-1　风险的领结模型

风险分类已有较长历史，不同的研究范畴和不同的时代产生了多种风险分类。恰当的风险分类，是进行风险识别和系统性风险管理的基本前提。结合组织安全的风险源和不同目标，我们可以将风险的领结模型具体化，如图 2-2 所示。图中火灾、洪水、地震、台风、大流感、大停电等处于左侧的危险 / 威胁类风险可称为"左侧风险"，涉及生命财产、社会秩序、公共利益、组织运营、声誉品牌等处于右侧的后果类风险称为"右侧风险"。

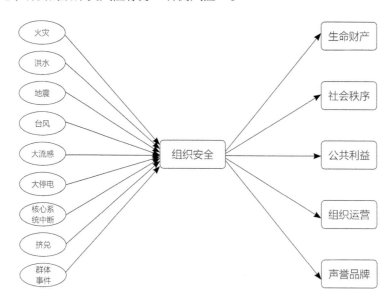

图 2-2　左侧风险和右侧风险

一般而言，左侧风险是风险的根本原因或者由之导致的专项风险。对每种单一性质的左侧风险，组织都可以采用专业的管理方法应对该类风险。右侧风险是风险事件引致的后果类风险，可能由多类左侧风险复合引发。要应对右侧风险，组织需要建立管理框架，综合采用多种专项风险管理方法。

从本质上讲，业务连续性管理应对的是运营中断风险，这是典型的右侧风险，因此组织需要采用综合的风险管理方法。

## 2.2　就管理层级而言，业务连续性管理是介于战略层和执行层之间的一种管理工具，它上承全面风险管理，同时需要多种执行层的管理方法支持才能有效落地

运营中断事关重大，无论是在日常管理还是事件处置过程中，组织都需要和多种不同的管理领域，如风险管理、应急管理、IT 灾难恢复、设施管理、供应链管理、知识管理、环境管理、健康与安全、变更管理、人力资源、安全保卫、沟通与公共关系等进行协调。有专家用图 2-3 所示的伞状图描述这种关系。（部分人对该伞状图有一种错误的解读，认为业务连续性管理更加"高、大、上"，可以覆盖这些不同的管理领域。）

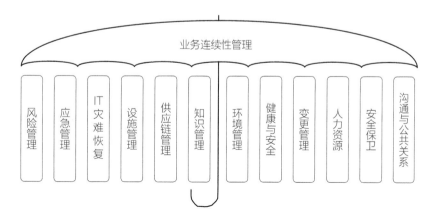

图 2-3　业务连续性管理与不同管理领域的关联关系

事实上，不同的管理方法在企业管理实践中适用于不同的管理视角，如图2-4所示。全面风险管理和危机管理的主要活动由组织的高层管理者负责；安全、健康和环境管理及信息安全管理等与业务过程有关，但更多的活动与执行相关；业务连续性管理的主要活动主要是从业务过程视角看待问题。我们知道，战略风险、财务风险中的非流动性风险等并不会直接导致组织运营中断，所以业务连续性管理显然不是全面风险管理，它是介于战略层与执行层之间的一种风险管理工具，可以与安全、健康和环境管理及信息安全管理、危机管理等协同起来，上承全面风险管理，同时需要多种执行层的管理方法支持才能有效落地。

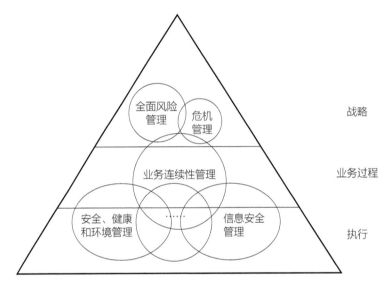

图2-4　风险管理工具的不同视角

## 2.3　组织需要根据具体情况设计不同管理体系之间的关联关系，并明确业务连续性管理人员的具体岗位职责

在具体管理实践中，鉴于每一行业、每一组织的业务及运营管理的差异，组

织需要根据自己的具体情况设计业务连续性管理与其他安全／风险管理之间的关联关系。但一般而言，在与其他相关管理工作交互时，业务连续性管理人员有 3 种角色可以选择：责任人，推动者或参与者。例如，针对某风险评估报告中的年度主要威胁，组织可以根据表 2-1 设定业务连续性管理人员的角色。

表 2-1　业务连续性管理人员在不同威胁／风险管理中的角色示例

| 编号 | 主要威胁 | 责任人 | 推动者 | 参与者 |
|:---:|:---:|:---:|:---:|:---:|
| 1 | 网络攻击 | | | ★ |
| 2 | 数据泄露 | | | ★ |
| 3 | IT/ 通信中断（非计划） | | ★ | |
| 4 | 安保事件 | | | ★ |
| 5 | 电力中断 | | ★ | |
| 6 | 供应链中断 | | ★ | |
| 7 | 极端天气 | ★ | | |
| 8 | 人员 / 特定技能的可用性不强 | | ★ | |
| 9 | 健康和安全事件 | | ★ | |

当然，作为一名业务连续性管理人员，假如你已经领导了业务影响分析和风险评估，就很少会有其他专业人员比你更了解组织的战略、产品和服务、客户和价值流及其面临的危险／威胁。此外，一名称职的业务连续性管理人员还应具备以下能力、技巧：

● 深入了解组织结构及其相互关系（组织结构、地理分布、供应链）的能力。

● 团队协作技巧。

● 销售技巧，特别是为推动采纳降低风险的建议所需的技能和经验。

● 驾驭不同层次（从战略到战术）的思维的能力。

凭借以上知识，以及在业务连续性管理工作中发展的技能和经验，业务连续性管理人员完全有可能在组织建设风险管理能力和处置相关事件时担任更重要的角色。

### 延伸阅读

1．马文·拉桑德：《风险评估：理论、方法与应用》，清华大学出版社，2013 年。

2．邹积亮：《政府突发事件风险评估研究与实践》，国家行政学院出版社，2013 年。

# 主题 3
# 业务连续性管理的过去、现在和未来

**问题**：业务连续性管理从哪里来，又将到哪里去？

**简答**：业务连续性管理是人们为应对运营中断所做的努力，在早期，采用风险转移策略（营业中断保险）是主要方式；随着运营中断造成的影响越来越大，人们对中断发生的原因理解的深入，IT 灾难恢复、业务连续性策划、业务连续性管理和业务连续性管理体系等不同的管理方法逐渐产生。

在未来，IT 灾难恢复继续探索新方法，并向 ICT 连续性演变，而业务连续性管理将向运营韧性演进，并为组织韧性提供支撑。

**关键词**：营业中断保险；IT 灾难恢复；ICT 连续性；三大支柱；运营韧性。

**解题**：进入 21 世纪以来，美国 "9·11" 事件、日本 9.0 级大地震、墨西哥湾原油泄漏、冰岛火山爆发，以及肆虐世界各地的地震、洪水、飓风、埃博拉病毒等各类人为灾害、自然灾害和社会事件频繁发生，有的造成了巨大的财产损失和人员伤亡，有的直接造成组织运营中断（包括完全停业和虽然持续营业但业务受损），从而导致营业收入损失、利润水平下降、股东价值减少、市场份额缩减、市场声誉受损等多种损失。

有数据表明，经历大型灾难而发生运营中断的企业，有 40% 再也没有恢复运营，剩下的企业中也有接近 35% 在两年内破产。而 "9·11" 事件后，具有业务连续性管理计划的企业中有 84% 幸免于难并恢复了全部生产能力。因此，自 "9·11" 事件后，国内外学术界和实务界对与运营中断相关的业务连续性管理给予了前所未有的关注。但往前追溯，人们对运营中断风险进行主动管理已有 200 多年的历史。下面从营业中断保险的发展、从 IT 灾难恢复到业务连续性管理体系、国内业务连续性管理的发展和业务连续性管理的未来这 4 个方面谈谈业务连续性管理的过去、现在和未来。同时，本主题将为读者介绍业务连续性管理的三大支柱。

# 3.1  营业中断保险的发展——古典业务连续性管理时期

营业中断保险，在英国有时也叫利润损失险或间接损失险，在美国被称为营业收入与额外费用险，是对被保险人指定地点的物质财产受到承保风险损毁后，商业活动在一段时间内暂停或受到影响的间接经济损失及必要的费用支出提供保障的保险。

营业中断保险自产生到现在已有 200 多年的发展历史，其发展大致可以分为 3 个阶段。

## 3.1.1  营业中断保险萌芽阶段

营业中断保险最早可以追溯至 1666 年，在当年著名的伦敦大火中，伦敦全城被烧毁一半以上，损失约 1200 万英镑，20 万人无家可归。由于这次大火带来的深刻教训，保险思想逐渐深入人心。1667 年，牙科医生尼古拉·巴蓬首先开始在伦敦经营房产火灾保险，开创了第一家专营房屋火灾保险的商行，之后火灾保险公司逐渐增多。

同时，人们也认识到仅对被保险人的有形资产进行保险是不够的。简单地说，"消防部门撤离后，邮递员不会停止递送账单"。企业即使有全额财产保险，也经常是"今天起火，明天玩儿完"。要充分保护企业免受重大损失，即要保护企业的生存、股东和债权人的利益以及员工和管理人员的工作，就不仅要承保物质财产损失，还应承保企业的业务收入。

因此，1797 年，英国的一家保险公司密涅瓦环球宣布准备承保利润损失险，试图引入间接成本，如赔付无力支付的利息等，但因缺乏会计标准（即赔付的金额应是被保险人蒙受的真正损失），最后并未成功。

1817 年，汉堡消防局提供了首个租金损失保险，作为火灾保险的补充。

1821 年，英国 Beacon 保险公司推出时间损失保单，赔偿商人因火灾无法开工而产生的损失。这种保险以全年的平均收入为基础，按天或按周进行赔偿，但没有考虑季节波动因素。

在英国，爱丁堡会计师公会（1854 年）、格拉斯哥会计师与精算师学会（1854年）、阿伯丁会计师公会（1867 年）相继成立（他们几乎从一开始就被授予了皇家特许经营权）。这3个机构在1951年合并，成为苏格兰特许会计师协会。紧随苏格兰的发展，英格兰和威尔士特许会计师协会（ICAEW）在1880年由皇家特许成立。在美国，美国公共会计师协会（AAPA）（即今天的美国注册会计师协会，AICPA）在1887年成立。统一的会计准则大大促进了营业中断保险的发展。

1857年，法国阿尔萨斯出现了Chomage保险（Chomage的含义就是闲置、停滞），这是第一种比较正式的营业中断保险。在这种营业中断保险中，火灾引起的间接损失的保险金额为火灾保险金额的固定比例，理赔金额也是以火灾保险财产损失的固定比例计算，如10%。这种计算方式仅仅考虑了火灾的严重程度，并没有考虑其他影响停业期长短的因素，而且营业中断损失与直接物质财产损失并不一定成比例关系。

1875年，皇冠火险公司开始提供承保"因火灾而实际发生的利益损失"的保单，但是这种保单仅能满足"制成品已完成但尚未售出"的制造业被保险人的需求，而无法满足那些在停业期间遭受利益损失的被保险人的保障需求。

1880年，美国波士顿的保险经纪人道尔顿设计出"使用和占用"保单，承保火灾导致的生产损失，以每天约定投保额为上限，作为未能使用和占用的补偿，但补偿有限。"使用和占用"这一用语已经在火灾保险中为人们所熟悉，直到20世纪40年代，美国的营业中断保险一直被称为"使用和占用"保险。该用语在锅炉和机械保险中一直到20世纪70年代末还在使用。

1899年，苏格兰的精算师和保险经纪人吕多维克·麦克莱伦·曼设计了利用减少的营业额来计算运营中断损失的一套系统，因为营业额既涵盖了利润，也涵盖了"固定费用"，而作为关键数据的营业额可以取自企业会计报表。这一系统切实可行，在英国得到了广泛认可，是英国利润损失制度的先驱。1906年，这一系统还被引入瑞典。

1910年，在发生机械故障后，德国保险监管机构批准的机器营业中断保险，成为继火灾营业中断保险后的第二大类营业中断保险。机器营业中断保险和火灾营业中断保险的保险范围和除外责任是相同的，区别在于责任范围基础不同：火灾营业中断保险以财产保险（火灾保险）的责任范围为基础，机器营业中断保险以机器损坏险的责任范围为基础。

## 小资料：伦敦大火（1666 年）

　　17 世纪 60 年代，伦敦是当时英国最大的城市，约有 50 万居民。伦敦最令人畏惧的两大隐患是瘟疫和火灾。在 1665 年，伦敦暴发了可怕的黑死病。死亡人数高达 80000 人，接近伦敦人口的 1/6。此外，伦敦是一个建筑密集、人口众多的地方——满是狭窄的街巷，老旧的木房子挨挨挤挤。伦敦的建筑布局和建筑材料让这个城市存在着极大的火灾隐患。

　　1666 年夏天，干旱的天气持续了几个月。9 月 2 日凌晨，一条名叫布丁巷的街道上的面包房着火了。开始时火势很小，但当时正刮着大风，大火迅速蔓延开来。在火灾发生的第四天，风终于停了。人们持续不断地努力救火，把大火分割成"小块的火"——大火终于熄灭了（还有零星小火仍在燃烧）。后来，降雨最终帮助人们扑灭了大火。

　　大火蔓延到伦敦 80% 的城区，烧毁了 13200 间住宅和 87 座教区教堂，包括圣保罗大教堂以及多数市政建筑。虽然遇难者不多，但这场大火造成了 20 万人无家可归。火灾带来的经济损失，最初估计为当时的 1 亿英镑，后来减少到不确定的 1000 万英镑。为了吸取教训，建造了伦敦大火纪念碑，如图 3-1 所示。

图 3-1　伦敦大火纪念碑

　　伦敦城的重建用了大约 50 年的时间，圣保罗大教堂的修复直到 1711 年才完工。也就是说，很多经历过大火的人在城市完全改造好之前就去世了。火灾的教训推动了伦敦城市建设的剧烈变革，多数新房子不再是木屋，而改用砖瓦建造。同时，经过这场惨烈的大火，困扰英国多年的黑死病就此绝迹。据资料记载，当时一位伦敦市民自豪地说："这（伦敦）不仅是最好的，还是世界上最健康的城市！"

这一变化也波及社会其他领域。1667年，牙科医生巴蓬首先在伦敦开始经营房产火灾保险，开创了私营火灾保险的先例。1680年，巴蓬集资4万英镑成立了合股性质的火灾保险所，并按照房租和房屋的危险等级收取保险费，对木造房屋收取相当于砖瓦结构房屋两倍的保险费。因为使用了差别费率，巴蓬获得了"现代保险之父"的称号。

### 3.1.2 营业中断保险两大模式形成与发展阶段

1938年，美国发展出毛利润保险，标志着被称为营业利润保险的美国模式的形成；1939年，英国出现标准火灾利润损失险，标志着具有营业中断保险标准条款的英国模式的形成。

这两大模式分别构成了美英营业中断保险的核心。在此后的几十年中，美英两国的营业中断保险均以此为蓝本，进行一些局部修改与调整。例如，美国保险服务局（Insurance Services Office，ISO）在1986年建议以营业利润保险组合并替代了以前的两种毛利润保险（制造业营业利润保险和非制造业营业利润保险）。2000年，ISO（美国保险服务局）又对营业中断保险的具体含义、制造型企业的净利润所包括的项目等内容进行了澄清。英国保险人协会（ABI）在20世纪50年代重新制定了"差额计算法"的承保条件，在1989—1991年及1996年推出了新的营业中断保险保单术语。

在这一时期，保险公司面临的问题是，在企业准备好定期提供可靠的财务报告之前，保险公司无法确定索赔的损失是否合理。在政府（希望征收公司税和其他税款）和商业协会的支持下，会计机构在20世纪初开始采用必要的标准，并持续发展和完善标准，确保了财务报告的国际标准化、准确性和透明度，逐步解决了这一阻碍营业中断保险发展的问题。

### 3.1.3 营业中断保险融合发展与标准化阶段

在美英两大营业中断保险模式的影响下，世界上很多组织或国家也引入了相关保单，开展营业中断保险业务。例如，欧盟筹划设计了欧盟标准营业中断保险单，并以此作为模板，成员可按需要增删内容。

此外，爱尔兰、澳大利亚、新西兰、法国、德国等多国主要使用英式标准保单。在德国所有的企业财产险中，保费收入的 10% 是营业中断险，而工程险中大约有 6% 的保费来自利润损失险。中南美洲和北欧等受美国商业影响较大的地区，越来越倾向于采用美式营业中断保险保单。加拿大、日本、韩国等和地区国家则在原有的英式标准保单的基础上融入了一些美式保单的元素。

自 20 世纪 80 年代开始，我国初次采用的营业中断保险条款和自 1995 年启用的中国人民银行统颁条款都是以英式标准保单为基础的，2009 年修订的营业中断保险条款则是英美两大模式的混合产物。

我国风险事件频发，但除了金融、能源、通信、交通等重点行业，以及部分行业头部企业在 IT 灾备和运营保障方面有所准备，多数企业要么把"持续经营"当作理所当然的企业经营假设，要么心存侥幸，认为"天灾人祸"不一定会落到自己头上，购买营业中断保险的比例较低。值得关注的案例有：汶川大地震导致的直接经济损失达 8451 亿元，间接经济损失难以计数，粗略估计数倍于直接经济损失，但由于投保率极低，保险赔付总额只有 20 多亿元。

# 3.2　从 IT 灾难恢复到业务连续性管理体系——现代业务连续性管理时期

随着近几十年科技的发展、经济的全球化和人员的快速流动，社会环境发生了很大的变化，大型企业越来越多，中小型企业和各类社会组织也开始面临前所未有的服务对象和经营环境的变化，采用单一的风险转移策略（购买营业中断保险）已不能满足企业发展的需要。与此同时，人们对运营中断产生原因的理解越来越深入。在此背景下，现代业务连续性管理应运而生，而这一过程大致经历了两个阶段。

### 3.2.1　IT 灾难恢复的出现与发展

现代业务连续性管理的历史可以追溯到 20 世纪 60 年代。那时，业务连续性管理的思想和方法仍包含在风险管理、危机管理理论中，并未被视为一门独立的学科。当时人们关注的主要是事件本身直接造成的损失，如人和物方面的损失，对事件造成的其他损失并未给予足够的重视。随着计算机系统的开发与使用，为解决系统持续运行的问题，计算机系统设计人员对单点故障采用了冗余措施，这是现代业务连续性管理的起点。

20 世纪 70 年代中后期，当时大多数系统都是面向批处理的大型机。在有些情况下，这些大型机可能会突然停机好几天，对组织业务造成重大损害。随着计算机中心管理人员认识到组织业务对信息系统的依赖，1979 年，Sun Information Systems（后来成为 Sungard Availability Services）在美国费城建立了全世界第一个商业化的灾备中心，对外提供数据备份专业服务，这是 IT 灾备行业的标志性事件。为应对灾难（主要是火灾、水灾、暴风或其他物理损坏），金融机构（如银行和保险公司）大都将备份磁带存储在远离生产中心的备用场所。IT 灾备系统主要解决信息系统的数据备份问题，重点是减少数据丢失，对恢复的时间要求并不高。衡量 IT 灾备系统能力的主要指标是最大数据丢失量，而不是业务多长时间可以恢复。

20 世纪 80 年代，随着计算机技术的迅速发展与普及，各个行业的信息化程度大幅提升，组织业务对信息系统的依赖度越来越高，信息系统风险造成的后果也日趋严重，人们逐渐认识到备份数据虽然是业务恢复的基础，但只有具备相应的备份数据处理系统和网络系统，灾备中心才能更快、更有效地接管生产系统并保障业务持续运营，因此产生了应用级灾备的概念。更进一步，人们认识到只有备用资源不足以有效应对灾难，还要有相应的组织架构和流程保障，即要进行 IT 灾难恢复体系建设。从这时起，IT 灾备系统开始向 IT 灾难恢复体系建设演化。1992 年，阿纳海姆会议从技术层面确定了 IT 灾难恢复的国际标准 SHARE 78，标志着 IT 灾难恢复体系正式确立。

20 世纪 90 年代末到 2010 年，随着互联网的快速发展，各种规模的组织越来越依赖其 IT 系统的持续性，一些组织为多个关键系统设定了可用性指标（如99.999%）。人们对 IT 系统的日益依赖，以及应对海啸、地震、洪水和火山爆发等大规模灾害的意识的增强，进一步催生了与 IT 灾难恢复相关的产品和服务，如高可用性解决方案、"热站"、"温站"、"冷站"等。网络技术和服务的发展也使远程服务成为可能，让现场恢复变得不再那么重要。

2010 年以来，云计算的快速发展进一步推动了这一趋势。如今，只要网络本身具有足够的可靠性（现代网络是按高韧性要求设计的），提供计算服务的具体物理位置就变得不那么重要了。对最终使用者而言，IT 灾难恢复和 IT 本身将变得越来越简单和容易得到。

### 3.2.2　业务连续性管理的独立及发展

1983 年，美国金融监管机构对信息系统正式提出了运行连续性的要求。这对 IT 灾难恢复系统提出了新的要求，即不仅要恢复数据，还要支持在预定的时间内恢复业务（这已经是业务连续性要求的早期表述）。按照这一要求，IT 灾难恢复系统建设随后调整了重点，即不仅要完成对保护数据的灾难备份，更重要的是要完成以保护业务为目标的灾难恢复。

但在当时，IT 灾难恢复领域的先驱们遇到了一个难题：他们很难说服高层管理者把大笔资金投在一件可能永远都不会发生的事情上。他们最终通过创造出"业务影响分析"这一概念，吸引了高层管理者的关注。业务影响分析最早于 20 世纪 80 年代中期在美国得到应用，后来很快传到欧洲（主要是英国）和澳大利亚。人们进一步发现，采用了业务影响分析、作用于信息系统的 IT 灾难恢复规划方法论完全可以应用于业务中，灾难备份从原来的 IT 范畴提升到关注业务持续运行的高度：在 IT 之外，加入业务影响分析、风险评估、灾难备份与恢复策略、恢复预案、演练培训等内容；恢复过程涉及更多业务流程、资源调配、人员组织和策略制定等；……自然而然地，业务连续性的概念出现了。

随着业务连续性管理的快速发展，为满足人们交流经验和知识的需求，并将技能娴熟的业务连续性管理专业人员和一般顾问（通常是有 IT 背景的顾问）区分开来，1988 年，美国的国际灾难恢复协会从业内热门期刊《灾难恢复杂志》独立出来，提供培训和认证。同年，英国组织"Survive！"工作小组成立，随后发展成为培训、活动和出版物的商业提供商。1994 年，在"Survive！"的建议下，国际业务持续协会成立。国际灾难恢复协会和国际业务持续协会共同拟定了 10 种专业惯例（Professional Practices），作为衡量和判断那些寻求认可或资质认证的业务连续性管理人员的能力的标准，并在随后独立发展出了国际灾难恢复协会专业惯例（DRII Professional Practices）和国际业务持续协会良好实践指南（BCI Good Practice Guidelines）。

21 世纪初的一系列恐怖袭击事件对公共安全和组织正常运营造成了严重影响，使"业务连续性"一词被频繁提及。对业务运营高度依赖信息系统的组织来说，完善的 IT 灾难恢复体系是保障其业务连续性运营的关键；而对业务运营不依赖或较少依赖信息系统的组织来说，对支持其主要运营活动的关键资源进行风险管控和应急准备，也是保障其业务连续性运营的核心。

"9·11"事件是业务连续性管理发展的重要里程碑。该事件的发生不仅让全世界人民感到震惊，更让人们发现灾难事件离自己如此之近。事件发生后，世贸大厦里金融机构的大量数据化为乌有，这对许多金融机构来说是重大的挑战。德意志银行早在 1993 年就制定了严谨可行的业务连续性计划（BC Plan）。灾难发生后，德意志银行调动 4000 多名员工及全球分行的资源，在短时间内就在距离纽约 30 千米的地方恢复了业务，得到了客户和行业的好评。摩根士丹利在办公场所全毁后，半小时内就在灾备中心建立了第二办公室，第二天便恢复了全部业务。与之相反，纽约银行在数据中心全毁、通信链路中断后，由于缺乏灾难备份系统和有力的业务应急恢复计划，在一个月后不得不关闭部分分支机构，从而造成巨大损失，给经营带来重创。

经历了"9·11"事件，人们在付出沉痛的代价后，深刻地认识到 IT 灾难恢复和业务连续性管理的重要性。这种重大灾难事件一旦发生，相关区域的组织都会受到严重的甚至是毁灭性的打击，不仅会使组织自身及与其关系紧密的上下游组织受到影响，而且会间接导致整个行业乃至整个社会出现系统性风险。因此，对组织进行业务连续性建设的要求不仅仅来自组织自身，还来自行业联盟和协会、监管部门和政府机构。与此同时，各国政府也在积极提高自身和公共服务部门的运行连续性。

2004 年，英国颁布《国民紧急事务法案》，要求第一类响应者制定业务连续性管理安排；明确第二类响应者属于"响应合作机构"，会严重地卷入突发事件中，需要与第一类响应者和第二类响应者合作，并共享相关信息。

美国联邦应急管理署在 2004 年 6 月颁布了《联邦准备规章》，该法律要求总统以及各政府机构迅速制定运行连续性和灾难恢复计划。2007 年 5 月，美国总统签署发布了《国家安全总统令》（NSPD-51）/《国土安全总统指令》（HSPD-20）等"国家连续性政策"，以便为保障联邦政府机构的连续性制定一项全面的国家政策，即单一的连续性协调员负责协调联邦连续性政策和国家基本职能的制定和实施。2008 年，根据政策，美国国土安全部发布了 FCD-1（Federal Continuity Directive-1，联邦执行机构连续性运行指南），建立了行政部门的连续性规划要求。FCD-1 在 2012 年、2017 年进行了两次更新。新的 FCD-1 建立了行政部门的最低连续性标准，将其纳入日常操作以确保基本职能的无缝和直接延续。所有联邦行政部门，无论其规模或位置如何，都应根据 FCD-1 中的要求和原则，构建可行的连续性能力，以确保在任何条件下都能保持较强的韧性并持续履行其基本职能。

如图 3-2 所示，联邦执行机构的连续性运行指南可分为 3 个层面。第一层是运行连续性（COOP），指各个联邦政府行政部门和机构内部的职能连续性，它不需要部门间进行协调；第二层是政府连续性（COG），指需要各个政府部门之间进行协调来应对规模较大的灾难事件；第三层是宪政连续性（ECG），指需要立法、行政和执法部门之间进行协调来应对大规模的灾难事件。

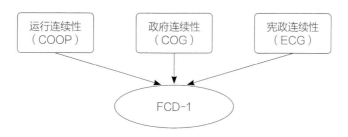

图 3-2　美国联邦机构连续性运行指南

澳大利亚审计署在 2000 年 1 月出台了《业务连续性管理的指导方针》；新加坡主管国内经济振兴及标准化工作的贸易产业省下属的标准、生产力与创新局（SPRING），在 2003 年 7 月就颁布了《业务持续管理要求》；日本政府在 2005 年 7 月对《防灾基本计划》进行修订，明确了"制定业务性计划是企业防灾工作的重要一环"。

除了灾难恢复，信息安全对业务连续性管理的早期发展也有推动作用。例如，英国信息安全标准 BS 7799（该标准后来演变成国际标准 ISO 27001），其核心原则包括对业务连续性的要求，并根据数据可用性定义了业务连续性。最初这推动了业务连续性管理在组织中的应用，但也造成了不少误解——使不少 IT 人员误认为业务连续性管理只是信息安全的一个分支，这种观点在亚洲和中欧获得了较多支持。直到 2013 年 10 月 19 日，国际标准化组织正式发布 ISO 27001：2013，才将先前版本中的"业务连续性管理"更新为"信息安全控制的业务连续性管理"。

21 世纪，在质量、信息安全、环境等标准化管理体系得到了大发展后，标准化组织决心梳理业务连续性并将其归为管理体系标准的一部分。在开展这项工作时，标准化组织参考了一系列指导标准，如英国的 BS 25999-1、美国的 NFPA 1600，以及澳大利亚和亚洲的各种指南。包括英国金融服务管理局、澳大利亚审慎监管局（APRA）和美联储在内的各监管机构也开始积极参与这一领域的工作。

2006 年 11 月，英国标准协会（BSI）发布了 BS 25999。在 BS 25999 中，业务连续性管理被描述为"识别对组织的潜在威胁以及这些威胁一旦发生可能对业务运行带来的影响的一整套管理过程。该过程为组织建立有效应对威胁的自我恢复能力提供了框架，以保护关键相关方的利益、声誉、品牌和创造价值的活动"。BS 25999 是 BSI 发布的业务连续性管理体系的英国标准，编写成员来自英国电讯公司、电力公司、水务公司等大型企业，还有地铁警察局、消防局、工贸部等政府机构以及证券、保险等行业监管部门。BS 25999 是全球第一个获得广泛应用的业务连续性管理体系的标准。

2012 年以来，国际标准化组织发布和更新了以 ISO 22301 为基础的一系列业务连续性管理体系标准，如 ISO 22301（要求）、ISO 22313（实施指南）、ISO 22317（业务影响分析）、ISO 22318（供应链连续性）、ISO 22330（人的方面）、ISO 22331（策略）和 ISO 22332（计划和程序）。ISO 22301 系列标准能够帮助组织制定一套一体化的管理流程，使组织对潜在的风险加以辨别、分析，帮助其确定灾难事件可能对组织运营造成的影响，并提供一个有效的管理机制来阻止或抵消这些影响，从而减少灾难事件给企业带来的损失。ISO 22301 适用于各行业中的大、中、小型公共及私营组织，并且特别适用于处于高风险和高度监管环境下的行业，如金融业、IT 通信业、制造业等。现在，已有许多国家将 ISO 22301 作为国家标准，这标志着业务连续性管理发展到了一个新阶段。

# 3.3　我国业务连续性管理的发展

20 世纪 90 年代末，随着信息技术在各行业的快速发展，我国的业务连续性管理工作也从信息安全和灾难恢复领域起步。2000 年的"千年虫"事件引发了人们对信息系统灾难的广泛关注。数据大集中的建设和国家对 IT 灾难恢复工作的高度重视，让越来越多的行业和部门认识到 IT 灾难恢复的重要性和必要性，开始投入灾备中心建设。2002 年前后，部分国有商业银行以及全国性股份制商业银行率先建立了同城或异地灾备中心。2002 年，中国人民银行出台并下发了《中国人民银行关于加强银行数据集中安全工作的指导意见》，明确提出商业银行要加强信息系统灾备建设。

2003 年 9 月，中共中央办公厅、国务院办公厅下发了《国家信息化领导小组关于加强信息安全保障工作的意见》，明确指出国家和社会各行业基础网络和重要信息系统建设要充分考虑抗毁性与灾难恢复，制定和不断完善信息安全应急处置方案。同时，文件要求高度重视灾难备份工作；指出灾备建设要从实际出发，提倡资源共享、鼓励社会力量参与灾难备份建设和提供技术服务；明确了"谁主管，谁负责；谁运行，谁负责"的建设及管理方针。

2004 年 9 月，国家网络与信息安全协调小组下发了《关于做好重要信息系统灾难恢复备份工作的通知》（以下简称《通知》），明确指出重要信息系统容灾备份工作的主要目标是提高抵御灾难和重大事故的能力，减少灾难打击和重大事故造成的损失，确保重要信息系统的数据安全和作业连续性，避免引起社会重要服务功能的严重中断，保障社会经济的稳定。同时，《通知》强调了"统筹规划、资源共享、平战结合"的灾备工作原则；并指出，灾难备份建设要从实际需求出发，提倡资源共享，可以采用自建、共建和利用社会化服务等模式，鼓励社会力量参与灾难备份设施建设，提倡使用社会化灾难备份服务，走专业化服务道路。

2005 年 4 月，国务院信息化工作办公室下发了《重要信息系统灾难恢复指南》。指南指明了灾难恢复工作的流程、灾备中心的等级划分（6 个等级）及灾难恢复预案的制订框架。这使得国内灾备建设迈上了一个新台阶。

2006 年 3 月，中共中央办公厅、国务院办公厅发布《2006—2020 年国家信息化发展战略》，指出"建设国家信息安全保障体系"要求信息系统建设从实际出发，促进资源共享，重视灾难备份建设，增强信息基础设施和重要信息系统的抗毁能力和灾难恢复能力。

2006年5月，原信息产业部发布《信息产业科技发展"十一五"规划和2020年中长期规划（纲要）》，明确将"应急响应和灾难恢复技术"作为今后的发展重点。

2007年11月，国家标准《信息安全技术 信息系统灾难恢复规范》（GB/T 20988—2007）正式发布。该标准作为我国第一部信息系统灾难恢复工作的行动指南和标准，明确定义了灾备行业的规范用语；规范了整个灾难恢复的工作流程；引入了灾难恢复的分级机制（6个等级）；并在资料性附录中提供了灾难恢复预案框架。

2008年，我国南方的雨雪冰冻灾害，汶川、玉树、雅安地震，人们对奥运会期间信息系统运行保障的要求，对信息安全的重视等因素让越来越多的行业开始认识到业务连续性管理的重要性，业务连续性管理因此开始被广泛关注。例如，为保证奥运会顺利举办，国家及行业监管部门纷纷对金融、交通、能源等国家重要保障行业提出要求，加强奥运会期间的保障工作，开展应急演练工作。

2008—2009年，国家出台了一系列针对信息系统安全稳健运行的监管指引，如《银行业重要信息系统突发事件应急管理规范（试行）》《商业银行信息科技风险管理指引》等。虽然信息系统灾备的国家规范和行业规范逐渐完善，但是企业面临的风险仍然存在。保障企业持续运营不仅涉及信息系统的顺利运行，还涉及企业的人员稳定、信息沟通顺畅、公司治理完善等方方面面的问题。因此，为了应对灾难事件对金融行业尤其是银行造成的重大影响，2011年12月，原中国银行业监督管理委员会发布了《商业银行业务连续性监管指引》（以下简称《指引》）。《指引》是我国第一个有关行业业务连续性的规范性文件，对商业银行实施业务连续性管理提出了详细的要求，并提供了一定的实施指导。

2013年12月，国家标准《GB/T 30285—2013 信息安全技术 灾难恢复中心建设与运维管理规范》发布。该标准聚焦于灾难恢复中心的建设与管理，细化了与灾难恢复等级相对应的灾备中心建设指标，明确了灾难恢复中心在规划、设计、建设、运维过程中的管理内容。

2013年12月，国家标准《GB/T 30146—2013 公共安全 业务连续性管理

体系 要求》发布，该标准等同采用 ISO 22301：2012，是国内第一个业务连续性管理国家标准，具有标志性意义。该标准为策划、建立、实施、运行、监视、评审、保持和持续改进一个成文的业务连续性管理体系做出了规定，可作为组织实施业务连续性管理工作的指导规范和评估标准，以减少中断事件发生的可能性，并帮助组织有效应对中断事件。随后，我国等同采用了多项 ISO 22301 系列国际标准，为 ISO 22301 业务连续性管理体系的实施提供了指南和相关技术规范。

总体而言，我国除少数行业和领域，包括多数大型企业在内的各类组织都有待进一步加强业务连续性意识和管理体系建设。

# 3.4　业务连续性管理的未来

近年来，伴随着巨大自然灾害、人为事故的发生，国家政策及法律法规的调整变化，运营中断风险已成为企业必须应对的重大风险之一。越来越多的企业开始评估可能引发中断的威胁和中断可能造成的影响，采用包括购买营业中断保险、制定业务连续性计划等在内的多种风险应对措施。

通常而言，风险应对策略主要包括风险承担、风险缓释、风险规避和风险转移 4 种。风险承担策略也称风险自留策略，是指组织理性地主动承担风险，即一个企业以其内部的资源，如风险准备金、自有资本等来弥补损失。风险缓释策略是指通过风险控制措施来降低风险的损失频率或影响程度，抑或直接降低风险敞口。风险规避策略是指通过变更来消除风险或风险发生的条件，从而保护目标免受风险的影响。风险转移策略又称风险转嫁策略，是指组织将自身面临的风险转嫁给交易对手以保证自身的利益，主要手段有购买保险、业务外包等。

在业务连续性管理发展早期，人们只是用购买保险这种风险转移策略来主动管理运营中断风险。随着人们对各种导致运营中断的风险的认识的加深，以及可用管理方法和工具的完善，人们逐步发展出技术手段、管理过程、管理体系方法等不同的风险应对策略。这些不同的策略并无高低优劣之分，只是解决的问题与适用范围不同。

业务连续性管理不是由理论推导出的产物，它从由业务驱动的企业客观需求起步，在发展过程中不断吸收相关管理领域的方法、技术。事实上，业务连续性管理是对围绕着"业务不中断以及中断后迅速恢复"的目标开展的一系列活动的统称。其实际做法全是"拿来主义"，如风险评估、预案、演练等，都是从风险管理、IT 灾难恢复、应急管理和危机管理等领域中"拿来的"。业务连续性管理在实践中还涉及设施管理、供应链管理、质量管理、环境管理、健康与安全、知识管理、人力资源、安全保卫、危机沟通与公共关系等更加广泛的内容。其在概念方面从最初的 IT 灾难恢复发展到业务连续性策划、业务连续性管理，再到今天的业务连续性管理体系，逐步形成了自己的独特方法。下面简要介绍与其联系紧密的相关领域。

- IT 灾难恢复，侧重于在发生由自然灾害、恐怖袭击、设施损坏、人为失误等引起的灾难事件造成 IT 运行中断后，如何进行 IT 恢复和重建，主要用于数据和信息系统的保护。

- 应急管理，即突发事件应急管理，侧重于在面对影响社会或企业业务发展和运营的突发事件和危机时，如何进行应急响应和处置。

- 危机管理，侧重于在发生灾难或突发事件时，如何保持组织内外部联络畅通，以及诸如政府、媒体等公共关系的协调。学术领域的"危机管理"近似于实务中的应急管理，而实务领域的"危机管理"侧重于舆情危机管理和沟通。

- 风险管理，侧重于识别企业面临的潜在威胁以及这些威胁可能造成的影响和损失，以在可接受范围内安排预防和控制措施，在实务中多用于风险的预防。

20 世纪 90 年代，虽然业务连续性管理从 IT 灾难恢复中独立出来，但是两者仍联系紧密、相伴发展。究其原因，主要有两点：其一，两者采用几乎相同的方法论，只是面向的对象一为信息系统，一为组织的运营活动；其二，有相当多组织的业务连续性管理仍需要以 IT 灾难恢复为基础。但到了今天，两者又由于相同的原因面临不同的变局。对 IT 灾难恢复而言，由于云计算等新兴技术的快速发展，其面向的计算技术环境快速变化，传统的方法难以适用于大量中小企业。

对业务连续性管理而言，侧重于基于业务重要程度确定业务连续性策略、建立业务恢复预案的"补丁式"业务连续性管理方式，在组织运营 / 经营环境的快速变化和数字化转型浪潮中渐显疲态。对于业务连续性管理的未来发展，我们主要有以下两个判断。

## 3.4.1  IT 灾难恢复继续探索新方法，并向 ICT 连续性演变

技术是 IT 灾难恢复的基础。随着云计算、虚拟现实、超融合、DevOps 等受到越来越多的重视和应用，传统的 IT 计算环境在发生变化，IT 灾难恢复也需要顺应这种变化。

在 IT 灾难恢复和业务连续性管理已各自独立发展近 30 年后，仍有大量的 IT 灾难恢复产品和服务商标榜自己是业务连续性管理产品和服务提供商，用这种方式误导用户。这不仅表明两者的方法论基本相同（面向的对象不同），而且证明了"业务"在 IT 中的重要地位（提到"业务"更易申请预算），以及 IT 灾难恢复的号召力仍然不足。

金融业是较早进行 IT 灾备建设的行业之一。严格的监管和巨大的资金投入（"两地三中心"）从整体上提升了金融业 IT 服务的可用性水平，但距离最初的预期仍有不小的差距。因此有行业专家开始质疑巨大投入的效果不佳："为什么花了这么多钱搞灾备，大小 IT 中断事件仍层出不穷？"这从另一个角度说明了 IT 灾难恢复方法需要改进，传统的 IT 灾难恢复方法是从大型机、小型机和微机时代发展而来的，与当前的分布式计算环境已不再适配。

互联网行业的朋友说，"我们没法儿做业务连续性管理。你们做一次完整的风险评估和业务影响分析，再确定策略、编制预案，这一轮工作做完，几个月就过去了。我们这边业务迭代和调整很快，可能两个月后业务就被取消或者转变方向了。"国外也有专家说过："在做风险评估和业务影响分析时，业务还是'苹果'，等编制完预案，业务已变成'橘子'了。"

在实务中，互联网公司在超大用户访问量的基础上保持了相当高的服务水平，其背后是大量的技术创新，涉及以下方面（此处仅提供初步分析）。

- 预防。在设计 IT 系统的架构时，注意系统之间的松耦合和微服务的原子化，即尽可能按高韧性的要求设计网络和系统架构。

- 准备。关注人员的能力和意识（培训、演练），保持预案的实时更新，进行全面的监控和预警。
- 响应和恢复。统一的分级响应事件管理机制，经典的 IT 灾难恢复思想和方法在这方面仍大有用武之地。

同时，DevOps 和敏捷方法等的运用，有助于信息通信技术（ICT）支持快速变化的业务。恰如当年 IT 灾难恢复的发展，推动了业务连续性管理方法的诞生。这些已被证明和仍在发展（如混沌工程）的行业实践应该被总结到 ICT 连续性管理方法中，并为业务连续性管理未来的发展提供新的思路。

## 3.4.2 业务连续性管理向运营韧性演变，为组织韧性提供支撑

业务连续性管理向运营韧性演变已是业界共识，国际灾难恢复协会、国际业务持续协会、国际组织韧性联合会等国际知名机构近年来陆续发表声明、宣言，并不遗余力地推进组织韧性的发展，国际标准化组织在 2017 年也发布了 ISO 22316，但关于组织韧性的框架、方法和技术仍有待进一步探索。

一般来说，组织韧性是一个组织"吸收"和应对变化的能力，包括从中断中恢复的能力。业务连续性管理有助于理解价值是如何在组织内创造并加以维护的，以及在创造和交付这些价值的过程中存在的依赖性或脆弱性之间如何建立直接关系。组织韧性这个概念包含了多种管理职能，比业务连续性管理的范围更广。业务连续性管理是实现组织韧性的工具，两者并非一个层面的方法。

而运营韧性是一个组织在中断中交付关键业务的能力，是从有效管理运营风险中获取的结果。显然，综合考虑服务外包、技术依赖性等的业务连续性管理会更自然地向运营韧性演变。也有看法认为运营韧性的本质就是"做对了的业务连续性"。

前面提到过，业务连续性管理在发展的过程中，与 IT 灾难恢复、应急管理、危机管理和风险管理联系紧密并从中吸收了不少"营养"。目前，这几个领域也在往前发展，如风险管理领域新兴的反脆弱思想强调反脆弱类事物不只受益于混沌，也需要适应出现的压力与危机，如此才能维持生存与实现繁荣。在 ICT 领域，许多公司（包括网飞、谷歌、亚马逊、IBM 等），都采用某种形式的混沌工程来增强现代架构的可靠性。运营韧性在成长和成熟的过程中，仍会吸收不同领域

的最佳实践并与之相互促进。

## 3.5 业务连续性管理的三大支柱：安全和风险管理、运营管理以及数字化

业务连续性管理通常被归入安全和风险管理范畴，这是因为开展业务连续性管理活动需要用到大量安全和风险管理的知识和技能，如风险评估，预防和减灾措施，预案编制、演练等。但同时，组织进行业务连续性管理还需要理解哪些是组织要重点关注的业务活动，中断将对它们造成什么样的影响，并在此基础上制定业务连续性策略。组织要做好这些，需要深入理解业务活动、价值创造及其运营管理，也就是说，运营管理也是做好业务连续性管理必须掌握的知识和技能。此外，现代业务连续性管理方法起源于数字化技术应用中出现的问题（IT灾备），而随着当前社会的快速转型，数字化技术内在的脆弱性、对ICT连续性方法的借鉴以及业务连续性解决方案中数字化技术的应用等，都使得数字化与业务连续性管理的关系更加紧密。因此，作为一个新兴的管理方向，安全和风险管理、运营管理以及数字化将成为业务连续性管理的三大重要支柱，如图3-3所示。

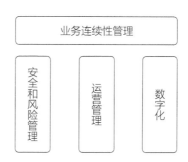

图 3-3 业务连续性管理的三大支柱

## 延伸阅读

1．克里夫·沃克，詹姆斯·布罗德里克：《2004年国民紧急事务法案——英国风险、风险恢复及其相关法律》，国家行政学院出版社，2010年。

2．杨宝华：《企业营业中断风险管理与保险解决方案研究》，光明日报出版社，2013年。

3．中金数据系统有限公司：《稳健运营　防范风险：商业银行业务连续性管理实务》，中国金融出版社，2015年。

4．张春林，陈小峰：《商业银行业务连续性管理》，机械工业出版社，2016年。

问题：业务连续性管理有什么用？我们为什么要做业务连续性管理？

简答：业务连续性管理可以保障组织在重大运营中断事件中持续向客户提供产品和服务。从客户角度看，它能尽可能地保障客户不受中断的影响；从组织运营管理角度看，它可以增强组织应对运营中断事件的能力，完善组织的日常运营管理，尽可能降低运营中断发生的可能性和成本；从股东和管理层角度看，它可以帮助组织减小收益波动，提升股东价值，保障高管人员的职业安全和财务安全。

关键词：运营中断事件；VUCA 时代；FABI。

解题：最直接的答案是业务连续性管理可以保障组织在重大运营中断事件中持续向客户提供产品和服务，这是在客户角度能感受到的价值。更进一步，我们可从组织运营管理、股东和管理层角度探究业务连续性管理的价值，下面详细阐述。

# 4.1　业务连续性管理可以增强组织应对运营中断事件的能力，完善组织的日常运营管理

今天，众多组织既面临着自然灾害、流行性疾病和极端天气等全球性风险的挑战，还需要防范黑客攻击、人为操作失误，并及时排查信息技术故障。人类左右不了大自然的喜怒无常，也无法阻挡灾难的发生，更不可能完全防止出现人为失误。VUCA 时代的到来，让组织极易陷入顾此失彼、左支右绌的境地。业务

连续性管理可以帮助组织应对这些状况，极大地缓解组织面临的压力。

### 4.1.1　业务连续性管理可以增强组织应对运营中断事件的能力

业务连续性管理的根本目标是通过理顺治理机制，形成应对运营中断事件的多部门协作体系，保障业务的持续运营。构建业务连续性管理体系首先需要分析组织内外部环境现状，明确风险偏好及整体战略，再通过建立合理的业务连续性治理机制，聚焦于关键高风险领域。基于确定的业务板块开展业务影响分析、风险评估、资源和能力评估，可以帮助组织更好地了解可能造成运营中断的主要危险场景，以及运营中断一旦发生，随时间推移可能造成的损失和影响，以及可行的最低产品和服务交付目标、恢复时间目标、恢复点目标和业务恢复优先顺序，并确定为保证业务持续运营所需要的资源和能力；评估组织及其可获得的资源和能力以确定资源和能力差距；根据资源和能力差距进一步确定业务连续性策略、资源和能力建设规划，并在此基础上编制业务连续性计划和应急预案体系，对全体员工持续开展宣传培训及演练以增强其意识和能力。

对特定组织来说，通过建立业务连续性管理体系，在发生运营中断事件时，各部门可以根据明确的事件应对预案、确定的业务恢复优先顺序、已准备好的资源和训练有素的人员，有条不紊地在恢复时间目标内开展响应和恢复工作，通过沟通维护组织形象，消除其他相关方的顾虑。业务连续性管理的实施有助于组织更快、更有序地恢复正常运营，使损失最小化，最大限度地减少收入的损失、客户的流失，增加投资者、股东和客户的信心，维护组织的形象和声誉。例如，"9·11"事件发生后，摩根士丹利第二天宣布全面恢复营业，德意志银行在当天完成 3000 亿美元以上的巨额交易。两家银行之所以能迅速"化解"灾难，正是源于其具有成熟的业务连续性管理机制和较强的业务连续性。

### 4.1.2　业务连续性管理可以增强全行业 / 社会的抗风险能力和稳定性

对一个行业来说，随着经济、金融全球化和信息技术发展的加速，行业内各组织的关联度也逐步提升，甚至国家 / 地区与国家 / 地区之间的依赖性也不断加强。因此，单个组织的运营中断可能产生蝴蝶效应，使风险迅速大范围扩散。业务连续性管理的实施将增强全行业的抗风险能力和稳定性，对行业长期、可持续健康发展具有深远的意义。

随着业务连续性管理得到越来越多行业的重视，各国的监管部门也陆续出台了相关的规章制度来规范行业的业务连续性管理，并不断加大检查力度。一方面，越来越多的组织将非核心业务外包，这导致外包风险日益突出；另一方面，在上下游企业依赖程度高的行业中，供应商或物流运输渠道过分集中，引发了较高的集中度风险。这两种风险的共同点就是外部第三方服务中断会对组织正常运营造成影响。组织通过建立业务连续性管理机制，可以规范对第三方业务连续性管理的要求，以保障组织自身业务的持续运营。

也就是说，业务连续性管理通常是针对一个组织的，但它在实施中可能会涉及更广泛的群体和第三方。通过作用于它依赖的和依赖它的外部组织，业务连续性管理有助于构建一个更具韧性的社会。

### 小资料：银行业为什么对业务连续性管理格外关注？

从内部看，如何化险为夷躲过"灭顶之灾"，把灾难造成的影响降到最低，是关乎银行生死存亡的大计。首先，运营中断可能造成巨大（的财务）损失，包括业务损失，员工误工成本，为恢复业务投入的软/硬件、人员及第三方服务成本，可能的监管罚款（和评级下调），因损失引发的客户索赔及诉讼等。其次，风险的日趋集中，网络时代的来临，给银行带来了数据大集中的深入发展以及以金融科技为特征的新的运营模式。银行管理者越来越意识到，集中到一起的不仅有科技和数据，还有风险。原来分散于各个省、市分/支行的业务，现在都集中于几个数据中心，一旦数据中心发生灾难事件，影响的就不仅是一类业务、一个市、一个省，而是全国范围的业务。最后，银行服务水平是保证公众信心的关键，而业务运营的不间断是公众衡量银行服务水平的关键因素。经常发生运营中断或恢复时间过长会"削减"公众信心，从而引发汇兑损失、客户损失等一系列问题，造成客户资源的流失，严重的还可能引发挤兑事件。

从外部看，银行的业务中断可能引发蝴蝶效应，波及整个社会。试想，如果有一天客户无法提取存款，无法向亲朋好友汇款，无法通过网上银行进行支付，无法交纳水费、电费、燃气费，无法进行股票、基金交易；企事业单位无法发放工资，无法正常进行交易资金支付；国家无法进行国库资金的集中支付，生活将会有多么混乱。在不知不觉中，银行服务已经渗透到政治、经济以及居民日常生活的各个领域，而银行之间、银行与其他行业间的相互依存度也日益提升，如一家银行业务中断的影响会扩散到其他银行、全球金融市场甚至其他领域，造成连锁反应，进而引发更深层次的公共危机。

笼统而言，业务连续性管理通过对一系列内外部资源和流程进行安排，使组织在运营中断时能够迅速做出响应，确保关键业务功能持续发挥效用，从而避免业务中断并控制中断产生的负面影响。业务连续性管理的长期回报显而易见：首先是稳定投资者和存款客户的信心，消除其对银行能否持续经营的顾虑；其次是避免运营中断对金融体系造成负面影响，履行社会责任；最后是借助保障业务持续开展的手段，发现改善关键资源配置、优化流程、提升作业效率的机会。

其他关键基础设施及公共服务行业、供应链中的"链主"企业在运营中断风险面前的处境类似，也都（应该）对业务连续性管理格外关注。

## 4.1.3 业务连续性管理可以完善组织的日常运营管理

"人是万物的尺度。"在业务连续性管理中，"人"处于中心位置。首先，员工是组织最重要的资产之一。业务连续性管理将综合分析和评估会对员工人身安全产生威胁的事件，并制定应对事件的策略、预案和措施，从而更好地保护员工的生命安全，也让员工有更强烈的安全感、归属感和更高的忠诚度。其次，业务连续性管理体系的建立、实施、运行、监视、评审、保持和改进，都需要高素质、负责任的员工来推动；技术（装备）和流程（预案／方案／计划／程序）要形成"战斗力"，也需要高素质、负责任的员工来执行。

此外，在业务连续性管理体系的建立、实施、运行、监视、评审、保持和改进过程中，组织需要了解组织内外部环境现状，主动识别主要危险场景、运营中断的影响，明确产品和服务的重要程度以及最低交付水平，评估业务的脆弱性，并根据业务之间的依赖关系确定恢复顺序，更深入地理解业务及其支撑要素，从而有效提升业务运营效率。

从长远来看，业务连续性管理的价值并非仅是组织满足合规要求、应对灾难、增强生存能力的工具。在许多发达国家中，业务连续性管理已成为组织改善经营管理、承担社会责任的基本准则，是组织增强风险预测和快速应对能力、适应需求变化、保持竞争优势的重要基础。

### 小知识：VUCA 时代

我们曾生活在一个非常有序的社会——农耕社会里。在农耕社会里，我们所做的就是循着先祖们的道路，按他们总结出来的道理行事。一切都非常有序，没有太多变化，如芒种时播种，清明时插秧，……一切活动都按照时节进行。春种秋收，日出而作、日落而息，如此循环往复，千载不变。

但是，人类进入工业社会以后，便步入了快车道，尤其是伴随着信息社会的到来，人类开始加速进入 VUCA 时代。VUCA 时代到底是什么呢？

VUCA 时代是指我们处于多变（Volatile）、不确定（Uncertain）、复杂（Complex）和模糊（Ambiguous）的世界中。

VUCA 的概念由美国在 20 世纪 90 年代引入，用来描述冷战结束后更加多变、不确定、复杂和模糊的多边世界。后来，"VUCA"被商业领域用来描述已成为"新常态"的、混乱、动荡和快速变化的商业环境。

在《世界是平的》一书中，托马斯·弗里德曼指出，当今世界改变的速度已与过去不同，文明每经历一次颠覆性的技术革命，都会给世界带来深刻的变化。从各方面来看，商业中混乱的"新常态"是真实的。例如，2007—2009 年的金融危机使许多商业模式过时，全世界的各类组织都陷入了动荡的环境中。与此同时，随着社交媒体等新技术的发展，世界人口持续增长，全球性的灾难扰乱了个人、企业和经济环境。

VUCA 时代的变化经常呈现出跳跃性和震荡性的特征，会产生很多破坏性的影响，如信息爆炸、突发事件频繁、资源紧缺、员工投入度低等，给组织带来更多的风险。组织如不能及时调整方向，无法快速适应新的环境，就会因为错误的假设而迷失，因为错误的航标而偏航。

## 4.2　业务连续性管理可以帮助组织减小收益波动，提升股东价值，保障高管人员的职业和财产安全

业务连续性管理可以通过降低企业发生运营中断的可能性或者快速恢复中断业务、最小化运营中断带来的损失、防止组织陷入财务困境来提升组织的价值。

从企业信誉和竞争力等无形价值角度考虑，良好的业务连续性管理可以充分保护相关方的利益，维护企业信誉及相关方对企业的信任。下面将从股东、管理层等相关方角度探讨业务连续性管理的价值。

### 4.2.1　管理运营中断风险是管理层而不是股东的直接责任

从本质上看，投资者可以自行通过分散投资来降低风险，但即使是专业的基金经理也不可能获取有效进行风险管理所需要的足够的内部信息（包括有关风险／收益的历史资料、波动率和相关性，企业当前的风险敞口和集中度，可能改变企业风险特征的未来经营和投资计划等）。对于企业的管理层，虽然他们能优先知晓有关信息并获得风险管理系统专家们的支持，但是评估和管理企业整体风险对他们而言仍是一个巨大的挑战。股东们能做的主要工作是挑选出一个足够独立、全心全意为股东服务并对风险足够敏锐的董事会来代表他们的利益，以及当他们对企业管理水平不满时"用脚投票"卖出股票。由此可见，确保企业实现它的经营目标，承担符合企业风险偏好的适当的风险是管理层永恒的职责。从这个角度看，尽管风险管理的成本有时看上去非常高昂，但它是企业必须付出的代价。因此可以说，管理一家企业的风险是管理层而不是股东的直接责任，管理运营中断风险当然也是如此。

### 4.2.2　业务连续性管理可以帮助组织减小收益波动

对运营中断风险进行主动管理的企业，在应对运营中断时可以更为从容地根据预先确定的策略、准备的资源和预案进行响应和恢复，从而使自身利益最大化。反之，那些未对运营中断风险进行有效管理的企业只能疲于奔命，采取临时应对措施，以致运营难于恢复。

### 4.2.3　业务连续性管理可以帮助组织提升股东价值

除了减小收益波动，业务连续性管理还可以通过帮助企业实现它的经营目标来提升股东价值。在实务中，业务连续性管理可以通过以下方式提升股东价值。

（1）促使各业务的目标与企业的整体经营目标、风险目标保持一致。

（2）保障投入成本最小化、充分获取业务的风险收益。

（3）防止出现重大损失和对企业声誉、品牌造成损害。

此外，积极的业务连续性管理还可以降低商业活动的不确定性，从而促进企业效益全面增长。

### 4.2.4　业务连续性管理可以保障高管人员的职业和财务安全

就个人层面来看，业务连续性管理最引人注目的益处是它可以保障高管人员的职业和财务安全。随着法律法规和监管要求的完善，公司董事、监事和高管人员面临着越来越大的责任和职业风险，除了承担《公司法》规定的民事责任和刑事责任，他们还有可能承担以下风险：因关联交易损害公司利益而承担的赔偿责任；公司对外担保和投资业务中的赔偿责任；因签署违法而宣告无效的合同或者开展违法业务产生的赔偿责任；股东查账的风险；被股东起诉、追究责任的风险等。

有效的业务连续性管理可以使高管人员积极作为，对可能造成重大损失的风险事件预先制定应对策略及应急预案；在事件发生前尽力降低事件发生的可能性，在事件发生后使其破坏力最小化，从而使其利益和股东的利益一致。在一定程度上，业务连续性管理可以提供给高管人员更高程度的职业安全并且维护他们在公司里的价值，使其手中的期权更有价值。可以说，"业务连续性管理的最大价值就是显著提升一把手的睡眠质量。"

表 4-1 总结了业务连续性管理的特点、优点、收益和影响。

表4-1 业务连续性管理的特点、优点、收益和影响（FABI）

| 特点（Features）（是什么或有什么） | 优点（Advantages）（能做什么） | 收益（Benefits）（能带来什么好处） | 影响（Impacts）（会造成什么影响） |
|---|---|---|---|
| <ul><li>分析内外部环境，明确业务连续性目标</li><li>理顺业务连续性治理结构</li><li>确定组织风险偏好</li><li>发布业务连续性方针</li><li>确定业务连续性年度规划和管理计划</li><li>风险评估</li><li>业务影响分析</li><li>资源和能力现状评估</li><li>确定业务连续性策略和解决方案</li><li>编制应急响应和业务恢复预案</li><li>宣教培训</li><li>演练</li><li>内部审核</li><li>管理评审</li><li>持续改进</li></ul> | <ul><li>主动识别主要危险场景</li><li>主动识别运营中断的影响</li><li>明确最低的产品和服务交付水平</li><li>经测试和及时更新的预案可以挽救生命</li><li>能够让高管团队、业务部门更深入地理解业务及其支撑要素</li><li>能够在运营中断发生后快速做出正确的决策，采取有效措施，快速恢复业务运营，最大限度地减少对组织的负面影响</li><li>能够满足业务恢复时间目标／恢复点目标等要求，在危机状况下保持业务持续运营，保护企业声誉和品牌</li><li>管理层能够以正式的、有计划的方式测试组织应对运营中断的能力</li><li>员工能够了解到自己的工作没有重大风险敞口，且组织已采取措施保护业务</li><li>遵循法律法规要求，满足监管要求，取得第三方认证</li><li>保护相关方的利益</li></ul> | <ul><li>确保产品交付和服务提供的连续性</li><li>改善业务绩效</li><li>确保供应链安全</li><li>确保员工和访客的健康和安全</li><li>使业务和组织更具韧性</li><li>帮助创建或建立优化风险文化</li><li>在组织／业务中建立信心</li><li>建立客户信任和信心</li><li>强化竞争优势，使客户更喜欢企业的产品和服务</li><li>显著降低量中断成本</li><li>防止或尽量减少财务损失</li><li>降低保险费率</li><li>保护品牌价值</li><li>降低声誉和财务风险</li><li>减小收益波动</li><li>保护组织在业务不确定时期的声誉</li><li>提高声誉</li><li>增强投资者（股东）的信心</li></ul> | <ul><li>带来更高的客户满意度（维护／保留重要客户，保护市场份额）</li><li>带来更高的竞争优势（获得新的客户和市场份额）</li><li>打造具有韧性的供应链和社区</li><li>提升营业额和毛利润</li><li>提升投资回报率和股东价值</li><li>带来更高的公司价值／股价（满意的投资者）</li><li>建立令人满意的监管组织</li><li>塑造承担社会责任的企业形象</li><li>让CEO（和管理层）在晚上能睡得更好，保障高管人员的职业和财务安全</li></ul> |

**延伸阅读**

1．黄志凌：《风险经营：商业银行的精髓》，人民出版社，2015 年。

2．ISO 22313：2020 Security and resilience – Business continuity management systems – Guidance on the use of ISO 22301.

**问题：** 有哪些主要的、值得关注的业务连续性管理知识体系？

**简答：** 目前较为完整、体系化并且获得较广泛认可的业务连续性管理知识体系包括以下内容。

（1）国际灾难恢复协会专业惯例。

（2）国际业务持续协会良好实践指南。

（3）亚洲业务持续管理协会业务连续性管理知识体系（BCMI BCM Body of Knowledge，BCMI BCMBoK）。

（4）国际标准化组织 ISO 22301 系列标准。

（5）美国消防协会应急、连续性和危机管理标准 NFPA 1600。

（6）业务连续性实务框架（BCM Practice Framework，BCMPF）。

业务连续性管理人员需要紧盯管理目标，把以上知识体系作为工具，密切关注自己的工具包，弄清里面有哪些工具，以及自己是否能熟练运用这些工具实现目标。

"从实践中来，到实践中去"是丰富、优化业务连续性管理工具包的最终办法。

**关键词：** DRII PP，BCI GPG，BCMI BCMBoK，ISO 22301，NFPA 1600，业务连续性实务框架。

**解题：** 业务连续性管理是一个新兴的管理领域，和风险／安全管理、运营管理、数字化这些成熟的学科不同，它没有坚实的理论基础，只是对围绕着"尽量别发生中断，以及中断发生后尽快恢复运营并尽可能减少中断对组织的影响"这两个目标进行的各种实践的总结。

下面简要介绍：国际灾难恢复协会专业惯例，国际业务持续协会良好实践指南，亚洲业务持续管理协会业务连续性管理知识体系，国际标准化组织 ISO 22301 系列标准，美国消防协会应急、连续性和危机管理标准 NFPA 1600 等。

# 5.1　国际灾难恢复协会专业惯例

国际灾难恢复协会于 1988 年在美国成立，是一家非营利组织，通过在业务连续性及相关领域提供教育、认证和发挥思想引领作用，帮助世界各地的组织做好备灾和恢复。国际灾难恢复协会创建和维护的专业惯例，是一个可用于开发、实施和维护业务连续性项目集的知识体系，也可用于评估当前项目集，其最新版为 2017 版，主要内容如下：

（1）项目集启动和管理（Program Initiation and Management）。

（2）风险评估（Risk Assessment）。

（3）业务影响分析（Business Impact Analysis）。

（4）业务连续性策略（Business Continuity Strategies）。

（5）事件响应（Incident Response）。

（6）预案编制和实施（Plan Development and Implementation）。

（7）意识和培训项目集（Awareness and Training Program）。

（8）业务连续性计划演练、评估和维护（Business Continuity Plan Exercise, Assessment, and Maintenance）。

（9）危机沟通（Crisis Communications）。

（10）外部机构协调（Coordination with External Agencies）。

国际灾难恢复协会专业惯例是全球传播最广的业务连续性管理知识体系之一，值得关注，其最新版的英文版和中文版可在国际灾难恢复协会网站免费下载（需注册账号）。

# 5.2　国际业务持续协会良好实践指南

国际业务持续协会是一家在英国注册的非营利组织，成立于 1994 年，致力于通过社区的专业精神、关系的力量、教育的质量、知识的广度和洞察力的深度，共同建立一个每个组织都具有韧性的世界。

2017年11月7日，国际业务持续协会发布良好实践指南2018版（Good Practice Guidelines 2018 Edition，GPG 2018）。GPG 2018借鉴了来自世界各地的从业者的知识以及国际标准中的信息，是业务连续性和韧性专业人员的权威指南。GPG 2018提出，业务连续性管理生命周期是增强组织韧性的核心，而以下6个专业实践构成了业务连续性管理生命周期的基础。

（1）管理性实践

● PP1：方针和项目集管理（Policy and Programme Management）。

● PP2：将业务连续性融入组织（Embedding Business Continuity）。

（2）技术性实践

● PP3：分析（Analysis）。

● PP4：设计（Design）。

● PP5：实施（Implementation）。

● PP6：验证（Validation）。

其中PP1和PP2属于管理性实践，PP3、PP4、PP5和PP6是技术性实践。

国际业务持续协会良好实践指南也是全球传播最广的业务连续性管理知识体系之一，值得关注，其最新版的英文版需付费获得，其简版可免费下载（需注册账号）。

注意，国际灾难恢复协会和国际业务持续协会均采用了Practice一词，但根据人们的使用习惯，两者被分别译为"惯例"和"实践"。

## 5.3　亚洲业务持续管理协会业务连续性管理知识体系

亚洲业务持续管理协会是一个全球性的业务持续和灾难恢复管理协会，于2005年成立，总部设在新加坡，在东南亚和中东地区有相当大的影响力。

"A Guide to the Business Continuity Management Body of

Knowledge"（BCMBoK Guide）最初由亚洲业务持续管理协会在 2009 年以白皮书的形式发布，目的是对普遍接受的业务连续性管理（以及危机沟通、危机管理和灾难恢复）定义和实践进行文档化和标准化。BCMI BCMBoK 描述了业务连续性管理专业内知识的总和。BCMI 认为，很难将全部知识（甚至只是一个方面的知识），如 ISO 22301 BCMS 审计、业务连续性、危机沟通、危机管理或灾难恢复放入单个文档中，因此需要建立一个业务连续性管理知识体系的指南。因为业务连续性管理专业人员不仅必须具有业务连续性审计、业务连续性管理、危机沟通、危机管理或灾难恢复方面的知识，还必须拥有其他相关学科的知识，所以该指南寻求识别和描述被普遍接受的相关知识体系的每个子集。

以下是 BCMI BCMBoK 的内容。

（1）BCMBoK 1：项目管理（Project Management）。

（2）BCMBoK 2：风险分析和评估（Risk Analysis and Review）。

（3）BCMBoK 3：业务影响分析（Business Impact Analysis）。

（4）BCMBoK 4：业务连续性策略（BC Strategy）。

（5）BCMBoK 5：预案编制（Plan Development）。

（6）BCMBoK 6：测试和演练（Testing and Exercising）。

（7）BCMBoK 7：项目集管理（Program Management）。

# 5.4　国际标准化组织 ISO 22301 系列标准

2012 年，国际标准化组织正式发布了 ISO 22301 和 ISO 22313。ISO 22301 指明了建立和管理一个高效业务连续性管理体系的要求；ISO 22313 则阐述了如何建立、实施、保持和改进组织的业务连续性管理体系。随后，该组织又陆续发布（及更新）了一系列业务连续性管理体系相关标准，主要包括以下内容：

● ISO 22301 作为要求类标准，是 ISO 22301 系列标准的核心，它提供了一个框架，描述了用于建立、实施、运行、监视、评审、保持和改进业务连续性管理体系的一系列要求，组织可以据此标准获得认证。

- ISO 22313 作为 ISO 22301 的使用指南，解释了 ISO 22301 中规定的要求并提供了实施指导。
- 包括 ISO 22317（业务影响分析）、ISO 22318（供应链连续性）、ISO 22330（人的方面）、ISO 22331（策略）和 ISO 22332（计划和程序）等在内的一系列技术规范。

ISO 22301 基于国际标准化组织高层结构（High Level Structure，HLS）规定了一个高效业务连续性管理体系应具备的主要特点，最新的 ISO 22301：2019 版共提出了 90 项要求。需要注意的是，ISO 22301 "建立、实施、运行、监视、评审、保持和改进" 的对象是业务连续性管理体系，而这个业务连续性管理体系是用于 "建立、实施、运行、监视、评审、保持和改进" 业务连续性的一个管理体系。

ISO 22301 系列标准已成为业务连续性管理最佳实践的集大成者，可以帮助组织在应对中断事件时做好预防、准备、响应和恢复工作。斯特凡·坦根博士指出，"实施 ISO 22301 的组织将能够向立法者、监管机构、客户、潜在客户和其他相关方证明他们遵循业务连续性管理的良好实践" "它也可以由需要向管理层报告的审计人员用于衡量组织的实践"。

鉴于业务连续性管理在各个领域的重要意义以及国际标准化组织在全球的巨大影响力，已有许多国家采用 ISO 22301 作为国家标准。我国也等同采用 ISO 22301 和 ISO 22313 为国家标准。

## 5.5　美国消防协会 NFPA 1600

美国消防协会（NFPA）成立于 1896 年，是自筹资金的非营利组织，是消除由火灾、电气和相关危害而导致的死亡、伤害、财产和经济损失的全球领先倡导者，致力于通过信息、知识和激情拯救生命、减少损失。

NFPA 1600 是由美国消防协会制定和发布的关于连续性、应急和危机管理的标准，被批准为美国国家标准。该标准于 1995 年首次发布，当前版本为 2019 版（第九个版本），已成为西半球的主要标准。许多美国公司使用 NFPA 1600 作为其全球业务连续性、应急和危机管理的基础。NFPA 1600 广泛应用于地方、区域、国家、国际和全球的公共、非营利、非政府和私营组织，不仅被美国遭受恐怖袭击事件国家调查委员会（"9·11"委员会）认可为国家准备标准，而且被美国国土安全部采纳为应急准备的自愿共识标准。

NFPA 1600：2019 是一份 90 多页的文件，为包括预防、减灾、响应、连续和恢复在内的准备和韧性项目集的策划、实施、执行、评估和保持提供了基础。标准文本包含 10 个章节和 13 个附件（从 A 到 M），章节内容简洁，给出了结构化的要求，但并未提供实施指导；附件增加了内容的细节，如附件 A 为标准正文提供了较全面的解释，附件 B 可直接用作自评估的检查清单。

# 5.6　业务连续性实务框架

业务连续性实务框架是由新常安（北京）科技有限公司开发的业务连续性管理知识体系。它结合了国际先进理念和国内实践，以业务连续性为中心，覆盖了从评估、规划、建设到运用的能力管理全生命周期。

业务连续性实务框架于 2013 年开发，目前为 Ver.2.0，包括项目集管理和领导力、能力规划、能力建设和保持、能力运用以及管理评价 5 个活动组、30 项活动，如图 5-1 所示。

图 5-1 业务连续性实务框架

- 项目集管理和领导力：组织环境分析，商业论证，业务连续性方针，项目集计划和路线图，收益和组件整合管理，相关方争取，关键组件活动的参与，以及项目集维护和改进。

- 能力规划活动：业务连续性能力框架规划，业务影响分析，风险评估，任务分析，能力分析，以及目标设定。

- 能力建设和保持活动：业务连续性策略和方案，预案编制和管理，应急组织和程序设计，资源建设和管理，培训和意识教育，以及演练。

- 能力运用活动：预防、保护和减灾，情报和监测、预警和警报，应急响应，业务恢复，危机沟通和管理，以及事后重建。

- 管理评价活动：能力评估，管理评估，事件评估，审核。

业务连续性实务框架是以能力为中心、由项目集管理和领导力驱动的实务框架，未来将进一步改进和完善。本书从主题 8 开始会详细地介绍该实务框架。

**延伸阅读**

1．DRII：The Professional Practices for Business Continuity Management，2017.

2．BCI：Good Practice Guidelines 2018 Edition，2017.

3．BCMI：BCM Body of Knowledge（BCMBoK）.

4．NFPA：NFPA 1600：2019 - Standard on Continuity, Emergency and Crisis Management.

5．ISO 22301：2019 Security and resilience - Business continuity management systems - Requirements.

**问题**：业务连续性究竟是什么？业务连续性管理和业务连续性管理体系又究竟是什么？

**简答**：业务连续性是一种组织能力，业务连续性管理是管理业务连续性的一整套管理过程，业务连续性管理体系是管理业务连续性的项目集管理方法，也可以说，业务连续性管理和业务连续性管理体系是管理业务连续性的不同方法。

**关键词**：业务连续性，业务连续性管理，业务连续性管理体系，组织能力，国际标准化组织高层结构。

**解题**：我们经常听到业务连续性、业务连续性管理和业务连续性管理体系，它们究竟是什么意思，又有什么样的关系？此外，业务连续性策划、业务连续性计划、业务连续性方案、业务连续性方针等，它们又是什么意思，相互之间是什么关系？我们将从以下几个方面逐一予以解释。

## 6.1 业务连续性是一种组织能力，业务连续性管理和业务连续性管理体系是管理业务连续性的方法

业务连续性在被广泛接受的国际标准（ISO 22301：2019 3.3）中的定义是，"在中断期间，组织在可接受的时间范围内以预定的（生产 / 服务）能力持续交付产品和服务的能力（capability）"。也就是说，业务连续性是一种组织能力，

是一种"结构性的、体系性的综合能力"。（至于为什么说它是一种结构性的、体系性的综合能力，请参阅本主题附录1：关于能力的探讨。）

业务连续性管理在 ISO 22301 系列标准中的最新定义（ISO 22313：2020 3.1）是"实施和保持业务连续性的过程"，略早一些的定义（ISO 22300：2018 3.25 和 ISO 22301：2012 3.4）是"识别对组织的潜在威胁以及这些威胁一旦发生可能对业务运行带来的影响的一整套管理过程，该过程为建立拥有有效响应能力的组织韧性提供了框架，以保护关键相关方的利益、声誉、品牌和创造价值的活动"。这两个定义基本一致，即业务连续性管理是实施和保持业务连续性的一整套管理过程，能使组织准备好应对可能妨碍实现其目标的中断事件。ISO 22313：2020 指出，业务连续性管理具体包括图 6-1 所示的主要过程：

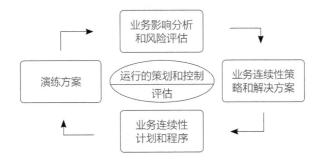

图 6-1　业务连续性管理的主要过程（摘自 ISO 22313:2020）

（1）运行的策划和控制由最高管理者任命的负责人领导，对业务连续性管理活动进行策划和控制，这是有效的业务连续性管理的核心。

（2）业务影响分析和风险评估。通过业务影响分析和风险评估，确定支持产品或服务的活动的优先级、加深对优先活动及其从属活动的风险以及中断事件后果的理解，为选择合适的业务连续策略和解决方案建立基础。

（3）业务连续性策略和解决方案。识别并评估能使优先活动在议定的时间范围内恢复到可接受的生产／服务能力的业务连续性策略和解决方案，选择可行的、成本效益合适的业务连续性策略和解决方案，确定相应的资源要求并实施选定的解决方案。

（4）业务连续性计划和程序。建立一个清晰的响应结构，确定负责应对中断事件的团队，编制计划和程序用以预警、沟通、应对和恢复。

（5）演练方案。演练方案既可以使组织验证已准备好的解决方案、计划和程序的有效性，还可以帮助组织增强意识和能力、保持和改进业务连续性。

（6）评估。评估业务连续性管理，确保其有效，以使组织能够达成其业务连续性目标。

对于业务连续性管理体系，ISO 22300：2021 3.1.21 将其定义为"组织整体管理体系的一部分，用于建立、实施、运行、监视、评审、保持和改进业务连续性"，并在随后的注释中指出，"管理体系包括组织结构、方针、策略活动、责任、程序、过程和资源"。对于管理体系，国际标准化组织给出的定义是，"组织中相互关联或相互作用的一组要素，以此建立方针和目标以及实现这些目标的过程"。业务连续性管理体系与其他管理体系一样，包括以下组成部分：

（1）方针；

（2）有责任且能胜任相关工作的人员；

（3）与方针制定、策划、实施和运行、绩效评估、管理评审以及改进相关的管理过程；

（4）支持运行控制和绩效评价的成文信息。

简而言之，业务连续性管理体系是用于管理（建立、实施、运行、监视、评审、保持和改进）业务连续性这种组织能力的一个管理体系，它包括相关的组织结构、方针、策划活动、职责、程序、过程和资源。

为了能更深入地探讨业务连续性、业务连续性管理和业务连续性管理体系之间的关系，我们简要回顾一下业务连续性管理的发展历程，如图 6-2 所示。

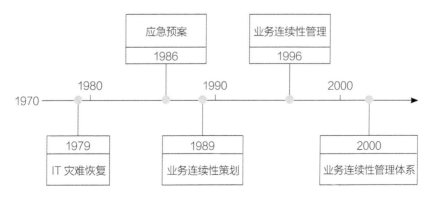

图 6-2　业务连续性管理的发展历程

● 20 世纪 70 年，当时兴起的 IT 灾难恢复只关注数据恢复。

- 20 世纪 80 年代，IT 灾难恢复引入应急预案的概念，开始关注业务恢复。
- 20 世纪 80 年代后期，随着"业务连续性"这一概念的提出，目的是支持业务恢复预案编制的业务连续性策划出现。
- 20 世纪 90 年代，业务连续性策划演变为业务连续性管理，但直到进入 21 世纪（2000 年）后，业务连续性管理才开始真正得到发展和完善。
- 在 21 世纪，由于 BS 25999 及 ISO 22301 等标准的推动，业务连续性管理体系逐步得到广泛应用。

这里提到的业务连续性策划是一个确定恢复优先顺序和业务连续性计划的过程，它使组织能够在计划级别的中断中保障关键业务功能持续运行。业务连续性策划这个过程的结果是生成业务连续性计划。

我们可以看到，在"业务连续性"概念提出后，先出现了业务连续性策划，接着是业务连续性管理，然后是业务连续性管理体系，即从一个管理过程，到一整套管理过程，再到管理体系（包括业务连续性组织结构、方针、策划活动、职责、程序、过程和资源）。其实，无论是貌似古老但今天仍生命力旺盛的营业中断保险，还是仍在不断演变的当代业务连续性管理方法（如 IT 灾难恢复、业务连续性策划、业务连续性管理和业务连续性管理体系等），都是人们在应对运营中断风险时采用的不同管理方法。（关于这些方法的演变逻辑，后文还将详述。）

注：上文中"业务连续性管理"直接对应专业术语"Business Continuity Management"，但在日常特别是口语环境中，业务连续性管理还可指"Management of Business Continuity"，其实际含义是对业务连续性的管理，如 IT 灾备、业务连续性策划都是人们为应对运营中断风险进行业务连续性管理的方法。

# 6.2 管理体系方法是一种有效的组织能力管理方法

组织能力指的不是个人能力，而是一个团队（不管是 10 人、100 人还是 100 万人）所发挥的整体战斗力，是一个团队（或组织）竞争力的 DNA，是一个团队在某些方面能够明显超越竞争对手、为客户创造价值的能力。

——杨国安

组织能力是一个组织的综合能力、整合能力，它是结构化的、体系性的综合能力，并且是一种可具象化的、有要素内容的、可展开的体系性能力。

多萝茜·伦纳德定义了公司可能拥有的 3 种能力：核心能力、补充能力和必要能力。

- 核心能力"随时间的推移而积累"，"不能轻易模仿"，因此"构成公司的竞争优势"。这种能力与其他类型的能力不同，并且足以优于竞争对手组织中的类似能力，提供"可持续的竞争优势"。这意味着核心能力是组织持续、长期学习的产物。
- 补充能力是"为核心功能增加价值但可以模仿"的能力。
- 必要能力是"必要但不足以使公司和竞争公司区分开"的能力。

换句话说，必要能力是公司必须拥有、支持其正常运营和核心能力的能力，但这种能力本身不是核心能力（因为它可以被模仿，发展快速或与竞争对手没有太多不同）。必要能力与补充能力的区别在于前者是公司必需的，但不一定能为核心功能增加价值。

当然，针对组织能力，我们也有其他的分类方法，如将其分为战略能力、核心能力和支持能力等。

探讨组织能力的另一种方式是，将其看作针对特定的人员、流程和技术的组合。多萝茜·伦纳德在分析商业能力的本质后，认为组织的核心能力"至少包括 4 个相互依存的维度"，如图 6-3 所示。

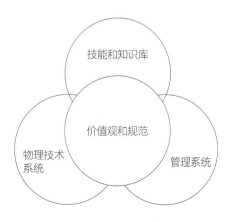

图 6-3　组织能力的 4 个维度

（1）物理技术系统：机械、数据库、软件系统等。

（2）管理系统：运营管理系统，包括技术系统的运行。

（3）技能和知识库：维护个人和团队的技能和知识的系统。

（4）价值观和规范：组织中监管行为和目标的系统。

我们再来看看管理体系，其定义前面已提过，即"组织中相互关联或相互作用的一组要素，以此建立方针和目标以及实现这些目标的过程"。

管理体系的要素，一般包括硬件、软件、人件，也就是设备、方法、人员，如图6-4所示。不同的组织，影响其管理体系的关键可能是不同的，有的是硬件，有的是软件，还有的是人件。例如，对服务业而言，人员非常重要；对工厂而言，设备很重要；对自动化程度较高的装配企业而言，软件很重要。组织的环境也非常重要。例如，一家工厂使用原始的方法——手写卡片对设备进行管理，结果非常有效。虽然现在已经有更好的、更便利的方法对设备进行管理，但工厂这样做能得到自己期望的结果，这说明其采用的方法是适宜的和有效的。由此可见，没有一个固定的"配方"适用于所有组织，组织需根据自己所处的环境设计适宜的管理体系。例如玻璃杯的生产企业和提供核电的企业，他们所处的环境完全不同，管理体系的设计当然也会有差别。综合来看，管理体系的要素包括环境、设备、方法和人员。

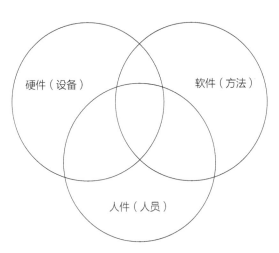

图6-4　管理体系的要素

细心的读者可能已经注意到，组织能力的4个维度——价值观和规范、物理技术系统、管理系统、技能和知识库，和管理体系中的环境、设备、方法、人员，形成了一一对应关系。显然，与单一的管理过程（如业务连续性策划）、单纯的一整套管理过程（业务连续性管理）相比，管理体系是更适合组织能力管理的一种方法（当然并非唯一的方法）。

进一步看，因为所处环境及核心业务的独特性，每个组织的能力都是独特的，所以目前对组织能力的研究主要是分类别和 / 或维度研究。但管理组织能力的管理体系方法已比较成熟。近年来，国际标准化组织提炼了管理体系的通用要素，推动采用 Annex SL 编写管理体系要求。

### 小知识：Annex SL

在 Annex SL 推出后，多管理体系的集成变得更为容易。事实上，ISO 22301：2012 是最早按照 ISO Guide 83（Annex SL 的前身）编写的管理体系标准之一。

Annex SL 是国际标准化组织创建的高层结构，用于为所有管理体系标准提供通用的高层结构、相同的核心文本以及通用术语和定义。它的目的是使组织更容易遵从多个管理体系标准。

Annex SL 的核心文本有 10 章。

1. 范围：界定管理体系的预期结果。该结果是行业特定的，应与组织环境（第4章）相一致。

2. 规范性引用文件：提供与特定标准相关的参考标准或出版物的细节。

3. 术语和定义：通用术语和核心定义。

4. 组织环境（包含 4 节）：

4.1 了解组织及其环境

4.2 了解相关方的需要和期望

4.3 确定管理体系范围

4.4 管理体系

5. 领导作用（包含 3 节）：

5.1 领导作用和承诺

5.2 方针

5.3 组织的角色、责任和权限

6. 策划（包含 2 节）：

6.1 应对风险和机会的措施

6.2 目标及其实施计划

7.支持（包含5节）：

7.1 资源

7.2（人员）能力

7.3 意识

7.4 沟通

7.5 成文信息

8.运行（包含1节）：

8.1 运行的策划和控制

9.绩效评价（包含3节）：

9.1 监视、测量、分析和评价

9.2 内部审核

9.3 管理评审

10.改进（包含2节）

10.1 不符合和纠正措施

10.2 持续改进

Annex SL 共包括 45 个 "应"（Shall）语句，它们形成通用的结构化框架。在这个通用的结构化框架之外，特定管理体系标准可增加相应领域的要求。

当前，ISO 9001：2015, ISO 14001：2015, ISO 20000-1：2018, ISO 22000：2018, ISO 22301：2019, ISO/IEC 27001：2013, ISO 41001：2018, ISO 45001：2018, ISO 5001：2018 和 ISO 55001：2014 等管理体系标准已按照 Annex SL 指定的格式编写（或修订），这将极大地促进这些不同的管理体系集成实施，帮助组织采用 "结合审核"，以（合理）有限的精力和预算投入实现合规目标。

需要注意的是，管理体系的输出很重要，即在使用管理体系方法管理组织能力时，应当以结果为焦点。例如，人们在评价一个管理体系时，不应在意具体文件有多少，设备是不是最新的，演练是不是符合规划，而应更关注管理体系的输出，即管理体系结果——目标是否达成（当然不是说不用关注文件、设备和演练）。

具体到对业务连续性这一组织能力的管理，我们应将相关方的业务连续性要求作为输入，将组织的业务连续性置于管理体系框架和原则下来建立业务连续性管理体系，以产生能满足这些要求的连续性结果（即受控的业务连续性），从而使组织的业务连续性可控、可评估和可持续改进。业务连续性管理体系的基本框架如图 6-5 所示。

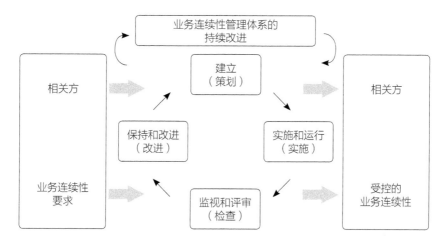

图 6-5　业务连续性管理体系的基本框架（摘自 ISO 22313:2020）

# 6.3　从 BMIS 看组织能力的一般模型

与业务连续性类似，组织中的网络安全、应急、安全生产等也都是组织能力。一般情况下，这些能力都是支持能力，但在某些情况下，某些能力也可能成为核心能力或战略能力。例如，当前我国"互联网 +"发展迅猛，有些企业因为具备较强的网络安全能力，能够利用数字化"红利"，获得市场快速增长的机会及竞争优势，这时网络安全能力就成了这些企业的核心能力。

信息系统审计与控制协会（ISACA）在 2009 年发布了《信息安全的业务模型》（BMIS），该模型基于南加利福尼亚大学马歇尔商学院关键信息基础设施研究所的研究成果——系统安全管理模型（Systemic Security Management Model），描述了网络安全能力的组成要素，如图 6-6 所示。

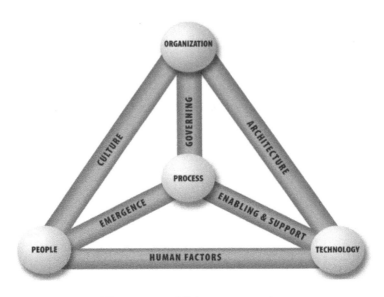

图 6-6　BMIS（摘自 ISACA BMIS）

BMIS 是一个三维模型，由 4 个要素和 6 个动态互连（Dynamic Interconnections, DIs）组成。从组成要素角度看，它在传统的三要素——人员（People）、过程（Process）和技术（Technology）之外，增加了第四个要素——组织（Organization）。BMIS 认为，在一个全面和管理良好的信息安全体系中，BMIS 的各要素是平衡的，如果这个三维模型的某个部分被改变，其他部分会因受到影响而扭曲（跟着改变）。相应的 DIs 包括：

- 文化（Culture，组织与人员之间的 DIs）；
- 治理（Governing，组织与过程之间的 DIs）；
- 架构（Architecture，组织与技术之间的 DIs）；
- 涌现（Emergence，过程与人员之间的 DIs）；
- 赋能和支持（Enabling & Support，过程与技术之间的 DIs）；
- 人的因素（Human Factors，人员与技术之间的 DIs）。

当然，考虑到该模型中各要素之间的复杂关系，我们需要明白，这些 DIs 并不只受到直接相连的 2 个要素的影响，它们也可能受到非直接连接要素的间接的影响（其实，从 4 个节点连接的立体模型角度很容易理解这一点，因为任意两个节点之间的连接拉长或缩短时，为保持该模型不崩溃，其他节点之间的连接一定会受到影响）。

我们可以看到，BMIS 其实也是一个通用的组织能力模型，它的 4 个要素与多萝茜·伦纳德的组织能力的 4 个维度一一对应：物理技术系统——技术，管理系统——过程，技能和知识库——人员，价值观和规范——组织。这比较容易理解，因为技术、过程、人员以及组织这些单一要素都无法形成"战斗力"，组织的"战斗力"来自这 4 个要素的综合。BMIS 的价值在于它用 DIs 进一步精细化了通用模型。

从组织能力出发，对业务连续性、网络安全、应急、安全生产等组织能力进行规划、建设和保持、运用和管理评价，已经被证明是一种有效并有待进一步发展的方法，值得我们继续探索。

**附录 1：关于能力的探讨**

"能力"是一个基础词语，既是组织人力资源开发实践中人才评估甄别与培养发展的基础性概念（因为所有具体的评估测量对象和培养培训方案都立足于对"能力"的内涵的把握），也是社会基础教育体系中教育理念、教育方法、教育内容体系和教育成效评估的起始源头和必须依赖的核心概念。

关于"能力"一词，《辞海》是这么说的："成功完成某种活动所必需的个性心理特征，分为一般能力和特殊能力。前者指进行各种活动都必须具备的基本能力，如观察力、记忆力、抽象概括力等；后者指从事某些专业性活动所必需的能力，如数学能力、音乐绘画能力或飞行能力等。人的各种能力是在素质的基础上，在后天的学习、生活和社会实践中形成和发展起来的。"这个定义比较模糊，有些似是而非。我们不妨看看现代管理学中的"能力"概念。

在英语中，有"能力"这层含义的词语很多，但它们是完全不同的，如 ability，capability，capacity，competence，faculty，giftie，headmind，power 等。下面选择与"能力"关联度高的词语分别介绍。

**ability——现代管理学能力细分概念**

现代管理学能力类的概念，第一个细分概念是 ability。ability 是在词义上最接近中文"能力"概念的英语词语，其英文本义有"talent that enables someone to achieve a great deal""a level of mental power""a particular talent or skill"。

ability 的中文含义，是"（做某事的）能力"。如果我们仔细探究，会发现 ability 主要是指从 talent 中延伸出来的"能力"。在英语语境中，ability 最普遍的应用也都是和 talent 直接相联系的。

ability 典型的基础应用有 "abstract ability, ability in music, academic ability, mental ability, physical ability, linguistic ability" 等，即 "抽象能力、音乐才能、学术能力、智力、体能、语言能力" 等。

因此，ability 在现代管理学体系中最为基础的含义和应用，其实是指中文中的 "基础生理能力"，即 "在人类天赋的基础上，自然发育形成的心智、生理层面的能力"。所谓自然发育，主要是指并不涉及后天的，尤其是社会外在文化特别设计、安排的教育与训练，因为社会教育是社会外加给个人的，带有很强的、非自然的群体主观文化色彩或意识色彩。

### capability——结构性、体系性能力概念

现代管理学能力类的概念，第二个细分概念是 capability，其英文本义是 "the extent of someone's or something's ability" "a facility on a computer for performing a special task" 等。和中文中的能力概念相比，capability 主要是指 "性能、容量、功率、效力、生产率"，即和 "程度、容量" 直接相联系的 "功能、性能"。

现代管理学中普遍应用的 capability 是指，个体或群体完成或实现某类具体任务或功能，并有数量、容量、程度概念的能力范畴，如 "personal capability" "organizational capability" 等。

所以 capability 所指的能力，其基本含义是 "已经有结构化的、体系化的内容的能力，往往有结构、数量和维度等内容要素，可以细分解构"。因此 capability 在中文中，是指个体或组织的综合能力、整合能力，并且是结构性的、体系性的综合能力。

需要注意，综合能力是对个体或组织系统整合能力的统称，但是这一能力本身肯定是一种可具象化的、有要素内容的、可展开的体系性能力。

### capacity——能力、潜力总容量

在有关能力的细分性、应用性概念中，capacity 也是现代管理学中十分基础的一个词语。其英文本义是 "the maximum amount that something can contain" "the amount that something can produce"；中文意思就是 "最大容量"、总的 "生产量、生产力"。

capacity 在现代管理学中的应用，通常指个体或群体的 "能力总容量" "总

生产能力"，如 "personal capacity" "organizational capacity"。

　　capacity 在现代管理学中的应用不仅仅限于个人或组织；凡是有功能的主体，如机器设备、生产线等，都可以用 capacity 来描述其功能总量或者潜在功能总量。

　　因此，capacity 在能力概念体系中，是专门用来描述和指代"能力总容量""潜力总容量"的一个概念，是一个特指的具象化概念。

　　在很多跨国公司的人力资源开发实践中，CCP 的操作体系，即 "Capability & Capacity Planning" 系统操作办法，就是对 capacity 和 capability 这两大概念的前沿应用。针对组织中整体的业务能力总量的需求和部署进行判断规划，这是 capacity 的概念；但是前提一定是有具象化的、结构化的和可定量分析评估的能力体系，这是 capability 的概念；在此基础上，有相应的具体操作模型，这通常就是 organizational competence model（组织能力模型）的概念。

**competence——事务、活动的胜任能力**

　　另外一种很重要的能力细分概念是 competence，其英文本义是 "the ability to do something successfully or efficiently" "the scope of a person or group's knowledge or ability"；中文意思是"成功或高效率地完成任务的能力""个体或者群体所具备的知识与能力的具体范畴"。

　　competence 的基本含义及基础应用，是和具体的事务、活动相联系的，有具体的、可细化的和可列举的内容细节，指有效地、成功地完成任务的能力。

　　这一概念在欧美现代管理学中占有十分显赫的地位：现代企业管理中引领组织发展潮流的胜任力理论和胜任力建模技术，就是从这一概念中发展、建立起来的。

　　这里的 competence 有几个特点。首先，它和"成功完成具体的某项事务和某项活动，并形成结果"相联系，甚至有一对一的直接对应关系；在中文中，我们甚至可以将它理解为"胜任某项具体事务、活动的能力"。其次，competence 是能力的一个有具体指向的细分概念，但是并没有更具体地说明是什么事务、什么活动；因此只要是相对独立、明确的一项事务、一项活动，其对应的胜任能力都可以用 competence 来指代。

　　由此也就产生了系统的胜任力建模技术，即通过对事务与活动分类、分层次，按事务与活动的体系性结构，形成 competence 的体系性结构。

### competency——胜任力素质与competence——胜任力资质

在英语的管理文化体系中，competence是一个十分基础的概念。然而大家熟知的"胜任力"概念，却是从competency这个词语中脱胎而出的，为什么呢？我们只要仔细研究、分析就会发现，competence和具体的事务、活动相对应，其数量庞大；而competency则不同，它是指competence中相对稳定的、普遍的行为特征和个性特质，数量有限，比较容易穷举和罗列。

所以从管理科学和组织行为的基础研究出发，对competency进行个体胜任力特质的建模，是比较容易操作的。有"胜任力理论之父"之称的哈佛大学心理学教授麦克利兰，就是在20世纪六七十年代，以competency为核心概念，创建了系统的胜任力理论和胜任力建模技术。

之后，在20世纪剩下的三四十年中，世界各国众多的理论学者、一线管理实践者进行的大量实践和充分的理论拓展，都主要围绕competency展开，并使其发展成为现代企业管理学中的主流思潮，极大地推动了组织的发展和人才队伍培养开发的量化管理。

如果我们通俗地理解competency与competence的差异，就会发现后者与具体事务、活动相联系，前者是在大量具体活动中表现出来的共同的行为特征、个性特质。competence就像大楼，有不同的层高，有面积大小，有房间多少，还有不同的房间功能；而competency则是建造competence大楼的原材料，形象的比喻就是建造大楼所用的钢筋、水泥、沙石等。大楼可以越来越高，功能空间多得难以数计；但是建造大楼所用的原材料总是有限的、可以简单穷举的。

有意思的是，这样的比喻十分形象、贴切。competency是造楼用的原材料，数量有限，但是质地非常重要（钢筋、水泥等的品质，会决定大楼可以造多高、多结实、有多强的功效）。也就是说，competence大楼具体的数量、内容、容量，其实取决于competency原材料的品质。

除了以上谈到的"ability, capability, capacity, competence, competency"等十分确切的细分能力概念，英语语境中还有一些细分概念，如"faculty""headmind""giftie"等，也有某种具体指向的能力的含义。只是，由于更为通用的含义不是具体某项能力，所以它们在西方现代管理中应用较少，在此就不做深入介绍了。

注：此附录摘录、改编自罗赢的系列博客文章《能力是什么？》。

附录 2：6 个 BCP

与业务连续性管理相关的概念中，有 6 个 BCP，弄清它们的含义对理解业务连续性管理十分重要。下面就介绍这 6 个 BCP：BC Project、BC Program、BC Policy、BC Planning、BC Plan、BC Procedure。

**BC Project——业务连续性项目**

项目是指在一定的约束条件（主要是限定时间、限定资源）下具有明确目标的一次性任务。

业务连续性项目是指与业务连续性工作相关的一个项目，如可以是为通过 ISO 22301 管理体系认证而发起的一个管理咨询项目，也可以是一次业务连续性全员意识培训，还可以是一次全企业范围的业务影响分析。

和其他项目一样，业务连续性项目是"临时性"的，有明确的起点和终点。当项目目标达成时，或当项目因不会或不能达到目标而中止时，又或当项目需求不复存在时，项目就结束了。如果客户（顾客、项目发起人或项目倡导者）希望终止项目，那么项目也可能被终止。"临时性"并不一定意味着项目的持续时间短，它是指项目有一定的周期。项目创造的产品、服务或成果一般不具有临时性，如编制出的应急响应预案和业务恢复预案。

每个项目都会创造独特的产品、服务或成果，其创造的产品可以是有形或者无形的。由于项目具有独特性，所以其创造的产品、服务或成果可能存在不确定性或差异性。项目活动对项目团队成员来说可能是全新的，相较于其他日常工作，需要项目团队成员更精心地规划。

**BC Program——业务连续性方案**

业务连续性方案（也称业务连续性规划），在 ISO 22300：2021 3.1.23 中的定义是，"由最高管理者和适当的资源所支撑的，为实施和保持业务连续性管理所进行的持续不断的管理和治理过程"。

此处的"program"（持续不断的管理和治理过程）既不直观，也很难理解，但又是一个极为重要的术语——ISO 22301：2012、DRII PP1、BCI GPG PP1、BCMI BCM BoK 6、NFPA 1600：2019 中都有它。大多数情况下，人们将"program"翻译为"规划"，与 ISO 22301：2012 对应的《GB/T 30146—2013 公共安全业务连续性管理体系要求》将其译为"方案"，那么它究竟是什么呢？

当我们把 program 和 project 放在一起，从项目管理角度看待 program 时，发现原来它就是"项目集"（也有译作"项目群"的），即它是指经过协调统一管理以便获取在单独管理时无法取得的效益和控制的一组相互联系的项目。项目集中的项目需要共享组织的资源，需要进行项目之间的资源调配。此外，与其相关的概念还有项目组合（Portfolio），指项目和 / 或项目集以及其他工作聚合在一起，通过有效管理以实现业务战略目标。项目组合下面还可以有子项目组合，项目集下面也还可以有子项目集，如图 6-7 所示。

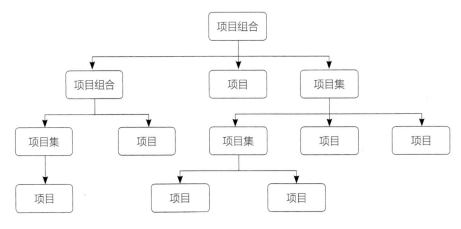

图 6-7　项目组合、项目集和项目的关系

项目集拥有一个明确的战略目标，组成项目集的多个项目虽然各自拥有具体目标，但总体上都为项目集的统一战略目标服务。由于目标的统一性，项目集中的多个项目可能同时使用同一资源，或同一资源供若干个不同项目调用。项目集管理与项目管理主要的差异在于，前者更加关注治理和监督、聚集收益以及整合管理。

从项目管理角度来看，对业务连续性的管理本质上是围绕着组织的业务连续性进行的项目集管理。例如，意识、培训和演练本身都包含多个项目，可以作为子项目集管理，而风险评估、业务影响分析、预案编制可以作为子项目管理，这些子项目集和子项目共同组成了业务连续性项目集。

同时，在管理业务连续性的工作中，组织需要建立相应的治理和监督机制（如业务连续性方针、业务连续性管理委员会等），需要关注每个业务连续性项目的收益（因为是项目集管理，可以进行项目后评估），需要关注整合管理（整合组织中的资源和业务影响分析、风险评估、预案编制与维护、培训与意识、演练等多项工作），以达成业务连续性目标。

注：如需进一步了解项目组合、项目集和项目管理，可自行查阅相关知识。

### BC Policy——业务连续性方针

对于业务连续性方针，ISO 22301：2019 给出了定义（3.24），即"由最高管理者正式发布的、组织的意图和指导"，并指出（5.2）"最高管理者应建立业务连续性方针""业务连续性方针应：a）为可获得的成文信息；b）在组织内部传达……"

在实施不同的管理体系时，我们已知道，"在一个管理体系的文件体系中，方针是最高层的'纲领性'文件"。那么，业务连续性方针究竟是什么？它有什么作用？它应包含哪些主要内容？

根据定义，业务连续性方针是"最高管理者正式发布的、组织的意图和指导"。它是一份关键的文件，用来为业务连续性项目集设定范围，阐述创建该项目集的原因。它为创建业务连续性项目集建立环境，并明确组织追求和审核其绩效的原则。

从业务连续性项目集管理角度看，业务连续性方针起到"承上启下"的作用，即能使最高管理者对业务连续性项目集的了解和管理"到此为止"，组织中的其他相关方在业务连续性方针的"指导"下展开各项相关的业务连续性管理工作。

因此，一般情况下，业务连续性方针的内容包含对业务连续性管理体系的目标、范围，组织结构及其职责分配，业务连续性管理体系如何运行（如业务影响分析／风险评估怎么做，谁来编制预案，演练如何策划和执行，……）的描述，以及最高管理者如何测量实际绩效并进行奖惩等。

基于对管理体系、项目集管理以及业务连续性方针的探讨，我们可以认为ISO 管理体系方法是被国际标准化组织"IP 化"的一种项目集管理方法，而业务连续性方针本质上是该项目集的章程文件。

事实上，ISO 22301：2019 已不再使用"业务连续性方案"这个术语。ISO 22300：2021 3.1.23 "业务连续性方案"定义后的注释也明确指出，"该术语已被业务连续性管理体系取代"。

### BC Planning——业务连续性策划

BC Planning 也被译作"业务连续性规划"，这就与前面提到的业务连续性方案的一个中文名称重复了。因此，为将两者区分开，我们最好将 BC Planning 译为业务连续性策划。

业务连续性策划是一个制定恢复优先级和恢复程序的过程，它使组织能够在计划级别的中断中保障关键业务功能持续运行。业务连续性策划的结果就是生成业务连续性计划。

业务连续性策划在"业务连续性"概念出现后很快出现，是较早的业务连续性管理方法，随着业务连续性管理、业务连续性管理体系方法的出现，目前已经较少被人提及。但在国内，我们偶尔还能见到一些外资企业的业务连续性管理团队采用总部的统一命名，自称为"BCP Team"（即 BC Planning Team）。

### BC Procedure——业务连续性程序

程序在 ISO 22300：2021 3.1.189 中的定义是，"为进行某项活动或过程所规定的方式"。也就是说，程序是执行某一特定活动或过程（或活动和过程的一部分）所必需的特定操作方法。

程序通常包括活动的目的和范围；做什么和谁来做；何时、何地和如何做，应使用什么材料、设备和文件，如何对活动进行控制和记录等。

程序可以形成文件，如果形成文件，则称为"书面程序"或"成文程序"。包含程序的文档称为"程序文档"。程序可以以很多方式呈现，如工作指南、快查手册或其他详细的程序。

特别提一下，方针为程序的制定提供指导。一般情况下，方针不能结构化，程序必须反映方针包含的业务规定。

### BC Plan——业务连续性计划

业务连续性计划在 ISO 22301：2019 3.4 中的定义是，"指导组织应对中断并重续、恢复和还原与其业务连续性目标一致的产品和服务交付的成文信息"。

组织的业务连续性计划可由多个计划组成，一个计划包括一个或多个程序。业务连续性计划通常针对使用它们的团队，可协助团队应对中断并重续组织的活动，涉及的程序包括预警和沟通、事件处置、沟通、安全和福利、救助和安保、重续优先活动、ICT 连续性和恢复等。（关于业务连续性计划的分类、编制和管理，我们将在主题 14 中深入探讨。）

**延伸阅读**

1．ISACA：The Business Model for Information Security（BMIS），2009 年．

2．杨国安：《组织能力的杨三角：企业持续成功的秘诀》（第 2 版），机械工业出版社，2015 年。

3．王江：《企业核心能力战略》（修订版），知识产权出版社，2016 年。

## 主题 7
## 风险、安全和韧性的关系

**问题**：当我们谈风险时，我们谈些什么？

当我们谈安全时，我们谈些什么？

当我们谈韧性时，我们谈些什么？

**简答**：在一定程度上，风险管理、安全管理、韧性管理描述的都是同样的一系列活动，但风险视角侧重于我们会遇到什么（情景），安全视角侧重于我们做什么（任务），而韧性（反脆弱）视角则侧重于建设的目标（或目标状态）。

也有专家指出，韧性是风险管理的功能，安全是风险管理活动，因此安全通过风险管理环节对韧性做出贡献。

**关键词**：风险，安全，韧性，反脆弱。

**解题**：由于工作的关系，我们经常能接触到不同的安全和风险专业人员，涉及各类领域，如应急管理、业务连续性管理、危机管理、安全生产、信息/网络安全、安全保卫……我们发现，安全是一个很有意思的概念。做安全生产的人说自己是"做安全的"，做信息安全的人也说自己是"做安全的"，我不止一次遇到过两个人在说"我是做安全的"后，聊了几句才发现对方不是同行（好在安全保卫人员一般直接说自己是做安保的）。与之相比，风险有些不同，除了金融圈，很少有其他行业的专业人员说自己是做风险管理或风险管控的，但几乎所有人都承认自己在工作中要做风险管控。同时，韧性是近几年安全和风险专业人员最常提及的概念之一。因此，我们有必要探讨一下这三者的含义和关系。

# 7.1 "风险—突发事件（灾害）—危机"连续统

安全领域涉及的概念众多，具体的危险、威胁数不胜数，如地震、暴雨内涝、台风、暴雪、塌陷、化学品泄漏、火灾、药品不良反应、污染、大面积停电、交通事故等。

张海波在研究了公共安全领域的众多概念及其相互关系后，用"风险—突发事件（灾害）—危机"连续统描述了其中最主要的几个概念——风险、突发事件（灾害）、危机之间的逻辑关系，如图 7-1 所示。

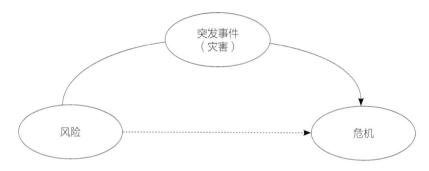

图 7-1 风险、突发事件（灾害）、危机之间的逻辑关系

其中，"突发事件"扩展了"灾害"的内涵，但没影响它与风险、危机之间的逻辑关系。就风险与危机之间的逻辑关系而言，风险是一种可以引发大规模损失的不确定性，其本质是一种未发生的可能性；危机则是指某种损失所引发的政治、社会等方面的后果，其本质是一种已发生的事实。因此，风险在前，危机在后，二者之间存在着因果关系，造成危机后果的根本原因是风险。对此可以有如下推论。

推论 1：引发危机的根本原因是风险，而非突发事件。在现实中，风险与危机的因果关系有两种表现：①重大突发事件可以使风险与危机之间潜在的因果关系显性化，这是风险与危机之间隐性因果关系的集中暴露，因而容易引起关注；②多起不明显的小规模突发事件会逐渐使风险与危机之间潜在的因果关系显性化，这是风险与危机之间隐性因果关系的缓慢释放，因而不易为人们所觉察。

推论 2：风险的性质决定突发事件和危机的性质。在风险存在的前提下，突发事件使风险显性化了，这本身也消减了风险，在一定程度上起到了"安全阀"或"减震器"的作用。因此，对突发事件的预防、检测和专业处置很重要。突发事件如果应对得当，就不会转化为危机。但这一切需要建立在一定的风险认知、评估基础上。从这个角度来看，突发事件既是坏事，也是好事。

在了解了风险、突发事件（灾害）、危机的逻辑关系后，下面我们分别探讨风险、安全和韧性。

## 7.2 风险是什么？

### 7.2.1 风险的定义

对于"风险"一词的由来，有一种说法是，在远古时期，以捕鱼为生的渔民们在每次出海前都要祈祷，祈求神灵保佑自己平安归来，而主要的祈祷内容就是让神灵保佑在出海时海面上风平浪静、自己能够满载而归。他们在长期的捕鱼实践中，深深地体会到"风"给他们带来的无法预测、无法确定的危险，也就是说，在出海捕鱼的生活中，"风"意味着"险"，这就是"风险"的由来。

另一种说法认为，中文里原本没有"风险"的概念，它来自英文单词"risk"的中文翻译。而"risk"来源于意大利语"risque"一词，最早出现在航海贸易与保险业。16世纪，意大利热那亚的商人在海上贸易中经常遭遇海难或海损，他们将其称为"risque"。可见，风险最初的含义就是某种损失发生的可能性。为了共同分担这种可能产生的损失，他们发明了海上保险（Marine Insurance），这在后来演变为现代保险。17世纪，"risque"从意大利语和法语进入英语中。而法语中，这个词为"risque"。大约到了19世纪，在英语中，风险一词还常常用法语拼写，主要用于与保险有关的方面。

现在的风险一词，已经大大突破了"遇到危险"这一含义，而是指"遇到破坏或损失的机会或危险"。可以说，经过多年的发展，风险一词越来越概念化，并随着人类活动逐步深化，被赋予了哲学、经济学、社会学、统计学甚至文化艺术领域的更广泛、更深层次的含义，且与人类的决策和行为后果联系得越来越紧密，成为人们生活中出现频率很高的词。

不少学者从不同角度对风险进行了定义（大多是在特定的环境中针对具体的风险问题进行的），尽管这些定义存在些许差异，但核心内容基本一致。比较有代表性的定义有 3 种：第一种定义把风险视为机会，认为风险越大，可能获得的回报就越大，可能遭受的损失相应也越大，如金融投资风险；第二种定义把风险视为危险，认为风险是消极的事件，可能产生损失（这常常是绝大多数公众、企业的理解）；第三种定义介于上述二者之间，较为学术化，认为风险的本质是不确定性，它可能带来机会，也可能带来危机，这种定义已逐步得到专业人员的认可。

## 7.2.2　风险管理

越来越多的组织已经认识到，为了生存和发展，必须承担风险。而风险管理的内容包括：了解组织现有业务、投资组合的风险，以及未来的发展计划带来的风险，并且判断当前面临的风险是否可以接受，如果不能接受，就应提出相应的风险管理措施。

风险管理，即"指导和控制某一组织与风险相关问题的协调活动"。组织永远做不到全面消除风险，风险管理的目的也并非最小化风险，而是精明地承担风险。根据 ISO 31000：2018，风险管理包括 6 个要素：建立环境（确认范围 / 环境 / 准则）、风险评估、风险处置、沟通与协调、监督与评审、记录与报告。

# 7.3 安全是什么？

## 7.3.1 安全的定义

"安全"一词，从字面上看，指"无危则安，无缺则全"。我国古代并没有"安全"一词，古代汉语中的"安"在许多场合表达着现代汉语中"安全"的意义。例如，《周易·系辞下》中有"是故君子安而不忘危，存而不忘亡，治而不忘乱，是以身安而国家可保也"。就字义而言，"安"多与"危"相对，如"转危为安"，可以说是无危则安；"全"多指完好，无损伤、无残缺等，也可以说是无损则全。

在西方，安全主要用"safety"和"security"来表述，指"无危险，无忧虑，以及提供安全之物、免除危险或忧虑之物"。其中，security 一方面指安全的状态，即没有危险，没有恐惧；另一方面指安全的维护，即安全措施和安全机构。

总结一下，安全的定义主要有以下几个方面的内容：①安全指没有危险，不受威胁，不出事故，即消除可能导致人员伤亡、发生疾病或死亡，使设备或财产遭受破坏、损失，以及危害环境的条件；②安全是指在外界条件下处于健康状况，或者人的身心处于健康、舒适和高效率活动状态的客观保证条件；③安全是一种心理状态，即安全指某一子系统或者系统保持完整的一种状态；④安全是一种理念，即人与物不会受到伤害，或者一种达到一定安全技术指标的物态。

## 7.3.2 两类安全：safety 和 security

safety 来源于拉丁语中的"salvus"，意思是"healthy"；security 来自拉丁语中的"secura"，意思是"free of concern"。从词源角度来看，safety 更具有个人色彩，针对意外的自然灾害，而 security 则更多针对人为事件。

举个例子：说一条道路很安全，用 safe，表示在这条路上不会遭遇山体滑坡等自然灾害；secure 指的是这条道路有重兵把守。再举个例子：nuclear safety 即核安全，指的是核能的安全，防止像日本福岛核泄漏这类事件发生；而 nuclear security，即核安保，指的是核材料和核设施的安全保卫，防止人为偷盗高浓缩铀等核材料。

其实 safety 翻译为"安全"的确比较合适，如"安全生产"（主要研究人的不安全行为、物的不安全状态、管理缺陷和环境的不安全因素）；而 security 有时被翻译为"安保"（安全保卫），如"公安（public security）"部门负责相关安全保卫工作。

safety 和 security 都是指安全，其主要的区别在于，safety 应对的是（无恶意的）人、物、管理及环境问题，security 应对的有目的（恶意）的人或群体，即 safety 关注的是非对抗（非博弈）性风险，security 需要处置对抗（博弈）性风险。

我们知道，传统的风险三要素是场景、概率和后果。场景指在特定风险情况下可能发生的一系列事件，它是所有相斥事件序列的一个子集；概率是场景的可能性；而后果是这一系列事件的结果（如人员伤亡、经济影响等）。对风险的这一宽泛描述经受了时间的考验，适用于自然灾害风险、技术风险等非对抗性风险领域。

而对信息安全等对抗性风险而言，情况就有些复杂了，威胁场景和概率不太容易确定，因为风险源（对手）是活生生的人或群体，他们会思考，并会根据态势变化调整自己的下一步行动（对抗性风险）。传统的风险分析框架在这种情况下不太适用，相应的风险三要素演变为威胁、脆弱性和后果，如图 7-2 所示。

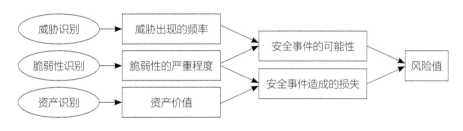

图 7-2　风险三要素：威胁、脆弱性和后果

## 7.3.3　对抗性决策过程

对抗（博弈）的灵魂是"机动战"或"观察（Observe）—调整（Orient）—决策（Decide）—行动（Act）"（OODA）循环，这是博伊德思想的结晶。OODA 循环如图 7-3 所示。

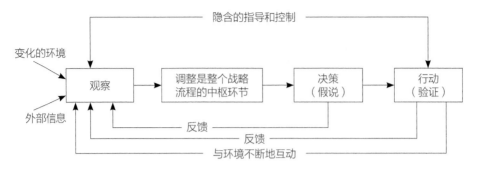

图 7-3　OODA 循环

博伊德认为，从根本上说，敌我较量是双方 OODA 循环之间的较量。双方都从观察开始，观察自己、环境和敌方；基于观察获取相关的外部信息，根据感知到的外部威胁及时调整系统，做出应对决策，并采取相应行动。也就是说，竞争和对抗在本质上是以下这样一个过程。

（1）弄清什么是赢：按照自己定的规矩生存和繁荣。

（2）确定己方的目标：增强己方作为一个有机整体生存和繁荣的能力，应对不断变化的环境。

（3）确定对敌目标：削弱敌方作为一个有机整体适应环境的能力。

（4）制定策略：切断敌方与环境的联系，干扰敌方与环境的互动，摧毁敌方内部的和谐，使敌方意志崩溃，无法抵抗。

（5）采取行动：在敌方的 OODA 循环内采取行动，干扰敌方的心理、时间、空间维度，使敌方不间断地面对新威胁或不确定的事件，迫使敌方忙于应付，无法做出有效反应，无法做主动的战略设计，陷入混乱、孤立、恐惧、犹豫、怀疑，直至战略瘫痪的境地。

"调整"步骤在整个 OODA 循环中最为关键，因为如果敌方对外界威胁判断有误，或者对周围的环境理解错误，那么其方向必将调整错误，最终做出错误决策。博伊德认为，敌我进行这一决策循环过程的速度显然有快慢之分。己方的目标应该是率先完成一个 OODA 循环，然后迅速采取行动，干扰、延长、打断敌方的 OODA 循环。其中一种战术是，进入并操控敌方的 OODA 循环系统，使敌方无力对外界变化做出任何反应（即在对抗中，是快鱼吃慢鱼，而非大鱼吃小鱼）。

为使己方的 OODA 循环具有竞争优势，组织必须实现决策力与执行力的整合，方法是从观察到行动形成良性的环路，把经观察、选择而来的决策视为需经行动验证的假设，把行动效果作为环境变化的一个组成部分，从而进入下一轮观察、行动循环。建立有竞争优势的 OODA 循环，就可以更自主、更迅速、更不规则地完成观察、调整、决策和行动，争取和保持主动，反复和出其不意地利用敌方暴露出来的弱点，将敌方的注意力吸引到其他方向，最终打败敌方并使自己升级。

# 7.4　韧性是什么？

## 7.4.1　韧性的定义

韧性，即 resilience，也被翻译为恢复力（复原力、回复力）、弹性、抗逆力或生存力等。

韧性一词源自拉丁语中的"resilio"，意为"弹回"。韧性概念首先应用于哪个领域，至今仍有争议，有人说是物理学，有人说是生态学，也有人说是心理学或精神病学研究。但学术界大多认为，韧性最早被物理学家用来描述材料在外力作用下发生形变之后的复原能力。1973 年，加拿大生态学家首次将韧性概念引入生态系统研究中，将韧性定义为"生态系统受到扰动后恢复到稳定状态的能力"。自 20 世纪 90 年代以来，学者们对韧性的研究逐渐从生态学领域扩展到社会 - 生态系统研究中，韧性的概念也经历了从工程韧性、生态韧性到演进韧性的演变，其外延不断扩大，内涵不断丰富，受到的关注也不断增加。

由于同一概念在不同领域会有细微差别，所以精确地定义韧性并不容易。在工程领域，韧性通常被称为回弹性，指的是一个建筑结构，如桥梁、建筑物等在变形后恢复原状的程度；在抢险救灾中，它表示一些关键系统在遭遇地震或洪水后恢复运转的速度；在生态学中，它意味着一个生态系统抵御永久性退化的能力；

在心理学中，它指的是一个人有效应对精神创伤的能力；而在 IT 系统中，它通常指的是数据备份和资源储备；在面临自然和人为灾难时，它指的是维持业务继续运转的能力。总的来说，韧性包括 3 种能力：降低风险和损失的能力，吸收冲击和干扰的能力，以及受到干扰后能通过学习和再组织恢复原来的状态或达到新状态的能力。

### 7.4.2　不同领域的韧性研究

在应急管理领域，韧性是指个体、系统、社区、城市等适应变化的条件，抵抗并从突发事件的破坏中快速恢复的能力，有时也称为"抵灾力"或"抗逆力"。应急管理与应急准备的目标可以表述为增强韧性。

在自然灾害领域，许多灾害学家研究了韧性在灾害管理中的重要性。美国学者布鲁诺将地震韧性划分为技术、管理、社会和经济 4 个不同的维度。技术维韧性衡量实体系统在灾害中的表现状况；管理维韧性评定管理机构决策和行动的适宜性与有效性；社会维韧性判断承灾体基本服务能力的恢复状况；经济维韧性衡量受灾体降低直接及间接经济损失的能力。这 4 个维度的韧性存在 4 个共同特征：鲁棒性、快速性、冗余性和资源量。鲁棒性表示系统抵御压力而不出现功能的退化或损失的特性；快速性指系统为尽快吸收损失、避免后期破坏而表现出的能力；冗余性是系统或系统单元可替换的程度；资源量是现有资源可供系统调配的丰富程度，以及系统在部分受损时，识别问题、建立优先级和合理调配资源的能力。其中，鲁棒性和快速性是韧性的两大本质属性，是韧性增强后的最终表现，冗余性和资源量则是增强韧性的有效途径。

在社区和城市韧性方面，国内外都已有大量研究。对一个复杂的城市系统而言，韧性的基本要素包括冗余性、灵活性、重组织能力和学习能力。

（1）冗余性：当一个系统受到破坏时，其他系统可提供可替代的服务。

（2）灵活性：系统能够吸引冲击并避免灾难性的失效。如果一个组件或机构失效，对其他系统只有很小的影响。

（3）重组织能力：系统有能力暂时或永久地适应、改变和"进化"，以应对变化的环境条件。

（4）学习能力：系统能够从过去的经验中学习、识别并解决相关问题，确保行动是以相关信息和经验为基础的。

《黑天鹅》《随机漫步的傻瓜》《随机生存的智慧》的作者塔勒布出版了《反脆弱：从不确定性中获益》，其在书中定义的"反脆弱性"与"韧性"有一定关联，下面予以介绍。

塔勒布在《反脆弱：从不确定性中获益》一书中定义的"反脆弱性"，是那些不仅能从混乱和波动中受益，而且需要这种混乱和波动才能维持生存和实现繁荣的事物的特性。

在《黑天鹅》中，塔勒布向我们揭示了极其罕见且不可预测的事件如何潜伏在世间万物的背后；而在《反脆弱：从不确定性中获益》中，他极力为不确定性正名，想让我们看到它有益的一面，甚至是其存在的必要性，他还建议我们以反脆弱性的方式构建事物。值得注意的是，反脆弱性是一个超越韧性和强韧性的概念。韧性只是事物抵御冲击，并在遭到重创后复原的能力；而反脆弱性超越了韧性，能让事物在压力下逆势生长、蒸蒸日上。

塔勒布告诉我们，脆弱的反义词不是"坚强"，而是"反脆弱"。既然黑天鹅事件无法避免，那就想办法从中获取最大利益！

# 7.5　风险、安全、韧性的不同侧重点

人类社会处于工业化、信息化（数字化）、城镇化、市场化、国际化的深入发展阶段，社会经济财富在不断积累，区域流动人口在不断增加，地区间相互依赖的程度在不断提高，这客观上加剧了本就严峻的灾害风险形势。人类越来越依赖于技术发展，而复杂系统和基础设施的脆弱性不断增强，在客观上增加了区域性乃至全球性重特大灾害事件发生的风险。这是当前风险、安全和韧性研究获得广泛关注的大背景。

风险是事前概念，损失或盈利是事后概念。风险是导致损失或盈利结果的一种可能，在风险事件实际发生前就一直存在，而这时损失或盈利并没有发生。所

以，风险的真正内涵侧重在损失发生之前。

根据关注问题的不同，安全可分为公共安全、企业安全、安全生产、环境安全、信息网络安全等，它们都是涉及事故及其后果的学科、工作领域或者工作活动，其关注重点在于"我们采取的行动"。

韧性的含义在不同领域中虽有细微差异，但其核心均强调在不改变自身基本状况的前提下，对干扰、冲击或不确定性因素的抵抗、吸收、适应和恢复能力。在社会－经济－自然复合生态系统中，韧性更关注在危机中学习、适应以及自我组织等能力。也就是说，韧性侧重于关注组织能力建设的目标。

## 延伸阅读

1．吕德宏：《从思想到行动：解读美军战略规划》，长征出版社，2008年。

2．霍华德·昆鲁斯，迈克尔·尤西姆，等：《灾难的启示：建立有效的应急反应战略》，中国人民大学出版社，2011年。

3．童星，张海波，等：《中国应急管理：理论、实践、政策》，社会科学文献出版社，2012年。

4．安德鲁·佐利，安·玛丽·希利：《恢复力》，中信出版社，2013年。

5．王勇，关晶奇，隋鹏达：《金融风险管理》，机械工业出版社，2014年。

6．塔勒布：《反脆弱》，中信出版社，2014年。

7．伯恩斯坦：《与天为敌：风险探索传奇》（珍藏版），机械工业出版社，2015年。

8．朱伟，刘梦婷：《安全概念再认识：从间接到直接》，风险灾害危机研究（第四辑），2017年。

主题 8
业务连续性管理框架

问题：业务连续性管理涉及哪些关键步骤与活动？

相关问题如下：

"简单地说，一个完整的、易于实施的、可指导实践的业务连续性管理框架是什么样子的？"

"业务连续性管理涉及风险评估、业务影响分析、制定策略、建设和管理资源、编制预案和业务连续性计划、演练、培训，还包括建立方针、绩效评价、内部审核、管理评审和持续改进等。全面地看，业务连续性管理到底包括多少活动？这些活动又包括什么内容？"

**简答：**与业务连续性相关的管理活动可简单地分为两个层次：项目集管理和项目集组件。项目集管理主要包括组织环境分析，商业论证，业务连续性方针，项目集计划和路线图，收益和组件整合管理，相关方争取，关键组件活动的参与以及项目集维护和改进 8 项活动。项目集组件层面的活动可分为 4 个活动组：能力规划，能力建设和保持，能力运用以及管理评价。其中，能力规划活动组包括业务连续性能力框架规划，业务影响分析，风险评估，任务分析，能力分析以及目标设定 6 项活动；能力建设和保持活动组包括业务连续性策略和方案，预案编制和管理，应急组织和程序设计，资源建设和管理，培训和意识教育以及演练 6 项活动；能力运用活动组包括预防、保护和减灾，情报和监测，预警和警报，应急响应，业务恢复，危机沟通和管理以及事后重建 6 项活动；管理评价活动组包括能力评估，管理评估，事件评估以及审核 4 项活动。

**关键词：**项目集管理，商业论证，业务连续性方针，项目集管理计划，业务连续性项目集。

**解题：**几乎所有组织都会面临运营中断风险。问题在于，风险过高可能导致运营中断，造成重大损失甚至使组织失败。业务连续性管理可以帮助组织在承担运营中断损失和降低运营中断风险之间取得平衡。有效的业务连续性管理可以为组织增值、减小收益波动并保障组织所有者的长期回报。

业务连续性管理框架是组织用来提高业务连续性运行绩效并衡量业务连续性管理效率的一套指导原则，通常是业务连续性相关管理过程、任务和工具的组合。业务连续性管理框架反映了一个组织如何看待业务连续性以及对其进行管理的方法。

# 8.1　有效的业务连续性管理框架的 5 个原则

经过多年的发展，许多"好的"业务连续性管理实践不断涌现。我们在对其进行总结后发现，一个有效的业务连续性管理框架应遵循 5 个原则。

## 8.1.1　原则 1：符合组织能力发展的规律

业务连续性是一种组织能力，因此业务连续性管理应包括组织能力发展的主要活动，并符合组织能力发展的一般规律，即业务连续性能力发展也要包括能力规划、能力建设与保持、能力运用和管理评价等活动。

能力规划是组织能力发展的第一步，是指基于组织的战略和业务目标，分析、厘定未来需要具备的能力，并结合当前的能力状况确定能力差距和能力建设目标；能力建设与保持是指根据能力建设目标、组织的资源禀赋和预期投入情况，选择以自主建设、合作或外购（外包）等方式获取能力构成要素，在能力生成过程中形成组织能力，并在验证后保持；能力运用是指运用组织能力实现组织战略和业务目标，并在过程中根据能力运用情况改进和反馈；管理评价贯穿组织能力发展的每一个阶段，用于监控、评价该阶段的工作是否达到预期要求，是否可以改进并取得更好的效果。

## 8.1.2　原则 2：遵循风险管理的逻辑和流程

业务连续性管理属于风险管理范畴，所以应遵循风险管理的逻辑和流程，即建立环境、风险评估、风险处置（或称风险应对）、沟通与协商、监督与评价、记录与报告（"风险管理过程六要素"来自 ISO 31000:2018）。

建立环境是指要为实施"风险管理"确认范围、环境、准则，为风险评估和其他风险管理活动奠定基础；风险评估是指识别并分析影响组织目标实现的相关风险，并为决定如何管理和控制这些风险提供决策依据，包括风险识别、风险分析和风险评价 3 个环节；风险处置是针对已评估的风险，识别、选择和实施"应对风险的解决方案"，是风险管理的核心问题；沟通与协商贯穿风险管理的全过程，可以促进真实、相关、准确和易于理解的信息交流，可以确保风险管理流程责任明确，确保风险管理责任人和相关方理解决策制定的基础和需要采取行动的原因，决定着风险管理的成败；监督与评价旨在保障和提高风险管理过程设计、执行以及产出的质量和效率，有助于识别变化和新风险，有助于吸取教训，持续提升；记录与报告是指风险管理过程及结果应通过恰当的机制被文件化和被报告，其目的是在组织范围内沟通风险管理活动和产出、为决策提供信息、优化风险管理活动，以及辅助与相关方的联络和沟通。

## 8.1.3　原则 3：采用项目集管理方法

由于业务连续性管理活动众多且关系紧密，所以组织适合采用项目集管理方法对其进行有效管理。项目集指在共同的战略目标下，以协调方式管理从而获取单独管理所无法取得的收益的相互关联的项目、子项目集和项目集活动。项目集管理就是在项目集中应用知识、技能和原则以获得分别管理项目集组件不能获得的收益和控制，它包括对多个项目集组件进行组合调整，以便用优化或整合的成本、进度或工作来实现项目集目标。无论是被视为战略还是其他类型，业务连续性都适宜采用项目集管理方法进行管理。

事实上，业务连续性经理就是业务连续性项目集经理，他需要管理归属在业务连续性项目集下的各个项目、子项目集和项目集活动。其中，风险评估、业务影响分析、业务连续性计划编制都可以作为项目进行管理，而培训与意识教育、演练与测试、内部审核则需要作为子项目集进行管理。一般情况下，业务连续性项目集经理可能也是风险评估、业务影响分析、业务连续性计划编制项目的项目经理，但很可能不是 IT DRP 项目的项目经理，也不是内部审核子项目集的项目集经理。

目前在全球范围内，单项目管理的标准、理论及实践已经非常成熟；项目集（或项目群）管理的研究还处于发展期，相关最佳实践仍处于提炼和总结阶段，但 PgMP（Program Management Professional，项目集管理专业人士认证）和 MSP（Managing Successful Programmes，成功管理计划）已可以提供许多具有共性的项目集管理指导，如二者都强调战略一致性、相关方（干系人）争取、治理、聚焦收益实现，也都有生命周期管理，如图 8-1 所示。在国内的业务连续性管理实践中，在治理方面，业务连续性管理委员会起到项目集治理委员会的作用；在相关方争取方面，组织对相关方的需要和期望有所探索，但并未形成正式活动，也没有有效方法和工具的支持；在收益管理方面，只有少数组织有初步的收益管理。我希望在未来几年，有需求、有条件的组织和业务连续性经理能采用、借鉴项目集管理方法，引入相关方争取和"收益登记册"等方法和工具，从而支持组织更有效地管理业务连续性。

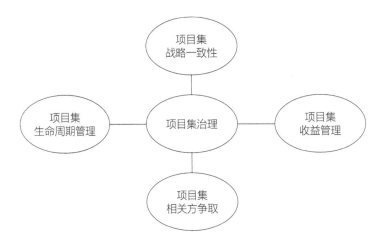

图 8-1　项目集管理的 5 个绩效域

## 8.1.4　原则 4：集成应急、连续性和危机管理

应急、连续性和危机管理相互重叠、各有所长，在组织范围内不应各自为战，而要有效集成，以形成合力，如图 8-2 所示。

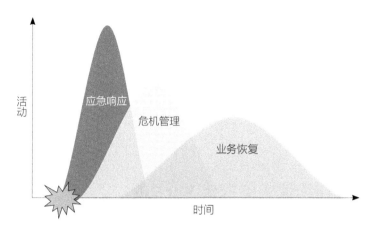

图 8-2　应急响应、危机管理和业务恢复

　　从风险到突发事件，再到危机，它们都有可能影响人们的生命财产安全、社会秩序和公共利益，也可能影响组织的正常运营、品牌形象、市场份额、与关键相关方的关系以及生存能力。在组织范围内，在既有的管理架构下，我们已经能通过安全保卫（安防）、安全生产、应急管理、网络与信息安全、业务连续性管理、危机管理等多种方法对多种风险和冲突进行管理。事实上，我们还应从风险评估、业务影响分析和资源 / 能力评估入手，集成应急、连续性和危机管理，建立统一的指挥和管理组织，全面覆盖预防和应急准备、监测预警、应急响应、业务恢复和事后重建工作，形成一个完整的事件准备和应对管理框架。

## 8.1.5　原则 5：与常见的业务连续性管理方法和良好实践保持一致

　　从 20 世纪 80 年代业务影响分析概念的提出，到业务连续性策划方法的问世，再到业务连续性管理和业务连续性管理体系方法的产生，业务连续性管理领域经过数十年的发展，已形成了独特的业务连续性管理方法，如业务影响分析、业务连续性计划等，也已存在多个广受欢迎的良好实践。一个有效的业务连续性管理框架应能与这些常见的业务连续性管理方法和良好实践保持一致。

　　这里提及的常见的业务连续性管理方法和良好实践包括但不限于国际灾难恢复协会专业惯例、国际业务持续协会良好实践指南、国际标准化组织的业务连续性管理体系（ISO 22301/22313），以及作为美国应急、连续性和危机管理国家标准的 NFPA 1600 等。它们都已经过多年的发展，反映了业务连续性管理领域的最新进展，也能适应各种规模、各种行业和各个地区的组织的业务连续性管理需求，并具有各自的独特性。

# 8.2 业务连续性实务框架 Ver 2.0

综合国内外应急、连续性和危机管理等领域的研究与实践，结合我国实际情况，业务连续性实务框架应运而生，可帮助组织推动和改进业务连续性管理工作。

业务连续性实务框架 Ver.2.0 将组织的业务连续性相关管理活动分为 2 个层次、5 个活动组和 30 项活动。2 个层次是指从项目集角度将该框架分为项目集和项目集组件两个层次，其中项目集组件层又可按照组织能力发展过程分为 4 个活动组——能力规划、能力建设和保持、能力运用和管理评价活动组，30 项活动是指对业务连续性的管理共涉及 30 项活动。

## 8.2.1 项目集管理和领导力

从项目管理视角看，组织对业务连续性的管理是项目集管理。在业务连续性项目集层面的活动，包括组织环境分析、商业论证、业务连续性方针、项目集管理计划和路线图、收益和组件整合管理、相关方争取、关键组件活动的参与以及项目集维护和改进 8 项活动，这些活动主要由业务连续性管理团队（包括业务连续性指导委员会和业务连续性经理）负责和推动。

组织环境分析。组织环境分析指对组织内外部环境、业务战略和业务连续性管理驱动因素等进行分析。外部环境包括但不限于政治、法律和监管环境，相关的社会文化、金融、科技、经济、自然环境和竞争环境，供应链及关联环境，能影响组织目标达成的关键趋势和主要风险等；内部环境包括但不限于产品和服务、业务流程和活动、资源、供应链和相关方关系，组织拥有的与知识和资源相关的能力，信息系统、信息流及决策过程，内部相关方，风险管理目标和偏好，业务机会和优先级，价值观和文化，组织架构等；业务战略包括未来的业务目标、战略假设和限制条件、战略定位、业务优先级和风险偏好等；业务连续性管理驱动因素是指推动组织进行业务连续性管理的主要因素。

商业论证。商业论证是一份书面的经济可行性研究报告，是对组织开展业务连续性管理的原因以及在考虑成本估算、风险及收益预测等因素的情况下，组织开展业务连续性管理的正当理由的阐述。商业论证可以是抽象和概括的，也可以是详细和全面的，它通常描述业务连续性管理的预期收益和约束、限制条件等，如组织的业务连续性管理目标、主要构想、顶层风险和机会评估、关键假设、业务和运营影响、成本收益分析、替代方案、财务分析、潜在收益、社会需求、法律影响、限制条件以及与组织战略和意图的一致性方面的内容。商业论证将回答"为什么我们要进行业务连续性管理？"，描述组织的业务连续性管理驱动因素背后的意图以及业务连续性管理需求的商业基础。

业务连续性方针。业务连续性方针是业务连续性项目集的核心文件，主要内容包括业务连续性管理的范围和目标、总方向和原则，业务连续性管理工作的组织架构、运作模式，以及如何评价和考核业务连续性管理工作等。本质上，业务连续性方针是一个"承上启下"的文件，由最高管理者批准和签署，涵盖了最高管理者对业务连续性管理的所有期望、要求和考核方式（如目标、总方向、原则、组织架构、运作模式以及评价和考核等），为设计和制定业务连续性项目集提供了框架，并展现了最高管理者实施业务连续性方针的承诺；组织中的其他相关方（包括业务连续性指导委员会、业务／职能／保障部门、业务连续性经理等）在业务连续性方针的指导下开展工作。组织发布业务连续性方针是为了就期望的业务连续性管理原则和相关方（包括适当的外部相关方）进行沟通，它应当简明扼要。业务连续性方针一旦通过，组织就可以以此为基础启动项目集工作来开展实施业务连续性方针所必需的活动。

项目集管理计划和路线图。项目集管理计划定义了每个项目集组件实现项目集目标的方式和时间安排，为即将启动的子项目集、项目和相关活动授权，并为监管和管理子项目集、项目和相关活动提供框架。项目集管理计划还应当包括业务连续性项目集成功的定义、衡量标准和度量方法，其最终目标是确保业务连续性（项目集）管理始终与组织战略保持一致，确保项目集组件交付预期的收益。项目集路线图是项目集管理计划的图示，它可按时间顺序展示业务连续性项目集的预期方向，有利于建立业务连续性项目集活动与预期收益之间的关系，描述主要里程碑之间的关键依赖关系，为关键里程碑和决策点提供高层的视角。项目集管理计划和路线图也可以表示关键时间点的目标、关键挑战和风险，其要素和项目进度计划有相似之处，适用于为规划和制定更加详细的时间表勾勒出主要的项目集事件，可以展示项目集的主要阶段或模块如何组成，但它并不包括具体项目集组件内部的细节。业务连续性管理年度（或跨年度）计划是项目集管理计划和路线图的主要体现。

收益和组件整合管理。项目集管理的一个重要特点就是只有通过对多个项目集组件进行整合管理才可以获得单个项目集组件所无法取得的收益，如业务影响分析、风险评估、策略与方案、预案编制、培训与意识教育、演练等每一个项目集组件产生的收益都是不明确的，成本和效率也不是最优的。只有不断规划、整合和管理这些业务连续性项目集组件，才能获得业务连续性项目集的预期收益。项目集组件的管理（涵盖成本管理、范围管理、进度管理、风险管理、资源管理等）在项目集组件层面制定方案，在项目集层面整合，以保障与项目集的方向一致从而获得预期的项目集收益。

相关方争取。相关方代表所有对组织的业务连续性决策或活动产生影响、受到影响、或认为被影响的个人或组织。相关方可能存在于组织内部或外部，他们可能积极或消极地影响业务连续性结果，所以需要被识别、研究、分类和跟踪。因为人们大都有抗拒来自非直接管理者直接管理的倾向，所以组织对相关方很难直接"管理"。业务连续性管理团队需要直接或间接地与相关方沟通，通过关注目标协商、寻求一致的收益、对资源予以承诺以及持续不断地给予支持，来获得并保持相关方对业务连续性管理目标、收益和结果的认可。业务连续性管理委员会是相关方争取的重要平台和途径。收益登记册主要用于收集和记录业务连续性项目集的计划收益，组织在业务连续性项目集管理过程中可以使用收益登记册来度量和传递这些收益的交付情况。

关键组件活动的参与。业务连续性管理团队需要持续地监管项目集组件，为项目集组件的成功完成提供支持，并在必要时重新规划合适的组件并进行整合管理。每个项目集组件都需要按照项目集管理要求完成组件规划和授权、组件监管与整合、组件移交和收尾等工作。业务连续性经理除了扮演业务连续性项目集经理角色，还可能以不同的参与方式参与关键组件活动，如担任业务影响分析项目的项目经理，担任某业务恢复预案修订项目或某功能演练项目的顾问，作为年度业务连续性审计项目的主要访谈对象等。

项目集维护和改进。组织所面临的内外部环境、业务战略和目标、业务连续性管理驱动因素、组织架构和项目集组件实际执行情况等会随着时间的推移而不断发生变化。业务连续性管理团队需要监视、评估这些变化，及时在项目集层面进行维护、更新和改进，并将这些变化纳入项目集管理计划进行管理，以保持业务连续性项目集的适宜性、充分性和有效性。

主要方法：项目集治理和管理。

主要文档及工具：组织环境分析，相关方映射图，收益登记册，业务连续性方针，业务连续性年度计划和管理评审等。

## 8.2.2　能力规划

能力规划是指采用"情景—任务—能力—目标"的规划方法，分析并确定业务连续性核心能力及目标的活动组，具体包括业务连续性能力框架规划、业务影响分析、风险评估、任务分析、能力分析以及目标设定 6 项活动。

业务连续性能力框架规划。应急管理侧重于关注生命财产安全、社会秩序和公共利益等；业务连续性管理侧重于关注持续为客户交付产品或服务（即使发生中断，也能在可接受的时间范围内以预定的水平恢复）；危机管理侧重于保护组织的声誉、品牌以及长期性的战略决策。对某一特定事件的处置过程可能会涉及这三者的部分或全部。在实务中，由于法律法规、监管要求、行业特性、组织内部结构和管理的不同，每个组织的业务连续性管理涵盖的范围不尽相同，如银行业强调关注信息科技风险导致的运营中断，制造业强调关注安全生产和供应链问题导致的运营中断，……因此能力框架规划的第一件事就是根据业务连续性项目集的范围和目标，分析组织业务连续性管理在应急、连续性和危机管理方面的侧重点，并在此基础上根据涉及的任务领域规划业务连续性能力框架。

业务影响分析。组织通过向客户提供产品或服务来达成其目标，清晰地理解这些产品或服务（及相关活动）中断对组织目标和运营产生的影响非常重要，而业务影响分析就是分析业务中断可能带来的影响的过程。业务影响分析识别支持组织交付关键产品或服务的活动，评估中断随时间的推移给业务和关键相关方带来的影响，其具体输出包括业务列表及业务恢复的优先级、恢复目标、业务之间的重要依赖关系和关键依赖资源等。

风险评估。风险评估是风险识别、风险分析和风险评价的整体过程，而风险是不确定性对目标的影响。由于应急、连续性和危机管理目标的不同，组织所采用的风险评估方法也不尽相同，其中业务连续性风险评估是指对可能造成组织优先业务中断和支撑这些业务的关键要素（如过程、系统、数据、人员、资产、供应商等）不可用的风险进行识别、分析和评估。如果组织的业务连续性能力框架还涵盖了应急或危机管理，组织就还需要选用与之适配的风险评估方法。

任务分析。基于风险评估和业务影响分析的结果，组织可以分析、评估现实的威胁和未来可能出现的灾难情景，并筛选、分析出需要准备的突发事件和中断事件情景清单；再依据得到的事件情景，结合业务连续性能力框架中的任务领域，得出组织业务连续性管理涉及的重要任务清单。

能力分析。能力分析是指根据重要任务清单，分析完成这些任务需要的业务连续性能力，将不同事件情景所需的业务连续性能力进行必要的整合和规范化处理，得到组织的业务连续性能力清单。

目标设定。根据业务连续性能力清单及当前能力／资源状况，组织可以筛选出在今后一段时间内需要重点增强的核心能力，并为每一种核心能力确定定性或定量的能力目标。

主要方法：基于能力的规划。

主要文档及工具：业务连续性能力框架，业务影响分析报告，风险评估报告，事件情景清单，重要任务清单，业务连续性能力清单，核心能力及目标。

## 8.2.3 能力建设和保持

能力建设和保持是指基于规划确定的核心能力目标，在组织、业务过程和执行层面以及计划和组织领导、人员、资源、ICT系统和数据、外部能力、培训、演练和评估等不同能力维度建设生成并保持业务连续性能力的活动组，具体包括业务连续性策略和方案、预案编制和管理、应急组织和程序设计、资源建设和管理、培训和意识教育以及演练6项活动。

业务连续性策略和方案。业务连续性是一种组织能力，涉及组织、人员、技术、流程和数据等多个能力维度。为使不同能力维度的要素协调起来生成统一的、满足目标要求的业务连续性能力，组织首先要从业务视角识别和选择适当的业务连续性策略，并在其基础上确定包含不同能力构成要素的业务连续性方案，然后按组织、人员、资源（技术）、过程和外部能力等能力构成要素分别进行建设，再进行能力集成、验证和保持。

预案编制和管理。应急预案是针对可能发生的事故，为最大限度地减少事故损害并快速恢复业务到商定水平而预先制定的应急工作方案。组织根据业务影响分析和风险评估的结果以及业务连续性能力情况，设计应急预案体系，组织编制应急响应和业务恢复预案。组织在编制应急预案时应注重系统性和可操作性，做到与外部机构预案相衔接。应急预案编制完成后，应由组织评审（内部评审或外部评审）；经评审合格后，由相关负责人签署、发布，并按照要求进行备案管理。

应急组织和程序设计。事件处置不仅复杂，而且涉及不同领域和不同管理阶段的能力运用，因此需要不同类型的专业团队参与行动。应急响应和业务恢复中的指挥控制结构和程序设计直接影响到运营中断事件处置的效果，需要组织结合现存的指挥链和应对事件的任务安排来设计应急组织和程序。

资源建设和管理。"巧妇难为无米之炊。"应急响应和业务恢复程序的有效实施依赖于有效的资源保障，需要组织根据已确定的业务连续性方案做好关键资源建设工作。这些关键资源可能包括关键生产设备、关键信息系统和场地等，可以通过新购、改造现有资源、租用、签订互惠协议等多种方式获得。业务连续性经理需要与关键资源建设项目经理保持沟通，及时了解关键资源建设进度，并支持对关键资源建设项目中重要问题的解决和重要风险的处置。组织需要设立统一的应急指挥中心，用于开展应急决策、指挥与联络、对外沟通等工作，并配备办公与通信设备以及指挥工作的文档、联系资料等。在事件处置过程中，决策指挥人员可以在应急指挥中心与现场指挥部沟通，指挥事发现场的处置和救援行动，以及事发现场或后备场地的业务恢复，安排对外信息发布和沟通。

培训和意识教育。应急处置和业务恢复技能的提高，全员风险意识的增强，是组织增强业务连续性能力的重要方面，而培训和意识教育是基本手段。管理人员（高层管理人员、中层管理人员和一线管理人员）、专业人员（应急管理、风险管理、安全生产、网络安全、安全保卫等方面的人员）、业务人员（业务及重点保障岗位的人员）以及在组织工作场所中的各类人员（包括外包人员），这些来自组织不同层级、不同岗位的人员应接受不同的培训和意识教育。业务连续性经理需要和人力资源部门、业务连续性协调员一起制定培训和意识教育计划（子项目集），并支持、督促培训和意识教育计划的有效实施。

演练。演练起源于军队，为增强军队的战斗力，确保战争的胜利，从古至今，许多军队都在不断地进行演练。在业务连续性能力建设和保持方面，演练可以用于训练人员、锻炼队伍、熟悉预案、磨合机制和科普宣教等目的，但其最根本的价值在于帮助集成/生成和验证业务连续性能力。业务连续性经理应在业务连续性管理委员会的支持下，根据项目集计划和路线图（以及核心能力目标），建立（跨）年度演练计划（子项目集），并和业务连续性协调员等一起推动、参与、支持和督促演练计划的有效实施。

主要方法：组织能力及能力构成要素，能力生成（能力构成要素集成和验证）。

主要文档及工具：应急组织和程序，10类业务连续性计划（及应急预案体系），应急预案编制和管理，关键资源建设计划，应急指挥中心，培训和意识教育计划，演练计划等。

## 8.2.4　能力运用

能力运用是指将业务连续性能力运用于中断事件的预防和应对处置涉及的活动组。关于业务连续性任务领域或者阶段的划分，目前在学术界和实务中并没有统一的标准。结合国内外研究与实践，本框架将应急、连续性和危机事件预防和应对处置的能力划分为预防、保护和减灾，情报和监测，预警和警报，应急响应，业务恢复，危机沟通和管理以及事后重建6大类。需要指出的是，这些能力对应的任务领域在时间上并不是完全按顺序排列的，可能存在一定的重叠关系。

预防、保护和减灾。预防是为了避免事件发生所开展的各种活动，其目标要么是降低事件发生的可能性，尽可能避免事件发生；要么是将其潜在后果的影响降低到一个可接受的水平，从而使其可以通过日常操作程序处理，而不用启动应急响应和业务恢复行动。保护和减灾是为了减轻事件影响而采取的有利于在事件发生后提供被动保护的各种行动。保护和减灾与脆弱性紧密相关，其措施的最终效果是保护目标并降低脆弱性（增强鲁棒性），这体现在事件发生后、系统受到破坏后其功能保持的百分比，即系统的鲁棒性。保护和减灾与其他任务领域的区别在于它寻求降低风险的长期解决方案，而不是放任后果"来临"，或者仅在事件发生后为响应这些后果和恢复做准备。考虑到预防、保护和减灾这 3 个任务领域都是从日常工作状态开始且独立于事件管理过程的，因此将其放在一起。

情报和监测、预警和警报。情报和监测指对可能引发事件的威胁和危险源的特征参数进行人工或自动监测，以了解事态的发展变化趋势。预警和警报是指在已经发现可能引发事件的某些征兆，或者事态发展到事先设定的预警临界点时，立即发布相关信息以便采取防范措施。防范措施可能包括人为的行动，如停止操作、疏散人员、紧急避险等；也可能是系统的自动操作，如列车紧急刹车、核电站反应堆自动停止运转等。由于事件的发展往往有一定的过程，我们通常根据事件发生的紧急程度、发展态势和可能造成的危害，将即将发生的事件划分为不同的预警级别，并分别采取不同的应急措施。目前，预警级别一般分为 4 级——Ⅰ级（特别严重）、Ⅱ级（严重）、Ⅲ级（较重）、Ⅳ级（一般），分别用红色、橙色、黄色和蓝色标示。不同类别事件的预警指标和标准各不相同，一般由相关专业部门制定，并在相关预案中对预警后需采取的措施做出明确规定。情报和监测、预警和警报任务领域的活动包括对不同类别事件的独立监测和预警，以及在综合各种信息并考虑不同事件的相互影响之后的综合预警。

应急响应。应急响应是指在突发事件即将发生前、发生期间或发生后，为抢救和保护生命、保护财产与环境、稳定秩序、满足人类基本需要、清除现场的危害因素而立即采取的行动，还包括对突发事件应急响应的管理与协调活动。突发事件基本发生在某个或一些特定的地理位置，会对发生地的个体或社区造成生命、财产和环境方面的损害或影响。因此，我国应急管理采取以"属地管理"为主的体制，明确了所在地的个人、组织和地方政府是事件的第一响应人和责任者。当组织内发生突发事件后，组织需要按内部预案进行应急响应，如事件影响超出组织的应对能力，可能或者已造成生命、财产和环境方面的损害，则需要地方政府的支持，突发事件的指挥权力也可能随之转移。具体的分级响应形式及组织与地方政府或其他外部机构的预案衔接，需要按照法律、法规和地方政府预案要求进行。

业务恢复。业务恢复是指组织为在预定的时间范围内使业务恢复到最低可接受水平而开展的各种活动，也就是让受到中断事件影响的组织在尽可能短的时间内恢复到基本的运营状态。组织应根据业务影响分析的结果，合理安排任务，有效使用资源，优先恢复那些对组织至关重要的业务。应急响应结束和业务恢复开始的时间点并不容易确定，通常两者存在一定的重叠。特别的是，有异地恢复准备的组织，可以通过应急决策指挥人员（在应急指挥中心）的指挥、协调，同时在突发事件现场进行应急响应，在异地备用场地进行业务恢复。

危机沟通和管理。突发事件和中断事件可能会严重影响组织的声誉、品牌、形象、市场份额、营业能力或与关键相关方的关系。此外，有些突发事件和中断事件的复杂性和影响程度超过了应急预案（及业务连续性计划）所能应对的范围。对这些涉及组织形象、与关键相关方关系或复杂性危机的事件进行应对处置，是组织最高管理者的当然责任。在突发事件和中断事件的应对过程中，最高管理者需要对内外发布真实信息、传递信心，促进日常一直进行的相关方沟通在危机时刻发挥出重要作用。

事后重建。事后重建是指为将业务运营从临时的最低可接受水平恢复到正常或更高水平而开展的各种活动。重建工作可能会涉及房屋重建、人员安置、设备修复、保险索赔、供应商联络和重新规划业务等相关决策。业务恢复和事后重建都存在复杂的沟通、协调工作，但在事后重建时，时间已不是最敏感的因素，组织明确重建原则、规划、责任人 / 部门、时间要求并配置充分的资源即可。

主要方法：应急决策和指挥、危机管理和沟通。

主要文档及工具：预防、保护和减灾，情报和监测，预警和警报，应急响应，业务恢复，危机沟通和管理，事后重建。

## 8.2.5　管理评价

管理评价是指为推动业务连续性管理工作的开展、促进业务连续性能力的建设和增强、督促和检查组织业务连续性管理体系中各主体的工作、查找业务连续性管理工作中存在的问题并提供改进机会而开展的监督、评价活动，具体包括能力评估、管理评估、事件评估和审核 4 项活动。

能力评估。业务连续性管理工作开展得好坏，主要体现在业务连续性能力上。因为中断事件及其处置结果存在相当大的偶然性和随机性，中断事件发生与否、发生的数量多少以及频率高低并不与业务连续性管理工作的好坏直接相关，中断事件的处置结果也不能充分反映业务连续性管理工作的水平。能力评估是推动业务连续性管理工作开展、促进业务连续性管理体系建设的重要工具，组织需要格外重视。能力评估的对象是业务连续性能力及其要素，对能力及其要素的评估有助于为组织增强能力提供依据，也有助于组织对业务连续性管理工作进行监督、检查、考核。

管理评估。对业务连续性管理工作进行评估可以发现业务连续性管理工作的薄弱之处，找到需要加强和改进的地方，为业务连续性管理总结和奖惩提供依据，为业务连续性管理工作部署和决策提供参考，从而促进业务连续性能力的增强，并最终改善对中断事件的预防和应对处置。

事件评估。中断事件评估的对象直接与中断事件相关，既包括事件发生的经过、原因、受损情况、业务恢复时间和直接经济损失等，也包括中断事件发生之前、期间、之后全过程的处置工作。事件评估可分为两类；一类是针对中断事件本身的，以事件定性、责任认定、损失补偿为目的；另一类是针对中断事件处置的，目的在于改进应急响应和业务恢复的各个环节，包括预案设计、组织体制、程序流程、预测预警、善后措施、保障准备以及其他相关工作。业务连续性管理的最终效果体现在中断事件处置中，所以事件评估是管理评价的核心。一方面，相当一部分中断事件的发生往往与某种错误、过失甚至违规操作或破坏行为相联系，而对事件本身的评估，不仅是进行事故性质认定、责任追究的基础和依据，也是完善组织管理工作、杜绝或预防类似事件再次发生的有效手段。另一方面，对中断事件处置工作的评估，对业务连续性管理团队总结经验、吸取教训、修订预案、完善业务连续性管理体制和机制有着重要的价值；评估结果也可以作为责任追究、工作评比等多方面工作的参考。

审核。审核是一种正式的评估活动，包括内部审核和外部审核。内部审核是组织内部人员（或代表组织的人员）有计划地、按照既定的时间间隔定期执行的，对业务连续性管理体系符合性、成熟度或业务连续性能力的自我评估和检查。内部审核对业务连续性管理的维护和改进起着核心的作用，内部审核的结果是最高管理者对业务连续性管理体系的适宜性和有效性做出判断的关键输入。管理层应能从内部审核的结果（或内部审核报告文件）中获得关于管理体系的公平、准确和全面的景象。内部审核结果可作为组织符合性自我声明的基础。

主要方法：能力评估（可参考绩效评价），管理评估（可参考管理体系评价和成熟度评估），事件评估，内部审核，管理评审。

主要文档及工具：审核报告，能力评估报告，事件调查报告。

## 延伸阅读

1. CERM 教材编写委员会：《大数据 智能时代企业风控逻辑与技能：企业风险经理指南》，中国财政经济出版社，2018 年。

2. DHS：National Preparedness Goal（2nd Edition），2015.

附录：业务连续性实务框架 Ver.2.0 与 ISO 22301，NFPA 1600 及国际灾难恢复协会专业惯例的交义参考表

| 业务连续性实务框架 Ver.2.0 | ISO 22301：2019 安全和韧性 业务连续性管理体系 要求 | NFPA 1600：2019 应急、连续性和危机管理标准 | 国际灾难恢复协会专业惯例 2017 版 |
|---|---|---|---|
| | 1. 项目集管理和领导力 | | |
| A01 组织环境分析 | 4.1 了解组织及其环境<br>4.2 理解相关方的需要和期望 | 4.6 法律和监管<br>5.1 策划和设计过程 | PP1 项目集启动和管理 |
| A02 商业论证 | 4.4 业务连续性管理体系<br>6.1 应对风险和机会的措施<br>6.2 业务连续性目标和实现计划 | 4.3 绩效目标 | PP1 项目集启动和管理 |
| A03 业务连续性方针 | 4.3 确定业务连续性管理体系的范围<br>5.1 领导作用和承诺<br>5.2 方针<br>5.3 角色、责任和权限<br>6.2 业务连续性目标和实现计划 | 4.1 领导作用和承诺<br>4.2 项目集协调员<br>4.3 绩效目标<br>4.4 项目集委员会<br>4.5 项目集管理 | PP1 项目集启动和管理 |
| A04 项目集管理计划和路线图 | 6 策划<br>8.1 运行的策划和控制<br>8.6 业务连续性文档和能力评价<br>9 绩效评价<br>10 改进 | 4.3 绩效目标<br>4.5 项目集管理<br>4.7 财务管理<br>4.8 记录管理<br>5.1 策划和设计过程<br>10 项目集维护和改进 | PP1 项目集启动和管理<br>PP8 业务连续性计划演练、评估和维护 |
| A05 收益和组件整合管理 | 6 策划<br>8.1 运行的策划和控制<br>8.6 业务连续性文档和能力评价<br>9 绩效评价<br>10 改进 | 4.3 绩效目标<br>4.5 项目集管理 | PP1 项目集启动和管理 |

| 业务连续性实务框架 Ver.2.0 | ISO 22301：2019 安全和韧性 业务连续性管理体系 要求 | NFPA 1600：2019 应急、连续性和危机管理标准 | 国际灾难恢复协会专业惯例 2017 版 |
|---|---|---|---|
| A06 相关方争取 | 4.2 理解相关方的需要和期望<br>5.2 方针<br>5.3 角色、责任和权限<br>6 策划<br>8.1 运行的策划和控制<br>8.6 业务连续性文档和能力评价<br>9 绩效评价<br>10 改进 | 4.4 项目集委员会<br>4.5 项目集管理<br>10 项目集维护和改进 | PP1 项目集启动和管理 |
| A07 关键组件活动的参与 | 6 策划<br>7 支持<br>8 运行<br>9 绩效评价<br>10 改进 | 4.5 项目集管理<br>4.7 财务管理<br>5.1 策划和设计过程 | PP1 项目集启动和管理 |
| A08 项目集维护和改进 | 4.3 确定业务连续性管理体系的范围<br>4.4 业务连续性管理体系<br>6 策划<br>7 支持<br>8.1 运行的策划和控制<br>8.6 业务连续性文档和能力评价<br>9 绩效评价<br>10 改进 | 4.5 项目集管理<br>4.8 记录管理<br>10 项目集维护和改进 | PP1 项目集启动和管理<br>PP8 业务连续性计划演练、评估和维护 |

续表

| 业务连续性实务框架规<br>Ver.2.0 | ISO 22301：2019 安全和韧性<br>业务连续性管理体系 要求 | NFPA 1600：2019<br>应急、连续性和危机管理标准 | 国际灾难恢复协会专业惯例<br>2017 版 |
|---|---|---|---|
| | | 2. 能力规划 | |
| A09 业务连续性能力框架规划 | 4.4 业务连续性管理体系<br>6.1 应对风险和机会的措施<br>8.1 运行的策划和控制<br>8.6 业务连续性文档和能力评价 | 5.1 策划和设计过程 | PP1 项目集启动和管理<br>PP9 危机沟通 |
| A10 业务影响分析 | 8.2 业务影响分析和风险评估 | 5.3 业务影响分析 | PP3 业务影响分析 |
| A11 风险评估 | 8.2 业务影响分析和风险评估 | 5.5 风险评估 | PP2 风险评估 |
| A12 任务分析 | 6.2 业务连续性目标和实现计划<br>8.3 业务连续性策略与方案<br>8.4 业务连续性计划和程序 | 4.3 绩效目标<br>5.1 策划和设计过程 | PP4 业务连续性策略<br>PP5 事件响应 |
| A13 能力分析 | 6.2 业务连续性目标和实现计划<br>8.3 业务连续性策略与方案<br>8.4 业务连续性计划和程序 | 4.3 绩效目标<br>5.1 策划和设计过程 | PP4 业务连续性策略<br>PP5 事件响应 |
| A14 目标设定 | 6.2 业务连续性目标和实现计划<br>8.3 业务连续性策略与方案<br>8.4 业务连续性计划和程序 | 4.3 绩效目标<br>5.1 策划和设计过程<br>5.4 资源需求评估 | PP2 风险评估<br>PP3 业务影响分析<br>PP4 业务连续性策略<br>PP5 事件响应 |

续表

| 业务连续性实务框架 Ver.2.0 | ISO 22301：2019 安全和韧性 业务连续性管理体系 要求 | NFPA 1600：2019 应急、连续性和危机管理标准 | 国际灾难恢复协会专业惯例 2017版 |
|---|---|---|---|
| 3. 能力建设和保持 | | | |
| A15 业务连续性策略和方案 | 7 支持<br>8.1 运行的策划和控制<br>8.3 业务连续性策略与方案<br>8.4 业务连续性计划和程序 | 5.1 策划和设计过程<br>6 实施 | PP4 业务连续性策略<br>PP5 事件响应<br>PP6 预案编制和实施<br>PP9 危机沟通<br>PP10 外部机构协调 |
| A16 预案编制和管理 | 7 支持<br>8.3 业务连续性策略与方案<br>8.4 业务连续性计划和程序 | 6 实施 | PP1 项目集启动和管理<br>PP5 事件响应<br>PP6 预案编制和实施<br>PP9 危机沟通<br>PP10 外部机构协调 |
| A17 应急组织和程序设计 | 7 支持<br>8.4 业务连续性计划和程序 | 6 实施 | PP5 事件响应<br>PP6 预案编制和实施<br>PP9 危机沟通<br>PP10 外部机构协调 |
| A18 资源建设和管理 | 7 支持<br>8.1 运行的策划和控制<br>8.3 业务连续性策略与方案<br>8.6 业务连续性文档和能力评价 | 5.4 资源需求评估<br>6 实施 | PP1 项目集启动和管理<br>PP4 业务连续性策略<br>PP5 事件响应<br>PP6 预案编制和实施 |

续表

| 业务连续性实务框架 Ver.2.0 | ISO 22301：2019 安全和韧性业务连续性管理体系 要求 | NFPA 1600：2019 应急、连续性和危机管理标准 | 国际灾难恢复协会专业惯例 2017 版 |
|---|---|---|---|
| A19 培训和意识教育 | 7.2 能力<br>7.3 意识 | 8 培训和教育 | PP7 意识和培训项目集<br>PP9 危机沟通 |
| A20 演练 | 8.4.3 预警和沟通<br>8.5 演练 | 9 演练和测试 | PP5 事件响应<br>PP8 业务连续性计划演练、评估和维护<br>PP9 危机沟通 |
| | | 4. 能力运用 | |
| A21 预防、保护和减灾 | 8.3 业务连续性策略与方案<br>8.4 业务连续性计划和程序 | 6.2 预防<br>6.3 减灾 | PP2 风险评估<br>PP4 业务连续性策略<br>PP5 事件响应 |
| A22 情报和监测、预警和警报 | 7.4 沟通<br>8.4.3 预警和沟通 | 6.6 预警、通知和沟通<br>7.1 事件识别<br>7.2 初次报告/通知 | PP5 事件响应 |

续表

| 业务连续性实务框架<br>Ver.2.0 | ISO 22301: 2019 安全和韧性<br>业务连续性管理体系 要求 | NFPA 1600: 2019<br>应急、连续性和危机管理标准 | 国际灾难恢复协会专业惯例<br>2017 版 |
|---|---|---|---|
| A23 应急响应 | 8.4 业务连续性计划和程序 | 6.7 行动程序<br>6.8 事件管理<br>6.9 应急响应预案<br>7.3 预案启动和事件行动计划<br>7.4 启动事件管理系统<br>7.5 持续事件管理沟通<br>7.6 记录事件信息、决策和行动<br>7.7 事件稳定<br>7.8 遣散资源和结束 | PP5 事件响应<br>PP10 外部机构协调 |
| A24 业务恢复 | 8.4 业务连续性计划和程序 | 6.7 行动程序<br>6.8 事件管理<br>6.10 连续性和恢复<br>7.3 预案启动和事件行动计划<br>7.4 启动事件管理系统<br>7.5 持续事件管理沟通<br>7.6 记录事件信息、决策和行动<br>7.7 事件稳定<br>7.8 遣散资源和结束 | PP5 事件响应<br>PP10 外部机构协调 |
| A25 危机沟通和管理 | 7.4 沟通<br>8.4 业务连续性计划和程序 | 6.4 危机管理<br>6.5 危机沟通和公共信息<br>6.6 预警、通知和沟通 | PP5 事件响应<br>PP9 危机沟通<br>PP10 外部机构协调 |

续表

| 业务连续性实务框架 Ver.2.0 | ISO 22301: 2019 安全和韧性 业务连续性管理体系 要求 | NFPA 1600: 2019 应急、连续性和危机管理标准 | 国际灾难恢复协会专业惯例 2017 版 |
|---|---|---|---|
| A26 事后重建 | 8.4 业务连续性计划和程序 | 6.10 连续性和恢复 | PP5 事件应对<br>PP6 预案编制和实施 |
| | | 5. 管理评价 | |
| A27 能力评估 | 8.6 业务连续性文档和能力评价<br>9.1 监视、测量、分析和评价 | 9 演练和测试 | PP8 业务连续性计划演练、评估和维护 |
| A28 管理评估 | 9 绩效评价 | 10.1 项目集评审 | PP8 业务连续性计划演练、评估和维护 |
| A29 事件评估 | 8.6 业务连续性文档和能力评价<br>9.1 监视、测量、分析和评价 | 10.1 项目集评审 | PP5 事件响应<br>PP8 业务连续性计划演练、评估和维护 |
| A30 审核 | 8.6 业务连续性文档和能力评价<br>9.1 监视、测量、分析和评价<br>9.2 内部审核 | 10.1 项目集评审 | PP8 业务连续性计划演练、评估和维护 |

# 主题 9
# 业务连续性项目集管理

**问题**：领导已决定加强业务连续性管理工作，我该怎么着手呢？

相关问题如下：

"我该怎么启动业务连续性管理工作？"

"我需要怎么加强业务连续性管理工作？"

**简答**：要做好业务连续性项目集管理，可以从组织人事和日常活动两方面着手。在组织人事方面重点关注3类人——业务连续性主管领导、业务连续性管理委员会，以及以业务连续性经理为中心的项目集管理团队，建立业务连续性治理和管理结构，使应急管理和业务连续性管理组织分工协作，理顺领导指挥体制。在日常活动方面，对于项目集架构管理，重点做好3件事——商业论证、业务连续性方针，以及项目集管理计划；对于项目集组件管理，也要重点做好3件事——收益和组件整合管理、相关方争取以及关键组件活动的参与；此外，在业务连续性项目集层面，还需要关注组织环境分析、项目集维护和改进。

**关键词**：发起人，业务连续性管理委员会，军政军令合一，军政军令分开，商业论证，业务连续性方针，项目集管理计划，项目集路线图，相关方争取策略，平衡计分卡，利益相关方理论。

**解题**：简单地说，业务连续性项目集管理可以分为组织人事管理和日常活动管理两方面，下面我们就分别从这两方面谈起。

当然，我们首先要确认是否具备项目启动条件，可以采用"A-B-C-D分析法"。

- Awareness——意识到存在需要解决的问题。
- Budget——有可以满足需求的相应预算。
- Concern——管理层关心 / 关注这个问题。
- Determination——高管层决定解决这个问题。

如果以上 4 个条件都具备，那么接下来的业务连续性管理工作就有可能成功，组织可以立即着手推动；如果有一个或多个条件不具备，那么最好先想办法满足这些条件再正式启动项目。

# 9.1    业务连续性管理中的组织人事管理

## 9.1.1    重点关注 3 类人，建立业务连续性治理和管理结构

### 9.1.1.1    业务连续性管理的相关方

业务连续性管理的相关方（即利益相关者）是指能影响业务连续性管理相关决策、活动或结果的个人、群体或组织，以及会受到或自认为会受到业务连续性管理相关决策、活动或结果影响的个人、群体或组织。"相关方"对应英语中的 stakeholder 或 interested party，这两个单词也被译为利害干系人、干系人或利益相关者（在国际标准化组织的术语定义中，stakeholder 与 interested party 等同）。

我们知道，组织对业务连续性的管理本质上是项目集管理，其中可能包括一些看起来并"不相关"的项目，如在业务部门进行业务影响分析的同时，人力资源部门在新员工入职培训中安排了业务连续性管理知识培训，内审部门按照年度计划对生产部门进行业务连续性专项审核，而南方沿海某分公司正在准备一个应对台风的演练，……这些彼此之间差异很大的项目涉及多个不同的业务和职能领域，因为服务于共同的业务连续性战略目标而被整合在业务连续性项目集中进行管理，业务连续性管理也因此拥有了众多的相关方。

业务连续性管理的相关方包括组织内部的成员，如高管层、业务部门、职能部门、区域分公司 / 合资公司和员工，也包括组织外部的群体，如客户、潜在客户、供应商、监管机构、竞争对手等。主要的相关方包括以下几类。

- 业务连续性主管领导：组织内负责支持业务连续性项目集使用组织资源、确保业务连续性项目集成功的高管个人（或高管团体）。

- 业务或职能部门负责人：负责业务或职能持续运营，并为关联业务提供支持的负责人。

- 业务连续性经理：在组织范围内负责管理业务连续性项目集的人员。

- 业务连续性协调员：在业务／职能部门内负责具体业务连续性管理工作推进和执行的人员。

- 客户：使用业务连续性管理成果并获得期望收益的个人或组织，既是业务连续性管理最终成果的主要受益方，也是对判定业务连续性管理是否成功产生影响的主要相关方。

- 潜在客户：密切观察组织的业务连续性管理如何成功交付既定收益的未来客户。

- 供应商：因业务连续性管理方针和程序变更而受影响的产品或服务提供商。

- 监管机构：对组织连续性运营提出要求并进行监管的政府机构。

- 竞争对手：有些竞争对手会受到组织业务连续性能力变化的影响，竞争对手也可能会将组织的业务连续性视为他们比较的基准。

- 受影响的个人或组织：感知到因组织业务连续性管理活动而获益或利益受损的个人或组织。

- 其他团体：代表消费者、环境或其他相关利益的团体。

为了获得预期成果，相关方可能会对业务连续性管理的成果、项目收益及项目团队施加影响。他们可能主动参与并推进业务连续性管理工作，也可能因为利益受损而抵制或阻碍业务连续性管理工作的开展；不同的相关方还可能因相互竞争而产生冲突。

为了明确业务连续性管理要求、各利益相关者的期望，并确保项目集成功，业务连续性管理团队需要识别内部和外部、正面和负面、执行活动和提供建议的所有利益相关者，但在这一过程中，要重点关注 3 类人：业务连续性主管领导，业务连续性管理委员会和以业务连续性经理为中心的项目集管理团队。

### 9.1.1.2　业务连续性主管领导

业务连续性主管领导通常是组织高管团队的成员，被赋予责任和授权以确保业务连续性管理成功，是业务连续性项目集的发起人，为业务连续性管理的最初方案提供支持，保障业务连续性项目集资源可用，并对业务连续性管理的收益交付负责。

业务连续性主管领导的主要职责包括以下内容：

（1）确保业务连续性管理的目的和目标与组织战略愿景一致。

（2）监督和控制业务连续性管理的收益交付。

（3）提供资源，促使业务连续性管理成功。

（4）移除影响业务连续性管理成功的障碍。

在许多组织中，业务连续性主管领导担任业务连续性管理委员会主任一职。

### 9.1.1.3　业务连续性管理委员会

在许多情况下，与业务连续性经理及管理团队甚至业务连续性主管领导相比，有些相关方（如监管机构和客户）具有更大的影响。在组织内建立业务连续性管理委员会，把对业务连续性管理有重要影响的相关方"请"进来，被认为是开展业务连续性治理最有效的方法之一。

业务连续性管理委员会，有时也称作指导委员会或监督委员会，通常由业务连续性主管领导、业务和职能部门的主要负责人及其他重要的内部相关方组成，负责批准和监督业务连续性项目集的所有关键内容，确保业务连续性项目集的目标实现，并为应对业务连续性项目集组件的风险和问题提供帮助。

业务连续性管理委员会的常见职责包括以下内容：

（1）确保业务连续性项目集在其授权范围内定义业务连续性管理的愿景和目标，有效支持组织的愿景和目标。

（2）建立业务连续性方针。

（3）确保已批准计划得到所需的资金。

（4）签发业务连续性管理的绩效评价标准，制定业务连续性管理项目集成功的最低可接受标准，以及用于度量这些标准的方法。

（5）批准业务连续性项目集管理方法、计划和路线图。

（6）分配组织资源（人员、预算和设备），优化业务连续性项目集绩效。

（7）确定项目集层面的质量标准和规划。

（8）监督业务连续性项目集的进展与变更需求。

（9）按计划在关键阶段与其他决策点评审项目集。

（10）批准项目集组件启动或移交。

有时，在非常小的组织里，可能是由一位高管承担业务连续性管理委员会的职责。有条件的组织，可在业务连续性管理委员会下建立包括外部专家在内的专家组。

### 9.1.1.4 以业务连续性经理为中心的项目集管理团队

业务连续性经理，即业务连续性项目集经理，和各业务／职能部门中的业务连续性协调员一起，组成了业务连续性项目集管理团队。

不同相关方在业务连续性项目集中的利益和影响程度可能存在巨大的差异。有的相关方可能对特定的业务连续性管理工作不知情，或者知情却不支持具体工作。把主要精力和时间花在所有已知的相关方身上，确保所有重要观点都得到考虑和处理，是业务连续性经理的责任。

业务连续性经理在进行相关方争取时应熟悉销售的知识和技能，因为销售人员"卖"产品或服务的知识和技能在识别相关方以及建立他们与业务连续性项目的关系时非常有用。业务连续性经理需要评估相关方对业务连续性管理的态度及变革意愿。在将相关方纳入业务连续性项目后，业务连续性经理可与相关方就其需要和期望进行沟通，并在理解相关方与业务连续性管理项目之间关系的前提下跟踪相关方的反馈，以确保交付符合业务连续性方针的收益。

相关方在对业务连续性项目的收益没有直接需求、没有参与项目、不理解变革的必要性或只关注其给自身带来的负面影响时，通常会抵制变革。这时，组织在业务连续性项目层面就很难争取到相关方的支持。为此，业务连续性经理和管理团队的其他成员应理清每个相关方的态度和优先级，包括理清相关方可能试图改变业务连续性管理项目的进程或有意使项目集偏离正常轨道，以阻止业务连续性项目实现其预期收益或结果的动机。

同时，业务连续性经理需要缩小组织在业务连续性管理面临的"现状"与渴望的"未来"愿景之间的差距。业务连续性经理应该理解"现状"，以及如何通过业务连续性管理项目及其收益达到"未来"的状态。

出色的业务连续性经理会运用突出的项目集管理和领导力技能，围绕业务连续性项目集将带来的变革，为业务连续性项目集管理团队设定清晰的目标，具体包括争取相关方并评估他们的意愿、规划，提供业务连续性资源及支持，并获取和评估相关方对业务连续性项目集进展的反馈。

### 9.1.1.5　业务连续性治理和管理结构

战略一致性、相关方管理和收益实现是业务连续性治理的 3 个关键考虑因素。大多数组织通过建立业务连续性管理委员会来进行恰当的业务连续性治理。通常，业务连续性管理委员会由项目集不同相关方代表（如业务连续性主管领导、各业务／职能部门的主要负责人等）组成。这些成员对业务连续性管理目标、策略和执行计划的制定非常关键，因为他们拥有组织洞察力和决策权，可以为实现业务连续性目标收益提供足够的可用资源，并可以随时解决在业务连续性管理执行过程中出现的问题和疑问。

如图 9-1 所示，以业务连续性管理委员会为核心，由高管层、主管领导、业务连续性项目集管理团队（及项目集管理办公室，如果有）等共同组成治理主体。治理主体确保业务连续性项目集的目标和计划收益与组织战略目标和运营目标相一致。

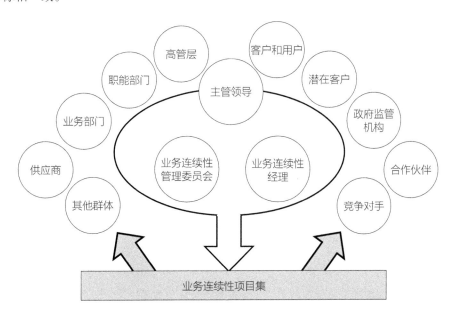

图 9-1　业务连续性项目集的相关方、治理主体和结构

业务连续性经理是治理主体与业务连续性项目集之间的接口，他和来自各业务 / 职能部门的业务连续性协调员组成了业务连续性项目集管理团队，作为业务连续性主管领导和业务连续性管理委员会的"影子"团队，在此治理结构下开展项目集管理活动（项目集管理、能力规划、能力建设和保持、能力运用以及管理评价），同时负责确保业务连续性项目集按照管理计划和路线图执行。业务连续性管理委员会负责为业务连续性经理管理项目集提供适当的支持。为确保业务连续性项目集目标可持续、高效和有效地实现，业务连续性经理和业务连续性管理委员会成员之间的关系应建立在共同的组织目标和共同的责任基础之上。

出色的业务连续性经理能有效地运用知识、经验和领导力，使业务连续性项目集与组织战略相一致，提高业务连续性管理的交付收益水平，加强与各相关方、业务连续性管理委员会之间的合作，管理项目集生命周期，解决业务连续性项目集自身与组织内的其他项目集、项目或持续的运营活动发生需求冲突时引起的各种问题。

### 小知识：项目管理和项目集管理的区别

项目管理和项目集管理的第一个区别是，从项目管理转换到项目集管理最需要的是相关方管理。项目管理不会涉及太多的要与高管层沟通和汇报展示的事情，项目经理一般与项目团队和跨部门的业务 / 职能经理进行沟通。而在项目集管理中，每个项目集组件（可能是项目或子项目集）都有各自的相关方——他们可能会影响项目，可能从项目中受益，可能支持或者反对项目。在项目集层面把这些相关方加起来，再额外加上一些其他群体，才构成了项目集的相关方。这涉及更广泛的人员和组织，甚至可能涉及组织外的人员和组织，还需要持续获取来自高管层的信息并争取高管层参与项目。在项目集管理中，相关方管理更为普遍，沟通层级会明显变高，项目集组件可能会涉及组织的各个职能和业务部门。同时，相关管理人员需要拥有全局视角，要进行更加全面且充分的沟通，还要管理各个相关方之间的关联关系，而不仅仅是管理单个相关方；需要持续思考很多事情，如相关方对项目的影响程度如何，需要他们做什么，如果某些人与项目集的最终决策没有达成共识，他们会对项目集造成什么影响，……

项目管理和项目集管理的第二个区别是，关注的内容不同。一般来说，项目经理不用对收益负责，他们会把可交付成果移交给运营方，通常由运营方负责确认项目的收益。因此，项目经理一般只负责交付可交付成果。但项目集在较长的时间框架里可能同时拥有多个项目。举个例子，项目 A 在项目集早期就已完成，之后项目集经理将工作重点转移到新的项目上，但仍然会面对项目 A 的用户/客户群。即使项目 A 的维护期过了，同一用户/客户群也已经参与到了项目集中的第八、第九和第十项目中，但此时如果项目 A 出现问题，相关的用户/客户群还是会找到项目集经理反映情况。所以，项目集必须更加关注项目的移交，因为项目集的持续时间通常比较长。此外，项目管理需要考虑范围、进度和预算；项目集管理需要持续考虑项目集为组织带来的收益，这种收益的实现并不会自然产生，而是需要进行部署和监督，需要构建项目集路线图（有点儿像甘特图）。与项目管理相比，项目集管理更加关注收益实现计划的制定、项目集路线图的部署，以及对收益实现的持续关注。例如，项目集发生变更，项目集经理首要关注的应是变更带来了什么收益？是否影响到组织的业务连续性水平？例如，某一组件项目交付时间延迟，项目集经理需要关注会对收益产生什么影响？如果变更降低了组织的业务连续性水平，项目集经理需要关注恢复到合格水平的时间和成本。项目集经理需要时刻关注项目集对组织内部的收益以及对组织能力的影响。但需要注意的是，项目集的最终收益也可能在组织外部。就业务连续性而言，对组织内部而言，收益是增强了优先业务在运营中断发生后的快速恢复能力，但最终的收益其实产生在组织外部，如客户得到的服务持续有效，不受中断事件的影响。

　　项目管理和项目集管理的第三个区别是项目集的战略聚焦。项目集要确保相互关联的多个组件项目与项目集目标和预期收益一致，以支持组织的战略实施。为实现这一目标，项目集治理主体（如业务连续性管理委员会）可通过执行季度或年度规划来优化项目集组件以与组织战略协调一致，同时建立相关的资金划拨方式。治理主体可在项目集的重要阶段进行审查，如进行项目集质量审查。治理主体也可基于战略目标、风险分类、项目类型和资金划拨来建立决策框架（规则和程序），并决定资源（人员和资产）优先级。治理主体应基于决策框架和优先级标准，来决定需要增加、变更或终止哪些项目集组件，以及项目集本身是否应当被变更或终止。治理主体可做出通过与否的决策，并据此重新分配资源。项目集经理可在各组件间整合，通过管理项目组件间的依赖关系确保项目集与组织战略的一致性。项目集应有一张带有战略执行跟踪流程的整体路线图，其可说明项目集与组织战略的一致性、主要事件和依赖关系，并明确何时可交付何种收益。

## 9.1.2 选择适用的应急和连续性领导指挥体制，使应急管理和业务连续性管理组织分工协作

### 9.1.2.1 企事业单位的应急管理体系和业务连续性管理体系

有大型企业的朋友问："我们已按照有关要求建立了应急管理体系，既有部门负责管理，也有应急预案。现在领导又关心业务连续性运营问题，需要再建立一套业务连续性管理体系吗？"也有金融业的朋友问："我们已按照监管要求建立了业务连续性管理体系，也建设了应急管理体系，但两个班子对应两套预案，在中断事件真发生时，我们到底用哪套预案？"

事实上，在 2003 年之后，我国建立起了以"一案三制"为核心的应急管理体系。"一案"是指一个国家总体预案和涵盖各个部门、各类事件的应急预案体系；"三制"是指在法制方面有《突发事件应对法》，在体制方面有应急办（机构改革后有应急管理部），在机制方面有事前、事中、事后全过程的管理机制。按照相关要求，为增强处置突发公共事件的能力，最大限度地预防和减少突发公共事件，保护国家、企业和员工的生命财产安全，维护社会稳定，保证企业正常生产，企事业单位建立了应急管理体系（一般由办公室、综合管理部或企划部等综合管理部门牵头）。在应对突发公共事件的过程中，企事业单位的应急管理体系有效地发挥了作用，保护了企业和员工的生命财产安全，对维护社会稳定也起到了良好的作用，但也存在以下问题。

（1）由于《突发事件应对法》和《国家突发公共事件总体应急预案》主要考虑的是突发公共事件，所以应急机制提出了"事后恢复重建"。在此指导下的企事业单位应急预案通常与企事业单位的业务运营没有直接关联，不需要分析这些事件对业务运营造成的种种影响（如财务、运营、市场、声誉等方面的影响），没有业务恢复程序要求，加之相关的业务恢复培训和演练也很少开展，这类应急预案也就无法满足企事业单位在中断事件发生后快速恢复中断业务的要求。

（2）除了危化、采矿等高危行业，大部分企事业单位的应急管理工作并不繁杂，所以应急办的工作人员经常被抽调去处理维稳、信访等工作。因为不能对企业的业务运营起到有效的保障作用，只是作为"公共安全应急管理"的一部分，应急办的工作实际上并未聚焦在"企业应急管理"上，很容易让应急管理工作人员有被"边缘化"的感觉。

在金融业，"为降低或消除……重要业务运营中断的影响，快速恢复被中断业务，维护公众信心和银行业正常运营秩序"，2009 年，原中国银行业监督管理委员会发布《商业银行信息科技风险管理指引》，明确提出"业务连续性管理"要求。2011 年，原中国银行业监督管理委员会发布《商业银行业务连续性监管指引》，并在随后将业务连续性纳入商业银行监管评级。在监管要求和业务发展的推动下，我国银行业已普遍建立起了业务连续性管理体系；同时，大多数商业银行由风险管理相关部门作为业务连续性管理的牵头部门（也有少数银行由办公室或其他综合管理部门牵头）。商业银行业务连续性管理体系的建立，在我国银行业从信息化向数字化升级的过程中，增强了信息科技的连续性运行能力，起到了快速恢复被中断业务、维护公众信心和银行业正常运营秩序的作用，并形成了以下经验：

（1）在进行业务连续性能力建设时，"指导、评估、监督各部门的业务连续性管理工作；组织制定业务连续性计划，协调业务条线部门，汇总、确定重要业务的恢复目标和恢复策略；组织开展业务连续性计划的演练、评估和改进；开展业务连续性管理培训"等一系列工作与业务运营联系紧密，专业化要求高，比较适合风险管理部门作为"第二道防线"的定位，此时风险管理部门能够有效发挥作用。

（2）在进行运营中断应急处置时，"运营中断事件应急指挥和组织协调，督导应急处置实施""应急处置对外报告、宣告、通报和沟通与协调，以及对外媒体公关、秩序维护、安全保障、法律咨询和人员安抚"等一系工作主要是指挥控制、综合协调，要求指令清晰、能令行禁止（权威），比较适合办公室或综合管理部门作为"领导的参谋和助手"的定位，此时办公室或综合管理部门能够有效发挥作用。

（3）与之相对应的是，假如风险管理部门负责运营中断应急处置，则不易发挥作用。举个例子，一般而言，风险管理部门没有 24 小时值班制度，在运营中断发生时，难以保障信息快速上传下达。假如办公室或综合管理部门负责业务连续性能力建设，也不易发挥作用，因为相关工作需要专业人员深入业务运营流程，评估风险和分析中断带来的各种影响，编制业务恢复预案（与业务运营要素相关），……而办公室或综合管理部门人员一般很少深入地涉足业务运营。

本质上，以上问题和现象是由企事业单位中应急管理体系和业务连续性管理体系的关系和定位引起的，也和部门职责分配、组织结构设计密切相关。总体而言，虽然业务连续性管理方法和理论引入国内已有10多年，但目前仍处于"导入期"，大部分行业并未建立起相对规范的业务连续性管理体系，少数企事业单位甚至不知道"业务连续性管理"为何物。通过和全社会已建立起的应急管理体系相结合，通过分工协作，让业务连续性管理体系帮助企事业单位更好地应对运营中断，快速恢复被中断业务，提升客户服务水平并保障行业和社会秩序，是值得研究和探索的实践问题。

### 9.1.2.2 适用于不同企事业单位的领导指挥体制方案

某些企事业单位有由办公室牵头负责的（公共安全）应急管理体系，也有由风险管理部门等牵头负责的业务连续性管理体系。如将二者合理定位、有机融合成一个统一的管理体系，则既可以满足合规要求，保障企事业单位持续运营、繁荣发展，还能简化日常管理和应急处置。相对而言，由于关注组织的利益、业务、声誉和品牌，与业务运营关联较深，业务连续性管理擅长在平时进行能力评估、规划、建设和保持，类似于"养兵"；而由于更关注企业员工生命财产安全，有严格的追责体系和社会支持，应急管理擅长在突发事件中综合协调和指挥，进行应急能力运用，类似于"用兵"。借鉴军队的军政系统和军令系统的关系，企事业单位可以考虑采用以下方案。

（1）规模比较大或者业务运营比较复杂，抑或受监管影响大的企事业单位，可以考虑采用"军政军令分开型"的领导指挥体制，由办公室／综合管理部／企划部等负责组织的应急指挥和事件处置，由风险管理部／质量管理部／安全生产部／运营管理部等负责组织的应急管理和业务连续性能力建设。

（2）规模比较小或者业务运营比较简单，抑或内部管理成熟的企事业单位，可以考虑采用"军政军令合一型"的领导指挥体制，由一个部门全面负责组织的应急管理、业务连续性能力建设及应急处置。

表9-1是在企事业单位中采用"军政军令分开型"和"军政军令合一型"两种体制的简要描述和优缺点比较。

表 9-1　"军政军令分开型"和"军政军令合一型"领导指挥体制简要描述和优缺点
比较

| | "军政军令分开型" | "军政军令合一型" |
|---|---|---|
| 描述 | 日常管理（业务连续性管理）强在"养兵"，类似于"军政系统"，由高管层和应急／连续性管理委员会通过各部门统管能力评估、规划、建设和保持；应急处置（应急管理）强在"用兵"，类似于"军令系统"，由高管层通过应急办进行指挥。日常管理涉及部门繁多，实行多部门体制，进行专业化建设；应急处置机构"精干"，职能围绕应急处置设置，强调多部门协作。应急处置系统为"用户"，日常管理系统为"产品的生产者"，赋能给各业务和职能部门。日常管理和应急处置分开，各有所长 | 日常管理（业务连续性管理）和应急处置（应急管理）由同一部门负责的领导指挥体制 |
| 优点 | 机构职能单一，业务连续性管理体系能够长期稳定地进行专业建设，建立充分的人力与物资储备，为应急处置做好准备；应急处置系统的指挥人员主要研究应急处置问题，进行应急谋划，精力相对集中 | 应急指挥人员有较强的权威性。由于平时负责体系建设的人员在应急处置时负责应急指挥，因而指挥人员与指挥对象彼此熟悉、相互信任，容易建立指挥与被指挥的关系。<br>便于实现责权的统一。"军令军政合一型"的体制遵循了"谁建设、谁使用、谁负责"的原则；管理人员既要对体系的日常管理负责，又要对应急处置结果负责，有利于统一筹划业务连续性的平时建设与应急处置的能力运用问题 |
| 缺点 | 责权不够统一。业务连续性管理牵头部门平时要抓业务影响分析、风险评估、应急预案编制和应急准备等工作（这些工作与应急管理和业务连续性密切相关），但并不参与应急处置工作，责与权之间存在一定的脱节现象。<br>存在平战体制的转换问题。业务连续性管理体系和应急管理体系均为独立的分系统，在应急处置时需要由日常管理体制转换为应急指挥体制，各部门存在两种体制转换过程中的适应问题 | 应急指挥人员既要应对大量的日常管理、业务影响分析／风险评估、应急预案编制、资源建设、演练和培训等工作，又要做好应急处置，这一方面增加了指挥人员的负担，对指挥人员的素质提出了过高的要求；另一方面也有可能使指挥人员整天陷于烦琐的事务中而无暇研究应急指挥问题 |

企事业单位应急管理体系和业务连续性管理体系的定位和关系，与法律法规和监管环境有一定关系，这在以国有企业为主的行业中尤为突出，因为这些企事业单位已普遍按照要求建立了应急管理体系。但我国的应急管理体系实质上是公共安全应急管理体系，并未考虑组织（即企事业单位）"事中业务恢复"的需求。因此，为有效保护企事业单位的声誉、品牌和创造价值的业务活动，这些单位还需要再建立业务连续性管理体系。在此过程中，选择适配的企业应急和连续性领导指挥体制，使应急管理和业务连续性管理组织分工协作以形成合力，既是必要的，也是可能的。

对于金融业，中国银行保险监督管理会在 2020 年 9 月发布《银行保险机构应对突发事件金融服务管理办法》，其中第八条指出"银行保险机构可以指定业务连续性管理委员会等专门委员会负责突发事件应对管理工作"，这使银行保险机构的突发事件应急管理和业务连续性管理的融合迈出了一大步。

# 9.2 业务连续性管理中的日常活动管理

为了成功地实现组织确定的目标，业务连续性项目集的日常活动可分为两类：项目集架构管理和项目集组件管理。项目集架构管理主要包括为业务连续性项目集获得批准以及为达成预期收益制定项目集管理计划而开展的项目集活动，项目集组件管理主要包括根据项目集管理计划开展的各项业务连续性管理活动和维护工作。与一般的项目集管理类似，业务连续性项目集管理也包括变更管理、沟通管理、财务管理、信息管理、采购管理、质量管理、资源管理、风险管理、进度管理和范围管理等多种管理活动。在项目集架构管理和项目集组件管理方面，组织需要分别重点做好 3 件事。

## 9.2.1    在项目集架构管理方面重点做好 3 件事

项目集架构管理的主要目标包括：①阐述业务连续性管理要解决的问题和总体目标，设定预期的项目集成果和收益，寻求项目集获批和投资；②在沟通和深入了解相关方情况的基础上，建立业务连续性治理和管理结构；③结合业务连续性管理的总体目标、相关方的需要和期望、资源投入和阶段性工作重点等因素，制定项目集管理计划。简言之，项目集架构管理主要是为业务连续性项目集奠定存在基础、建立框架及制定项目集管理计划，这将通过完成商业论证以及编制业务连续性方针和项目集管理计划来实现。（此处提到的商业论证、业务连续性方针和项目集管理计划都是业务连续性项目集层面的；对于项目集组件，如风险评估、业务影响分析、预案编制、资源建设、演练和培训等，需要建立项目集组件层面的商业论证、章程 / 治理以及管理计划。）

### 9.2.1.1    商业论证

商业论证是一份书面的经济可行性研究报告，是在考虑成本估算、风险及收益预测等因素的情况下，对组织开展业务连续性管理的正当理由的阐述。商业论证可能基于一个或多个因素，如市场需求、客户要求、技术进步、法律要求、组织需要和社会需要等。商业论证可以是抽象和概括的，也可以是详细和全面的，它通常描述业务连续性管理的预期收益和约束、限制条件等，如组织的业务连续性管理目标、主要构想、高层风险和机会评估、关键假设、业务和运营影响、成本收益分析、替代方案、财务分析、潜在收益、社会需求、法律影响、限制条件以及与组织战略和意图的一致性方面的内容。商业论证描述了业务连续性管理驱动因素背后的意图和权威，以及业务连续性管理的商业基础。

商业论证可以回答"为什么我们要进行业务连续性管理？"的问题，将组织的战略和意图与业务连续性项目集连接起来，通过明确业务连续性项目集的预期成果如何支持组织的战略和目标来证明业务连续性项目集的必要性，并在最大化价值的同时平衡资源的使用。此外，商业论证是对业务连续性管理投资有效性的证明。在业务连续性项目集被批准之前，最高管理者需要确认组织对业务连续性管理的投资是有价值的、值得的。商业论证从商业角度提供必要的信息，用于确定业务连续性管理所交付收益的有效性，为最高管理者提供决策依据，帮助其确定业务连续性管理是否值得投资。

商业论证可以作为组织对业务连续性管理预期交付价值的正式声明，以及对使用所需资源的正当性证明。商业论证的主要内容包括对组织业务连续性管理收益的明确要求。组织在商业论证之前不应该在业务连续性项目集中投入资源；在后续工作中，组织需要定期审核商业论证，持续比较分析业务连续性项目集投入成本和收益的实际和预估情况，以确定是"继续实施"还是"放弃／中止"业务连续性项目集。商业论证还应包括业务连续性项目集的主要风险，而最高管理者可能会因为特定的风险因素而得出业务连续性项目集不可行的结论。此外，商业论证还必须包括所有可能影响业务连续性管理实施与否的因素。

在业务连续性项目集定义早期，组织可以指派一个发起人负责监督和管理，并批准其用有限的时间和资金编制商业论证。发起人的主要职责还包括挑选负责实施和管理业务连续性项目集的业务连续性经理。一旦商业论证获得认可，实际的业务连续性项目集就获得了"准生证"。发起人应尽早任命业务连续性经理，并明确其角色、职责和组织接口，因为发起人需要业务连续性经理实际负责推动项目集定义阶段的工作。为展示业务连续性管理将如何交付预期的组织收益，发起组织、发起人和业务连续性经理需密切合作：研究和估算范围、资源和成本；进行初步风险评估，以及编制业务连续性方针和项目集管理计划。

作为用商业语言证明业务连续性管理收益有效性的正式的经济可行性研究，商业论证为业务连续性项目集奠定了存在基础，可以用作业务连续性方针和项目集管理计划的输入。

### 9.2.1.2　业务连续性方针

在商业论证获得认可后，最高管理者通过签署和发布业务连续性方针表明他们希望通过业务连续性管理得到什么，并授权项目集管理团队使用组织资源管理业务连续性项目集。

业务连续性方针源于商业论证，是业务连续性项目集的核心文件，其主要内容包括业务连续性管理的范围和目标、总方向和原则、组织架构、运行模式，以及如何评价和考核业务连续性管理工作等。本质上，业务连续性方针是一个"承上启下"的文件，建立起了最高管理者和业务连续性管理活动之间的正式连接。所谓"承上"，是指它由最高管理者批准和签署，涵盖了最高管理者对业务连续性管理的所有期望、要求和考核方式，为设计和实施业务连续性项目集提供了框架，并展现了最高管理者落实业务连续性方针的承诺。可以说，最高管理者对业务连续性管理活动的构想、管理方式已全部在业务连续性方针中明确。在多数情况下，最高管理者并不需要了解业务连续性管理活动的执行细节，如不需要知道风险评估或业务影响分析具体怎么实施，但他们能够确定谁在负责业务连续性项目集管理，以及提出期望获得什么样的风险评估或业务影响分析并对其进行评价。所谓"启下"，是指组织中的其他相关方（包括业务连续性管理委员会、业务／职能／保障部门、业务连续性经理等）都在业务连续性方针的指导下开展工作，如治理和管理结构指明了业务连续性管理活动的主要参与者（业务连续性管理委员会、项目集管理团队、各业务部门和员工等）的角色和职责，运行方式指明了业务连续性管理活动由谁、在何时何地、以什么频率执行并被考核和评价，……在理想情况下，最高管理者能够控制在业务连续性项目集中发生的所有事情。组织发布业务连续性方针是为了就期望的业务连续性管理原则和相关方（包括适当的外部相关方）沟通，它应当简明扼要。具体而言，业务连续性方针至少要符合以下要求：

- 阐明范围和目标，即明确业务连续性项目集的作用范围、希望达成的目标，并确保组织就这些范围和目标与组织内外部的相关方进行适当的沟通。这里说的范围主要包括组织的业务连续性需应对的风险种类（自然灾害、事故灾难、供应链、信息科技等）、过程（事前／事中／事后）、工作重点（应急／连续性／危机管理）等，作用范围指业务连续性能力作用到的业务流程和活动、部门、地理范围等。

- 确定业务连续性治理和管理。业务连续性治理指组织为确保业务连续性项目集（在可行的范围内）被有效和持续管理而开展和实施的实践和流程。大多数组织通过建立业务连续性管理委员会确保有适宜的业务连续性治理。通常情况下，业务连续性管理委员会由来自决策层的相关方作为发起人，包括支持业务连续性重要活动的职能和业务部门的负责人。用这种方式建立委员会可以使业务连续性治理易于发挥作用，并能有效解决在业务连续性项目集执行过程中出现的问题或疑问。组织的愿景和目标为推动业务连续性项目集提供了基础，业务连续性管理委员会在此基础上为业务连续性项目集定义愿景和目标（从而有效地支持组织的愿景和目标），对业务连续性管理的建议进行评审和决策（如项目集组件的批准、签署和启动，项目集筹资等）。其具体工作涉及审批业务连续性项目集管理计划(如业务连续性年度工作计划)，周期性的"健康检查"，问题升级流程，批准业务连续性管理实施方案和计划，项目集组件管理，报告与控制过程，质量标准，监督进展与变更需求，阶段关口与其他决策点评审等。

综合多项业务连续性管理的标准规范和良好实践，最高管理者应根据组织的目标和责任确定业务连续性方针，并确保业务连续性方针满足以下要求：

（1）符合组织的使命（与组织的规模、性质和复杂程度相适应并反映组织的文化、依赖关系和经营环境），与组织的战略方向保持一致。

（2）明确业务连续性项目集的范围。由于大部分组织主要的成功标准在于顺利进行了产品或服务交付，业务连续性方针通常通过明确纳入哪些产品或服务来确定业务连续性项目集的范围。一般情况下，如果一种产品或服务被纳入，交付它的工作场所、支持它的活动都必须被纳入其中。如果组织的关键产品或服务使用了外包服务，或关键物料从外部采购，外包服务商和供应链的连续性也应被纳入其中。组织可决定采用何种方法来确定业务连续性管理的范围，如参考法律法规和监管要求、国际／国家标准和一些良好实践等。

（3）为目标（至少包括两个层面的目标，一是业务连续性项目集的目标，与业务连续性管理如何帮助实现组织战略有关；二是产品或服务的业务连续性目标等）的制定提供框架。也就是说，业务连续性方针需要明确目标如何提出、如何审批以及如何检查。

（4）包含实施业务连续性管理的一般原则，如风险偏好、响应优先级等。

（5）包含最高管理者满足相关方要求并持续改进业务连续性的承诺，如配备足够的人员，提供资源和财务支持等。

（6）包含项目集的治理和管理结构。

（7）包含运行方式、成功标准和评价方式等，如明确的定义、衡量标准、测量方法。

（8）在组织内部被传达和理解（也应与适当的外部相关方沟通），并指定负责沟通的人员。除了最高管理者需要积极展现其在业务连续性管理方面的领导作用，其他各级管理者对业务连续性方针的支持也至关重要，他们应向其下属宣传业务连续性的重要性和相关性，并将业务连续性管理活动整合到组织的业务流程中。

（9）被定期评审。组织运营的内外部环境的任何重大变化都需要组织正式评审业务连续性方针。

业务连续性方针还可以包括关键术语、所参考的其他方针、实施业务连续性管理的要求，以及演练和保持业务连续性项目集有效性的承诺等内容。鉴于业务连续性方针的主要目的是沟通，因此它应当简明扼要。对于大型组织，业务连续性方针可以组织成多个独立的文件。

从项目集管理角度来看，业务连续性方针实质上是业务连续性项目集章程和治理计划的合集。它正式表达了最高管理者的意图和承诺，为业务连续性项目集建立了框架，并授权业务连续性经理管理和监控项目集组件（子项目、子项目集）和相关活动，是项目集管理计划的重要输入。业务连续性方针被批准意味着业务连续性项目集可以正式启动。组织应尽早确定并任命业务连续性经理，最好在制定业务连续性方针时就任命，这样业务连续性经理就可以参与制定业务连续性方针，对项目集需求有基本的了解；最晚也必须在项目集管理计划开始实施之前任命。

### 9.2.1.3　项目集管理计划

项目集管理计划是说明业务连续性项目集将如何被执行、监督和控制的文件，定义了每个项目集组件实现项目集目标的方式和时间安排，一般按年进行编制（也可以参考组织战略规划跨年度编制）。项目集管理计划根据组织的战略规划、年度计划、业务连续性项目集的商业论证和业务连续性方针等制定，其要素包括项目集的长远目的和目标，成功的定义，衡量标准和度量方法，按时间顺序开展的业务连续性管理活动及它们之间的依赖关系，面临的挑战和风险，预期成果，衡量标准和资源投入等，其最终目标是确保业务连续性项目集始终与组织战略保持一致，确保项目集组件能够交付预期的收益。

项目集管理计划是管理业务连续性项目集执行情况和评估预期收益进展的重要工具，可以作为开展业务连续性管理活动的基本依据。项目集管理计划为即将启动的业务连续性项目集组件（子项目集、项目和相关活动）提供授权和资源保障，并为监管和管理项目集组件提供框架。当然，业务连续性管理活动需要与项目集管理计划保持一致。项目集管理计划也是组织与相关方沟通业务连续性管理工作情况的有效方式。

年度项目集管理计划经业务连续性管理委员会认可并获得最高管理者批准后，就应获得相应的预算和其他资源投入。业务连续性经理在预算范围内使用资源推进业务连续性管理活动时，只需获得业务连续性管理委员会的批准。在实务中，一些组织忽视年度项目集管理计划的重要性，也未建立起正式的年度项目集管理计划制度，导致业务连续性经理缺乏充足的人员和资源，使得组织的业务连续性管理工作无法有效支持组织战略的实施。当然，业务连续性管理活动涉及组织的方方面面，部分预算可能直接划拨给特定相关方（部门），或者特定相关方（部门）根据要开展的业务连续性管理活动独立申请并获批了预算。无论是哪种情况，业务连续性经理都需要将这些业务连续性管理活动纳入项目集管理计划进行监控和管理，并将其成果／收益整合起来。

对业务连续性项目集而言，商业论证为其奠定了存在基础，业务连续性方针为其建立了目的及目标、治理和管理框架以及提供了资源承诺，年度项目集管理计划为其确定了未来一段时间的工作计划。这 3 份文件被认可和获批，标志着业务连续性项目集架构管理的建立和完善，接下来组织要考虑项目集组件管理方面的重点工作。但是也要记住，项目集架构的制定和修订是可迭代的活动，业务连续性项目集需要根据其运行环境及执行情况不断更新。组织只有在更新请求经变更控制过程被控制和批准后，才能正式更新项目集架构。

小知识：浅谈 program 和 policy

在业务连续性管理的标准规范和良好实践中，program（项目集）和 policy（方针）这两个关键术语经常出现，下面我们简要探究一下。

program 也作 programme。ISO 22300：2018 3.28 将 business continuity programme 解释为由最高管理者和适当的资源所支撑的，为实施和保持业务连续性管理所进行的持续不断的管理和治理过程"，国际灾难恢复协会和国际业务连续性协会的术语表均直接采用该定义，我国国家标准《GB/T 30146—2013 公共安全 业务连续性管理体系 要求》（等同采用 ISO 22301：2012）将其译为"业务连续性方案"。在本书中，我将 program 统一译为"项目集"，将 business continuity program 译为"业务连续性项目集"。policy，ISO 22301：2019 3.24 将其定义为"由组织最高管理者正式发布的意图和方向"。国际灾难恢复协会将术语 business continuity policy statement 解释为"业务连续性管理方针声明阐述组织关于业务连续性管理的目标、原则和方法，实现什么和如何实现，关键的角色和责任，如何管理 BCM 和汇报"。国际业务持续协会将术语 business continuity policy 解释为"阐述业务连续性管理项目集的范围、治理并说明其实施原因的关键文档"。

在标准规范和良好实践中，国际灾难恢复协会的 10 个专业惯例中的第一个是"项目集启动和管理（Program Initiation and Management）"，国际业务持续协会良好实践指南的 6 个专业实践中的第一个是"方针和项目集管理（Policy and Program Management）"。ISO 22301：2019 5.3 给出了业务连续性管理体系中对方针的要求。

国际标准化组织通过高层结构描述的管理体系方法是一种管理组织能力的有效方法（policy 是管理体系的关键要素）。以高层结构为内核的"管理体系"方法已经"IP化"了，现在人们只要提到国际标准化组织往往就会想到管理体系，提到管理体系也常会想到国际标准化组织。ISO 22301：2019 删去了术语 business continuity program，仅在 exercise（演练）和 audit（审计）部分使用了 program。我的理解是，国际标准化组织未来会进一步强化管理体系这个 IP，而尽可能少提 program；与此同时，其会尽可能少用 charter（章程，项目集方法的要素），而多用 policy。

对业务连续性这个组织能力而言，program 方法是管理体系方法之外的另一个有效的管理方法。许多专业组织都在使用术语 program，但国内的专业人员更乐于关注具体的业务连续性管理活动，如预案编制和演练等，对 program 的认识和理解不足。同时，虽然一些组织在推广 program 方法，但对业务连续性管理专业人员的影响还不够。从实务角度出发，我建议准备长期从事业务连续性管理工作的专业人员多了解 program 管理方法，以弥补 ISO 管理体系方法在实践中的空缺。

## 9.2.2　在项目集组件管理方面也要重点做好 3 件事

在项目集架构确定之后，组织接下来的工作重点是收益和组件整合管理，相关方争取，以及关键组件活动的参与。

### 9.2.2.1　收益和组件整合管理

业务连续性项目集涉及众多的活动，如风险评估、业务影响分析、预案编制、培训、演练、审核、管理评审等。这些活动可能以项目、项目集或独立方式存在，彼此关联，有些活动（如预案编制、演练）直接服务于能力建设和保持，有些活动（如风险评估、业务影响分析）的成果可作为其他活动的输入间接服务于能力建设和保持。也就是说，有些活动的收益会通过应急响应和业务恢复体现在事件发生后尽可能减少损失并降低事件造成的影响上，有些活动的收益会体现在降低事件发生的可能性上，也有些活动的收益主要体现在支持业务连续性能力的增强或作为其他活动的输入上。总体而言，有相当一部分业务连续性管理活动的收益并不能直接体现出来，因此组织必须采用协调的方式编排、管理这些活动，才可能获得分别管理它们所无法获得的收益。这也是采用项目集方法管理业务连续性的本义，因为项目集的定义就是"以协调的方式管理相互关联的项目、子项目集和项目集活动，以获取分别管理它们不可能获得的收益"。

收益和组件整合管理包括明确业务连续性项目集的预期收益和成果，监督项目集组件按项目集管理计划交付预期收益和成果，并将其整合到项目集的整体收益中。收益和组件整合管理的目的是使业务连续性项目集的相关方将重点放在交付成果和收益以及不同项目集组件的协同效应上。

业务连续性项目集的组件（如风险评估、业务影响分析、预案编制、演练和培训等）被不断规划、整合和管理，以促进业务连续性项目集预期收益的交付。在制定项目集管理计划时，业务连续性管理团队需要识别和评估项目集组件收益的价值、影响和优先级，将由此生成的组件间关系反映到项目集管理计划和路线图中，以保持与项目集的方向一致从而交付项目集收益。在对项目集组件进行管理时，业务连续性管理团队需要在深刻理解各组件交付成果的依赖关系，以及这些输出如何提升整体的项目集收益的基础上，保证项目集组件在恰当的时间启动、收尾（与业务流程集成），并实现预期收益。收益需要量化，以便将组件产生的收益与项目集管理计划中的预期收益进行比对，确保项目集真实地交付预期收益。业务连续性经理和管理团队按照项目集管理计划，以一致和协调的方式持续监管和支持项目集组件，实现独立管理各组件无法获得的收益。每个项目集组件都包括以下阶段。

● 组件批准和规划。项目集组件可能是项目、子项目集或活动，对于项目或子项目集，组织也需要完成组件级的商业论证，在组件获得立项批准后，规划包括将组件集成到项目集中实现收益所需的所有活动，如确定组件要完成的工作范围，确定满足组件目标和收益要求的可交付成果，制定组件级的章程和治理计划，建立组件治理和管理团队等。每个组件都应有自己的管理计划，而组件管理计划中的适当信息应可被集成到业务连续性项目集管理计划中，如用于管理和监督整个项目集进度的信息。

● 组件监督和集成。一些组件（如预案编制、演练）可能作为单个组件产生收益，而另一些组件（如风险评估、业务影响分析）必须与其他组件集成才能产生收益。每个组件团队都要执行相关的计划和开展相应的项目集整合工作。如果某个组件（如审计）负责人不是由业务连续性经理兼任的，那业务连续性经理应与该负责人共享关联组件的信息，以便将其工作集成（整合）到整个业务连续性项目集中。如果缺少这个步骤，单个组件虽然会产生可交付成果，但由于没有协调交付，可能无法实现预期收益。（设想一下，如果风险评估或业务影响分析报告缺少某些关键信息，将会给后续的策略制定、预案编制等工作带来困扰，甚至可能导致返工。）在有些情况下，业务连续性经理可能需要启动一个新的组件来完成对多个组件的集成工作。

● 组件转移和关闭。在组件产生了可交付成果并成功交付之后，这些组件通常被关闭或其收益（如新能力或增强的能力）被集成到业务流程中，以实现持续获益。一般情况下，组件负责人在移交可交付成果后就可以结项，不必对收益负责。通常由接受方负责确认组件的收益，业务连续性经理关注组件的转移过程和整体收益。有些组件（如预案编制）的收益在比较长的一段时间后才出现，所以业务连续性经理需要持续跟踪这些收益的实现情况。

**小知识：业务连续性管理能带来哪些收益？**

同一个行动或行为带来的结果是正面的还是负面的取决于接受者的视角，也可以说，不同的相关方对同一个活动可能有截然不同的理解与感受。在考虑业务连续性管理可能带来的收益时，我们可以参考 ISO 22301：2019 0.2 列出的主要收益。

从业务角度看：

（1）支持组织的战略目标；

（2）创造竞争优势；

（3）保护和提高声誉和信誉；

（4）有助于增强组织韧性。

从财务角度看：

（1）降低法律和财务风险；

（2）降低中断的直接和间接成本。

从相关方角度看：

（1）保护生命、财产和环境；

（2）考虑利益相关者的期望；

（3）为组织的成功提供信心。

从内部流程角度看：

（1）增强在中断期间提供服务的能力；

（2）展示如何有效且高效地主动控制风险；

（3）填补运营中的漏洞。

### 9.2.2.2  相关方争取

前文已讲过，相关方代表所有对业务连续性管理相关决策或活动产生影响、受到影响、或认为被影响的个人或组织。不同相关方对业务连续性管理收益的看法可能不同，对业务连续性管理的关心和影响程度也可能存在巨大差异。在有些情况下，与业务连续性经理、项目集管理团队甚至发起人相比，相关方具有更大的影响力。但人们大都有拒绝被非直接管理者直接管理的倾向，因此我们只能通过管理相关方的需要和期望、平衡相关方的利益来争取他们的支持。

相关方争取通常表现为业务连续性管理团队直接和间接地与相关方个人或组织沟通，这种沟通可以由业务连续性管理团队中不同的角色来执行。然而，相关方争取不能只限于沟通，相关方争取的主要目标是获得并保持相关方对业务连续性项目集目标、收益和交付成果的认可，具体方式除了沟通，还包括重视目标协商，寻找共同利益，获得相关方对资源的承诺以及持续不断的支持。业务连续性管理团队需要分析项目集的范围和目标，识别出所有的相关方，将其纳入业务连续性管理活动中，围绕他们的需要和期望开展沟通；还需要通过评估相关方对业务连续性项目集的态度及改变意愿来制定争取策略和计划。在争取相关方的过程中，项目集管理团队还应根据情况变化，及时分析风险、调整策略，确保业务连续性项目集能被可控地推进。详细内容如下：

● 相关方识别。相关方识别的目标在于系统地识别尽可能多的业务连续性相关方。通常情况下,主要的相关方包括:发起人、业务连续性管理委员会成员、业务连续性经理、业务连续性管理团队成员(如业务连续性协调员)、项目集组件负责人、客户、潜在客户、供应商、外包商、监管机构、竞争对手、受影响的个人或组织、其他团体(如代表消费者、环境或其他相关利益的团体)等。最好的方法是,从识别主要相关方开始,对相关方逐个进行详细的分析,发现他们的不同需要、期望和影响力。业务连续性经理可以详细分析相关方与业务连续性项目集之间的关系、影响可交付成果或项目集收益的能力、支持项目集的程度,以及可能影响相关方认知和项目集收益的其他方面,对相关方信息进行记录和分类。与相关方沟通可以帮助组织更全面地理解与业务连续性项目集相关的组织文化、政治、关联主题,以及业务连续性项目集的整体影响。这些信息可以通过查阅历史信息、进行个人访谈、举行小型座谈会、开展问卷调查等方式获得。为全面了解情况,关键的信息应该通过开放式问题收集,通过封闭式问题确认。

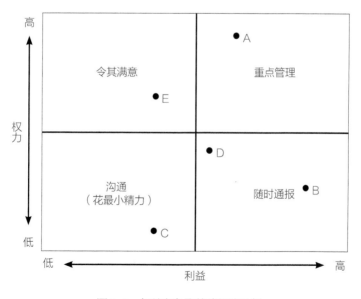

图 9-2　相关方争取策略矩阵示例

● 相关方争取规划。有些相关方理解业务连续性管理的收益并支持业务连续性管理的相关决策和活动；有些相关方不理解业务连续性管理的收益并只关注其对自身的影响而抵制业务连续性管理；也有些相关方可能对业务连续性项目集不知情，或者知情却不支持。花大量时间和精力在所有已知相关方身上，确保所有观点都得到考虑和应对，平衡各相关方的利益，是业务连续性经理的责任。相关方争取规划，是指评估每个相关方对组织文化和变革的接受度、对业务连续性和发起人的态度、对业务连续性预期收益的期望、对业务连续性收益的支持或反对程度（支持或抵制的动机）、影响业务连续性项目集结果的能力等，并在此基础上形成相关方争取策略（如图 9-2 所示）、工作重点和计划，把重点放在对项目集成功起重要作用的人和组织上。简单地说，相关方争取策略的核心在于"统一战线"——团结一切可以团结的力量，即鼓励把业务连续性管理看作正面贡献的相关方并积极支持其相关活动，减少对业务连续性项目集持负面态度的相关方及其活动的支持。注意：相关方争取计划可能含有敏感信息，组织要予以保护并控制使用范围。

● 相关方争取。随着业务连续性项目集的推进，相关方清单可能发生变化（有增有减），相关方的态度和想法也可能发生变化，因此，相关方争取是持续进行的。业务连续性管理团队要确保所有相关方都被充分和适当地争取，应经常评估相关方清单和相关方争取计划，并按需更新。与相关方有效互动，是相关方争取的主要形式。业务连续性管理团队应就业务连续性项目集的进展和收益实现情况与相关方进行定期和不定期的沟通，让行使决策权的相关方获得足够的信息，这是保证其在正确的时间做出正确的决策的基础。也有相关方天然地对业务连续性好奇，经常提问题。业务连续性管理团队应把这些问题及相关答复以某种方式公布，从而使更多相关方从这些信息中受益。必要时，业务连续性经理可使用强有力的沟通、谈判及冲突解决技能帮助缓和相关方对业务连续性项目集及其既定收益的反对情绪；当相关方或相关方群体之间存在期望冲突时，也可能需要召开协调会议。

相关方争取的主要衡量指标是相关方参与业务连续性管理活动，以及与业务连续性项目集团队沟通的频率。业务连续性经理应定期检查衡量指标，以识别因相关方缺乏参与而导致的风险；通过分析相关方参与的趋势，识别、关注相关方不参与的原因，如相关方从来没有主动参与过，可能是因为他们对业务连续性项目集有信心，也可能是因为对项目集的期望不明确，或者已对业务连续性项目集失去兴趣。业务连续性经理还应通过分析和主动沟通，找到并确认原因。收益登记册主要用于收集和记录业务连续性项目集的预期收益，可用来度量和传达这些收益的交付情况。在与相关方一起工作的过程中，业务连续性管理团队可使用收益和问题登记册记录相关方的问题及关注点，理解其紧迫性，确定哪些问题可能转变成项目集风险，并管理它们直至问题解决或变得不再重要。

### 9.2.2.3　关键组件活动的参与

在业务连续性项目集中，培训和意识教育、演练和审核可以按子项目集进行组织管理，风险评估、业务影响分析、策略制定、应急预案编制、管理评审等可以按项目或项目集活动进行管理，而编制商业论证、业务连续性方针和制定项目集管理计划主要是按项目集活动进行管理。在大多数组织中，业务连续性经理除了参与项目集层面的治理和管理活动，还可能以项目集组件负责人、业务连续性管理专家或其他身份参与关键组件活动，如牵头开展全组织的风险评估和业务影响分析工作，参与新员工入职培训授课，参与中断事件应急处置桌面演练，作为访谈对象参与专项审核活动，……具体来说，风险评估、业务影响分析、策略制定、应急预案编制通常由业务连续性经理牵头，各相关业务和职能部门的协调员和骨干组成团队共同完成。关键资源（如 IT 灾备系统或应急指挥中心）建设通常作为独立项目进行管理，根据情况指定相关部门及负责人进行管理。培训和意识教育包括面向管理人员、专业人员、关键岗位人员的定向培训，面向新员工的入职培训，以及面向全体员工的意识教育等。其中，面向管理人员、专业人员、关键岗位人员的定向培训比较专业，应主要由业务连续性经理牵头负责或参与指导；面向新员工的入职培训具有通用性，可由人力资源部门统一安排、业务连续性管理团队支持；面向全体员工的意识教育具有通用性，但也可能与特定业务或地域的风险相关，根据情况可以由业务连续性管理团队、人力资源部门及特定业务或区域平台部门合作完成。对于演练，无论是采用桌面演练形式还是实操形式，部门内的演练都主要由该部门负责策划准备、实施和评估改进，业务连续性经理可提供指导、支持并参与演练过程；涉及多个部门或全组织的演练应指定主要部门牵头或由业务连续性管理主管部门牵头负责策划准备、实施和评估改进。业务连续性审核可以是独立的专项审核项目或作为其他审核项目的一部分，对于设有审核部门的组织，审核部门根据章程和年度审核计划，选定审核项目负责人领导审核小组进行审核工作。管理评审和项目集改进活动一般既可以作为业务连续性项目集活动，也可以作为项目，由业务连续性经理主导完成。

作为项目集经理，业务连续性经理必须关注如何将以上这些不同组件的交付成果或收益，整合到业务连续性项目集的整体收益中，如将风险评估和业务影响分析的输出报告作为策略制定、预案编制、资源建设、培训和演练的重要输入等。在以其他身份参与组件活动时，业务连续性经理会有新的关注点和工作重点，如作为组件负责人时，会更多地关注单个组件的交付状态和目标；作为业务连续性管理专家时，会更多地关注具体的业务连续性能力规划、建设和保持、运用以及管理评价活动；作为项目组成员时，会更多地关注具体工作任务的按时按质完成情况。

## 9.2.3  其他重点活动

在业务连续性项目集层面的管理中，我们除了需要分别在架构管理和组件管理方面做好 3 件事，还需要关注组织环境分析、项目集维护和改进。

### 9.2.3.1  组织环境分析

除了项目集治理和管理团队的主观努力，一些内外部因素对业务连续性项目集的成功也有重大影响。有些影响因素虽在项目集范围之外，但仍来自组织内部；而另一些影响因素则完全来自组织外部。业务连续性经理需要识别这些影响因素，在管理过程中重视这些影响因素，方能确保项目集产生收益。与组织相关的环境因素可分为组织内外部环境、业务战略和业务连续性管理驱动因素等，其中外部环境包括但不限于政治、法律和监管环境，相关的社会文化、金融、科技、经济、自然和竞争环境，供应链及关联环境，影响组织目标的关键趋势和主要风险等；内部环境包括但不限于产品和服务、业务流程和活动、资源、供应链和相关方关系，组织拥有的与知识和资源相关的能力，信息系统、信息流及决策过程，内部相关方，风险管理目标和偏好，业务机会和优先级，价值观和文化，组织架构等；业务战略包括未来的业务目标、战略假设和限制条件、战略定位、业务优先级和风险偏好等；业务连续性管理驱动因素是指推动组织进行业务连续性管理的主要因素。业务连续性经理要主动和不断地监控组织环境，采用比较优势分析、可行性研究、SWOT 分析、PEST（或 PESTLE）等环境分析工具持续评估哪些因素可能会对组织的业务连续性管理产生重大影响，从而及时调整对项目集的管理。

### 9.2.3.2　项目集维护和改进

随着时间的推移和业务连续性项目集的推进，组织内外部环境、业务战略和目标（目标达成情况甚至目标本身）、项目集组件实际执行情况都可能发生变化。业务连续性管理团队需要根据业务连续性管理的目标，引导、推动和支持建立一套绩效指标体系，从事件（包括未遂事件）的处置情况及变化趋势（业务连续性能力运用的结果）、业务连续性能力以及业务连续性管理活动 3 个层面监视、评估这些变化。持续进行信息收集、测量和分析可让业务连续性管理团队洞察项目集的健康状况并预测趋势。业务连续性管理团队还可以通过发布绩效信息、进行内部审核和管理评审等方式，推动业务连续性项目集的维护和改进。

# 9.3　项目集管理进阶之一：理解组织及其环境

对组织及其环境的理解，是业务连续性项目集管理的基础。

现代社会，可以说任何社会，都是组织的社会。人们的生活不是各自孤立的，而是通过与其他人的交往互动实现的。这些交往互动都是在"组织"的框架里进行的：一个农贸市场是一个组织，一个信贷市场是一个组织，幼儿园、食堂、街道、公司、政府、居民小区等都是各种各样的组织。

## 9.3.1　组织是什么？

组织虽然在我们的日常生活中直观可触，但同时也扑朔迷离。究竟什么是"组织"？尤瓦尔·赫拉利在《人类简史：从动物到上帝》中讲述了"标致汽车的传说"。

标致公司是欧洲一个历史悠久的大型汽车制造商，它起源于法国的瓦郎蒂盖伊村，最初只是一个小型家族企业，现在已发展成跨国企业，在全球拥有员工数十万人。2019年，标致公司销售了超过349万辆汽车，公司总收入约为750亿欧元。

那么，我们怎么看待标致公司？它是什么（谁）？你在路上能看到很多标致公司制造的车辆，但显然这些车辆并不代表标致公司。就算全世界所有的标致汽车被同时回收变成废铁，标致公司也不会消失，还是能继续制造新的汽车，继续发布新的年度财务报表。此外，标致公司有工厂、机器、展示大厅，也雇用了技术工人、会计师和行政人员，但就算把这些全加起来，仍不等于标致公司。即使发生了一场灾难，所有的装配线和办公室被毁了，标致公司还是可以通过借贷，重新盖起工厂，重新购买机器。另外，虽然标致公司也有经营团队和股东，但这些人也不等于标致公司。就算解散经营团队，股东把所有股票售出，标致公司本身依然存在。当然，这并不是说标致公司无坚不摧。只要公司被强制解散，虽然公司的工厂仍然存在，员工和股东也存在，但标致公司就消失了。

简单来说，现实世界中并没有一个特定的叫作"标致公司"的实体，"标致公司"也并非与之关联的实体的简单加总。因此，尤瓦尔·赫拉利认为，标致公司只是我们的一个"集体想象"，这种想象在法律上称为"法律拟制"——标致公司不是一个实体对象，而是以法律实体方式存在的一种"集体想象"。

进一步，尤瓦尔·赫拉利认为，"无论是现代国家、中世纪的教堂、古老的城市，或者古老的部落，任何大规模人类合作的根基，都在于某种只存在于集体想象中的虚构故事"。他认为，组织这个司空见惯的现象，也只是集体想象中的虚构故事。

尤瓦尔·赫拉利的思考有助于我们对组织进行理解，但还远远不够。

## 9.3.2　理解组织和业务的关系

按照ISO管理体系标准给出的定义，组织是指"为实现目标，由职责、权限和相互关系构成自身功能的一个人或一组人"，这是一个很宽泛的概念，通常包括但不限于代理商、公司、集团、商行、企事业单位、行政机构、合营公司、协会、慈善机构或研究机构，或上述组织的部分或组合，无论是否为法人组织，公有还是私有。业务则"从广义上可理解为对于组织的存在具有核心价值的活动"。

　　一个组织必须考虑如何有效地组合内部资源，在变化的环境中确定组织的发展方向和经营范围，从而获得竞争优势，满足市场的需求和相关方的需求。组织的管理者可以从 3 个层面开展工作：在宏观层面研究组织要去哪儿和要做什么的问题，内容涉及集团的业务组合、资源平台、结构转换等；在中观层面考虑如何在特定的市场上获得竞争优势，内容涉及特定业务（某些产品或服务）的发展，例如，如何发现新的商机，在什么样的市场中和在什么时候推出新的产品、提供什么样的服务等；在微观层面考虑如何有效组织企业内部资源来执行宏观和中观层面的决策。

　　大型组织，如多元化经营的集团公司等，有多个独立的业务，对这 3 个层面的管理的区分很明显，组织和业务分别对应宏观和中观层面的管理；中小型组织可能只有一个（类）业务，其宏观和中观层面的管理较难区分，即组织和业务管理基本合并在一起。

　　从这个意义上看，我们也就可以理解组织韧性和业务连续性的关注点不同，即前者的关注点在组织层面，后者的关注点在创造价值的活动层面。

### 9.3.3　组织的协同模型与基本构成要素

　　为全面地理解组织，我们可以借用奈德勒和图什曼提出的"组织的协同模型"，如图 9-3 所示，逐一分析其中的元素。

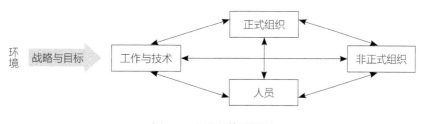

图 9-3　组织的协同模型

　　环境。每个组织都存在于特定的物理、技术、文化和社会环境中，并要与之相适应。没有任何组织可以做到自给自足，所有组织的生存都取决于该组织与其所在的更大系统建立的各种联系。环境指的是组织之外所有影响组织生存和实现其目标的能力的重要因素，包括作为组织服务对象的客户或顾客，向组织提供为达到其目的所需资源的供应商和合作伙伴，对组织产出的需求施加影响和约束的政府、行业机构，以及更为广泛的文化背景、社会制度等。环境可以看作资源的汇集，是机会与约束、需求与威胁的来源。组织环境是动态的，会随时间不断变化。

战略与目标。战略是组织的一系列选择，包括目标市场和客户、在选定领域参与竞争的途径（即提供产出的独特方式）、实现目标的具体措施以及产出目标本身。战略可分为开拓型战略、防御型战略和分析型战略，开拓型战略以开发创新性产品和服务为中心，以期获得所在经营领域的主导地位；防御型战略更多地关注提高内部流程的效率，而不是创新；分析型战略是前两者的折中形式，注重保持现有产品或服务组合的优势，也定期推出和提供新的产品和服务。也有人将战略分为以高产量和高效率为主的低成本战略、以提供独特产品或服务为主要目标的差异化战略，以及专注于向特定地理区域或特定人群提供针对性产品或服务的集中化战略。有了总体战略后，组织还要选择实施它们的"战术"，这些选择构成组织的底层或中间层目标和措施。另外，组织通常还会为自己设立特定的业绩目标。

工作与技术。为了实现特定战略，将目标转变为现实，组织必须有效地完成一系列关键任务。为客户提供个性化服务与低成本大批量生产所要做的事情大不相同。这里的工作指组织为实现自己的特定目标所必须完成的各项任务。为完成工作，组织必须具有完成工作的技术。有些组织加工处理物质投入，制造新设备，提供硬件产出；另一些组织"加工处理"人，其产品可能是拥有更多知识的人（如学校），也可能是更健康的人（如医院）；还有的组织加工处理符号（如数据或音乐）。通常，组织的技术部分附着于所有的设备上，部分体现在参与者的知识和技能上。所有组织都拥有技术，但是它们对技术的理解、态度、规范和运用程度却相差很大。

正式组织。有些组织对其工作以及组织内各部分之间的关系有一定程度的明文规则，这样的组织称为正式组织。这些明文规则通常涉及人力资源实践（如雇佣和薪酬政策）、工作岗位设计以及组织结构等。人力资源实践包括如何招聘和激励成员，如何安排他们在组织里的工作及未来的职业发展。对任何组织而言，招聘和保留成员都是一项核心任务，同样重要的还有如何让他们为组织做贡献。工作岗位设计确定一项工作中应该包含的任务。组织结构将工作组合成更大的单位（如团队或部门），确立组织中不同单位与个人之间的正式沟通方式和职权关系。这些设计和选择可以用大家熟悉的组织结构图进行概括和描述。

非正式组织。非正式组织指那些影响组织运行的自主属性，主要包括组织的文化、行为准则、价值取向，组织内外的社会网络，权力与政治以及领导者行为等。文化包括组织成员在一定程度上共同认可的价值、信念和期望。这些要素相互交织，形成一个大体相容的集合，引导组织中那些相对正式的政策和战略。社会网络指的是个人之间基于工作关系建立的，但其作用大大超出工作范围的那些联系。随着组织内个人和小单位的不断改变，以及组织资源环境的不断变化，权力与政治自然产生。

人员。组织参与者在各种诱因的作用下为组织做贡献。当今，许多人都参与了不止一个组织，他们对不同组织的参与范围和程度有巨大差别，造成的影响也可能差异很大，因此，我们往往很难确定某人是不是特定组织的参与者。作为组织参与者的个人（特别是领导者）及其行动对组织很重要，也会带来重大影响。

上述所有要素，即环境、战略与目标、工作与技术、正式组织、非正式组织以及人员，均为各类组织的重要组成部分。组织的协同模型提示我们，没有哪个要素占据绝对主导地位，任何要素都不会脱离其他要素单独发挥作用。我们必须认识到，组织首先是一个系统，其中的每个要素都影响着其他要素，并受到其他要素的影响。单从战略、人员或技术方面都无从理解组织的本质，对任何组织的理解都离不开更大的环境。忽略其他要素，只关注组织某一方面的特征，是无法把握组织的实质的。

## 9.3.4　平衡计分卡、利益相关者理论与组织绩效评价

多数专家把组织看作一种社会结构，即"个体创造的、用来追求特定目标的协作结构"，也就是说，所有组织都具有特定的目标，都有成员，并形成了一定的结构和规则。换句话说，组织被看作实现特定目标的工具。但在实践中，并非所有的资源都被直接用于实现目标的活动，如有些资源（有时甚至占相当高的比例）被用于维持组织自身。也就是说，作为实现特定目标的工具的组织本身会消耗大量的能量，在一些极端的情况下（其实并不少见），组织自身甚至会变成目标。因此，我们必须衡量组织是否达成了它所追求的"特定目标"。绩效评价就

是指运用一定的评价方法、量化指标及评价标准，对组织为实现其追求的特定目标的实现程度，以及为实现这一目标所安排预算的执行结果所进行的综合评价。一般情况下，政府机构和非营利组织的目标比较多元，对其进行绩效评价更不容易。下面，我们先看看企业的绩效评价。

在 20 世纪 90 年代以前，欧美国家的许多企业都根据以往的单一财务指标对其职业经理进行评价。但随着企业全球化竞争步伐的加快，越来越多的高级经理认识到即使最好的财务体系也无法涵盖绩效的全部动态特点；很多企业开始对只依靠财务指标对绩效进行考核的合理性提出质疑，他们意识到传统的财务性考核存在缺陷。当年的美国银行一度制定了全美国最有雄心的绩效考核激励奖罚制度，以发放贷款的数额决定贷款员的表现，表现最佳者可获得超过中等表现者收入 50% 的奖励。结果，美国银行得到了他们想要也该得到的东西：大批的"坏账"。虽然实现了管理目标，但随后银行却因此承受了巨大的损失。只看贷款数据，而不考虑从表面看不到但更重要的贷款质量、风险、客户忠诚等因素是行不通的。

针对这些问题，20 世纪 80 年代末，罗伯特·卡普兰和戴维·诺顿通过对 12 家业绩衡量水平领先的企业进行了为期一年的研究，提出了平衡计分卡的理念。他们认为单纯依靠财务指标进行绩效评价存在很大的局限，并认识到很多提高短期财务绩效的方法（如裁员、削减培训成本、研发成本、营销成本等）都有可能损害企业未来的财务健康。相反，一些企业从财务角度看可能暂时状况不佳，但他们其实是投资了能驱动未来绩效高速增长的核心能力区域。同时，他们进一步洞察到依赖滞后指标的局限性，因为其反映的是历史绩效，并不能为衡量未来绩效提供可靠的依据。罗伯特·卡普兰和戴维·诺顿的平衡计分卡最初是从财务、客户、内部运营以及学习与发展来平衡设定目标和考核企业各个层次的业绩。对这 4 个维度的解释如下：

财务维度。从财务角度来看，我们怎样满足股东、满足投资者，从而实现股东价值的最大化？由此产生的第一类指标即财务绩效指标，它们是企业股东、投资者最关注的、能反映企业绩效的重要参数。这类指标能全面、综合地衡量经营活动的最终成果，衡量企业创造股东价值的能力。

客户维度。为了满足股东、投资者，使他们获得可观的回报，企业必须关注自己的利益相关者，关注自己的市场表现。因为，只有向客户提供产品和服务，满足客户的需要，企业才能生存。客户关心时间、质量、性能、服务、成本，企业就必须在这些方面下功夫，提高服务质量、保证服务水平、降低定价等。

内部运营维度。为了满足客户，获得令人备受鼓舞的市场价值，企业应从内部运营角度思考：我们应具有什么样的优势？我们必须擅长什么？一个企业不可能样样都做到最好，但是它必须在某些方面具有生产客户需要的产品的能力，在某些方面拥有竞争优势，才能立足。把企业必须做好的方面找出来，并在这些方面越做越好，企业就能练出过硬的本领。

学习与发展维度。为了提升内部运营的效率、满足客户、持续创造并提升股东价值，企业必须不断地成长。由此，围绕组织的学习与创新能力提升，其意义在于衡量相关岗位在追求运营效益的同时，是否为长远发展构造了积极健康的人才梯队、信息系统与企业文化。

现代企业理论有两个重要的学派：新古典产权学派和利益相关者学派。新古典产权学派认为企业的目标是追求财务业绩，强调股东价值最大化理论——企业的目标就是要实现股东价值，满足股东的投资期望，确保股东投资收益的最大化。与新古典产权学派对立的是利益相关者学派，他们主张企业的利益应当由那些能够影响企业的利益相关者分享。利益相关者是在企业的发展过程中，能够对其生产经营活动产生影响的团体或个人；重点利益相关者指在企业的发展过程中，能够对其生产经营活动产生重大或决定性影响的团体或个人。事实上，满足利益相关者特别是重点利益相关者的需求和期望，是企业获得生存和发展的关键。近年来，所谓客户价值最大化、员工价值最大化等观点都属于利益相关者学派理论的（如"员工第一，客户第二，股东第三"和"以客户为中心，以奋斗者为本"等）的延伸。

利益相关者理论的推崇者认为："一个企业获得长期的生存和实现繁荣的最好途径是，考虑其所有重要的利益相关者并满足他们的需求。因此企业在设定自己的目标时，应该考虑到那些对自己来说十分重要的不同利益相关者的需求。原因是利益相关者能够影响组织业绩，他们对企业的发展影响很大。"

他们指出：平衡计分卡的 4 个维度的实质是在关注股东、客户、员工这 3 个与企业密切相关的利益相关者的需求。

（1）财务维度关注的是股东的需求。

（2）客户维度关注的是客户的需求。

（3）内部运营维度体现内部运营战略举措，反映的是如何支持财务与客户目标实现。

（4）学习与发展维度主要关注内部员工的需求。

但只此4个维度，很明显不能充分地描述、解释企业的战略。罗伯特·卡普兰和戴维·诺顿在他们关于平衡计分卡的第一本专著《平衡计分卡：化战略为行动》中也阐述了其对突破4个维度的认同："4个方面够了吗？平衡计分卡的4个方面应用于类别广泛的公司和产业，都被证明是有效的。但是这4个方面应当被当作样板，而不是紧身衣，没有数学定理规定这4个方面既是必要的，又是充分的……以一家化工公司为例，该公司想要创立一个全新的计分卡维度，以反映对环境方面的考虑。我们提出了质疑：'环保虽然重要，但并不是你公司的竞争优势的基础。'公司的总裁和其他高级职员立即反映：'我们不同意这个看法……'因此，利益相关者的利益，只要对经营单位战略的成功是重要的，就可以被纳入平衡计分卡……。"

随着工业经济时代的结束和知识（数字）经济的到来，从"一个利益相关者（股东）的利益最大化"到"多个利益相关者的利益最大化"成为企业管理必然的发展趋势，丢掉"紧身衣"的平衡计分卡体系不再局限于"4个维度，4个平衡"。在实际的管理工作中，企业可以根据组织及其环境的特点，从利益相关者对组织的需要与期望出发，突破最初的4个维度，灵活地调整（扩展）平衡计分卡的维度。

## 9.4　项目集管理进阶之二：业务连续性管理的目的和范围

提到业务连续性管理，有人马上想到地震、火灾导致业务活动无法正常运行，有人马上想到IT系统故障造成业务活动运营中断，……那么，业务连续性管理究竟包括哪些部分？

组织进行业务连续性管理的目的各有不同，有的是为了达到监管合规要求，有的是为了满足客户或营销需要。事实上，组织看待业务连续性的方式决定了业务连续性管理的目的和范围。

### 9.4.1　中断事件是如何发生的

组织的正常业务活动依赖于具体的运营环境，以及多种多样的资源，包括但不限于人员，信息和数据，建筑物、工作环境和配套的公共服务，设施、设备和消耗品，ICT 系统，交通工具，资金，外包合作伙伴和供应商等，这些要素可统称为业务要素。如果业务活动的运营环境或关键资源出现问题（如法院或监管机构裁决，关键设备出故障，供应链中断，或者人员因故无法进入工作场所等），就可能造成中断事件发生。

当然，中断事件发生的原因可能是多种多样的，有可能是外部事件，如自然灾害、公共卫生事件和社会安全事件对组织的运营环境或关键资源造成了破坏使其不可用，也可能是 ICT 故障（如信息系统故障、配套设施故障）、外部服务中断（如第三方无法与企业合作或提供服务等）、人为破坏（如黑客攻击、恐怖袭击）、员工操作失误等意外。但不管是哪种原因，都一定是某个事件（可能是突发事件）造成了业务活动所依赖的一个或多个关键业务要素不可用，最终造成业务活动运营中断（中断事件）。

### 9.4.2　应急、业务连续性和危机管理

一般而言，人们认为对影响生命财产安全、社会秩序和公共利益的突发事件的应对属于应急管理，保障业务活动持续运营或在业务活动中断后将其恢复到正常状态属于业务连续性管理，而对组织战略、声誉、品牌和形象的保护属于危机管理，三者的关系如图 9-4 所示。但在实务中，应急、业务连续性和危机管理三者可能交叉重叠，如图 9-4 中①部分"火灾使生产中断，未影响市场份额和收入"既和应急管理有关，又涉及业务连续性管理；图 9-4 中②部分"供应商问题造成重大财务损失"既和业务连续性管理有关，又涉及危机管理；图 9-4 中③部分"对火灾应对不当导致死亡"既和应急管理有关，又涉及危机管理；而图 9-4 中④部分"火灾破坏生产设施，对市场份额和收入产生重大影响"则与

应急、业务连续性和危机管理都有关。

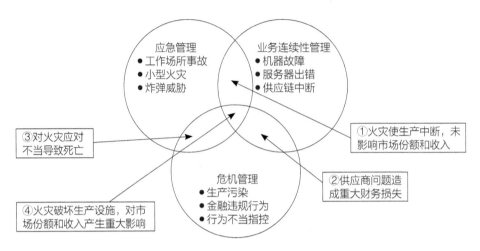

图 9-4    应急、业务连续性和危机管理的关系

为做好业务连续性项目集管理，组织需要明确业务连续性管理的目的及范围，即明确怎么看待业务连续性管理及其与相关管理活动的关系。一种可能是图 9-4 中业务连续性管理的范围但减去图中的①、②部分，这是业务连续性管理的最小范围，相应的应急响应行动和危机管理行动由应急管理和危机管理负责。另一种可能是将图 9-4 中的①、②部分划归业务连续性管理，这样业务连续性管理就要涵盖对那些可能影响生命财产安全、社会秩序、公共利益以及组织的声誉和品牌、形象且同时造成运营中断的事件的应对。当然，由于应急、连续性和危机管理较事件管理而言，有时比较难以分开，我们也可以用"综合应急管理""企业安全管理""业务安全管理""危机管理"等名称将三者整合成一套统一的管理架构。在实务中，组织无论采用哪种方式，都必须明确业务连续性管理的目的及范围，并定义其与其他相关管理体系的关联关系及接口，这将直接影响后续业务连续性能力任务领域（和业务连续性能力）的确定。

换个角度看，中断事件可能由组织内部的突发事件引起，如火灾造成办公场所和关键生产设备不可用，从而引发中断事件；也可能由危机事件引起，如伴随高管变动的谣言，由网络舆情引发财务流动性问题，造成运营活动异常；还可能由与组织无明显关联的外部事件引起，如极端天气等。中断事件、突发事件、危机事件这 3 种类型的事件相互关联，还可能相互转化，虽然它们的特点不同，但从事件处置角度出发，我们可以采用类似的事件管理方法进行应对。

**延伸阅读**

1．周雪光：《组织社会学十讲》，社会科学文献出版社，2003 年。

2．秦杨勇：《平衡记分卡与流程组织管理经典案例解析》，2012 年。

3．秦杨勇：《平衡记分卡与绩效管理经典案例解析》（第 3 版），2012 年。

4．毕意文，孙永玲：《平衡记分卡中国战略实践》（第 2 版），2012 年。

5．国有资产监督管理委员会：《中央企业应急管理暂行办法》，2013 年。

6．Project Management Institute：《项目管理知识体系指南（PMBOK 指南）》（第 5 版），电子工业出版社，2013 年。

7．Project Management Institute：《项目组合、项目集和项目治理实践指南》，电子工业出版社，2016 年。

8．Project Management Institute：《项目集管理标准》（第 4 版），电子工业出版社，2019 年。

9．萨米尔·彭卡：《从项目到项目集：项目经理成长手记》，机械工业出版社，2017 年。

10．尤瓦尔·赫拉利：《人类简史：从动物到上帝》，中信出版社，2017 年。

# 主题 10
# 业务连续性管理工作推动

**问题**：怎样才能说服领导重视业务连续性管理？

相关问题如下：

"我们已做过业务影响分析和风险评估，应急预案编了不少，也在陆续更新，还做了演练，但感觉领导对业务连续性管理不够重视。怎样才能让领导重视业务连续性管理？"

**简答**：在推动业务连续性管理工作的过程中，业务连续性经理会遇到不同性格、阅历和决策风格的关键相关方——很多时候，他们对业务连续性管理工作是否能有效推进起着至关重要的作用。业务连续性经理需要结合相关方争取策略矩阵，以不达目的不罢休的决心，有策略、有技巧地综合运用多种有效的沟通方式推动业务连续性管理工作。

在沟通过程中，了解领导的背景、决策模式和他对运营中断风险的感知情况，采用"说服领导 5 步法"认真准备，会极大地提升领导认同并支持业务连续性管理工作的可能性。同时，要认识到说服领导支持和认同从来不是"一锤子买卖"，而是一个持续不断的过程，既需要智慧、信心、真诚，也需要坚持。

**关键词**：期望效用函数，风险感知，超越概率曲线，FUD，助推，当责。

**解题**：其实，大部分人是希望让领导"更重视"业务连续性管理工作。同时，他们也很好奇："为什么领导对业务连续性管理这么重要的事情不够重视呢？"此外，几乎所有业务连续性管理的最佳实践都将"取得管理层支持"作为开展工作的第一步，这更说明了这个问题的重要性。主题 9 已强调了相关方争取的重要性，毫无疑问，高层领导是业务连续性项目集最重要的相关方之一。但实际上，取得组织中其他相关方（如重要业务／职能／保障部门的负责人、关键岗位人员等）的支持对业务连续性管理工作的顺利开展也很重要。

作为业务连续性经理，你的主要工作是有效且高效地推动业务连续性管理工作，但对领导（或其他相关方）而言，业务连续性管理只是他们面临的、需要为之采取行动的众多事项之一。此时，你应该转换一下角色，站在他们的角度看，即思考当你面临多个事项时，你会如何决策并确定优先级。所以，下面我们先从决策说起。

# 10.1　理性决策与期望效用理论

事实上，理性决策理论真正起源于 17 世纪数学家们所做的最优赌博行为分析。这些数学家包括布莱士·帕斯卡、伽利略等。自 1944 年冯·诺依曼和摩根斯顿的经典著作《博弈论与经济行为》问世以来，期望效用理论一直被奉为理性人在不确定情况下进行决策的准则。

冯·诺依曼和摩根斯顿提出的这一理论的核心是期望效用函数：用潜在收益乘以赢的概率，用潜在损失乘以输的概率，得到的两个数字之和就是期望效用值。假如你参加一场可以赢 300 美元的赌局，获胜概率是 60%。为了计算这场赌局的期望效用，你首先用 300 美元乘以 60%，等于 180 美元。再假设，你拿出 400 美元下注，那么这就是你的潜在损失。现在用输的概率，也就是 40%，乘以潜在损失，得到 −160 美元。最后，你把这两个数字加在一起，就得出这场赌局的期望效用值是 20 美元。

当然，也许你会问：20 美元的期望效用值，值得去冒险吗？毕竟，如果输了，就会输掉 400 美元。但对职业赌徒来说，它是值得的，因为他知道自己以后还会在许许多多类似的赌局中下注，这一计算结果实际上是以赌无数次为前提的。期望效用函数背后的数学原理的假设是要一直赌下去，而职业赌徒通常会赌足够多的次数，足以证明期望效用值是很接近他们期待的结果的。

专注于期望效用值而不是可能产生的最大利润和损失，这使得职业赌徒能够从更长远的角度来观察每一场赌局。这进而使得他们能够避免众多新手常犯的最大错误之一：冒风险下更大的赌注来弥补损失。一名爱尔兰赛马赌徒新手如果在上午的赛马中输掉了所有赌注，他也许会想等到赢到大钱再回家，所以在那天的最后一场比赛中，他会把一切赌注都押在自己以前从未听说过的一匹马身上。而职业赌徒的座右铭是"还会有机会"。

期望效用理论这个帮助人们理性决策的理论能否用在生活中的其他领域呢（可能这些领域和赌博几乎没有任何关系）？如果能，问题的关键就在于得用数字来表示诸如幸福、健康和痛苦这些无形的东西。有人反对这样做，理由是这些东西不可能被量化。不过，在某种程度上，我们的大脑总是可以衡量那些看似无形的东西的相对价值。我们可以粗略地估算出潜在收益和潜在损失的具体数字，然后照搬全面考虑所有收益和损失的思考过程。

## 10.2　风险感知与超越概率曲线

很少有人知道当代的风险评估起源于可靠性工程领域。20 世纪 70 年代，风险评估的突破进展来自人们对核电站风险的研究。之前，人们对核电站事故这一"最严重的事件"的分析结果是，在这类事故中，数以千计的人死于直接接触高强度的核辐射以及由低强度核辐射引起的癌症。核电站的支持者和许多科学家"辩称"，发生核电站事故的概率极低，核电站的益处足以抵消这些灾难性的后果。美国核管理委员会（NRC）在 1975 年发布 WASH-1400 报告，运用场景、概率、后果这几个概念，首次对主要工业设施进行了充分的概率风险分析。WASH-1400 报告的另一个创新点是使用了超越概率曲线这个工具。超越概率曲线反映了超出实际后果一定水平的概率（如超出一定的伤亡数字的概率）。这是个很有用的工具，不仅可以用来描述风险的来源，而且可以全面、客观地考虑不同风险的类型，如自然灾害和技术灾难。图 10-1 即为 WASH-1400 报告中使用的超越概率曲线。在图 10-1 中，超越概率曲线标出了各种灾难超出一定伤亡人数的概率。例如，造成人员死亡的 100 座核电站事故发生的概率远低于决堤、爆炸等事故发生的概率。假如人们能用"理智"来判断，就应该接受核电站的风险。但事实上，自 WASH-1400 报告发布已有 40 多年，部分普通民众还是无法接受利用核能。

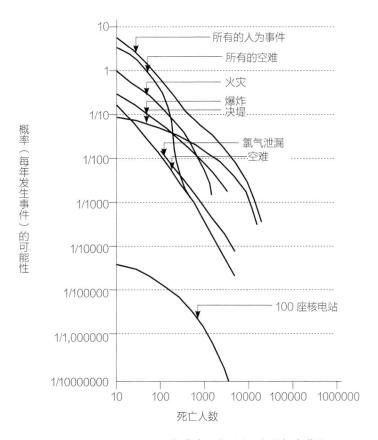

图 10-1    WASH-1400 报告中一些风险的超越概率曲线

此外，根据英国环境、交通和地区部（DETR）的统计，飞机、汽车和步行每 10 亿公里的死亡人数分别是 0.05 人、3.1 人和 54 人，如图 10-2 所示。这样看起来不直观，我们换个说法，如果你准备乘飞机从北京到广州出差，那你将在空中飞行约 2000 公里，假设乘出租车行驶 60 公里，步行 3 公里，那么你乘出租车和步行的死亡概率分别是乘飞机的 1.86 倍和 1.62 倍。

| 交通方式 | 死亡人数 | | |
|---|---|---|---|
| | 每 10 亿次旅行 | 每 10 亿小时 | 每 10 亿公里 |
| 公交 | 4.3 | 11.1 | 0.4 |
| 铁路 | 20 | 30 | 0.6 |
| 飞机 | 117 | 30.8 | 0.05 |
| 轮船 | 90 | 50 | 2.6 |
| 货车 | 20 | 60 | 1.2 |
| 汽车 | 40 | 130 | 3.1 |
| 步行 | 40 | 220 | 54 |
| 自行车 | 170 | 550 | 45 |
| 摩托车 | 1640 | 4840 | 109 |

图 10-2　DETR 做的统计

专家们在评估风险时会使用复杂、深奥的分析技术，也就是"风险评估"，而大多数公众依靠的则是直觉判断风险——一般称为"风险感知"。风险评估关注灾难的客观损失，如人员伤亡、财务损失，而风险感知关注与风险有关的心理状态和情绪反应。

早在 20 世纪 70 年代，一些研究决策过程的科学家和心理学家就开始研究人们对各种风险的关注和担忧。结果发现，如果人们对某种灾难知之甚少，他们就会认为这种灾难极其危险，并且特别害怕这种灾难降临到自己头上。尤其是对于一些有可能引发灾难的高科技（如核能、互联网）应用，不了解相关知识的普通民众感知到的风险比相关领域的专家感知到的高得多。研究人员还发现，普通人对低概率、高损失事件的感觉与专家的感觉大相径庭，他们在面对不太可能发生的事件时，一般不愿意深究低概率到底是什么意思（也可能是无法理解概率的真正含义，而专业人员又很少去普及知识和沟通）。

有证据表明，即使相关数据摆在那里，多数人也不会深究大规模灾难事件发生的概率。在一项研究中，当决策者面对几项存在风险的管理决策时，他们很少问这些决策产生各种后果的概率分别是多少。研究人员把一定数量的决策者分成两组，向第一组提供与各种决策有关的部分信息，结果只有不到 1/4 的决策者要求获得更多信息，没有一个决策者要求查找特定决策产生某种后果的准确概率。研究人员向第二组决策者提供了每种决策产生各种后果的详细概率数据，但只有不到 1/5 的决策者根据概率数据在各种选择之间做出了最终决定。

既然部分人不考虑概率，那么他们在风险面前是如何做选择的呢？专家对人们的决策过程进行了大量的研究，结果发现人们对风险的认识依赖于主观判断。对于大规模自然灾害等极端事件，不管专家怎么宣传，部分人基本上都只根据自己的经验来判断可能面临的风险。如果某个极端事件刚刚发生不久或者影响很大，人们一般不会考虑同类事件近期再次发生的概率是多少，而总是想着如果类似的情况再次发生，后果会是什么。2001 年 9 月 11 日，在美国遭受劫机恐怖袭击之后，许多在美国居住的人都拒绝乘坐飞机，因为他们觉得因遭遇劫机而丧命的可能性很大。但实际上，该事件发生之后，美国当局采取了一系列安全措施，恐怖分子再次劫持飞机的可能性极低。

研究还发现，人们在面对低概率、高损失事件的概率范围时，往往只会注意概率范围的两极。有些人觉得极端事件肯定会发生，有些人觉得绝对不会发生，很少有人关注中间。对于发生概率特别低的极端事件，大多数人一般会取概率范围中的较小值，认为其不会发生。因此，大多数人不会主动购买与自然灾害有关的保险，也不会花钱采取可以减少灾害损失的保护措施。很多人都低估了灾害发生的可能性，同时也低估了灾害的后果，所以他们在制定相关防灾减灾计划时都不够认真。等到灾难确实发生后，人们又开始投入过多的资金来采取防范措施，为再次发生同样的灾害做准备。某项对业主进行的调查显示，只有亲身经历过地震的人才会购买房屋地震保险。当调查人员问业主该地区再次发生地震的可能性有多大时，他们给出了正确的答案：由于该地区地质断层应力已经减小，所以再次发生地震的可能性比之前低。尽管如此，他们此时还是决定购买房屋地震保险。

由于经历、偏好、价值观不同，人们感知、认识、评估风险的方式也不相同。情感和理智之间、控制行为与自发行为之间有着动态、复杂的相互作用，尤其是在压力之下，其相互作用更加明显。但是，人们对风险的感知也表现出了一定程度的共性。大脑边缘系统产生的自发行为，至今仍在主宰人类的直觉反应。人们在风险面前的共同倾向如下。

- 高估不熟悉的风险，低估熟悉的风险。
- 优先考虑眼前的利益，不愿意考虑未来的收益。

# 10.3 FUD、助推与前景理论

FUD，即"Fear, Uncertainty, Doubt"，意为恐惧、不确定和怀疑，最早出自著名计算机架构师吉恩·阿姆达尔之口。吉恩·阿姆达尔是大型机System/360 的关键架构师，被 IBM 当时的 CEO 誉为"System/360 之父"，后离开 IBM 创立 Amdahl 公司，开发与 IBM 兼容但更便宜、运行速度更快的大型机。IBM 的销售人员使用 FUD 策略对付他的公司，即通过向客户灌输关于Amdahl 公司产品的负面观念，在客户头脑中注入恐惧、不确定和怀疑的情绪。微软公司也曾用 FUD 策略应对 Linux 等开源软件的竞争（如向客户宣称 Linux等开源软件对客户有弊无利）。

除营销领域外，FUD 策略还被用于政治选举等领域。在安全和风险教育方面，FUD 策略也常被相关人员采用。例如，向目标受众介绍遭受重大损失的行业安全事件、对管理层及责任人员的重大处罚案例，或者展示"80％受重大事件影响的企业将在 18 个月内倒闭"之类的统计数字。研究表明，通过 FUD "恐吓"人们让人们顺从，有时会有效，但由消极因素取得的支持（"除非我们立即采取行动，否则我们都将失去工作……"）会令人沮丧，作用有限且短暂。另外，人们对基于统计数字的 FUD 策略也容易持怀疑态度，或者对这些说法快速"免疫"。

而基于行为经济学的助推方式越来越受到人们的关注。助推方式的提出者是理查德·塞勒和卡斯·桑斯坦。其中，理查德·塞勒是行为金融学领域的创始人之一，因在行为经济学方面的研究贡献获得了 2017 年的诺贝尔经济学奖；卡斯·桑斯坦则被哈佛大学法学院院长称为"我们时代很专业的、涉猎领域很广的、话语被引用很多的、影响力很大的法学家"。两人合著的《助推：如何做出有关健康、财富与幸福的最佳决策》一书，建议多采用中性或者正面的关键词汇，因为相比采用那些负面的词汇，前者遇到的阻力会小很多——在改变人们的行为时，不需要做出大的改变，否则往往会遇到很大的阻力。理查德·塞勒和卡斯·桑斯坦认为，真正好的助推方式应该设计得符合人们的心理和行为习惯，只要轻轻一推就能取得良好的效果。

助推方式的基础在于心理学研究发现人类有两套认知系统："直觉思维系统"

和"理性思维系统"。"直觉思维系统"来自人们的情感反应，反应更快、更直接；"理性思维系统"来自人们有意识的思维，更加理性。现实中，人往往是用前者而非后者做出选择。研究还发现，基于"直觉思维系统"，人们在做选择时常依赖的经验法则有以下几个。

- 锚定法则，即用已知事物来判断未知事物。例如，某商品的现价为 500 多元，但如果你知道它的原价是 1000 多元，你肯定会觉得它现在很便宜；但假如你知道它的原价是 300 多元，那现在卖 500 多元，你就会觉得价格高得不可接受。这是因为人们总是在一个已知的数字基础上，沿着他们认定的正确方向进行调整。

- 可得性法则，即根据例子获得的难易程度来对风险发生的可能性进行评估。例如癌症，有些人总会觉得它离自己很远，没有必要为之买保险，但事实是，我国每天约有 1 万人确诊癌症，平均每分钟约有 7 个人得癌症，而且随着年龄的增长，癌症的发病率还会上升。这是因为对于越容易回忆起来的事件（尤其是亲身经历的），人们越容易夸大对其发生的可能性的判断；相反，对于很少在记忆中保留下来的事情，人们便会认为它们发生的可能性很小。

- 代表性法则，即直觉思维系统会过分重视相似性带来的启发。例如篮球运动员的"手热效应"和"癌症扎堆"现象可能都只是一种随机的波动而已。其实，这是因为人们在不确定的情形下，会抓住问题的某个特征直接推断结果，而不考虑这种特征出现的真实概率以及与特征有关的其他原因。

除了依赖这些经验法则，人们在做选择时还表现出一些共同的特点，如总是过高地估计自己、盲目乐观、厌恶损失、有现状偏见、总是希望保持现状等。（欲了解助推方式的心理学基础，建议阅读 2002 年诺贝尔经济学奖得主丹尼尔·卡尼曼所著的《思考，快与慢》，该著作介绍了面对不确定因素时的决策过程，能帮我们更深入地了解大脑非理性运作的原理。）

理查德·塞勒和卡斯·桑斯坦提出的助推——不通过强制手段、不通过硬性规定，改变人们的选择，其实质是帮助你认清你面对的并非是全然理性的人，而是每天都被大量选择和提示所淹没的社会人，以及依靠经验法则（也就是直觉）进行决策的人；通过使用设计良好的选择体系，你不必采取强制性的行动，只需轻轻地推一下。在设计选择体系时，我们可以考虑以下几个方面。

（1）默认选项。所有的选择都可以有一个默认选项，那是选择者不需要为之付出任何努力的选项。我们可以看到，许多人最终选择了默认选项（除非这个默认选项过于糟糕），不管它是否带来了真正的好处。

（2）反馈。帮助人们改进其行为的最好办法之一是提供反馈，设计精妙的反馈能够告诉人们其行为是否得当。对即将出现的失误进行报警就是一种很重要的反馈。

（3）权衡。从选择到最终满意的过程就是权衡。一个好的选择体系能够使人们通过权衡做出对自己有利的选择。

（4）复杂性。人们做出更优选择的概率，在根本上取决于可选项的复杂性。面对少量选项，人们倾向于对所有选项进行分析，在某些选项中权衡；随着选择范围的扩大，人们越来越倾向于使用简化策略，如合作性筛选，从有相似品位的用户那里得到一些好的建议和推荐。

（5）学习。选项设计有时候可以帮助人们学习新东西，使他们将来能做出更好的选择。

（6）凸显选择动机。好的选择设计能通过某些措施增强选择动机的突出性，将人们的注意力转移到动机上面。

要注意的是，一个好的选择体系的判别标准应是能深刻理解用户行为，不会让用户的直觉思维系统感到迷惑。

助推方式已有大量成功的应用，包括被政府用于优化政策设计，引导人们在教育、投资、卫生保健、抵押贷款及环境保护领域做出更好的选择。显然，助推方式也可以用来推动业务连续性管理工作——这当然需要业务连续性管理团队根据具体情况充分发挥自己的创造力。但要看到，助推方式之所以起作用，是因为它要么为被助推的人提供了积极的回报，要么是巧妙地建议他们做出了你希望他们做出的决定。在运用助推方式时，我们可以多看看它在不同领域的成功案例，考虑如何将其调整到适合用于业务连续性管理领域。下面举两个应用助推方式的例子。

例1　作为业务连续性经理，你在本季度的重点工作是进行业务影响分析和策略执行检查。对于业务影响分析，你想举办一场有尽可能多的部门负责人参加的研讨会；而对于策略执行检查，你可以自主进行，部门负责人的意见有帮助但并非必需。因此，关键是让大部分部门负责人参加业务影响分析研讨会。在与高层管理人员沟通后，可由高层管理人员提出要求，让所有部门负责人必须参加本季度的业务连续性管理活动。这里面的关键点在于，你要让所有部门负责人知道本季度有两项业务连续性管理活动，他们可以自由选择参加哪项活动：

- 4 月 10 日中午 12:00 到下午 2:00 的互动式业务影响分析研讨会（提供自助午餐）；
- 4 月 11 日上午 9:00 到晚上 8:00 的业务连续性管理策略执行检查。

相信大多数繁忙的部门负责人将选择互动式业务影响分析研讨会，因为这样可以减少他们的工作时间（不必加班），节省他们吃午餐的时间；此外，"互动"而不是"检查"也让活动更能增加人们的积极性。

例 2　在向高层管理人员介绍年度演练的重要性并希望其支持和主动参与（或者希望某部门完成业务影响分析调查问卷）时，你只需多提一点——你所在行业（或企业）中的大多数企业（或部门）已经完成了该演练（或调查问卷），这一小小的变化可能会使提议成功的概率有较大的提升。

你可以在业务连续性管理的所有重要主题（方针落地、业务影响分析和风险评估、预案编制、资源建设、培训和意识、演练等）中使用助推方式推动工作。与此同时，应用助推方式有助于以鼓励和对话的方式建立安全和风险文化，加速组织学习的进程。以助推方式参与访谈的业务骨干会比被强制要求参加访谈的业务骨干表现得更加积极，会提供更多独到而有价值的意见。

助推方式通过对人们行为的洞察，提供了一种低成本、低风险的干预策略，并带来了可衡量的可观收益。但助推方式也并非"万能良方"，它更适用于调用直觉思维系统进行快速决策，无法代替劝说（调用目标受众的理性思维系统来改变或加强态度、信念、价值观或行为）、教育（当目标受众的利益与公共利益一致时适用）、制度与奖惩等能够改变人们行为的方式。

**附录 1：说服领导 5 步法**

毫无疑问，各级领导可能是业务连续性项目集最重要的相关方，所以说服领导支持和认同业务连续性管理工作十分重要。我们可以采用"说服领导 5 步法"开展工作。

（1）了解你的领导

每个领导都有自己的风险感知、思考、决策和行动习惯，你可以从 3 个方面来了解他。

第一，他从哪里来，即他以往的背景是什么，他做事的优先级是什么，以及他当前负责的工作是什么。他的背景是指他以前的学习和工作经验主要来自什么领域，如财务、市场、销售、技术、法律、行政或其他领域。在这些领域中，他取得过怎样的重大成就或遇到过什么重大挫折，他引以为傲的是什么。他做事的优先级是指基于他的背景和学习、工作经历，在推动一项工作时，他一般会先从哪些方面着手，接下来做什么，最后关注什么。他当前负责的工作是指他当前的工作职责是什么，他向谁汇报 / 负责，他如何看待当前的工作职责，有什么样的策略。

第二，他关心什么，即他关注什么样的问题，以及业务连续性管理能否解决他的问题。具体包括他近期和中长期的工作目标是什么，他是否面临较大的工作压力，在压力下他的工作焦点是什么，业务连续性管理能否解决或有助于解决他面临的某个问题。

第三，他怎样看待业务连续性，即他如何理解和看待业务连续性，他对业务连续性管理有什么误解和特别的看法，你准备如何化解他的这些误解。

（2）搜集事实素材

业务连续性管理专业人员，无论是业务连续性经理、业务连续性协调员还是业务连续性顾问，都需要持之以恒地搜集、整理与业务连续性管理工作相关的事实素材，具体包括以下内容。

- 事件描述。即对特定事件的简要描述。
- 同类型事件。指较有影响力的同类型事件。
- 事件造成的影响。包括判断该事件是影响较小，处置得当，对业务造成的危害较小，较少为外界公众所知，还是影响较大，处置不当，对业务造成较大的危害，为众多外界公众知晓；了解这个事件是否是在同区域（省 / 市 / 区）发生的，是否是同行业的事件，如果是，其是否受到了监管部门的关注，是否由相似的供应链引起，还是只是一次模拟或实战演练（建议将较重要的演练也作为素材搜集）。
- 造成影响的类型。指该事件使运营、合规、财务和声誉或其他方面分别受到了什么影响，能量化的尽可能量化，不能量化的可定性描述。
- 威胁 / 风险源的类型。即该事件是由什么样的威胁 / 风险源引起的，是自然灾害、技术事故还是人为灾难。分析尽可能具体，如果有可能，画出简要的风险传递路径图。

- 威胁／风险存在的可能性。即对该威胁／风险存在的可能性是大、较大、一般、较小还是小，给出定性的衡量。

- 威胁／风险的变化趋势。即对该威胁／风险在未来的变化趋势简要分析并给出结论。

（3）分析管理现状

检查你的业务连续性管理工作现状，通过与最佳实践或对标机构（如果管理层有设定）比较，识别存在的优、劣势及差异，具体可包括以下内容。

- 业务连续性方针：在组织架构、职责、业务连续性管理目标及风险偏好／容忍度方面的现状及差异。

- 风险评估和业务影响分析：在风险评估和业务影响分析方法、恢复时间目标／恢复点目标及其他相关指标方面的现状及差异。

- 业务连续性资源和能力：在应急处置、业务恢复资源和能力方面的现状及差异。

- 业务连续性策略：在业务连续性目标和策略方面的现状及差异。

- 应急预案和业务连续性计划：在应急预案和业务连续性计划方面的现状及差异。

- 意识和培训：在意识和培训方面的现状及差异。

- 演练：在演练方面的现状及差异。

- 管理体系的维护、改进及其他：在管理体系的维护、改进等方面的现状及差异。

（4）建立关联关系

将识别出的风险（及趋势）、业务连续性管理现状和重要业务关联起来，分析它们会对特定重要业务（及其负责人）产生什么样的影响。我们可将每个重要业务单独列出。

- 业务名称：该项业务的名称。

- 业务概要：该项业务的重要程度、中断时间敏感度、最小业务连续性目标、与其他业务之间的依赖关系及关键业务要素（关键人员、场地、重要数据或表单、重要支撑系统及基础设施、外部服务商、必要的公用服务等）。

- 威胁／风险及其趋势：已识别的、可能对该业务产生重大影响的威胁／风险及其趋势。

- 业务连续性管理现状：已识别的、待改进的、可能对该项业务产生重大影响的管理缺陷。

- 可能的后果及影响：简要定量分析这些威胁／风险一旦发生，管理现状长期未改进，可能对该项业务的运营、财务、合规、声誉等方面产生的影响。

- 业务负责人：识别这些后果及影响会对该业务负责人个人产生什么影响。

（5）说服领导之旅

既然组织已经开展了业务连续性管理，并由你负责具体工作，那么你希望领导支持的应该是某项具体的业务连续性管理工作内容。经过前面几步的分析，你应该已经准备好了相关素材，而在这一步，你要分析领导和你的沟通风格，使用你的沟通与合作"软技能"，并基于前面的分析准备沟通内容，具体内容包括以下几方面。

- 了解你的沟通方式：了解你在快速"读"人、倾听技巧和管理冲突等方面的优、劣势，在日常工作中通过练习不断发展你的沟通与合作"软技能"。

- 准备沟通内容和策略：为了更准确地聚焦沟通内容，你需要准备30秒版和3分钟版的"电梯游说"，准备好相应的商业论证；为沟通设定沟通策略，并为关键对话做好准备。

不要指望通过一次谈话就让领导无条件地全力支持你的业务连续性管理工作，关键是和领导建立起融洽的沟通关系。业务连续性的价值要能体现在帮助组织和领导个人取得成功，而能帮助领导取得成功是你得到支持的核心。

**附录2：业务连续性经理的角色、责任和能力要求**

业务连续性经理是由发起组织任命、领导业务连续性管理（执行）团队实现组织的业务连续性管理目标，并对组织范围内的业务连续性项目集承担责任的人员。以下提及的角色、责任和能力要求也可供业务连续性协调员及其他业务连续性管理团队成员参考。

1. 业务连续性经理的3个角色：业务连续性管理领域的从业者、业务连续性管理团队的领导者和业务持续运营的赋能者从组织结构来看，业务连续性经理可能向职能经理或运营经理报告，但他的角色不同于职能经理或运营经理。一般而言，职能经理专注于对某个职能领域或业务单元的管理和监督，运营经理负责保证业务运营的高效性，而业务连续性经理是业务连续性治理主体和项目集之间的接口，其存在是为了实现业务连续性项目集的目标。业务连续性经理需要与职能经理、运营经理、项目经理、子项目集经理、风险经理、供应链经理、首席安全官和领域专家等紧密合作，确保业务运营的连续性能够支撑组织的整体战略目标。下面分别介绍业务连续性经理的 3 个角色。

（1）业务连续性管理领域的从业者

从专业角度看，业务连续性经理是业务连续性管理领域的从业者，是业务连续性管理方法的践行者。任何一种有效的方法，从根本上说都来源于实践，业务连续性管理方法也不例外。业务连续性管理"理论"方法之所以有效，能够有力地指导实践，也是因为它是在实践的基础上总结出来的。因此，业务连续性经理需立足于通过"实践"来增强专业能力、实现发展。业务连续性经理的从业者角色具体体现在以下几个方面。

- 学习业务连续性管理知识、方法、规范和标准等。
- 参与或组织、推动业务连续性管理实践活动，如风险评估、业务影响分析、预案编制、资源建设、演练、培训、评估、审核等。
- 系统性地回顾、评判、评估和反思，改进发现问题、解决问题的方法。
- 有效推动问题的解决，实现个人与组织能力的增强。

（2）业务连续性管理团队的领导者

从职业角度看，业务连续性经理是业务连续性管理团队的领导者，其角色就像乐队指挥。乐队指挥的目标就是要成功地完成演出，最大限度地满足听众对演出的要求和期望。要演奏好一场音乐会，需要所有参加乐队演出的人员齐心协力，遵循统一的指挥、统一的要求。演奏的先后次序，工作的轻重缓急，乐曲的强弱，包括不同声部的和谐程度，需要有一个完整、周密的计划。一个称职的业务连续性经理相当于一个乐队指挥，项目集管理计划就相当于乐队的总乐谱。业务连续性经理按照计划开展项目集管理工作，他的作用就是使整个团队齐心协力，共同形成和谐之声，为达成业务连续性管理的目标共同努力。业务连续性经理的领导者角色具体表现在以下几个方面：

- 绘制蓝图，确定方向：基于组织及业务发展战略，与相关方深入沟通、分析业务连续性管理的需求，参与制定商业论证、业务连续性方针和阶段性的（如年度）项目集管理计划和路线图。

- 选择成员，发展团队：在业务连续性项目集发起人的指导下，选择、推荐合适的业务连续性协调员，组建业务连续性项目集管理(和执行)团队，并不断发展团队成员的能力，以有效开展业务连续性管理活动。

- 带领团队，增强能力：依据业务连续性方针赋予的权限，合理支配项目集涉及的人、财、物等各类资源；争取相关方的支持，持续规划、建设和增强业务连续性能力，实现项目集管理计划的重要里程碑并交付预期收益。

- 持续评估，提升绩效：积极参与和推动日常减灾备灾活动、重大运营中断应急处置和业务恢复行动，持续评估业务连续性管理活动的绩效、业务连续性能力是否达标，根据发现的问题改进业务连续性管理工作。

（3）业务持续运营的赋能者

从事业角度看，业务连续性经理及项目集管理团队是组织业务持续运营的赋能者，是业务连续性管理战略的实施者。对任何一个组织而言，生存永远是第一目标，迈过创业阶段进入发展阶段后都需要根据业务特点制定适当的业务连续性管理战略。业务连续性经理的赋能者角色具体表现在以下几个方面。

- 发现隐患：通过文件和记录查阅、现场观察、关键事件分析、人员访谈、焦点小组访谈和问卷调查等多种形式进行风险评估、业务影响分析，确定重要业务及其连续性目标、相互依赖关系，并分析可能造成运营中断的重要威胁／风险源。

- 提出能力增强方案：基于确定的业务连续性目标和能力差距，综合组织、流程、人员和技术多个维度提出能力增强方案，设定量化、结构化、体系化的能力目标体系。

- 技术能力建设和评估改进：根据技术能力目标，采用自建、采购、外包等方式获取装备（设备）、设施、ICT等技术能力，并依据评估情况进行改进。

- 增强流程能力：根据流程能力目标，通过新建及修改管理制度、业务运行模式、日常操作规程、应急处置和业务恢复程序等增强流程能力。

- 人员培训和意识教育：通过对重点岗位人员进行流程培训和实操等方式增强人员的能力，并着重加强对全员的风险和安全意识教育。
- 能力集成及全面评估：采用桌面、实操和综合演练等方式进行能力集成并评估业务连续性能力目标的达成情况。

总体来说，业务连续性经理要从专业、职业和事业方面扮演好从业者、领导者和赋能者的角色。需要注意的是，业务连续性经理需要了解、熟悉业务连续性管理，但不一定必须是业务连续性管理领域的专家；此外，业务连续性经理很可能并不是多数项目集管理团队成员的直接经理，但无论如何，业务连续性经理一定是项目集管理团队的领导者。

2. 业务连续性经理的 4 种责任：对自身的责任、对组织和团队的责任、对相关方的责任、对社会和环境的责任

组织的最高管理者在业务连续性项目集定义阶段发布业务连续性方针，业务连续性经理在得到授权后，全面负责推动业务连续性能力的规划、建设和保持、运用及管理评价，统筹兼顾，满足相关方对业务连续性项目集的预期。我们可从以下 4 个方面认识业务连续性经理的主要责任。

（1）对自身的责任。业务连续性经理需要按照严格的职业标准要求自己，参加相关的职业培训、交流和实践活动，根据业务连续性管理工作的需要，更新和完善自己的知识结构和专业技能。业务连续性经理对自身的责任还包括：拥有良好的人生愿景、目标和价值观；拥有积极向上的人生态度；拥有外圆内方的为人处世准则；拥有切实可行的职业生涯规划；拥有良好的学习态度和知识结构改进计划；能正确处理工作与学习、工作与生活、工作与健康、工作与家庭之间的矛盾等。

业务连续性管理和项目集管理的理论与实践证明，拥有过人的品格、责任心、敬业精神与沟通协作能力是业务连续性经理成功的前提条件。个人的道德品质决定着个人行事的方式和原则。业务连续性经理要有强烈的责任感，诚实可靠，讲信用，正直，办事公正、公平，实事求是。责任感体现在两个方面：一是把工作看成是自己的分内事；二是把每一项具体工作都看成事关全局的事情。如果没有强烈的责任感，业务连续性经理就很难每天都保持相同的工作热情。所以，业务连续性经理要主动承担责任，具备诚实可靠、言行一致的道德品质。只有具备了良好的道德品质，业务连续性经理才能遵纪守法，抵制和杜绝不良行为，为担负

其他方面的责任建立基础。

（2）对组织和团队的责任。组织业务能够持续运营，是通过建设和保持业务连续性能力实现的。作为业务连续性管理团队的领导者，业务连续性经理有责任带领团队建设和保持组织的业务连续性能力。业务连续性经理对组织和团队的责任主要包括：① 建设和保持组织的业务连续性能力，具体包括两方面的能力，一是尽可能降低运营中断发生的可能性的能力，二是当发生运营中断时可以在预定时间内以预定水平恢复业务的能力；② 带领团队达成业务连续性项目集的目标，支持组织业务的可持续发展；③ 建立阶段性的、与结果评估相结合的考评制度，以便定期对团队成员进行有效的考评和激励；④ 为项目集管理团队提供良好的工作环境与文化氛围，保证团队成员之间及时沟通、同心同德、相互协作，并让他们在工作过程中获得成长和进步。

（3）对相关方的责任。组织业务连续性管理的目标包括保护关键相关方的声誉、品牌和创造价值的活动，作为业务连续性管理战略的重要实施者，业务连续性经理对相关方的责任主要包括：① 保证业务连续性项目集的阶段性成果和最终结果满足组织和相关方的预期；② 招募、培养和组织业务连续性项目集所需的人力资源，通过有效的沟通、培训、激励和协作机制，调动项目集管理团队成员的积极性和创造性，让他们对项目集做出积极的贡献；③ 保证对项目集组件的启动、计划、执行和收尾过程进行有效控制；④ 防患于未然，当项目集及其组件由于不确定因素或风险有可能发生变更时，及时识别变更的原因，提出应对方案，将方案提交至最高管理者和业务连续性管理委员会审批，并在通过审批后立即采取应对措施处置风险，把风险消灭在萌芽状态；⑤ 定期、及时与上级和相关方就业务连续性项目集的进展情况进行沟通，将项目集人力资源、范围、进度、成本、质量、风险等内容向上级和相关方汇报（这样做对项目集有两方面的好处：一方面，调动相关方的积极性，让他们对项目集做出有益的贡献；另一方面，获得相关方对项目集现状的理解和支持，尽可能减少他们对项目集的消极影响）。

（4）对社会和环境的责任。人与人的交往活动是在"组织"的框架里进行的，各种组织相互关联和影响，一个组织运营中断会对相关联的组织造成种种影响。业务连续性经理对社会和环境的责任主要包括：① 通过保护关键相关方的声誉、品牌和创造价值的活动，促进社会的安全、文明进步和经济发展；② 珍惜、充分利用上级领导分配给业务连续性项目集的一切资源。组织的资源都是有限的，保证资源被有效利用是所有管理者的重要责任。业务连续性经理不仅要充分、有效地利用上级分配给项目集的资源，使资源的效能得到最大限度的发挥，而且要从组织的总体角度出发优化资源的配置和使用，自觉开源节流、节能减排、节支降耗，保护自然和社会环境。

3. 业务连续性经理的能力要求

良好的业务连续性对组织的生存与发展至关重要。业务连续性管理通过增强组织能力的方式创造价值，对产品和服务的连续性交付而言不可或缺，能使组织更轻松地应对环境、竞争和市场变化。业务连续性经理是业务连续性治理和管理团队的接口，也是业务连续性管理战略与团队之间的纽带，因此，业务连续性经理越来越重要，必须满足一定的能力要求。

能力一般可以分为知识、技能和态度：知识即应知道和理解的东西，广度和深度是评价标准；技能指应用所掌握的知识、工具和技术做什么、完成什么，包括通用技能和专业技能，熟练程度是评价标准；态度即在管理或从事相关活动时的行为方式，包括个人态度、主要性格特征，有强烈的个人特色，没有特别明确的评价标准。知识能通过学习获得，而技能只能习得。学习知识是瞬间的，知道与不知道之间几乎可以瞬间转变；习得技能可能需要经历漫长的"笨拙期"——如果你不接受自己笨拙的开始，你可能永远也不能掌握任何技能。而态度决定着业务连续性经理指导业务连续性管理团队平衡项目集制约因素、实现业务连续性管理目标的能力，决定着业务连续性经理行为的有效性。

仅仅理解和使用那些被公认为良好实践的知识、工具和技术，并不足以实现有效的业务连续性管理；要想有效地对业务连续性进行管理，业务连续性经理需具备通用管理能力、业务连续性管理能力、项目（集）管理能力、沟通和协调能力以及当责领导力这 5 种能力。

（1）通用管理能力

通用管理能力是指在不同职业群体中体现出来的，具有共性的管理知识和管理技能要求，是超越某个具体职业与行业的特定知识和技能，所有管理者应当共同具备的，最重要、最基本的能力和才干之一。一般而言，通用管理能力包括自我发展管理、团队建设管理、资源使用管理和运营绩效管理 4 个方面：自我发展管理涉及学习规划能力、时间管理能力、融入环境的能力、领导能力、工作沟通能力、谈判和问题解决能力等；团队建设管理涉及团队分工和组建能力、团队学习能力、团队激励能力等；资源使用管理和运营绩效管理主要涉及资源配置能力、财务管理能力、项目管理能力、变革创新能力、决策管理能力等。

（2）业务连续性管理能力

业务连续性管理能力是指业务连续性经理应具备的、管理组织业务连续性的知识和技能，包括业务连续性能力规划、建设和保持、运用及管理评估方面的能力，具体涉及风险评估和业务影响分析、预案编制、培训与意识教育、演练和测试、审核等。业务连续性经理还应掌握与组织所在行业和领域相关的知识，如供应链、网络安全、运营管理等相关的知识，并了解可能导致中断事件发生的主要风险。

（3）项目（集）管理能力

项目（集）管理能力是指业务连续性经理应具备的、管理项目和项目集的知识和技能，具体包括在项目整合管理、项目范围管理、项目时间管理、项目成本管理、项目质量管理、项目人力资源管理、项目沟通管理、项目风险管理、项目采购管理，以及项目集战略一致性、项目集收益管理、项目集相关方争取、项目集治理和项目集生命周期管理等方面的能力。

（4）沟通和协调能力

业务连续性经理通过业务连续性管理团队和其他相关方来完成工作，实际上，业务连续性经理不仅需要与项目集团队和跨部门的职能经理进行沟通，而且会涉及非常多与高层管理者沟通和汇报的事宜。必要时，业务连续性经理需要使用强有力的沟通、谈判及冲突解决技能来缓和相关方对业务连续性管理及其既定收益的反对情绪；当相关方或相关方群体之间存在期望冲突时，业务连续性经理也可能需要召开协商会议予以解决。优秀的业务连续性经理需要与各相关方进行全面且充分的沟通，因此需具备良好的沟通和协调能力。

（5）当责领导力

"当责"是一种为实现最终结果思考和行为的方式，它关注个人能够控制、影响现有结果或未来步骤的因素。负责是"有义务去履行"；当责是担起责任以确定该"去履行的义务"是可被完成的，即"当责者"有义务确定"负责者"在执行任务，并对其执行成败负有"责任"。相比"负责"，"当责"更强调主动性（自我选择）和行为、结果导向。

当责既是管理的灵魂，也是领导力的灵魂。当责领导力是一种承诺、一种义务，要求业务连续性经理不只是对自己，还要对关键相关方，交付一个特定的、已约定的业务连续性管理成果。当责领导力要求业务连续性经理做到以下几个方面：

- 正视问题：正视业务连续性管理面临的问题，采纳相关方的意见和批评，诚恳地公开沟通。
- 拥有问题：积极介入，承诺目标，与主管领导、关键相关方、业务连续性管理委员会校准目标。
- 解决问题：面对难题，专注于最后成果，不断思考如何达成目标或改进。
- 着手成事：认真执行，主动向主管领导、业务连续性管理委员会和关键相关方报告进度，并不断进行后续追踪，获取和评估相关方对进展的反馈。

业务连续性经理既是通才，又是专才。从岗位要求来看，"通"比"专"更重要。在上述 5 种能力要求中，业务连续性管理能力和项目（集）管理能力是专业能力要求，包括相关的知识和技能；而通用管理能力、沟通和协调能力、当责领导力则主要是通用能力，除了涉及相关知识和技能外，态度（如热情、责任心等）也在其中发挥着重要的作用。

有知识能做到 40 分，有技能就有 60 分，熟练能有 80 分，会琢磨能有 90 分。而要获得 90 ~ 100 分，则需要天赋和才干，而热情和责任心是基础。当然，对大多数人而言，拥有知识和技能，再加上认真和努力就可能有 80 分。看看专业棋手，他们的职业道路也大致如此：一开始是比谁记的棋谱多，这是积累知识的过程；慢慢地就要不断地通过下棋提升棋力；之后能和专业几段的选手下几小时，算出接下来要走多少步，这是技能的进阶。但是高段位的棋手也许并不依赖棋力取胜，其最后出奇制胜的招数，可能完全源自有浓厚个人特质的灵感——这需要以良好的态度为基础进行持续不断的积累和修炼。

作为业务连续性经理，你需要持续思考很多与相关方有关的事情：相关方想通过业务连续性管理得到什么？他们对当前项目集组件的影响程度如何？我需要他们为我做什么？如果某些相关方与我们的最终决策意见不一致，他们会造成什么影响？一个优秀的业务连续性经理应能平衡各相关方的利益，引导各方达成共识。

作为业务连续性经理，你要依据组织为你设定的框架，在规定的范围和预算内交付业务连续性管理的收益，因此，你需要按照流程做事。如果流程出现问题，你需要让上级批准另行处理，而不是自行处置。因为，当你在自行处置而不考虑流程时，流程将永远不会被固定下来。而且，业务连续性经理不但要考虑当前问题的解决方法，更要思考如何建立机制。因此，一个优秀的业务连续性经理不但要成功地交付项目集，更要考虑对管理流程进行持续改进。

当然，完美的业务连续性经理不一定存在，因为在现实中，做好业务连续性管理是很不容易的。有时，你可能不能按照你期望的方式完成所有的工作，或者你可能不能及时地汇报所有的内容。但是，你应该竭尽所能做你能做之事，尽量达成业务连续性管理的目标。

## 延伸阅读

1．瑟吉奥·佩莱格里内尔：《优秀项目集经理的思维与行为准则》，电子工业出版社，2011 年。

2．米歇尔·西里：《项目集管理》，电子工业出版社，2011 年。

3．丹尼尔·卡尼曼：《思考，快与慢》，中信出版社，2012 年。

4．张文隆：《当责》（修订版），清华大学出版社，2012 年。

5．理查德·塞勒，卡斯·桑斯坦：《助推：如何做出有关健康、财富与幸福的最佳决策》，中信出版社，2015 年。

6．金井露：《华为项目管理图解》，广东经济出版社，2017 年。

**问题**：业务连续性具体包括哪些能力？我们该如何规划并确定目标能力？

相关问题如下：

"'贸易争端'对高科技企业的供应链形成了巨大的压力，有的企业已用多年时间建立了业务连续性管理体系，但它现在的业务并未中断，那业务连续性管理体系有什么用呢？"

**简答**：每个组织需要先根据在项目集管理架构建立时确定的业务连续性管理的目的及范围，结合业务连续性能力"8+1"框架，定制适合自身特点的业务连续性能力框架；然后使用"情景—任务—能力—目标"分析框架，分析、确定事件情景清单、通用任务清单、业务连续性能力清单；最后根据未来一个时期内的风险态势和现有能力情况，筛选出当前和今后需要重点加强的核心能力，并为每一种核心能力确定一个定性或定量的能力目标。

**关键词**：任务领域，"8+1"框架，基于能力的规划，情景分析，任务分析，能力分析，核心能力。

**解题**：几乎每个组织面临的环境都不一样，使命和宗旨也千差万别，而为保障持续运营所需执行的任务虽有差异，但仍有相当强的共性。下面对业务连续性能力"8+1"框架和基于能力的规划方法分别进行介绍。

# 11.1  业务连续性能力 "8+1" 框架

ISO 22301：2019 对业务连续性的定义是：在中断期间，组织在可接受的时间范围内以预定的（生产 / 服务）能力持续交付产品和服务的能力。

也就是说，业务连续性是一种组织能力。而能力是一个抽象的概念，指的是结构化的、体系性的综合能力。《剑桥词典》对能力的定义是 "做某事的力量或本领"。现代企业管理领域对能力的研究较少，而在国防和军事组织中，能力管理已经是一个高度发达的管理学科，它的概念、原则和规范也开始在其他领域（如应急管理）中得到应用。对于军事能力，美军 CJCSI/M 3010 系列给出的定义是："在确定的标准和条件下，通过方式和方法的组合执行一系列任务达到预期效果的本领"。这个定义使用了效果、标准、条件、方式、方法和任务等专业术语，过于复杂。简化一下，军事能力是指 "在军事行动中达成目标的本领"。

综上所述，业务连续性能力由一系列特定的能力组成，其中每项能力都被用于完成一项或多项特定的任务，因此，由 "在中断期间，组织在可接受的时间范围内以预定的（生产 / 服务）能力持续交付产品和服务" 涉及的任务领域可以推导出一系列业务连续性专项能力。

关于业务连续性任务领域的划分，学术界和实务中的讨论不多，更没有统一的标准。综合国内外应急、连续性和危机管理及事件管理领域的研究与实践，结合我国实际情况，我将运营中断事件处置全过程划分为 9 个任务领域：预防、保护和减灾、情报和监测、预警和警报、应急响应、危机沟通和管理、业务恢复、事后重建以及准备，如图 11-1 所示。其中预防是为了避免运营中断发生而开展的各种活动；保护和减灾是为了保护关键对象（如生命财产、公共秩序、公共利益、组织的业务要素和品牌声誉等）、减少运营中断的损失而开展的各种活动；情报和监测是综合组织内外部的信息源以了解事态的变化而开展的活动；预警和警报是在情报和监测的基础上，为尽可能阻止事件恶化或防止更大的损失而开展的活动；应急响应是在事件即将发生前、发生期间或发生后，为挽救生命、减少财务损失和环境破坏等而开展的各种活动；危机沟通和管理是在事件处置过程中为保护组织声誉和品牌而与关键相关方开展的各种沟通和管理活动；业务恢复是在中断事件发生后为在可接受的时间范围内将业务恢复到预定水平而开展的各种活动；事后重建是在事后将业务恢复到正常或更高水平而开展的各种活动；准备是为保障达成业务连续性管理目标而对业务连续性能力进行管理而开展的各种活动。

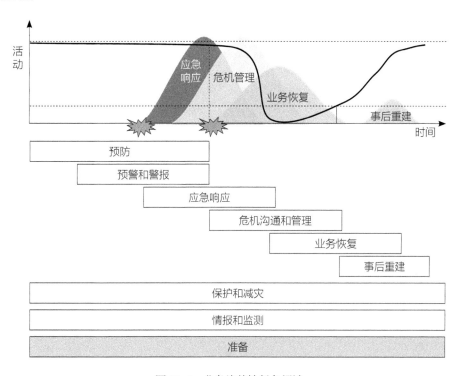

图 11-1　业务连续性任务领域

这些任务领域在时间上并不完全按顺序排列，而是存在一定的重叠关系。例如，在事件发生前的预防、预警和警报就是重叠的；应急响应、危机沟通和管理、业务恢复几乎完全有可能同时进行；而保护和减灾、情报和监测、准备贯穿运营中断事件处置的全过程。

### 11.1.1　预防

预防的目标是要降低事件发生的可能性，即尽可能避免事件发生，这样就不必启动应急响应和业务恢复等任务。预防涉及方方面面的工作，如建筑工程、危险品管理、火灾消防、工作场所安全与健康、网络安全、供应多源化和冗余（安全）库存等。预防领域的准备规划应该使用基于风险的方法，而一个组织对不同类型风险的容忍程度决定了它所选择和实施的预防策略。要确定组织需要预防哪些事件，必须首先对其面临的危险源和威胁、保护目标及相关风险有一个全面的了解。为此，组织需要进行业务影响分析、识别危险源、开展风险评估，以确定组织不可接受的风险有哪些，该风险引发事件发生的可能性及事件带来的后果，有什么措施可以降低事件发生的可能性或减轻事件带来的损失，然后根据业务影响分析和风险评估的情况选择相应的控制策略和措施。

### 11.1.2　保护和减灾

保护是针对保护对象的保护与增强活动，减灾是降低保护对象脆弱性的活动，两者的最终效果都是保护对象的韧性得到增强。由于几乎所有事件造成的损失和破坏都与保护对象的脆弱性相关，如信息网络系统由于存在容易受到攻击的关键节点而存在高脆弱性，因此，保护和减灾适用于几乎所有事件。保护和减灾与其他任务领域的区别在于它寻求降低风险的长期解决方案，而不是放任后果"来临"，或者仅在事件发生后为响应这些后果和恢复做准备。保护和减灾需要组织内外部的人员参与。无论是从风险管理角度，还是从业务连续性管理角度，保护和减灾都十分重要，组织在开展准备规划活动时必须将其纳入总体框架内进行考虑。

### 11.1.3　情报和监测

情报和监测指综合组织内外部的信息源，对所有可能发展成事件的威胁和危险源进行人工或自动监测，以便进行预警和警报并采取措施。情报指收集、分析和整合组织内外部与事件发生及发生可能性相关的信息。监测指对可能引发事件的威胁和危险源的特征参数进行人工或自动监测，包括对各种不同类别事件的独立监测。组织在事发前，需要了解事态的发展趋势；在事发后，需要了解事件的演化路径，进行态势研判。因此，情报和监测任务领域的目标是实现"全天候、全方位的态势感知"。

### 11.1.4　预警和警报

预警是指在已经发现可能引发事件的某些征兆，或者事态发展到事先设定的预警临界点时，立即发布相关信息以便进行防范。警报是指在发现事件已经发生时，立即发布相关信息以便采取行动进行响应、恢复等。相关防范措施和行动可能包括人为的行动，如停止操作、疏散人员、紧急避险、启用提前备货方案或调整设计生产方案（应对供应链中断）、灭火、启动灾备中心运作；也可能包括系统的自动操作，如列车紧急刹车、核电站反应堆自动停止运转、高可用系统中备机接管主机等。由于事件的发展往往有一定的过程，我们通常根据突发事件和中断事件发生的紧急程度、发展态势和可能造成的影响，将即将发生的事件划分为不同的预警级别，并分别采取不同的应急措施。目前，预警级别一般分为 4 级——Ⅰ级（特别严重）、Ⅱ级（严重）、Ⅲ级（较重）、Ⅳ级（一般），分别用红色、橙色、黄色和蓝色标示。不同类别事件的预警指标和标准各不相同。组织也可以制定自己的预警级别并明确相应的指标和标准。预警和警报任务领域还包括对不同类别突发事件和中断事件的预警和警报，以及在综合各种来源的信息并考虑不同事件之间的相互影响之后的综合预警和警报。

## 11.1.5　应急响应

应急响应是指在突发事件即将发生前、发生期间或发生后，为抢救与保护生命、保护财产和环境、满足人类基本需要、清除现场的危害因素而立即采取的行动，还包括对事件处置行动的管理与协调活动。突发事件基本发生在某一个或某一些特定的地理位置，会对发生地的个体或社区造成生命、财产和环境方面的损害或影响。因此除了组织自身，事件发生地的地方政府也是事件的重要相关方。在应对突发事件的过程中，组织要在政府的领导下采取应急响应行动。同时，组织首先需要保护工作场所中工作人员的安全，因此，及时报告、先期处置、疏散／撤离人员、自救互救是组织进行应急响应的重要任务。

## 11.1.6　危机沟通和管理

危机沟通和管理是指在发生突发事件和中断事件时，组织需要为保护声誉和品牌主动、及时地与关键相关方开展沟通和管理活动。组织在事件处置过程中、日常运营管理过程中，由于种种原因，可能突然遭遇声誉危机，由于声誉风险的责任人多为组织的高级管理人员（多为"一把手"），组织领导可能会觉得自己一下子被"逼"到了一线。其实引发相关声誉危机的风险可能早已存在，只是未得到及时、有效的处理，所以会在特定的情势下"爆发"。危机沟通和管理任务领域涉及的工作和任务是每个现代组织都必须处理好的，也是进入互联网时代的部分组织并不擅长、亟须了解的。

## 11.1.7　业务恢复

业务恢复是指在中断事件发生后，为在可接受的时间范围内将业务恢复到预定水平而开展的各种活动。为目标客户持续提供产品或服务是每个组织存在的基础，也是组织的使命所决定的。因此，任何一个组织（企业、学校、医院、社区、政府机构等）都必须重视业务恢复。根据运营中断时长对组织使命的影响程度，组织应为重要的业务活动设定连续性目标，并组织和协调人员、装备、物资等以达成该目标。业务恢复时间目标可能从数分钟、数小时到数周或数月不等。如果有备用资源（营业场地、物资、人员等），应急响应、危机沟通和管理、业务恢复等活动在时间上完全可能重叠。

## 11.1.8　事后重建

事后重建是指在突发事件或中断事件发生后，为将业务恢复到正常或更高水平而开展的各种活动。业务恢复结束和事后重建开始的时间点并不容易确定，两者也可能存在一定的重叠。重大灾难性运营中断的事后重建通常开始于中断事件发生后的数小时至数天内，而其持续时间可能从数天到数月甚至数年不等。在事后重建过程中，组织需要平衡好短期重建工作的急迫要求和长期降低脆弱性的目标的关系。事后重建应提供更安全、具有更高发展水平的机会。

## 11.1.9　准备

准备在事件管理的研究和实践中具有十分重要的地位。因为准备既是一种状态，更是一个过程。作为状态的准备，表明已具备充分的能力完成业务连续性各任务领域的任务的能力；作为过程的准备，包括规划、组织、装备、培训、演练、评估和更新等持续改进的能力建设和保持过程。准备包括预防、保护和减灾、情报和监测、预警和警报、应急响应、危机沟通和管理、业务恢复以及事后重建各个环节的准备，其目的是通过持续改进的准备过程建立和保持完成各类任务所需要的能力。也就是说，业务连续性准备是对"业务连续性能力"进行管理所开展的各种活动。准备作为独立于其他任务领域的一个基础性任务领域，拥有独有的任务和能力目标（事实上，业务连续性管理涉及的常见活动几乎全部属于准备活动）。

我们可以用预防、保护和减灾、情报和监测、预警和警报、应急响应、危机沟通和管理、业务恢复、事后重建以及准备这 9 个任务领域将业务连续性的专项能力进行分类，形成业务连续性能力框架（可称为"8+1"框架）的一级结构。

在实务中，每个组织的环境和业务差异很大，对业务连续性管理的理解也有差异。例如，有的组织将应急管理体系和业务连续性管理体系完全分开，应急管理负责保护生命财产安全等，业务连续性管理负责保护业务正常运营并帮助组织在运营中断后迅速恢复中断业务；有的组织用"综合应急管理"或"全面安全管理"之名将应急、连续性和危机管理统一在一套管理架构之下；也有组织的业务连续性管理侧重于关注 ICT 中断风险或供应链中断风险，而对其他风险的关注较少。因此，每个组织需要根据自己对业务连续性管理的目的及范围的定义，定制适合自身特点的业务连续性能力框架（本节下文所指的业务连续性管理，为组织自定义的业务连续性管理，其目的和范围可能因组织而异）。

对于前述问题"'贸易战'对高科技企业的供应链形成了巨大的压力，有的企业已用多年时间建立了业务连续性管理体系，但它现在的业务并未中断，那业务连续性管理体系有什么用呢？"，我们可以看到，该企业为应对可能发生的运营中断，至少已运用了包括预防、保护和减灾、情报和监测、预警和警报、危机沟通和管理等领域的业务连续性能力，迄今为止，该企业并未发生运营中断，这恰恰证明了通过业务连续性管理体系建设的业务连续性能力已发挥了重要作用。事实上，对于与供应链相关的运营中断风险，通常不会允许运营中断发生，预防、保护和减灾、情报和监测、预警和警报等领域的专项能力更为重要；对于与信息科技相关的运营中断风险，预防、保护和减灾、情报和监测、预警和警报、业务恢复等领域的专项能力都很重要，因为要预防此类中断发生，但假如无法成功预防（如外部断电、地震等），就要运用保护和减灾、业务恢复等领域的专项能力尽快恢复业务并尽可能减小运营中断造成的损失和影响。

## 11.2　基于能力的规划方法

基于"8+1"框架并结合组织的具体情况，组织可以确定适合自己的业务连续性能力框架的一级结构。对于能力框架的二、三级结构，组织要采用基于能力的规划方法分析、确定。

不同行业、规模和位置的组织面临的风险千差万别，但这些风险带来的后果具有相似性，所以对其采取的处置行动及组织需备的能力也就具有一定的普适性。通过能力来指引业务连续性管理的方向以及衡量业务连续性准备的程度，就可以将纷繁复杂的、不确定的风险（及相关事件）转化为完成一些具体任务的能力需求，从而使抽象的业务连续性任务目标具体化。通过图11-2所示的"情景—任务—能力—目标"规划过程，我们可以实现从业务连续性能力的界定到业务连续性能力目标的定性与定量表述。

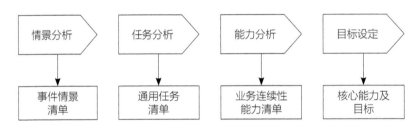

图11-2　基于能力的规划过程

（1）情景分析：基于业务影响分析和风险评估，筛选出组织需要应对的突发事件和运营中断事件情景清单并进行规范化描述。

（2）任务分析：依据得到的事件情景清单，对不同任务领域需要完成的通用任务进行分析，得出通用任务框架和通用任务清单。

（3）能力分析：根据得到的通用任务清单，进一步分析完成这些任务所需要的业务连续性能力；将这些能力进行必要的合并和规范化处理，得到业务连续性能力清单。

（4）目标设定：根据未来一个时期的风险态势和现有能力情况，从业务连续性能力清单中进一步筛选出当前和今后一个时期需要重点加强的核心能力，并为每一种核心能力确定一个定性或定量的能力目标。

## 11.2.1  情景分析

情景（Scenario，也可被译为"想定"）是一种思维与沟通的模型，是一种战略规划的工具。情景是对某种对象在未来如何演变的故事化描述，能够给抽象的概念注入活力，帮助我们认识不断变化的环境，并为应对未来可能出现的局面寻找合适的行动方法。突发事件和运营中断的情景是对不确定的未来灾难开展应急和业务连续性管理的一种战略性思维工具。透过情景所描述的事件演化过程、后果和需要采取的应对行动，我们可以对现有资源及能力与预期的差距进行分析、对应急预案和业务连续性计划进行评估和改进，以及为应急和业务连续性培训、演练提供情景基础。

此处所说的事件情景是对未来一定时期内组织可能经历的一些重大突发事件和运营中断的合理的设想。情景描述的是某一类事件的一种可信的、严峻的情形，它通常不局限于某一具体的地理位置或场所，也不是对未来可能发生的特定事件的准确预报，而是对该类事件在设定环境下的一种基于普遍规律的认识表达。在构建重大突发事件和运营中断情景时，组织需要充分考虑当地的公共安全风险水平、经济发展水平、应急管理体制机制等因素，以及组织的经营环境、业务战略和能力现状对情景发生的可能性和后果的影响。

### 11.2.1.1  情景筛选与分析

从组织所在区域及行业的突发事件和运营中断历史案例和现实威胁中，筛选出适当数量的、具有代表性的重大事件，以作为当前和未来一个时期的应急和业务连续性管理的重点对象。重大情景的筛选，要以业务影响分析和风险评估为基础。针对一旦中断就会造成特别严重的影响的业务以及产生的后果特别严重的高、极高风险，应结合突发事件和运营中断的历史案例和发展趋势，经广泛研讨和专家判断，得出事件情景清单。

在筛选事件情景时，制定的筛选标准需要考虑以下因素：代表性和典型性、影响的严重性、影响范围和处置难度、事件发生的可能性。同时，筛选方法要基于业务影响分析和风险评估结果、综合历史案例分析与趋势预测。

在筛选出事件情景后，组织需要根据事件的一般演化规律，构建、描述事件发生、发展的过程；估计包括事件可能引发的次生、衍生事件，事件造成的生命与财产损失、运营中断、经济影响和声誉／形象影响等在内的后果和影响；并根据情景事件的演化过程、事件的后果和影响，分析在情景事件条件下需要采取哪些行动（如预防、保护和减灾、情报和监测、预警和警报、应急响应、危机沟通和管理、业务恢复以及事后重建）。

### 11.2.1.2 情景描述与展现

在筛选出事件情景后，组织需要对情景的具体内容进行描述与展现。事件情景描述要素具体包括情景概要、事件的后果/影响、背景信息、演化过程和应对行动等，如图 11-3 所示。

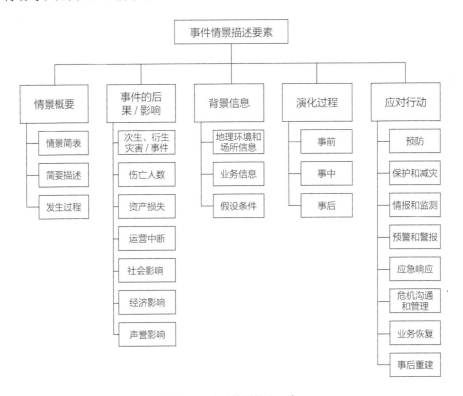

图 11-3　事件情景描述要素

情景概要包括情景简表、简要描述和发生过程。情景简表通过表格描述情景事件可能造成的人员伤亡、财产损失、运营中断、社会影响、经济影响和声誉/形象影响等情况，可能引起的次生、衍生灾害和事件以及应对行动的重点等；简要描述简要交代事件发生的背景，并对事件的经过和后果/影响进行简要描述；发生过程对事件发生的经过等进行概括性的文字描述。

事件的后果 / 影响包括次生、衍生灾害 / 事件、伤亡人数、资产损失、运营中断、社会影响、经济影响和声誉影响等。次生、衍生灾害 / 事件描述情景事件可能引发的次生、衍生灾害和事件，如地震引发火灾、洪灾和泥石流，断电引发信息系统运行中断等；伤亡人数估算此情景可能导致的死亡和受伤人数；资产损失说明此情景中关键资产，如设施（工作场所）、关键设备、重要信息系统、关键信息（及数据）等的受损情况；运营中断描述此情景可能导致的产品和服务交付中断情况；社会影响描述此情景可能对组织外的相关方（如客户、产业链上下游合作伙伴、社区、监管机构等）的影响；经济影响描述此情景可能导致的直接和间接经济损失；声誉影响描述此情景可能造成的组织品牌、声誉和形象损失等。

背景信息包括地理环境和场所信息、业务信息及假设条件。地理环境和场所信息主要适用于突发事件情景，描述此情景是否与特定的地理位置和工作场所相关，或者事件的后果与事发地的地理环境和场所是否有紧密的关系等；业务信息主要适用于运营中断情景，描述此情景是否与特定的业务有关，并简要描述业务的情况及恢复要求；假设条件说明本情景设计时的一些假设条件，或者列举在对本情景进行修改、调整时可以考虑的一些情况。

演化过程通常是根据情景事件的性质，按照时间顺序从事前、事中和事后 3 个方面描述事件发生、发展的全过程。对自然灾害、事故灾难和某些公共卫生事件这些非博弈性风险事件来说，事态的动态演化可能具有一定的物理、化学、生物方面的规律；对网络攻击等人为的博弈性风险来说，其一般会有较长的前期策划过程、实施过程；对运营中断来说，组织需要考虑业务、IT、外部供应链和公共服务之间的依赖关系。

应对行动用于界定情景可能产生的应对资源与能力需求，按照预防、保护和减灾、情报和监测、预警和警报、应急响应、危机沟通和管理、业务恢复以及事后重建 8 个任务领域，分别简要描述在该情景事件的应对过程中需要完成的应急和连续性任务。

## 11.2.2　任务分析

业务连续性通用任务是为应对可能发生的突发事件和运营中断，需要由各相关主体执行的一般性任务，不涉及由谁去执行、执行的时间和取得的效果等。将这些任务分门别类地列出，形成一个清单，就是"通用任务清单"。

通用任务清单是一个重要的基于能力的规划的方法，它为业务连续性规划提供了一个共同的任务框架和通用的语言体系。使用通用任务清单，我们可以描述不同的突发事件和运营中断情景需要启动的任务领域；还可以对业务连续性能力进行详细说明。在编制业务连续性规划和预案、组织培训和演练时，使用通用任务清单，有助于对业务连续性管理活动进行规范化描述。

业务连续性管理是包括全灾种、全过程、全组织的系统性工作。就组织而言，某些部门（或分支机构）可能会被预期执行通用任务清单中的某一项任务。但各个区域或业务条线需要基于自己所面临的风险，以及被赋予的特定角色、任务和功能，评估并选择自己需要执行的任务。

### 11.2.2.1　任务领域分析

对通用任务清单进行研究、分析，可采用任务领域分析（Mission Area Analysis，MAA）方法。任务领域分析是从业务连续性管理需要实现的总体目标开始，将开展的活动自上而下逐步分解为需要开展的各类具体活动的过程，包括如下步骤。

定义业务连续性管理的总体目标。总体目标是对业务连续性管理期望实现的战略愿景的一般性描述。我国《突发事件应对法》的立法宗旨是："预防和减少突发事件的发生，控制、减轻和消除突发事件引起的严重社会危害，规范突发事件应对活动，保护人民生命财产安全，维护国家安全、公共安全、环境安全和社会秩序。"原中国银行业监督管理委员会从"加强商业银行风险管理，提高业务连续性管理能力，促进商业银行有效履行社会责任，维护公众信心和银行业正常的运营秩序"出发，制定了《商业银行业务连续性监管指引》。这也应该是组织开展应急、连续性管理工作的总体目标。目前在国际应急、业务连续性管理的学术研究和实践中，"韧性"的概念日益受到重视。韧性是指一个组织吸收并适应变化环境的能力，其宽泛的特征包括系统失误概率的降低、因失误而引发的后果的减轻和系统恢复时间的缩短。因此，业务连续性管理的总体目标也可以归结为增强整个组织的运营韧性。

将运营中断事件处置活动分解为若干任务领域。任务领域是一些具有明确意图并可清楚地表明要采取的行动及其目标的任务组合。将一项复杂的任务分解为一定数量的任务领域，是运用系统性思维方法的必然结果，也是科学分类的基本要求。综合国内外应急、连续性和危机管理领域的研究和实践，结合我国实际情况，我将运营中断事件处置活动的任务领域划分为预防、保护和减灾、情报和监测、预警和预报、应急响应、危机沟通和管理、业务恢复以及事后重建 8 个领域，基本能涵盖运营中断事件处置活动的各个方面。组织可根据自己的具体情况及内部分工，选择、确定自己的业务连续性任务领域。

定义各任务领域的主要目标。目标是指在给定的时间和空间内，为完成一项战略任务而采取的一系列相关行动及其所要取得的效果。将任务领域分解为若干具体目标，有利于任务总体目标的实现。

确定实现任务领域主要目标所需要的功能。功能是指为实现一个共同的目标而利用一种能力或多种能力的组合所开展的一类活动。功能只涉及要做什么，不涉及如何做、做的过程、由谁来做。功能既是实现任务领域目标的手段，又是一组相关联的活动的集合。

详细分析与功能相关的工作。工作是指个人或组织在完成一项功能时所做出的一个独立的行为。工作涉及具体做什么、如何做或各个步骤的活动，但不涉及由谁来做。通过列出业务连续性管理的各项通用工作，我们可以进一步界定业务连续性管理理论和实践的范围。

将以上各个步骤的结果用一个方框图表示，可得到如图 11-4 所示的任务领域分析层次结构图。该层次结构图逐步将每个上层级的"做什么"分解为下个层次的活动，说明"如何"去做。当任务全部分解完成后，该层次结构图可以让我们自上而下或自下而上地进行追踪。自上而下，逐步由要"做什么"变成了"如何"去做；自下而上，每项活动支持上一层级的结果，并回答"为什么"要开展此项活动。这样一个业务连续性活动的层次结构也构成了较科学的分类基础，并可为业务连续性管理领域提供一个标准化的术语体系。

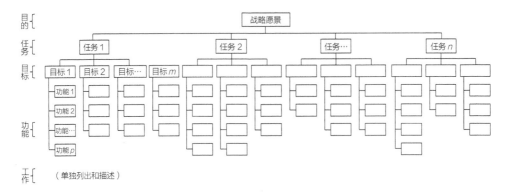

图 11-4 任务领域分析层次结构图

#### 11.2.2.2 通用任务框架及清单

针对所构建的突发事件和运营中断情景，采用上述任务领域分析方法，分别对预防、保护和减灾、情报和监测、预警和预报、应急响应、危机沟通和管理、业务恢复以及事后重建 8 个任务领域进行目标、功能和工作分析，经归纳、汇总后得到组织的业务连续性通用任务框架，具体任务清单将分别对其进行列表说明。

通用任务清单明确了在 8 个业务连续性任务领域的关键目标和功能，以及需要执行的通用任务。通用任务清单是基于能力的业务连续性管理方法的一个重要工具，它提供了描述业务连续性活动的通用术语和参考体系，为开展业务连续性规划活动、编制应急预案和业务连续性计划、开发培训和演练项目等提供了基础。通用任务清单可以用于业务连续性管理中的以下方面：定义需求、业务连续性培训规划、业务连续性能力评估以及经验教训分享等。

## 11.2.3 能力分析

业务连续性能力通常是指由人（团队）的能力和系统与装备的能力结合而成的能力，是在特定条件下以一定的绩效标准完成一项或多项任务的综合实力。能力由经过适当计划、组织、装备、培训和演练的可达成期望结果的人员的合理组合来提供。

每项能力都被用于实现一项或多项特定的功能，因此，由"业务连续性通用任务清单"可以推导出一些需要的业务连续性能力。将这些能力进行必要的合并和规范化处理，就可以得到业务连续性能力清单。

在由业务连续性通用任务清单推导对应的业务连续性能力清单时，我们须遵循以下几个原则。

（1）一项能力可能适用于多个功能，多种能力也可应用于同一个功能，但应尽可能使一项能力适用于一个功能。为了避免能力重复，对适用于不同任务领域的多个功能的能力使用同样的名称，并仅在一处进行描述（在使用该能力的任务领域说明）。

（2）一项能力针对的是一个结果，而不是一个过程。因此，业务连续性通用任务框架中为实现同一结果但采取不同行动的功能，被归并为一项业务连续性能力。

（3）每项能力都具有一个行动焦点——可能由一项或多项业务连续性活动来实现。每项业务连续性活动可由对应功能下的重要工作提供支撑。

### 11.2.3.1　业务连续性能力清单及框架

将希望形成的业务连续性能力按照预防、保护和减灾、情报和监测、预警和警报、应急响应、危机沟通和管理、业务恢复以及事后重建 8 个领域分门别类地列出，形成一个清单，就是业务连续性能力清单。业务连续性能力框架按照任务领域、战略目标、能力进行组织。

对于业务连续性能力清单中的每项能力，我们可以设计一个标准化的简要描述框架，以对能力的主要部件进行描述和为应用提供指导。每项能力的简要描述框架包含以下要素：能力定义、期望结果、主要活动、关键工作与绩效标准、资源要素与目标水平等。资源要素主要包括组织领导、人员、装备、物资、信息、计划、培训、演练和评估、运行机制等。

### 11.2.3.2　业务连续性能力清单的使用

业务连续性能力清单可作为业务连续性准备的重要参考工具，可以帮助各级决策者和管理人员明确他们的准备要求和评估准备的水平。业务连续性能力清单可用于如下几个方面。

（1）业务连续性规划。规划能力是准备任务领域的一项重要能力，它为业务连续性规划提供直接支持。此外，每项能力描述中所包含的关键工作与绩效标准、资源要素与目标水平等，也可为业务连续性规划提供重要的参考依据。

（2）业务连续性准备评估。业务连续性能力清单提供了对业务连续性准备进行评估的基础，涉及的关键工作与绩效标准，又可以作为业务连续性准备评估的参考依据。

（3）业务连续性培训。依据业务连续性能力清单设计开发培训项目，可以更有针对性地向学员传授知识、技能和能力，以便其在执行关键工作时达到足够的能力水平，并取得所需要的能力效果。

（4）业务连续性演练。业务连续性能力清单定义的关键工作与绩效标准，为演练设计和评估提供了良好的基础。基于典型情景和关键工作进行演练设计、实施和评估，可以更好地检验业务连续性能力水平。

## 11.2.4 目标设定

业务连续性核心能力是指在一定的空间范围与时间周期内，根据所面临的风险态势和现有能力/资源情况，从业务连续性能力清单中筛选出的当前和今后一段时期需要重点关注和加强的能力。对于已确定的每项核心能力，还要进一步设定一个定性或定量的能力目标。

### 11.2.4.1 业务连续性核心能力筛选

业务连续性核心能力筛选主要依据当前面临的主要风险态势、业务连续性能力的薄弱环节，以及可以投入能力建设的人、财、物资源的数量等进行。下面举两个例子。

例1 假设某研产销价值链齐全的高科技企业在未来一个时期所面临的最主要的风险是地缘政治引致的供应链风险，而且其业务连续性能力整体较弱，特别是对保护和减灾、情报和监测能力的建设需求比较迫切。则未来一段时期，其业务连续性核心能力可能是预防、保护和减灾、情报和监测、预警和警报、危机沟通和管理等。

例2 假设某传统的金融服务机构地处我国西南地区，未来一段时期内除受金融科技冲击较大外，还会受到地震、洪水等自然灾害的影响，而且其业务连续性能力整体偏弱，特别是对应急响应和业务恢复能力建设的需求比较迫切。则未来一段时期，其业务连续性核心能力可能是预防、保护和减灾、预警和警报、应急响应、业务恢复以及危机沟通和管理等。

### 11.2.4.2　业务连续性核心能力目标设定

能力目标是检验核心能力是否建设成功的标准，它通常根据在业务影响分析或风险评估中确定的事件的后果和影响以及业务连续性管理的期望结果来确定。

事件的后果和影响与威胁或危险源的规模和复杂度相关。规模越大、越复杂的威胁或危险源越可能引发严重的后果和影响；而后果和影响越严重，对核心能力的能力目标的要求也就越高。下面介绍不同任务领域的情况。

（1）对于应急响应和业务恢复任务领域，后果和影响通常可以用在事件发生后可能采取的业务连续性活动来描述。例如，需要在 6 分钟内疏散车间工作人员；需要在半小时内启动同城灾备系统对外提供服务；需要在 4 小时内恢复所有转账业务。

（2）对于预防、保护和减灾任务领域，后果和影响通常可以用在事件发生前阻止它发生或减轻它的影响而采取的行动来描述。例如，对厂区内所有车间（含办公环境）进行火灾隐患排查；对所有 IT 系统进行防病毒保护并对关键应用数据进行实时备份。

对后果和影响的分析和描述应该尽量具体、量化。我们通常可以用以下指标来表示后果和影响：受影响的地理区域，受影响的人群，死亡或受伤人数，关键基础设施服务中断情况，运营中断时间，直接经济损失金额，对运营造成的影响，对公司声誉造成的影响等。

期望结果描述成功提供核心能力所用的时间和需要付出的努力程度。例如，应急响应和业务恢复任务领域核心能力的成功，通常需要在指定的时间范围内提供能力，如在 4 小时内恢复所有转账业务；其他任务领域可能会用百分比来表示成功的程度，如在授权或拒绝网络访问时确保完成 100% 的身份验证。

在考虑期望结果时，我们不应受制于当前的能力满足时间表或其他成功条件，而应该考虑各种类型的、基于时间的期望结果，如表 11-1 所示。

表 11-1　能力目标设定中的期望结果示例

| 结果类型 | 结果描述示例 |
| --- | --- |
| 完成行动 | 在 4 小时内完成对附近地区人员的疏散 |
| 建立服务 | 在 24 小时内为流离失所人群提供饮食和保护服务 |
| 服务持续时间 | 为受灾人群进行 1 个月的行为筛选检查 |
| 综合 | 在 24 小时内为流离失所人群提供饮食和安全保护，并在 2 周内维持服务 |

能力目标为每种核心能力定义了成功标准并描述了想要实现的目标。业务连续性能力清单的"关键工作与绩效标准"中列出了一些期望结果或能力目标，可供我们在设定具体能力目标时参考。此外，我们应该结合突发事件和运营中断情景中的影响和期望结果来设定能力目标。对于有些核心能力，我们可能只需要将最大影响与期望结果简单地结合起来就能得到能力目标。而对于另外一些核心能力，不同的威胁和危险源可能会对核心能力的不同方面造成压力，因而设定能力目标可能更为复杂。

在设定了一项核心能力的目标能力后，我们可以进一步估计获得该目标能力所需要的资源的类别及数量。业务连续性能力清单中列出的每项能力的"资源要素与目标水平"，可作为我们进一步分析的基础。此外，业务连续性资源分类和资源包的标准化将有助于我们准确估计资源需求。不同的资源组合可能可用于实现同样的能力目标，因此，我们在估算资源需求时应该考虑资源的成本与效益，特别是对一些通过资源共享和互助协议可获得的资源，要尽量加以利用。

业务连续性核心能力及能力目标的确定，是开展业务连续性管理活动的第一步，也为接下来的能力建设和保持、能力运用和管理评价奠定了基础。

**附录1：美国联邦应急管理署核心能力清单**

美国联邦应急管理署在2015年发布的《国家准备目标》中给出了5个任务领域和32项核心能力，如表11-2所示。

**附录2：应急能力框架**

李湖生在《应急准备体系规划建设理论与方法》一书中提出，将希望形成的应急能力按照准备、减灾、预防、监测预警、应急响应、恢复重建6个方面分门别类地列出，形成一个清单，就是"应急能力清单"。应急能力框架按照任务领域、战略目标、能力进行组织，包括57项能力，如图11-5所示。

表 11-2　美国联邦应急管理署《国家准备目标》中的核心能力

| 预防 | 保护 | 减灾 | 响应 | 恢复 |
| --- | --- | --- | --- | --- |
| 规划 | | | | |
| 公共信息和预警 | | | | |
| 行动协调 | | | | |
| 情报与信息共享 | 访问控制和身份验证 | ● 社区韧性 | ● 关键运输 | ● 经济恢复 |
| 封锁和阻断 | 网络安全 | ● 长期脆弱性缩减 | ● 环境响应/健康和安全 | ● 健康和社会服务 |
| 筛查、搜索和检测 | 物理保护措施 | ● 风险和灾难韧性评估 | ● 死亡事故管理 | ● 住房 |
| 取证和归因 | 保护性项目和活动的风险管理 | ● 威胁和危害识别 | ● 消防管理和灭火 | ● 自然和文化资源 |
| | 供应链完整性和安全 | | ● 物流管理和供应链管理 | |
| | | | ● 大众保健服务 | |
| | | | ● 大规模搜索和救援行动 | |
| | | | ● 现场安保和执法 | |
| | | | ● 行动沟通 | |
| | | | ● 公共健康、卫生和急救医疗服务 | |
| | | | ● 态势评估 | |
| | | | 基础设施系统 | |

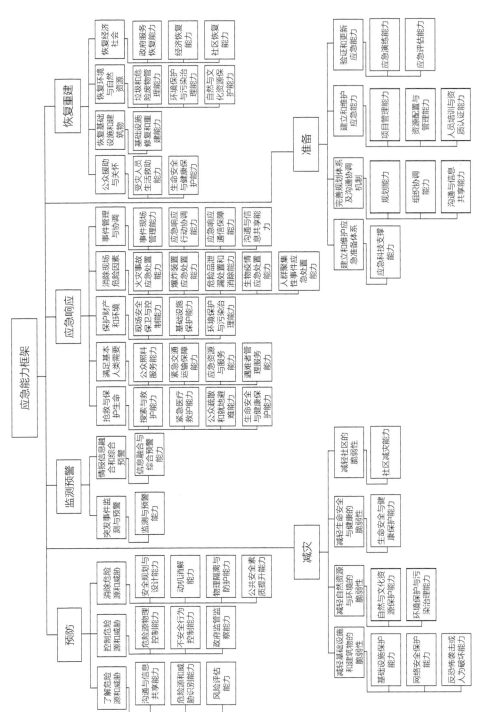

图 11-5 应急能力框架

其中有 8 项能力可在两个及以上的任务领域应用。为避免重复，我们只将它们保留在一个任务领域中进行描述，最后得到 49 项不同的能力，如表 11-3 所示。

表 11-3　应急能力清单

| 应急能力清单 | |
| --- | --- |
| **减灾能力** | **监测预警能力** |
| 　基础设施保护能力 | 　监测与预警能力 |
| 　网络安全保护能力 | 　信息融合与综合预警能力 |
| 　反恐怖袭击或人为破坏能力 | **应急响应能力** |
| 　自然与文化资源保护能力 | 　搜索与救护能力 |
| 　环境保护与污染治理能力 | 　紧急医疗救护能力 |
| 　生命安全与健康保护能力 | 　公众疏散和就地避难能力 |
| 　社区减灾能力 | 　公众照料服务能力 |
| **准备能力** | 　紧急交通运输保障能力 |
| 　应急科技支撑能力 | 　应急资源与服务能力 |
| 　规划能力 | 　遇难者管理服务能力 |
| 　组织协调能力 | 　现场安全保卫与控制能力 |
| 　沟通与信息共享能力 | 　火灾事故应急处置能力 |
| 　项目管理能力 | 　爆炸装置应急处置能力 |
| 　资源配置与管理能力 | 　危险品泄漏处置和清除能力 |
| 　人员培训与资质认证能力 | 　生物疫情应急处置能力 |
| 　应急演练能力 | 　人群聚集性事件应急处置能力 |
| 　应急评估能力 | 　事件现场管理能力 |
| **预防能力** | 　应急响应行动协调能力 |
| 　危险源和威胁识别能力 | 　应急响应通信保障能力 |
| 　风险评估能力 | **恢复重建能力** |
| 　危险源物理控制能力 | 　受灾人员生活救助能力 |
| 　不安全行为控制能力 | 　基础设施修复和重建能力 |
| 　政府监管监察能力 | 　垃圾和危险废物管理能力 |
| 　安全规划与设计能力 | 　政府服务恢复能力 |
| 　动机消解能力 | 　经济恢复能力 |
| 　物理隔离与防护能力 | 　社区恢复能力 |
| 　公共安全素质提升能力 | |

## 延伸阅读

1. Paul K. Davis：Analytic Architecture for Capabilities-Based Planning, Mission-System Analysis, and Transformation, Rand, 2002.

2. Sharon L. Caudle：Homeland Security Capabilities-Based Planning：

Lessons from the Defense Community, 2005.

3. FEMA：《国家准备目标》，2015年。

4. 李湖生：《应急准备体系规划建设理论与方法》，科学出版社，2016年。

5. Rand Corporation: Comprehensive Analysis of Strategic Force Generation Challenges in the Australian Army, 2018.

6. Aaron C. Taliaferro, Lina M. Gonzalez, Mark Tillman, Pritha Ghosh, Paul Clarke,Wade Hinkle: Improveing the Defense Management Capabilities of Foreign Defense Institutes － A Guide to Capability-Based Planning（CBP），IDA, 2019.

# 主题 12
# 业务影响分析和风险评估

**问题：**如何进行业务影响分析和风险评估？

相关问题如下：

"到底是先做业务影响分析还是风险评估？"（这是一个老问题，年年有人问，也有人年年问。）

"有人说，业务影响分析也是一种风险评估方法，是这样吗？"

"怎么识别、确定业务？这就像一个不可能完成的任务。"

"业务部门报过来的恢复时间目标和恢复点目标全是0，怎么办？"

"几个业务部门报过来的影响都是重大（但数据标准不一），怎么汇总呢？"

"在按财务、客户、合规和声誉这些维度评估中断对不同业务的影响时，有些业务流程（如向监管机构报告）没有财务影响数据怎么办？"

**简答：**结合业务影响分析5步法和风险评估5步法，按照项目规划、实施和项目后管理做好业务影响分析和风险评估项目管理。如果有可能，尽可能将二者整合为一个项目、一套完整的流程。

**问题：**到底是先做业务影响分析还是风险评估？（这是一个"老"问题，年年有人问，也有人年年问。）

**回答：**没有简单的先与后之分。业务影响分析主要包括影响准则确定、组织业务识别、恢复目标确定、资源需求分析和业务影响分析报告编制，风险评估主要包括风险准则确定、风险识别、风险分析、风险评价和风险评估报告编制。这些活动有些是独立的，没有先后顺序，如影响准则确定其实可以放在组织业务识别之后进行；但多数活动是有一定关联关系的，如在进行资源需求分析之后，开展基于资产的风险识别、分析和评价工作才会更有的放矢。因此，在实际工作中，建议在深入理解前述方法的基础上，结合组织情况制定业务影响分析和风险评估实施细则；在实施时，通过项目规划和管理统筹分析评估活动。

问题：有人说，业务影响分析也是一种风险评估方法，是这样吗？

回答：业务影响分析是"分析随时间的推移，中断对组织的影响的过程"，其核心目标是确定业务活动恢复的优先顺序，以及确定每项业务活动的恢复目标及恢复所需资源。也就是说，业务影响分析是围绕着"中断后如何快速恢复业务活动才能使组织受到的影响比较小"的一种特殊的分析方法。当然，业务影响分析会评估业务活动中断对组织造成的影响，但它既不关心存在什么威胁（或风险源），也不关心中断发生的可能性，即它不具有风险三要素：场景、可能性、后果（或威胁、脆弱性、后果）。所以，一般不认为业务影响分析是一种风险评估方法。

问题：怎么识别、确定业务？这就像一个不可能完成的任务。

回答：有实务法、建模法或结合两者的方法等。

问题：业务部门报过来的恢复时间目标和恢复点目标全是0，怎么办？

回答：要弄清业务部门这么报的原因是什么。如果是不知道怎么填或不理解模板工具，就需要选好人、做好培训；如果是业务部门不重视，就需要通过项目治理和管理来解决。

问题：几个业务部门报过来的影响都是重大（但数据标准不一），怎么汇总呢？

回答：基本可参考上一个问题的答案。但也有可能是因为未制定统一的影响准则或影响准则描述模糊，如果是这样，就修订影响准则、业务影响方法及相应的模板工具并做好培训工作。

问题：在按财务、客户、合规和声誉这些维度评估中断对不同业务的影响时，有些业务流程（如向监管机构报告）没有财务影响数据怎么办？

回答：没有就没有，在确定财务影响的权重时需要注意到这一点。

关键词：影响类别，APQC PCF，基于过程的风险评估，基于资产的风险评估，价值链，业务流程体系。

解题：业务影响分析和风险评估是众多业务连续性管理活动的基础，可能是业务连续性管理领域最重要的主题之一，但也可能是最混乱的主题之一。下面从业务影响分析和风险评估的基础知识、业务影响分析和风险评估的实施方法和过程，以及业务影响分析和风险评估的整合等方面进行阐述。

# 12.1  业务影响分析和风险评估基础知识

## 12.1.1  业务影响分析和风险评估的定义

对业务影响分析，ISO 22301：2019 3.5 给出的定义是"分析随时间的推移，中断对组织的影响的过程"，并在其后的注释中指出"其结果是业务连续性要求的陈述和理由"。

对风险评估，ISO 22300：2018 3.203 给出的定义是"风险识别、风险分析和风险评价的整个过程"（该定义与 ISO 22301:2012 中的定义一致，ISO 22301:2019 略去了该定义）。

根据这两个定义，业务影响分析重在"分析中断对组织的影响"，这种影响会"随时间的推移"而变化，但它并不关心中断发生的可能性；风险评估包括"风险识别、风险分析和风险评价"，不但关注会发生什么，而且关注相关的可能性与影响。

## 12.1.2  业务影响分析和风险评估的价值与意义

组织的资源总是有限的，所以在中断发生后，组织无法也不可能同时恢复所有的中断业务。因此，为中断业务排定恢复优先级是业务影响分析的根本价值。由于组织的业务之间可能相互依赖，在进行业务恢复时，组织需要先行恢复被中断业务依赖的业务。也就是说，在排定业务恢复优先级时，那些被依赖的业务将会排在前面。组织如果在之前设定业务连续性管理体系的范围时没有纳入这些被依赖的业务，在进行业务影响分析后，就需要重新调整（或再次确认）业务连续性管理体系的范围。

除了排定业务的恢复优先级，业务影响分析还应确定每项业务的恢复目标及恢复依赖的资源。应注意，业务恢复目标至少应包括最长可容忍中断时间、最小业务连续性目标、恢复时间目标和恢复点目标。

组织及其业务面临的风险场景很多，可以说，突发事件场景不可穷举（但运营中断场景是可穷举的）。因此，组织必须对面临的风险进行评估，也就是识别、分析和评价这些风险，对那些影响大、发生可能性高的风险优先进行处置（根本的原因是组织的资源是有限的）。风险评估的目的是确定风险清单及需要优先处置的风险。

除此之外，业务影响分析有助于分析并确定重要的运营中断场景，为业务连续性策略提供决策依据，为业务连续性计划、业务恢复预案和资源建设建立基础，为演练和测试、培训和意识教育提供素材，为审计和能力评估提供素材和依据；而风险评估有助于分析并确定重要的突发事件场景，为业务连续性策略提供决策依据，为应急响应预案建立基础，为演练与测试、培训与意识教育提供素材，为审计和能力评估提供素材和依据。二者的价值和意义如表 12-1 所示。

表 12-1　业务影响分析和风险评估的价值和意义

|  | 业务影响分析 | 风险评估 |
|---|---|---|
| 价值和意义 | 确认业务连续性管理的范围 | |
| | 确定恢复的优先顺序，确定恢复目标，确定恢复依赖的资源 | 确定风险清单及需要优先处置的风险（影响大、发生可能性高） |
| | 分析并确定重要的运营中断场景 | 分析并确定重要的突发事件场景 |
| | 为业务连续性策略提供决策依据 | |
| | 为业务连续性计划和资源建设建立基础 | |
| | 为演练和测试、培训和意识教育提供素材 | |
| | 为审计和能力评估提供素材和依据 | |

## 12.1.3　业务影响分析和风险评估的关联与区别

业务影响分析主要用于业务连续性管理领域，对其理解和应用的难点在于许多专业人员之前未接触过业务影响分析的概念，不清楚为什么要做业务影响分析、业务影响分析包括哪些内容以及如何有效地进行业务影响分析。

而风险评估的概念要通用得多，许多专业人员在不同领域，如信息安全、安全生产、质量管理、项目管理等领域可能接触过风险评估。但正因为如此，他们没有意识到业务连续性管理领域的风险评估并不是通用的，而指的是业务连续性风险评估，识别、分析和评价组织的优先活动（业务）中断及其关键资源不可用的风险。（《商业银行业务连续性监管指引》第二十八条明确指出"商业银行应当开展业务连续性风险评估，识别业务连续性运营所需的……"。

事实上，组织如果只是为了恢复业务而进行业务连续性风险评估，只需评估优先活动的关键资源可能面临的威胁（脆弱性评估有时可以略去），这也是国外不少机构在业务连续性管理中不做完整风险评估的主要原因。

当然，在实务中，如果组织确定的业务连续性管理的范围还包括安全生产、信息安全或其他领域，那所采用的风险评估方法就会有所不同。

业务影响分析和风险评估是专业程度和管理难度都比较高的活动：从分析方法角度看，涉及组织的运营、业务活动、风险等众多要素，专业程度高；从活动管理角度看，参与者与相关方众多，管理及协调难度高。因此，我们有必要从过程和项目两个视角分别对二者进行说明。

## 12.2　业务影响分析

### 12.2.1　业务影响分析 5 步法

根据 ISO 22301：2019 3.5，业务影响分析是"分析随时间的推移，中断对组织的影响的过程"。也就是说，业务影响分析首先是一个过程，是分析随着时间的推移，业务活动中断对组织的影响的过程。

结合业务影响分析的定义和行业实践，建议采用图 12-1 所示的业务影响分析 5 步法进行业务影响分析。

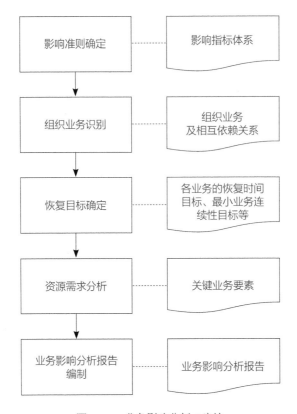

图 12-1　业务影响分析 5 步法

### 12.2.1.1　第一步：影响准则确定

影响准则确定，即确定衡量业务影响的指标体系及定性 / 定量指标。

常用的影响指标类别有财务、运营、声誉、合规等。其中，财务指标主要针对由运营中断导致的财务损失，如订单（减少）、营业收入（下降）、利润（损失）、罚款或惩罚、误工 / 加班费等，通常可用金额表示，是可量化的指标；运营指标主要针对运营中断对运营管理造成的影响，如转账 / 取款 / 存款时间（金融机构）、教学（学校）、投递（物流公司）；声誉指标主要针对由运营中断导致的负面公众评价或品牌受损程度；合规指标主要针对由运营中断造成的合规方面的问题，包括因违规被起诉问责、被吊销执照 / 牌照等。后三类指标一般较难直接量化为金额，是可定性的指标。

关于影响指标的量度，定量指标可直接量化为金额，定性指标一般可分为 3 ~ 5 级，如特别重大、重大、较大、一般、轻微等。对于定性指标，组织还应给出清晰的描述，以方便分析人员统一并使用标准。

关于中断的时间量度，是 5 分钟、10 分钟、30 分钟、1 小时、2 小时，还是 1 小时、3 小时、6 小时、12 小时、1 天等间隔，通常与组织所处的行业及业务运营特征相关。一般而言，数字化程度越高的行业，对中断时间越敏感，时间间隔就越小。

在选择和确定影响指标体系时，注意以下问题：多与业务 / 职能部门的关键人员讨论；兼顾定性与定量指标，同时尽量选择那些可以跨部门有效使用、在组织内相对"通用"的指标；选择的指标应能反映组织的核心使命、战略和运营理念，并与之保持一致；注意选定的指标数量不宜过多，建议对主要影响指标类别各选 3 个（最多）；听取管理层（团队）的意见（如果有可能），为选定的指标排定顺序，并赋定权重。

此外，还应避免以下问题：有太多的指标；选择与组织所处行业无关的影响指标；不重视影响指标量度的确定过程；没有管理层（团队）的参与，或不重视管理层的意见。

### 12.2.1.2　第二步：组织业务识别

组织业务识别，即识别组织的业务及相互依赖关系。

根据 ISO 22301，业务"可广义地解释为对组织存在的目的至关重要的活动"。组织业务识别，即识别出那些对组织存在的目的至关重要的业务活动。

业务识别的目的，是确定业务影响分析的对象（甚至是业务连续性管理的具体对象——业务），以便分析随着时间的推移中断对组织造成的影响的变化（以发现当中断时间推移到哪个时间点时，中断对组织造成的影响会变得不可接受），分析临时恢复的最小生产能力或最低服务水平，准备业务连续性能力建设（包括预案编制、资源建设、人员培训和意识教育、演练与评估等），指挥协调应急响应和业务恢复活动，……简言之，业务识别是业务影响分析以及业务连续性管理的基础。

进行业务识别可以采用实用法或建模法。实用法即直接列出业务连续性项目集范围内每个部门的 5 ~ 7 个重要业务，简要分析业务间的相互依赖与关联关系并汇总整理。建模法即采用行业通用业务参考模型，结合组织实际运营情况建立组织的业务流程模型。相较而言，实用法的优点在于工作量较小，便于实施，同时，"抓大放小"也符合业务连续性管理的基本原则；缺点是会遗漏部分非关键业务，同时对参与调研的人员要求较高（必须熟悉并理解业务），分析业务间的相互依赖与关联关系比较复杂。建模法的优点在于过程严谨，得到的业务流程模型层次清晰、关联关系明确（该业务流程模型还可以用于其他多种目的）；缺点是工作量大，专业要求高，项目预算及资源可能难以支持。

**小知识：业务流程参考模型**

常见的业务流程参考模型有：适合主要工业和商业企业的美国生产力与质量中心的流程分类分级框架（APQC PCF）、适合金融服务业的开放银行项目的服务全景视图（BIAN Service Landscape）、适合供应链类企业的供应链协会的供应链运作参考模型（SCOR）等。其中，APQC PCF 可跨行业使用，影响较大，下面进行简要介绍。

美国生产力与质量中心（American Productivity and Quality Center, APQC）是基准测试、最佳实践、流程和绩效改进以及知识管理方面的全球权威机构，于1977 年创立，致力于为组织提供更智能、更快、更自信地工作所需的信息、数据和洞察力。

APQC 自 1991 年开始研究开发流程分类分级框架（Process Classification Framework, PCF），于 1992 年发布 PCF 1.0。PCF 由 APQC 与其会员创立，是一个通过流程管理与标杆分析，不分产业、规模与地理区域，用来改善流程绩效的公开标准。除了跨行业版本外，APQC 还陆续提出了 10 多个行业的流程分类框架，包括电力行业、消费品行业、航空航天和国防行业、汽车行业、传媒行业、医药行业、电信行业、石油行业、石化行业等的流程分类框架。目前，PCF 已成为全球使用最为广泛的业务流程框架。

PCF 用一套架构和语汇，从流程角度理解一个组织的运行，并逐步细化、展示父流程和子流程，而不是展现职能部门的划分。图 12-2 所示为 2018 年发布的 PCF 7.2.1，你在这张总图中看不到组织各个部门的名称。PCF 将组织的流程分为 14 个组织级的流程类别，其中运营流程共 6 类，分别是制定愿景和战略，开发、管理产品和服务，营销、销售产品和服务，交付物理产品，交付服务以及管理客户服务；管理和支持流程共 8 类，分别是开发、管理人力资本，管理信息技术，管理财务资源，采购、建造和管理资产，管理企业风险、合规、整治和韧性，管理外部关系，开发、管理业务能力以及运营公共服务资产。

图 12-2　PCF 7.2.1

　　PCF 将流程分为 5 级，逐级细化。其中，第一级流程类别是最高层的分类项目，即图 12-2 中的 14 个组织级的流程类别；第二级流程群组隶属于流程类别下的特定流程领域；第三级流程属于一般标准流程；第四级活动是在流程中执行的一系列关键事件；第五级任务表示活动之下颗粒度更小的分解，在不同行业之间差异很大。互联网上有大量 PCF 及业务流程管理的相关资料，有兴趣的读者可以自行查阅。

　　当然，在进行业务流程建模时，组织也可以使用企业架构方法分析业务，有时还可以结合能力视图进行建模。强调动态序列的流程视图给出了应对特定业务场景所需的相互依赖的操作序列，但一般不会详细说明每个操作需具备的特定能力。强调静态结构的能力视图在表示应对特定业务事件所需的能力 / 资源 / 技能方面特别有用，但它不擅长阐明调用这些不同能力应对特定业务场景的精确顺序或阈值。为了正确地开展建模业务活动，组织经常需要结合采用动态的流程视图和静态的能力视图。

在进行业务识别时，组织还要注意以下内容。

（1）牢记业务识别的目的，要善于利用已有的分析资源（如有的组织在开发综合管理软件系统或分析操作／运营风险时已进行过业务建模或业务识别，这时就没必要从头开始流程建模工作；也可以从财务系统中已建立的科目获取初步信息）。特别是在业务连续性管理体系初建期，不建议将过多的资源与精力投入业务建模中（当然，有充裕资源和预算的情况例外）。

（2）对大多数组织而言，在进行业务流程建模时暂不要考虑基于端到端的流程（因为组织的流程并未按端到端的方式进行设计、建立和优化），而应采用先部门、后业务的形式或其他形式逐层进行分析。

（3）对大中型组织而言，其业务流程和活动繁多，根据组织规模和业务复杂度将流程进行适当的分级很有必要。APQC PCF 将流程分为 5 级；ISO/TS 22317：2015 将流程分为 3 级（产品和服务—流程—活动）；一些大型组织将业务流程体系分为 6 级（流程大类—流程组—流程—子流程—活动—任务），这些都是有益的参考。

（4）业务识别中，流程分级的关键是业务的颗粒度。这方面并没有统一的标准，可行的建议是：如果 1 个业务活动涉及的人数少于 5 人，就将其与同一场所、使用类似资源的业务活动进行合并；如果 1 个业务活动涉及的人数多于 50 人，并且内部有不同的子活动和任务，就应将其进一步分解。

### 12.2.1.3 第三步：恢复目标确定

恢复目标确定，即确定每个业务的恢复目标。

我们最常听到的恢复目标是恢复时间目标（RTO）和恢复点目标（RPO），但事实上，恢复目标还应包括最长可接受中断时间（MAO）和最小业务连续性目标（MBCO）等。

在 ISO 22300：2018 中，RTO、RPO、MAO 和 MBCO 的定义分别如下。

- RTO：从事件发生后到产品／服务或活动重续，或资源恢复完成之间的时间段。随后的注释指出：对产品／服务和活动而言，RTO 要小于因不能提供产品／服务或不能执行活动产生的不利影响变得不可接受所需的时间。

- RPO：将活动所用的信息还原到可使该活动重续运行的时间点。随后的注释提出，RPO 也可以称为最大数据损失。
- MAO/MTPD：由于不能提供产品 / 服务，或活动不能执行而可能产生的不利影响变得不能接受所需的时间。
- MBCO：组织在中断期间为实现其业务目标可以接受的产品和 / 或服务的最低水平。

根据以上定义可知，RTO 要小于因不能提供产品 / 服务或不能执行活动而对组织产生的不利影响变得不可接受所需的时间，即 RTO 要小于 MAO/MTPD。通常而言，我们可以通过调研（访谈、小型研讨会和问卷调查）分析得到每个业务的 MBCO 和 MAO/MTPD。表 12-2 可帮助我们分析 MAO。

表 12-2　MAO 分析示例

| | 2 小时 | 4 小时 | 8 小时 | 24 小时 | 48 小时 | 1 周 |
|---|---|---|---|---|---|---|
| 定性问题（评估度量：1 表示轻微影响，2 表示可接受，3 表示重大影响，4 表示灾难） | | | | | | |
| 1. 客户对中断的反应程度 | 2 | 2 | 3 | 3 | 4 | 4 |
| 2. 中断对其他业务的影响程度 | 1 | 2 | 2 | 3 | 3 | 4 |
| 3. 中断对声誉的影响程度 | 1 | 2 | 2 | 3 | 4 | 4 |
| 4. 追账作业的困难程度 | 1 | 1 | 2 | 2 | 3 | 3 |
| 定量问题（人民币 / 万元） | | | | | | |
| 5. 法律和合同罚款 | 0 | 1 | 2 | 30 | 60 | 95 |
| 6. 维修 / 恢复成本 | 0 | 0 | 5 | 20 | 25 | 40 |
| 7. 业务损失 | 0 | 0 | 0 | 10 | 200 | 70 |

MAO 主要通过调研、分析得出，相对"客观"；RTO/RPO 的确定更多是策略选择，相对"主观"，需要组织结合 MAO 和业务之间的相互依赖与关联关系分析得出可能的最大值。例如，在表 12-3 所示的案例中，经调研分析，业务 A、业务 B、业务 C、业务 D 的 MAO 分别是 4 小时、12 小时、1 天和 2 天，业务 B 依赖于业务 A 和业务 C，业务 C 依赖于业务 A，业务 D 依赖于业务 A 和业务 B。在确定业务 A、业务 B 和业务 D 的 RTO 分别是 4 小时、12 小时和 2 天后，业务 C 的 RTO 又该是多少呢？

表 12-3　MAO、依赖关系与 RTO

| 业务名称 | MAO | 依赖关系 | RTO |
|---|---|---|---|
| 业务 A | 4 小时 | | 4 小时 |
| 业务 B | 12 小时 | 业务 A、业务 C | 12 小时 |
| 业务 C | 1 天 | 业务 A | |
| 业务 D | 2 天 | 业务 A、业务 B | 2 天 |

当前，在实际的业务连续性管理工作中，也有相当一部分的专业人员并未使用 MAO 的概念，而是直接结合调研数据和业务依赖关系分析得 RTO。但 MBCO 这个概念最好要用到，因为这样组织就可以在业务恢复过程中根据情况降级提供服务（并不是一定要立即把业务恢复到正常水平）。有了 MBCO，组织在后续选择、确定业务连续性策略时，可选空间会扩大很多，资源建设的投入也可能会相应减少，资源使用效率也会更高。

#### 12.2.1.4　第四步：资源需求分析

资源需求分析，即分析业务活动正常运行所依赖的各种资源（或关键业务要素）。

业务活动的正常运行需要一系列的内外部条件，我们可以把其中不可缺少的那些条件称为业务要素。突发事件不一定导致运营中断，但那些造成业务活动的关键业务要素不可用（不一定是损坏，如营业网点因门前修路使得顾客无法进入，会造成工作场地无法使用）的各类事件必定会导致运营中断。

因此，对于需要恢复的每项业务活动，我们需要找出运行（或重续）该业务活动所必需的关键业务要素。一般而言，这些关键业务要素可以按人员（及其角色、职责、能力等），信息和数据（包括业务单据，不一定以电子形式存在），物理基础设施（如建筑物、工作场地和相关公共服务），设备和消耗品，ICT 系统，运输和物流，财务和资金，以及合作伙伴和供应商等进行分类；也可以按关键信息系统及其运行环境，关键的人员，业务场地，业务办公设备，业务单据和供应商等进行分类。

通过汇总、整理这些业务活动正常运行所依赖的关键业务要素建立起来的资源需求清单，将为后续的业务连续性策略选择及资源建设计划建立必要的基础。在强监管行业中，业务牌照也应纳入关键业务要素进行考虑。

### 12.2.1.5　第五步：业务影响分析报告编制

业务影响分析报告编制，即编制业务影响分析报告并获得管理层的批准／认可。

业务影响分析报告的内容应包括：执行摘要，业务影响分析的方法与实施过程，业务清单，恢复优先级，业务恢复目标（RTO/RPO、MBCO 等），关键支持资源及其他相关信息。

在编制业务影响分析报告时，我们要将报告草案发送给参与调研的关键人员，以确认报告中的数据，并根据反馈进行必要的调整；准备小型会议向高层管理者汇报业务影响分析的结果，以取得管理层对报告结论的正式认可。

基于业务影响分析 5 步法，我们可以确定一个正式的业务影响分析实施过程。这个正式的、成文的过程应包括但不限于以下内容。

（1）业务影响分析的实施过程，需要明确影响指标体系、指标量度分级和时间量度，以及使用的工具（电子表格或软件）等。

（2）业务影响分析过程中的角色与职责。

（3）相关法律法规、标准要求或其他参考标准。

（4）业务影响分析的周期。

（5）产生的文档。

（6）是否有信息需要保护。如果有，应如何保护。

（7）附件的调查问卷中可包括以下信息：关于时间量度的问题，MBCO，互依赖性、MAO、RPO，正常运行依赖的资源，对外部合作伙伴和供应商的评估等。

业务影响分析的数据收集方法主要包括查阅文件，进行（关键）人员访谈，举行小型主题研讨会，开展问卷调查以及基于情景的演练（根据需要，细致策划、谨慎使用）等。

## 12.2.2　业务影响分析项目

从项目视角来看，业务影响分析项目可简单分为项目规划、项目实施以及项目后 3 个阶段，这 3 个阶段各有不同的工作重点。

业务影响分析项目规划工作主要包括以下内容。

（1）确定业务影响分析项目的范围，确定项目发起人并保证高层管理者参与。

（2）制定项目管理计划，确保业务影响分析实施方法和计划获得认可。

（3）构建业务影响分析过程中的特定角色和职责（及能力），建立并获得必要的技能。

（4）获得业务影响分析项目所需的资源，向业务影响分析过程的参与者传达预期。

业务影响分析项目实施工作主要包括以下内容。

（1）执行业务影响分析过程，达成业务影响分析项目的目标。

（2）定期报告，并按照管理层的预期改进项目工作。

（3）收集意见、反馈和数据以改进业务影响分析过程。

业务影响分析和风险评估的结果可以让组织确定和选择合适的业务连续性策略，如备用工作场所的安排、备用供应链的安排、ICT的恢复选择、后备的人力资源、后备的设备资源、临时（手工）措施和替代程序等。在业务影响分析项目完成后，我们需要将业务影响分析的结果用于开发预案、设计演练场景、提升组织效率、协助制定长期战略和开发新产品计划等，使业务影响分析工作发挥应有的作用。

## 12.2.3　业务影响分析实务中的误区

- 未认识到业务影响分析既是过程也是项目（在特定时间），只重视业务影响分析的专业方法，不重视项目治理工作，未取得领导和相关部门关键人员的支持，造成项目迟滞和推进困难。

- 未掌握业务影响分析的概念和基本原理，没有定制的方法和实施过程细则，没有合适的工具与模板支持，使业务影响分析工作事倍功半，投入大，效果却并不显著。

- 不重视业务影响分析的项目前期准备工作，没有项目参与人员的选择标准，项目参与人员没有接受有效的培训就开始实施项目，使项目实施结果难以达标甚至造成返工。

- 不重视业务影响分析的项目后工作，业务影响分析的成果未得到有效和充分的应用，导致较难获得业务及相关部门人员对业务影响分析工作的认可和正反馈，对后续的业务连续性工作带来新的阻力。

## 12.2.4　业务影响分析小结

业务影响分析是众多业务连续性管理活动的基础。如果通过业务影响分析得出了错误或不准确的结论，我们就不可能得到预期的业务连续性管理成果。

因此，在业务影响分析工作中，我们应做到"5 要 5 不要"：要得到管理层和相关方关键人员（在项目最开始时就要得到 IT 部门）的支持和认可，要准确地理解业务连续性管理和业务影响分析的概念、方法和过程，要让"正确的人"参与进来，要让业务影响分析结果和组织的能力与资源相匹配（或找到差距），要让业务影响分析的成果得到有效和充分的应用；不要在未获得管理层和相关方的支持的情况下就直接启动项目，不要未进行培训和统一方法就开始实施项目，不要只通过开展问卷调查收集信息，不要产生前后矛盾的问题和数据，业务连续性经理（管理人员）不要只是作为专家参与，而应从管理视角推动项目有效开展。

# 12.3　风险评估

## 12.3.1　风险评估 5 步法

根据风险评估的定义，我们在业务连续性管理中探讨的风险评估是一个过程，是识别、分析和评价运营中断风险的完整过程。

### 12.3.1.1　基于过程的评估和基于资产的评估

业务活动的正常运营依赖于一系列关键业务要素，如场地、设备、人员、原材料、供应商等，一旦某些原因导致某个关键业务要素不可用，就可能造成业务活动运营中断。因此在评估运营中断风险时，我们有两个选择：基于过程的评估和基于资产的评估。基于过程的评估，即基于业务活动的评估，是评估各种可能的内外部风险源（不确定性）对业务活动（承灾体）中断的影响，这时，焦点是"业务活动"。基于资产的评估，即基于关键业务要素的评估，是评估各种可能的内外部风险源（不确定性）对关键业务要素（承灾体）中断的影响，这时，焦点是"关键业务要素"。相较而言，基于过程的评估"粗糙"一些，基于资产的评估相对"精细"一些，但选用何种方法对运营中断风险的评估结果影响不大。

结合风险评估的定义和行业实践，我们可以使用图 12-3 所示的风险评估 5 步法进行风险评估。

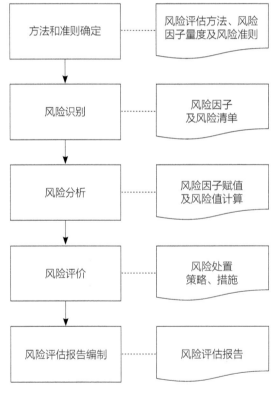

图 12-3　风险评估 5 步法

### 12.3.1.2　第一步：方法和准则确定

方法和准则确定，即确定风险评估方法、风险因子量度及风险准则（哪些类型和级别的运营中断风险可以接受，哪些不可以接受）。

我们应根据业务连续性管理项目集的成熟度及资源投入情况确定风险评估方

法、风险因子量度及风险准则，具体涉及以下内容。

- 选择基于过程（业务活动）的评估还是基于资产（支撑业务活动的关键业务要素）的评估。
- 采用风险矩阵法还是其他方法。
- 风险因子采用后果、可能性、资产价值、威胁、脆弱性还是其他。
- 风险因子量度的描述。
- 风险值如何计算（估算），即通过风险因子计算风险值的方法。

业务连续性管理人员可以基于风险准则和（估算的）风险值确定哪些中断风险可以接受以及哪些中断风险必须立即进行处置。风险准则就是用来明确中断风险是否可以接受的标准，它应反映组织的价值观、目标和资源，并与业务连续性方针和管理状态相一致。确定风险准则应考虑到组织的责任／义务以及相关方的意见。风险准则应在风险评估过程开始时建立，但它是动态的，如有必要，组织应不断地对其进行审查和修订。

风险评估也需要一个正式的、成文的风险评估实施过程。在以上内容确定后，组织应编制一份正式的、成文的过程，具体包括但不限于以下内容。

（1）风险评估的过程，包括是基于过程还是基于资产的风险评估；只评估威胁（风险源），还是也要评估脆弱性等；如何量度（定量／定性）、计算风险值；如何进行风险处置决策；有什么风险评估工具等。

（2）风险处置过程，包括过程中的责任和记录。

（3）与风险管理相关的法律法规、合同要求和参考标准。

（4）评估周期，即经过多长时间以及在什么情况下需要重新进行风险评估。

（5）风险评估过程中的角色和职责。

（6）风险评估产生的文档。

（7）如何就风险评估信息展开沟通，需要通知哪些人、向谁汇报。

（8）如何保护评估信息的机密性等。

### 12.3.1.3　第二、三、四步：风险识别、风险分析和风险评价

下面简要介绍风险识别、风险分析和风险评价的相关知识。

风险识别，即发现、列举和描述风险因子的过程。通过识别风险源、影响范围、事件及其原因和潜在的后果等风险因子，可生成一个全面的风险清单。组织

在进行风险识别时，要掌握相关的和最新的信息，必要时，需了解适用的背景信息。除了识别可能发生的运营中断，组织还需要考虑运营中断发生的原因和可能导致的后果，包括所有重要的原因和后果。无论风险是否在组织的控制之下，或其产生的原因是否已知，组织都应对其进行识别。此外，组织要关注以往发生过的运营中断，特别是新近发生的运营中断。

风险分析，即系统地运用相关信息来确认风险因子及在风险评估方法中明确的量度，对特定风险的风险因子进行赋值并计算风险值。进行风险分析应考虑组织的风险承受度及对前提和假设的敏感性，并适时与决策者和其他相关方展开有效的沟通。此外，我们还需要考虑可能存在的观点分歧及数据和模型的局限性。一般情况下，我们采用定性法进行运营中断风险分析。

风险评价，即将计算出的风险值与给定的风险准则对比，以决定风险的水平并确定控制风险的优先顺序。通过风险评价，我们可以确定该风险是可接受的还是需进行处置（可以采用风险规避、风险优化、风险转移或风险保留等措施）。此外，我们还要对处置后的剩余风险进行分析和评价，如果该剩余风险可接受，就进入下一步；如果仍不可接受，就需要采用新的处置措施（或调整风险处置措施），如此反复，直至剩余风险变得可接受。

#### 12.3.1.4 第五步：风险评估报告编制

风险评估的方法、准则、过程和结论会体现在风险评估报告中。通常情况下，风险评估报告的内容应包括：执行摘要，风险评估方法和过程，风险清单及严重性排序（如果有可能，可采用风险地图等方法尽可能地使风险评估结论可视化），风险处置措施及剩余风险，其他相关信息。

风险评估的数据收集方法主要有查阅组织内部和外部的文件、进行（关键）人员访谈、举行小型主题研讨会、开展问卷调查、实地勘察，以及进行渗透测试等。

## 12.3.2 风险评估项目

对于风险评估，我们可以采用项目管理的方法进行管理，也可以结合业务连续性项目集管理的实际情况，将其直接纳入业务影响分析项目进行整体管理。从项目视角来看，风险评估项目也可简单分为项目规划、项目实施以及项目后3个阶段，这3个阶段各有不同的工作重点。

风险评估项目规划工作主要包括以下内容。

（1）确定风险评估的目标和项目范围，确保项目发起人和高层管理者参与。

（2）制定项目管理计划，确定项目实施方法和计划获得认可。

（3）构建风险评估过程中的特定角色和职责（及能力要求），建立并获取必需的技能。

（4）获得风险评估项目所需的资源，向风险评估过程的参与者传达预期。

风险评估项目实施工作主要包括以下内容。

（1）执行风险评估过程，达成风险评估项目的目标。

（2）定期报告，并按照管理层的预期改进项目工作。

（3）收集意见、反馈和数据以改进风险评估过程。

业务影响分析和风险评估的结果可以帮助组织确定和选择合适的业务连续性策略，如备用工作场所的安排、备用供应链的安排、ICT 的恢复选择、后备的人力资源、后备的设备资源、临时（手工）措施和替代程序等。在风险评估项目完成后，我们需要将风险评估的结果用于开发预案、设计演练场景、协助制定长期战略等，使风险评估工作发挥应有的作用。

## 12.3.3　风险评估实务中的误区

● 未认识到业务连续性风险评估的对象是业务活动和支持业务活动的关键业务要素，而是直接采用基于资产的风险评估。

● 未掌握风险评估的概念和基本原理，不清楚业务连续性风险评估的边界，无意识地将业务连续性风险评估的关注点扩展到运营中断风险之外。

● 没有定制的风险评估方法和实施过程指导，没有合适的工作和模板支持，造成风险评估过程偏航或事倍功半。

● 未有效和充分地应用风险评估的成果，造成风险评估工作的资源浪费和效率低下。

## 12.3.4　风险评估小结

进行风险评估的首要工作是明确评估的主题是"业务连续性风险"而非其他（如信息安全、安全生产等）；接下来是据此明确评估的对象及层次，即弄清是组织级、业务活动级、业务要素级还是混合的；最后选择合适的风险评估方法及相应的风险准则。

另外，我们应根据评估的对象、层次、方法，将"正确的人员"（知识、技能）纳入项目，并保障他们能以充足的资源开展风险评估工作。

# 12.4  对业务影响分析和风险评估的再认识

风险是一个既有趣又复杂的概念。从某种意义上说，它关心的总是与未来、可能性以及还没发生的事情有关的东西。

——艾尔姆斯

## 12.4.1  风险、决策和风险评估

ISO 31000 对风险的定义是"不确定性对目标的影响"。也就是说，风险涉及不确定性、目标和影响 3 个方面，并且这三者缺一不可。对于目标，要清楚是谁的目标、谁对该目标负有责任、该目标可能会影响到谁，即要清楚目标的主体、责任方及相关方；对于不确定性，要清楚是来自内部或外部，是来自政治、经济、社会、技术、环境、法律、自然等哪些方面；对于影响，要清楚会影响到谁，他们如何看待或衡量影响，影响是什么及发生的可能性等。以上这些不同的要素形成了风险因子，而风险可以用由多个风险因子组成的多维变量来表示。ISO 31000：2018 和 ISO 22301：2019 中也有类似的表述：ISO 31000：2018 指出，风险通常用风险源、潜在事件以及它们的后果和可能性来表示；ISO 22301：2019 提到，风险通常用事态后果（包括环境变化）及其发生的可能性的组合来表示。

因为不确定性可能对目标产生影响，为了保障目标达成，我们就需要对"不确定性对目标的影响"进行评估，即进行风险评估，特别是在做出重大的影响重

要目标达成的决策时。尽管有很多法律法规要求组织进行风险评估，但风险评估从来就不只是单纯地为了满足法律法规要求，它的几乎全部的目的，是给与风险相关的决策提供必要的信息。我们也要清楚，风险通常只是我们在决策时需要考虑的其中一个维度，运营、经济、社会、政治、环境和法律等方面的因素都有可能是我们在决策时要考虑的。决策从来都不是空中楼阁，它会受到很多的限制，如受到法律法规、时间和成本的约束等。同时，一系列利益相关者对决策感兴趣，希望以不同的方式对决策过程产生影响。而风险评估的结果可以用于决策的直接输入或者决策的间接输入，如影响相关方。

怎么评估风险才能为决策提供必要的信息呢？在进行风险评估时，风险识别将各个风险因子识别出来，风险分析对已识别的风险因子赋值，并通过一定的计算方式（定性／定量均有可能）进行估测，得出风险值，风险评价则将估测的风险值与（之前）已确定的风险准则进行比较以确定风险处置策略（规避、优化、转移、保留或其组合）。

## 12.4.2　业务影响分析和风险评估的整合

业务影响分析的主要目的是确定业务恢复优先级、业务恢复目标以及业务正常运行依赖的资源等。在确定业务恢复优先级、业务恢复目标及业务正常运行依赖的资源的过程中，组织主要是识别业务，确定随着时间的推移运营中断对组织影响的变化，业务之间（以及与供应商和合作伙伴的）相互依赖关系等，并不需要考虑威胁是什么、脆弱性是什么、中断是怎么发生的，也不需要考虑中断发生的可能性有多大。本质上，业务影响分析是"事前验尸"法在运营中断管理方面的应用，即不管这些业务发生中断的可能性有多大，只要这些业务中断且对组织造成的影响大到不可接受，那就必须考虑这些运营中断事件情景。

在业务连续性管理中，我们关注的是运营中断风险，即关注的目标是业务活动的持续运营，采用的风险评估实质上是业务连续性风险评估，得到的结果是运营中断风险清单以及需立即采取措施进行处置的风险。有意思的是，无论是基于资产的还是基于过程的风险评估，都只考虑了危险造成资产（业务活动的关键业务要素）不可用或业务活动中断的后果和可能性，并未将中断对组织的影响涵盖在内。如果将目标设定为业务活动的持续运营，那从风险是"不确定性对目标的影响"这一定义来看，这样的风险评估因为只考虑到了危险（或风险源）对风险资产造成的后果而没有考虑其对业务活动持续运营造成的影响，所以是不全面的。

只有将业务影响分析和风险评估整合起来，如图 12-4 所示，才能形成真正完整的"运营中断风险评估"，它涉及对业务重要程度、威胁 / 风险源、影响 / 后果、发生可能性的识别、分析和评价。当然，由于业务影响分析方法的特殊性（它不只分析了中断对业务的影响，还就如何恢复中断业务进行了一系列重要分析），这个方法与传统风险评估方法有以下几个不同之处：

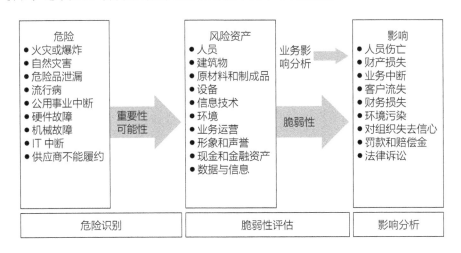

图 12-4　业务影响分析和风险评估的整合（摘自 NFPA 1600: 2019）

（1）它引入了时间变量来衡量中断对组织的影响的变化。

（2）运营中断发生的可能性因为业务之间、业务与支撑它的关键业务要素之间、业务与外部合作伙伴和供应商之间的复杂依赖关系而很不直观，因此引入"事前验尸"的业务影响分析很有必要。

（3）它不只分析了中断带来的影响，还为业务恢复确定了优先级和目标等。

## 12.4.3　情景分析与能力规划

从能力规划角度来看，业务影响分析和风险评估都是情景分析的一部分。业务影响分析帮助我们理解运营中断情景，如哪些关键业务要素缺失会造成运营中断，并且中断随着时间的推移，对组织的影响如何变化等；风险评估帮助我们理解突发事件情景，如有哪些威胁（危险）或风险源会造成支持业务的关键业务要素不可用（从而导致运营中断），运营中断发生的可能性有多大，造成不可用的情况有多严重等。

结合"情景—任务—能力—目标"分析框架和业务连续性能力框架，我们知道，业务影响分析主要帮助我们确定情报和监测、预警和警报、业务恢复、危机沟通和管理以及事后重建方面的任务和能力，风险评估主要帮助我们确定预防、保护和减灾、情报和监测、预警和警报以及应急响应方面的任务和能力。事实上，业务影响分析和风险评估都是情景分析的重要组成部分，它们一起为能力规划奠定基础。

需要说明的是，对组织而言，业务连续性能力是一个整体，当一种能力难以增强时，你可以通过增强另一种能力来达到目的。例如，对供应链而言，中断一旦发生，造成的损失可能会使企业无法接受，所以我们可以增强预防、保护和减灾、情报和监测、预警和警报等能力，即尽可能不让中断发生。

# 12.5　业务影响分析和风险评估进阶之一：理解业务活动和业务影响

## 12.5.1　价值链 / 价值流与价值创造

任何企业都是以为客户创造价值为宗旨和存在理由的。客户价值的来源是企业的价值创造活动。在特定的业务范围内，这些活动彼此关联、相互衔接，源源不断地生成、供给产品和服务（作为客户价值的载体）；它们的组合、结构以及连接方式，就是企业系统价值创造的内在机制。美国哈佛大学教授迈克尔·波特将这种机制的运行过程命名为价值链。

图 12-5 所示为向客户提供产品的制造型企业的价值链。向客户提供非实物

产品的服务型企业，其服务业务的价值链与此类似，只不过部分活动（我们也可以称之为价值链上的某个 / 某些环节）与图 12-5 有差别。例如，零售服务价值链没有生产环节，但包括客户体验环节及客户购买（交易）环节。

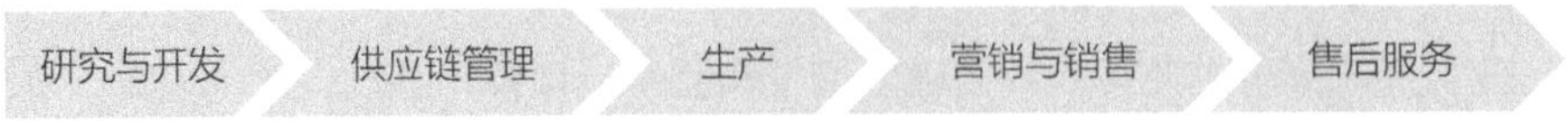

| 研究与开发 | 供应链管理 | 生产 | 营销与销售 | 售后服务 |

图 12-5　制造型企业的价值链

一般而言，价值链包括目标市场定位、需求分析、价值定位和客户价值创造、价值传递等。价值链本身就是企业业务运作的主要流程，它是一个价值创造体系。图 12-5 中的多种活动、多个环节可进一步概括为研、产、销、服。从动态角度看，价值链（即客户价值创造的流程）是一条向前流淌的价值之河（价值流），不断有支流（外部供给的要素、资源等）汇入，原有的价值形态在这条河中转化为新的价值形态，河流也就变得越来越浩大（增值）。价值流是设计、构建企业管理体系的理念和原则，应包括 3 方面内容：

（1）价值创造活动（流程）是一个连续的过程，节奏要快，停顿要少。

（2）价值创造活动（流程）是一个增值的过程，各环节需找到增值的理由和依据。

（3）价值创造活动（流程）是一个企业内外部各种活动、环节相互协同的过程，需要顺畅连接和精准配合。

迈克尔·波特在分析价值链概念时指出："在特定产业中，企业的价值链深藏在一个更大的活动群中，我们称之为'价值系统'。"换句话说，某个企业某项业务的价值链，是更大的产业及社会价值创造体系或价值网络的组成部分，如图 12-6 所示。基于这样的视野，企业可以界定价值链的长度，即从上游至下游的全产业链中企业价值链的边界或经营活动的范围。提供实物产品的企业通常由上游资源 / 原料开发、中游加工制造、下游分销使用 / 消费 3 个部分组成，真正封闭全产业链、实现上中下游一体化的企业少之又少。对大多数企业而言，其业务功能定位于产业全价值链的一个或几个环节。许多产业由于技术进步较快、内部竞争激烈，其分工法则是水平分工：每个企业的业务边界都很狭窄，只能聚焦于扁平的空间、依赖核心能力生存和发展。

从企业角度来看，将自身价值链置于更大的产业及社会价值创造体系或价值网络之下，可以设计、安排客户价值实现的外部价值链——主要包括外部要素、资源的供给链和下游分销、零售（或直销）的渠道链。

图 12-6    企业价值链和价值系统

迈克尔·波特的价值链理论中还有一个重要模型，该模型将企业价值创造活动分为主要活动（流程）、辅助活动（流程），也有人将它们分别称为基本活动（流程）和支持活动（流程），如图 12-7 所示。

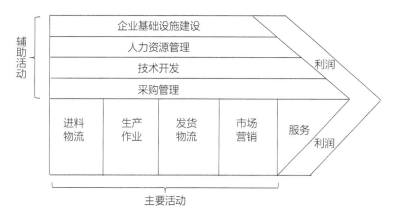

图 12-7    企业价值创造活动的主要活动与辅助活动

按照迈克尔·波特的说法，"主要活动是那些涉及产品实体的创造、分销、配送以及售后的支持与服务性活动；辅助活动则是那些让主要活动顺利进行的活动，如采购和企业基础设施建设等活动。"他所定义的企业基础设施建设，主要包括一般管理、法律事务、会计等功能，在今天看来就是一般的管理和服务职能。迈克尔·波特认为，每一项主要活动都会涉及采购、技术开发和人力资源的组合，这 3 项辅助活动是嵌入主要活动之中的。

主要活动、辅助活动分类模型的意义，并不在于对各种活动的定义（尤其是对主要活动的定义），而在于关注分类本身——企业的各种价值创造活动的目的、属性和特征是不同的，必须区别对待。事实上，由于不同行业、不同企业的具体情况不同，主辅活动很难统一界定。有些企业的主要活动，在其他企业可能属于辅助活动；反过来，有些企业的辅助活动，在其他企业则可能属于主要活动。例如，一般企业的合规管理活动属于辅助活动，但在制药行业却是与产品开发、制造以及品质控制交融在一起的主要活动。实际上，我们不必拘泥于迈克尔·波特的活动分类，而需要根据企业的实际情况对企业价值创造活动进行适当的分类，同时揭示各类活动之间的逻辑关系，并且将其结构化地表达出来。

也有人将企业价值创造活动分为业务活动和管理活动，其中业务活动是指直接为客户创造价值的活动，管理活动则是对业务活动进行计划、协调、组织、控制及领导的活动。举个例子，某剧团为客户提供演出服务，从编剧、排练、舞美设计，到卖票、收票、搭台，再到演出、音响照明控制等，都属于业务活动；而编制演出计划、编写排练流程、安排人员分工、监督演员表现等，则属于管理活动。

还有人将企业价值创造活动分为牵引性活动、增值性活动、要素性活动和支持性活动。牵引性活动是指引导企业业务运行、发展、控制业务过程的管理活动，如战略管理活动、年度计划与预算管理活动。增值性活动（价值流）是企业特定业务价值创造的主流程和最重要的业务活动。对制造类企业而言，这类活动主要是"研、产、销"；对服务类企业而言，这类活动则是服务项目（产品）设计、服务运行等。要素性活动是打造人才、资金、技术三大要素供应链的活动，而这三大要素是客户价值创造活动所必需的，也是企业基础能力中最重要的构件。三大要素的开发、供给和配置，是对增值性活动起支撑作用的最重要的业务活动。有些人也许会问：增值性活动和要素性活动究竟哪个更重要？离开了要素性活动，增值性活动就无法进行，因此这两者至少同等重要。支持性活动是支持增值性活动和要素性活动的公共性、服务性活动，它们大多属于管理活动，也有一部分属于业务活动。

## 12.5.2　企业流程和流程体系

企业为实现价值创造，从输入客户要求开始，到交付产品及服务给客户，再到获得客户满意并实现自身价值的业务过程，可以用业务流程来描述和定义。需要明确的是，业务流是客观存在的，天然地从客户到客户；流程是表现业务流的一种方式，是用来描述业务流的，目的是使不同团队在执行流程时获得成功的可复制性。

　　流程，也可称为过程，是"工作流转的过程"的简称。每个流程都包括 6 个要素：输入资源、活动、活动的相互作用（即结构）、输出结果、客户、价值。

　　构建流程体系要先画出总体的价值流或价值链，然后根据各个经营环节的不同性质将其分解为大的模块，就像把一条河分成上游、中游和下游。大的模块可以是"研、产、销"，这是基本的模块，即根据企业的价值创造活动的分类，我们可以确定流程体系的基本框架，即一级流程框架。一级流程是企业最主要的价值创造活动，它们有相对独立的主题和内容，自身是"端对端"的闭环——这是流程划分的主要依据。

　　从一级流程框架分解细化形成企业分类分级的流程清单，对着手进行流程体系建设和管理的企业意义重大，就如同用于进行人员管理的"花名册"，必须有清晰的上下级结构以及对自身属性的清晰描述。企业只有拥有清晰的框架，才能保证相关的流程制度文件之间接口清晰，不出现差异。对流程的分类分级，即把从粗到细、从宏观到微观、从端到端的流程，以及具体指导操作的明细流程进行分解。我们可将其分为三四（或更多）个级别，即从由价值链分解形成的一级流程，到由子流程和业务活动（甚至任务）构成的三四（或更多）级流程。在把流程做了这样的分类分级后，我们就得到了一个清单，也就是流程清单。

　　流程的分类分级首先是从管理要求的角度出发对业务进行分类。不同管理对象的流程由于目标和流转环节差异较大，因此可分解为不同的流程，从而为相应的流程设置不同的控制点和不同的知识经验积累点。一般而言，同类企业（如都是家电制造类企业、纺织制造企业或餐饮服务企业等）的一级流程大体相似，因为它反映了企业价值创造的基本逻辑和普遍规律。越是次级流程，在企业之间的差异越大，越是与企业具体的战略动作（举措）相关。国际流行的 APQC PCF 就是一个很好的范例。另外，IBM 等公司开发设计了组件化业务模型，通信行业另有增强型电信运营图。

　　在流程分级过程中，如果一个二级流程被描述得比较复杂，我们就可将其中一部分独立为其子流程；或者，将多个流程都会用到的公共流程分解出来，作为单独的流程，如合同签订管理流程，所有与采购相关的流程都可调用此公共流程。流程分级意味着自上而下的流程梳理，要注意不能疏忽、省减每项流程中重要的环节 / 事项；环节的连接需要符合逻辑且相互对称。例如战略制定和执行流程，其初始环节是战略分析，其后的环节是战略思想，再往后是战略规划、战略分解……不能越过战略思想，直接把战略规划和战略分析对接起来。缺少战略思想这个环节正是不少企业在制定战略时编写了一堆无思想、无逻辑的所谓规划内容的原因。战略思想和战略规划是对称的，处于同一层级，所以我们也不能把战略思想与战略规划下面的子流程如产能布局相连接。

流程体系是企业竞争能力的载体。流程应客观地表现客观存在的业务流，它跟客观存在的业务流越接近，就越可能进行优化甚至再造。企业在建立流程体系的过程中，还要注意以下两点。

（1）并非企业所有的价值创造活动都是流程性活动。企业中的大多数经营管理活动肯定属于流程性活动，因为它们的运行过程有相对规范的时间顺序和空间（场景）转换逻辑。也可以说，流程性活动是相对确定的活动。而不确定的活动显然无法流程化，这很容易理解：不知道何时、何地会发生什么，不知道何时、何地会面临什么境遇、挑战和任务，不知道下一步往哪里走。例如一些技术研发活动，从较宏观的角度可以确定大的流程轮廓以及一些大的步骤——项目选择、项目立项、立项批准、开发准备、开发运作等；但是其中的项目选择、开发运作等环节就很难流程化，它们的大部分工作内容是进行小组讨论及开发人员的个人化行为（思考、运算、绘图、计量、测试等）。再如，在销售活动中，销售人员常常需要根据客户的要求和反应随机应变，很难事先规定固定的流程和操作模板。对这些非流程化的活动，企业可以将其"封装"起来。

（2）流程层级（与细分流程的颗粒度有关）本身是一个变量，但它是可以掌控的变量。对于一项活动，如果某个职位、某种角色的人员可以完成而不需要两个及以上的人员接力完成，就不必再分解了；或者，一项活动虽然需要两个及以上的人员接力完成，但由于工作内容过于简单，无须进行流程细分，相关人员都能准确、高效地完成，那也就没有必要多此一举。

### 12.5.3 业务价值衡量、利益相关者以及扩展的平衡计分卡

企业的全部价值创造活动是一个整体，以目标客户和价值定位为核心，各类活动相互关联，多层次驱动因素相互关联。

20世纪90年代，随着绩效评价体系重构的必要性逐渐显现，西方许多学者对战略性绩效评价体系的构建进行了许多探索，设计了不同的绩效评价模型。罗

伯特·卡普兰和戴维·诺顿提出了平衡计分卡的理念，从财务、客户、内部运营及学习与发展 4 个维度对企业绩效进行考核。这 4 个维度，主要涉及对客户、股东和员工 3 个方面的价值考量。客户价值，主要以客户的价值盈余（客户获得的价值与客户付出的代价之差）来衡量；股东价值，通常以资本市场上的市值来衡量（即使不是上市公司，基本上也能估值，有多种方法和模型）；员工价值，主要以全体员工的平均总收入（月度或年度）等来衡量。

我们知道，包括股东、经营者、员工、债权人、供应商、客户、竞争者、政府、媒体、企业周边社区等在内的个人或团体都是企业的利益相关者。关键利益相关者在企业中进行一定的专用性投资并承担一定风险，影响企业经营目标的实现或者被企业实现目标的过程所影响。因此，衡量企业的业务价值不但要考虑平衡计分卡中涉及的客户、股东、员工的利益，也要考虑债权人、供应商、竞争者、政府、媒体、企业周边社区等利益相关者的利益。有人结合利益相关者理论，使用以下 5 个维度扩展了平衡计分卡，用于对企业的绩效进行评价。

（1）社会环境维度。该维度主要涉及政府（监管机构）、企业周边社区和其他社会团体（如行业协会、环保组织等）等利益相关者。其中，政府（监管机构）因为社会赋予其管理经济的职能，企业周边社区因为存在对清新的空气、洁净的水源以及安全等的需要，其他社会团体因为道德规范或共同的价值取向而分别成为企业的利益相关者，它们共同为企业提供了生存和发展的外部社会环境。反映政府（监管机构）的指标有税率、纳税数额、纳税及时性、合理避税能力等，反映企业周边社区的指标有社会形象、社会贡献、增加就业、环境保护等，反映其他社会团体的指标则因机构而异。

（2）财务维度。该维度主要涉及股东和债权人。其中，股东是企业非常重要的利益相关者，虽然其他的利益相关者越来越受到关注，但一般来说，企业仍旧以"追求利润和股东收益"为主要目标；债权人将本金借给企业，目的是获取收益。作为企业资金的主要提供者，债权人的地位和作用不能被忽视，而充分考虑债权人的利益将有助于企业持续发展。股东关注赢利能力、运营能力，故股东利益类的指标有投资回报率、经济增加值、净收益、剩余收益、每股收益、总资产收益率、净资产收益率、销售利润率、资产周转率等。债权人关注偿债能力，所以债权人利益类的指标可包括各种负债率、应付账款周转率和还债能力等。

（3）市场维度。该维度主要涉及企业的外部价值链，包括客户、供应商、竞争者等利益相关者。企业的社会功能是投入各种要素为客户提供产品或服务，如果没有供应商提供要素输入，企业就无法开展业务；如果没有客户，企业就失去了存在的基础。关于竞争者，《反不正当竞争法》、知识产权法等法律法规要求其不得采用非正当手段进行市场竞争、不得侵犯知识产权等权利。与客户相关的指标与原平衡计分卡下的客户维度的指标类似，主要有客户满意度、客户保持率、新增客户数量等指标；与供应商相关的指标有供应商满意度、供应商及时交货率等；与竞争者相关的指标有市场占有率、行业集中度、行业利润率等。

（4）内部运营维度。该维度与企业的内部流程相关。企业的行业、规模不同，内部流程也会不同，所以内部运营维度指标也会因企业而异。在一般的价值链模型中，企业包含 4 个主要环节，即研发、生产、销售、服务。相关的指标也可据此分为 4 类：用新产品研发周期、新产品研发费用、新产品研发成功率等指标反映研发过程；用订货周期、设备利用率、设备检验时间、废品率等指标反映生产过程；用 Pipeline（销售漏斗）线索量、Pipeline（销售漏斗）周期、回款周期等指标反映销售过程；用产品维修一次成功率、产品保修期、退货处理速度等作为服务流程的考核指标。

（5）学习和成长维度。该维度主要与经营者和员工有关。经营者和员工往往被视为股东（出资人）的代理人，但他们也为企业的维持和扩张投入了人力资本。而人力资本在今天的知识经济时代越来越重要，所以经营者和员工对创造和提高企业价值的重要性也越来越大。经营者（包括掌握核心技术的技术人员）处于企业经营决策的核心地位，与之相关的指标有管理者的满意程度、管理者培训次数、管理者领导能力等。而与员工相关的指标，主要有员工工作效率、员工保持率、员工知识水平、员工满意度等。同时，在团队建设方面，还有团队人员之间的协作程度等指标。

当然，同一个人或者团体可能拥有多种利益相关者身份。例如，企业的股东可能同时是企业的管理者、企业产品或服务的客户，以及某个社会团体的成员。但为了方便，在对典型企业利益相关者进行分析时，我们将其各种身份分开来考虑。

由于资源、时间和精力有限，企业在决策时，并不总能做到同时、同等地对待其所面临的所有权益主张。在特定企业中，利益相关者识别和优先级分析，是对利益相关者进行有效管理的第一步，也是最关键的一步。因此在画出企业利益相关者联系图，明确每一位利益相关者的权益主张后，企业就需要对所有利益相关者的所有权益主张进行优先级排序，确定哪些权益主张更重要。例如，商业银行的利益相关者包括股东、员工、存款客户、贷款客户、中间业务客户，竞争对手、监管部门、其他社会团体、媒体、社区等。有人在对 22 家商业银行的高级管理人员进行调查后，得到的结果如表 12-4 所示。

表 12-4　商业银行主要利益相关者属性综合评分

| | 小股东 | 大股东 | 银行管理层 | 银行一般员工 | 家庭储户 | 公司存款客户 | 零售贷款客户 | 公司贷款客户 | 公用事业公司 | 银行监管部门 | 其他商业银行 | 其他金融机构 |
|---|---|---|---|---|---|---|---|---|---|---|---|---|
| 属性综合评分 | 0 分 | 93.3 分 | 36 分 | 0 分 | 0 分 | 80 分 | 0 分 | 80 分 | 0 分 | 83.3 分 | 66.7 分 | 36 分 |

由表 12-4 可知，大股东的综合评分最高，为 93.3 分；其次是银行监管部门、公司存款客户、公司贷款客户、其他商业银行，它们的综合评分分别是 83.3 分、80 分、80 分、66.7 分；再次是银行管理层和其他金融机构，二者的综合评分均为 36 分；小股东、银行一般员工、家庭储户、零售贷款客户、公用事业公司的综合评分均为 0 分。（当然，这只是一次调查，但也能大致反映不同利益相关者属性的真实情况。）

扩展的平衡记分卡实践带来的启示是，业务影响分析的第一步，就是要确定中断带来的影响类别（项）及其权重。在以往的实务中，大家约定俗成地使用了财务、运营、声誉、合规等影响类别，但并不清楚选择这些影响类别的原因。经此讨论后，我们应该清楚，这些影响类别本质上是关键利益相关者对企业绩效的关注点，因此，以后在选择、设计影响类别（项）及其权重时，我们还是要从明晰关键利益相关者的需要和期望入手。

# 12.6 业务影响分析和风险评估进阶之二：从"重要业务"说起

## 12.6.1 "重要业务"很重要

从本质上说，业务连续性管理并不复杂，只需要找出重要业务，分析可能导致这些重要业务运营中断的原因及运营中断可能带来的影响，采取措施减少运营中断发生的可能性，或在运营中断发生时尽快恢复业务，同时尽可能降低运营中断带来的影响。这里面的关键与首要任务是找出重要业务，后续工作便是围绕重要业务展开的，所以"重要业务"很重要！

哪些业务是重要业务呢？我们可以通过3种思路判定。

第一种思路，是从业务分类着手，如牵引性、增值性、要素性、支持性这4类业务活动。我们知道增值性活动是企业特定业务价值创造的主流程和最重要的业务活动，主要是"研、产、销、服"；要素性活动是对增值性活动起支撑作用的最重要的业务活动。我们在前面也说过，离开了要素性活动，增值性活动就无法进行，这两者至少同等重要，因此这两类业务活动都是重要业务活动。但牵引性活动作为指引企业业务运行、发展、控制业务过程的管理活动，支持性活动作为支持增值性活动和要素性活动的公共性、服务性活动就不重要了吗？换一种分类方法，如按业务活动、管理活动，或者运营类活动、支持类活动等进行分类，还是难以界定。看来这种思路不通。

第二种思路是在企业中选出一批人员（一定要有管理层的代表）进行访谈和调查，由他们根据一定的指标（有权重）为已识别的业务打分，然后根据这些访谈、调查结果分析、确定重要业务。这时的重点就转移到判定重要业务的指标及其权重上了。例如"面向客户、涉及账户处理、时效性要求高"，客户规模、业务量、利润、是否是战略重点、是否涉及重要利益相关者等，这些指标及其权重可以根据企业的战略规划、风险偏好、年度计划重点及行业特点进行设计并适时调整。事实上，有相当一部分企业在进行业务影响分析时就是这么做的。

第三种思路是将业务连续性管理中的重要业务限定为"业务连续性重要业务"，而非"战略"或"运营"重要的业务。所谓业务连续性重要业务，指的是对中断时间更敏感的业务，具体可按 RTO 进行排序，RTO 越小，该业务从业务连续性管理角度看就越重要。例如，对商业银行而言，支付转账业务并不比存、贷款业务更重要，但其中断时间容忍度更小，所以从业务连续性管理角度看，它就更重要（所需投入的资源更多）。这种思路回避了判断哪些业务是重要业务的难题，直接从业务恢复优先级着手进行分析。

后面这两种思路都是可行的，在实务中也都有大量案例支撑。第二种思路易于理解，容易上手，但实施起来不易（想想有哪些业务愿意承认自己不如别的业务重要），容易受其他因素干扰，需要高层管理者的关注和介入才能有效推进。当然，运用这种思路得到的重要业务清单及业务影响分析成果，除了有利于完成制定后续的业务连续性策略、编制预案等业务连续性管理工作，还可以帮助管理者更好地理解业务，有益于业务战略制定和日常运营。简单地说，它就是投入要求高但产出效益多。第三种思路与人们常规的理解不一致，需要进行解释与培训，但一旦形成共识，由于它聚焦于运营中断和业务恢复工作而不涉及其他业务运营与管理问题，实施起来会相对容易和顺畅一些。

## 12.6.2　关键活动与优先活动

至于究竟采用哪种思路开展工作，企业可以根据具体情况进行选择，也可以将两种思路结合起来使用。目前，国内企业采用第二种思路的更多一些。下面简单解释一下。

BS 25999-2：2007 提出了关键活动的概念，并将其定义为：为交付关键产品和服务来保障组织满足它最重要的和对时间最敏感的目标所必须履行的那些活动。同时，BS 25999-2：2007 始终强调要保障关键产品和服务的交付，以及保障重要活动的连续性。BS 25999 是第一个被广泛接受的业务连续性管理体系的标准，对后续各国、各行业的标准及规范产生了一定的影响。

《商业银行业务连续性监管指引》于 2011 年年底发布，其借鉴了 BS 25999 的概念和思路，采用了"重要业务"的概念（共出现 33 次），举例如下。

"第一条　……为降低或消除因……导致重要业务运营中断的影响，快速恢复被中断业务，……。

"第二条　本指引所称业务连续性管理是指商业银行为有效应对重要业务运

营中断事件，……，保障重要业务持续运营的一整套管理过程，包括……。

"第三条 本指引所称重要业务是指面向……。

"第四条 本指引所称重要业务运营中断事件（以下简称运营中断事件）是指……"。

…… ……

"第二十四条 商业银行应当识别重要业务，明确重要业务归口管理部门……。"

国际标准化组织在2012年发布的ISO 22301：2012中不再使用"关键活动"，而是采用了"优先活动"的概念。该标准对"优先活动"的定义是"事件发生后为了减轻影响必须优先考虑的活动"，并在注释中说明，描述此类活动的常用术语包括紧要的、必要的、重要的、紧急的和关键的。ISO 22301：2019保留了"优先活动"这一术语，将其定义微调为"为避免在中断期间对业务造成不可接受的影响而采取紧急措施的活动"，并将2012版中的注释删除。

有国外专家对此变化（从"关键活动"/"重要业务"变化为"优先活动"）的解读是：BS 25999强调重要业务的连续性，其背后的假设是在企业所能投入资源有限的前提下，把业务按重要性进行分级，优先保障重要业务的连续性（换句话说，在资源不足时，对非重要业务可暂不提供业务连续性保障）；ISO 22301不再使用"重要业务"的概念，而是使用"优先活动"这个术语，其背后的假设是随着社会的发展、竞争的加剧以及企业服务品质的提升，企业对所有业务一视同仁（不再区分是否重要），在中断期间按照RTO依次进行恢复。

"优先活动"这一概念带来的一个好处是，我们不仅不必过于纠结业务是否"重要"，甚至不必纠结是否是"业务"。例如，在很多行业中，"IT及其运维"一般不被人们称为"业务"，但它属于会"在中断期间对业务造成不可接受的影响"的活动，需要对其"采取紧急措施"，因此，它也就可以作为"优先活动"被优先恢复。

由于BS 25999起步早，所以"重要业务"这个概念在业务连续性管理专业领域（尤其是国内的专业人员中）深得人心。但未来随着ISO 22301的推广和行业实践的深入，我们相信越来越多的业务连续性管理专业人员会更深入地理解"重要业务"，并结合实际情况来选择适合自己企业的业务影响分析方法。

## 延伸阅读

1．江若玫，靳云汇：《企业利益相关者理论与应用研究》，北京大学出版社，2009 年。

2．王玉荣，葛新红：《流程管理》（第 5 版），北京大学出版社，2016 年。

3．戴维·海姆：《重新定义流程管理：打造客户至上的创新流程》，中国人民大学出版社，2017 年。

4．胡伟，郑超，韩茹：《华为流程变革：责权利梳理与流程体系建设》，电子工业出版社，2018 年。

5．施炜：《管理架构师：如何构建企业管理体系》，中国人民大学出版社，2019 年。

6．袁建东：《供应铁军：华为供应链的变革、模式和方法》，机械工业出版社，2020 年。

7．徐直军：《谈业务、流程、IT、质量、运营的关系》（讲话）。

8．费敏：《企业管理的目标是流程化组织建设》（讲话）。

9．ISO 3000：2018 Risk Management – Guidelines，2018.

**问题**：如何建设和保持业务连续性能力？

相关问题如下：

"业务连续性策略具体指什么？怎样确定和选择业务连续性策略？"

"业务连续性策略与业务连续性方案及能力的关系是什么？"

"怎样建设业务连续性能力？能力保持是怎么一回事？"

"我们是一家金融机构，行业里曾有机构投入巨资建立了灾备中心，但在生产系统真正发生故障时，灾备中心却未能有效接管生产系统，为什么会这样？"

**简答**：业务连续性作为一种组织能力，涉及人员、资源、ICT 系统和数据、外部能力、计划、组织领导、培训、演练和评估等构成要素，应采用"分而治之"的方式对其进行建设和管理。组织应根据在能力规划环节选定的核心能力目标，识别和选择适宜的业务连续性策略，在业务连续性策略的引领下建设包含人员、资源、ICT 系统和数据、外部能力、计划、组织领导、培训、演练和评估等构成要素在内的一揽子（能力）解决方案，并对这些能力构成要素进行集成以形成业务连续性能力。能力的验证和保持也是业务连续性能力建设和保持环节中的重要工作，未经验证、未得到有效保持的业务连续性能力很难满足组织的业务连续性要求。

**问题**：我们是一家金融机构，行业里曾有机构投入巨资建立了灾备中心，但在生产系统真正发生故障时，灾备中心却未能有效接管生产系统，为什么会这样？

**回答**：能力构成要素只有经过有效集成、验证并得到适当的保持才会形成满足要求的业务连续性能力。投入巨资建立了灾备中心，投资主要体现在资源、ICT 系统和数据（设施和系统等）上，其他构成要素（如人员、外部能力、计划、组织领导、培训、演练和评估）是否达到要求并不清楚。具体到该灾备中心未能有效接管生产系统这一问题，机构需要认真分析、评估其相关能力的各个构成要素是否达到要求，并得到了适宜的保持、管理，如新增及替换人员是否具备完成特定任务所必需的能力，灾备中心在生产系统升级后是否同步升级，备份数据是否按固定时间间隔进行有效性验证，与外部合作伙伴和供应商的协议中是否明确相关 SLA（Service Level Agreement，服务级别协议）条款，应急恢复预案是否及时修订等。

**关键词：**能力构成要素，能力集成，业务连续性策略，业务连续性方案，事件指挥体系，全生命周期管理。

**解题：**业务连续性能力的建设和保持，是业务连续性能力管理最重要的环节之一。下面从业务连续性能力的构成要素及其生成过程、业务连续性策略和方案、应急组织设计、资源分类和管理以及能力的集成、验证和保持等方面分别进行介绍。

# 13.1　业务连续性能力的构成要素及其生成过程

ISO 22301：2019 对业务连续性的定义是"在中断期间，组织在可接受的时间范围内以预定的（生产／服务）能力持续交付产品和服务的能力"，而 ISO 22301：2012 对其的定义是"组织在中断事件发生后以预定的可接受水平持续交付产品和服务的能力"。对比这两个定义，它们基本一致，都强调了"组织""持续交付产品和服务""中断""可接受""预定的能力／水平"。也就是说，业务连续性是组织拥有的一种能力，这种能力可以让组织在"中断时""持续交付产品和服务"，并且是在"可接受的时间内""以预定的能力／水平"交付。

"能力"一词在英文中有许多近义词。业务连续性能力对应的是"capability"，这是一种结构化、体系性的综合能力。对组织来说，每个组织都拥有一系列的能力，这些能力可以以多种方式组合起来实现不同的成果（提供产品和服务或达成组织使命）。每项能力由多个构成要素组成，涉及人员、资源、流程等多个维度。这些要素每时每刻都在发生（或可能发生）变化。因此，组织能力都是易逝的，需要得到有效的管理和维护才能够被组织正常使用。典型的能力管理生命周期包括规划、建设、交付、使用和淘汰等阶段。在一些国防和军事组织中，能力管理已经是一个高度发达的管理学科，它的概念、原则和规范也在其他领域（如应急管理等）得到了应用。

### 13.1.1　业务连续性能力的构成要素

与其他组织能力一样，业务连续性能力也是由人（团队）的能力和系统与装备的能力，经由一定的程序结合而成的能力，是在特定条件下以一定的绩效标准完成一项或多项任务的综合实力。

从业务连续性管理实践看，人员、资源、ICT 系统和数据以及外部能力是业务连续性能力的输入，但要使这些输入协调起来生成一致的、满足业务连续性管理目标要求的能力，组织需要对它们进行有效管理，包括计划、组织领导、装备、培训、演练和评估。借鉴美军的 DOTMLPF-P 能力框架，业务连续性能力包含以下构成要素。

- 人员，指为完成分派的使命和任务所需的符合相关资格和资质证书标准的员工全体，具体包括各级管理人员、（关键）岗位人员以及业务连续性管理专业人员，也包括由人员组成的不同专业团队。

- 资源，指为完成分派的使命和任务所需的符合相关标准的设施、装备和物资等。资源的配备是为了增强人的能力，以突破人的物理条件限制。资源包括主要设备、工具和系统；各类消耗性物质资料，如用于满足人员需要的生活资料，抢险救灾物资等；场地及关联的基础设施、公用服务等。

- ICT 系统和数据，指为完成分派的使命和任务所需的 ICT 系统和数据（不一定是电子形式的）。数据已被纳入生产要素，具体包括信息和数据、业务单据等；ICT 系统包括信息技术基础设施、计算机软硬件、网络和通信设备等。

- 外部能力，指为完成分派的使命和任务所需的外部能力。显然，几乎没有一个组织可以完全靠自身提供所有必需的能力。外部能力主要包括由外部合作伙伴和供应商提供的人员、技术和服务等方面的能力。

- 计划，指为完成分派的使命和任务而进行的了解组织环境和规划，开展情报信息的收集和分析，起草制定相关计划（预案）及程序、互助协议，制定政策、策略及其他文件等活动。

● 组织领导,指为完成分派的使命和任务,建立个人小组 / 团队等管理组织,搭建完整的决策—指挥—处置结构,并在组织的各个层级发挥领导作用。

● 培训,指为完成分派的使命和任务所需的符合相关标准的培训内容和培训方法,以及对全员进行意识教育,开展人员能力和意识准备工作。

● 演练和评估,指为完成分派的使命和任务,依据取得成功必须达到的标准,开展演练、自我评估、同行评估、外部评估、符合性监测,以及在实际事件中应用、检验、评估和增强能力的活动。

当然,这样的划分并不全面,如资金也可以单独作为一个构成要素。另外,不同行业和类型的组织,其能力构成要素会有差异。以上采用的人员、资源、ICT 系统和数据、外部能力、计划、组织领导、培训、演练和评估等只是由通用的划分方式得到的,在实务中,组织可以此为基础,结合经营环境、行业特点和业务情况进行调整,从而形成适合自己的能力构成要素模型。

基于以上能力构成要素,我们可将业务连续性能力视为其构成要素的函数,如图 13-1 所示,其中下标的 $t$ 指的是某一时间点。

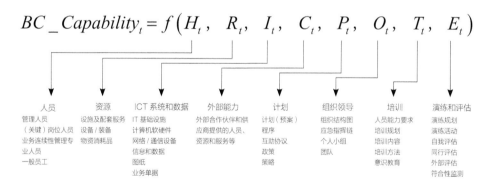

$$BC\_Capability_t = f\left(H_t, \quad R_t, \quad I_t, \quad C_t, \quad P_t, \quad O_t, \quad T_t, \quad E_t\right)$$

图 13-1 业务连续性是其构成要素的函数

此外,人们也常把业务连续性能力的不同构成要素直接称为能力,如把与人员相关的构成要素称为人员能力,把与资源等物质相关的构成要素称为物资保障能力,把与 ICT 系统和数据相关的构成要素称为信息技术能力(或数据能力),把与计划、组织领导、培训、演练和评估等相关的构成要素称为管理能力。我们需要注意这些能力(构成要素)和业务连续性(整合能力)的区别,不要混淆。

## 13.1.2　业务连续性能力建设和保持

进行业务连续性能力建设和保持，首先要从业务视角确定和选择适当的业务连续性策略，并在其基础上确定包含人员、资源、ICT 系统和数据、外部能力、计划、组织领导、培训、演练和评估等能力构成要素在内的业务连续性（能力）方案；接下来，采取"分而治之"的原则，逐项配置人员、资源、ICT 系统和数据，以及外部能力这些输入性的要素；之后通过计划、领导组织、培训、演练和评估这些形成性要素将输入性的要素集成并验证；最后，随着以上能力构成要素的变化及时调整，以保持能达到目标水平的业务连续性能力，如图13-2所示。

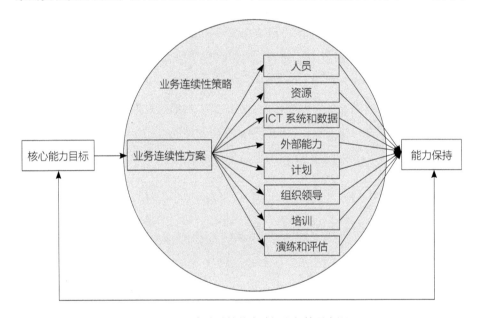

图 13-2　业务连续性能力建设和保持示意图

为实施包含人员、资源、ICT 系统和数据、外部能力、计划、组织领导、培训、演练和评估等能力构成要素在内的一揽子业务连续性（能力）方案，组织需要做好以下工作。

● 业务连续性策略和方案的识别和选择。业务连续性策略是构想未来的事件应对蓝图，设计达成业务连续性目标的方式方法。业务连续性方案将该蓝图和方式方法转化为一揽子可落地的能力（构成要素）解决方案，选定的业务连续性策略用以指导业务连续性方案的建设，详见本主题后续部分。

- 应急预案（和程序）的编制和管理。应急预案是组织为应对未来可能发生的某些事件，综合运用各能力构成要素进行应对以达成组织业务连续性目标的工作方案，详见主题 14。

- 应急组织设计。应急组织设计是指在事件处置期间，对组织的不同层级、不同部门之间以及与外部相关方的协调、协同关系的设计，包括设计完整的决策—指挥—处置结构（及指挥链），详见本主题后续部分。

- 人员意识和能力准备。人员意识和能力准备是指在组织、业务/职能部门、团队/小组和个体等多个层级进行人员意识和能力的准备，详见主题 15。

- 资源管理。应急指挥中心、IT 灾备系统、后备办公场所、备用生产设备，……涉及设施、设备和消耗性物资的全生命周期管理（规划设计、采购建设、运行维护和处置报废）。此外，数据已被纳入生产要素，是组织业务运营必不可少的组成部分。因此，组织要做好日常管理和事件处置中信息和数据的管理工作，保障其安全可用；也要做好承载信息和数据的 ICT 系统的管理工作，详见本主题后续部分。

- 外部能力。组织没必要也不可能完全自建和维护所有必需的能力，从外部采购部分能力、外包某些能力或者利用某种协议/安排以在特定时段使用某些外部能力是业务连续性方案的重要组成部分。因此，组织需要对外部能力的采购、外包以及相关的协议/安排进行适当的管理以保障业务连续性能力的集成、验证和保持。

- 演练和评估。对于业务连续性能力是否达到目标能力水平，组织不能在运营中断事件发生后去验证，那样做的代价可能会极为惨痛。组织需要在日常生活中采用适当的演练和评估方法进行验证，详见主题 16、主题 19 和主题 20。

- 能力保持。人员、资源、ICT 系统和数据、外部能力、计划、组织领导、培训、演练和评估等能力构成要素会随着组织环境和业务运营的变化而持续变化，只有通过监测及时发现这些变化并及时调整，才能保障业务连续性能力始终能够达到目标能力水平。

业务连续性能力建设和保持，从业务连续性策略和方案，到人员、资源、ICT 系统和数据、外部能力、计划、组织领导、培训、演练和评估等能力构成要素的规划建设，再到能力构成要素集成、能力验证和保持，涉及众多项目（集）和活动，它们都需要被纳入业务连续性项目集进行统一管理。

# 13.2　业务连续性策略和方案

## 13.2.1　业务连续性策略和方案及其关系

业务连续性策略，在 ISO 22313 中的定义为"组织满足其业务连续性要求的可能方法"，在《灾难恢复杂志》中的定义为"组织为确保在灾难或其他业务中断发生时的恢复和连续性而选择的方法"。业务连续性方案，即业务连续性（能力）解决方案，是指由选定的满足业务连续性要求的方法转化而成的包含人员、资源、ICT 系统和数据、外部能力、计划、组织领导、培训、演练和评估等构成要素在内的一揽子解决方案。

在实务中，业务连续性策略是运用简明的语言或图表，清晰地表述在突发事件或运营中断发生时的处置方法以及如何有效运用各种能力构成要素实施这一方法的说明，是对应对突发事件或运营中断的一种设想，尤其是指对未来运用业务连续性能力的一种构想或规划。也就是说，业务连续性策略是构想未来的事件应对蓝图，设计达成业务连续性目标的方式方法，而业务连续性方案将该蓝图和方式方法转化为一揽子可落地的能力（构成要素）解决方案。在包含人员、资源、ICT 系统和数据、外部能力、计划、组织领导、培训、演练和评估等构成要素在内的一揽子解决方案的建设过程中，业务连续性策略起着引领和指导作用。

通常意义上，一个业务连续性策略对应一个完整的业务连续性方案，组织可能需要多个业务连续性策略和方案来满足业务连续性要求。有时候，人们也把业务连续性构成要素方案，如人员方案、资源方案、外部能力方案等简称为业务连续性方案。从这个意义上看，一个业务连续性策略至少对应一个业务连续性方案，而特定的业务连续性方案可能适用于多个业务连续性策略。ISO 22301：2019

将 ISO 22301：2012 8.3 中的业务连续性策略章节修改为业务连续性策略和方案，即明确存在不止一个业务连续性策略和方案。同时 ISO 22301：2019 还指出，这些考虑中断之前、期间和之后应对的方式方法的业务连续性策略应通过一个或多个方案来实现。

## 13.2.2　业务连续性策略及其常见分类和分级

根据组织对业务连续性管理范围的划分，在实务中，业务连续性管理可能涉及应急、连续性和危机这 3 个方面的管理。其中，应急管理重点关注生命财产安全、公共秩序和利益，目标是零损失和零破坏，达成目标的方式是保障零伤亡（底线）、尽力达到零损失和零破坏；连续性管理重点关注产品和服务提供，目标是在 RTO 内恢复产品和服务提供以达到 MBCO 水平；危机管理重点关注组织的声誉、品牌和组织形象，目标是重建信任关系，达成目标的方式是沟通（当然，还要有相应的行动）。这三者各有不同的关注重点、目标、达成目标的方式，并且涉及不同的能力，如表 13-1 所示。

表 13-1　应急、连续性和危机管理的对比

| 类别 | 关注重点 | 目标 | 达成目标的方式 | 主要涉及的能力 |
| --- | --- | --- | --- | --- |
| 应急 | 生命财产安全、公共秩序和利益 | 零损失、零破坏 | 有底线；趋向于目标，尽力达到 | 预防、保护和减灾、情报和监测、预警和警报、应急响应、危机沟通和管理、事后重建 |
| 连续性 | 产品和服务提供 | 在 RTO 内恢复产品和服务提供以达到 MBCO 水平 | 必须达到 | 预防、保护和减灾、情报和监测、预警和警报、业务恢复、危机沟通和管理、事后重建 |
| 危机 | 声誉、品牌和组织形象 | 重建信任关系 | 沟通 | 预防、保护和减灾、情报和监测、预警和警报、危机沟通和管理 |

无论是突发事件、运营中断还是危机事件，其应对机制都需要考虑分类、分级和分期（详见主题 14）。由于突发事件、运营中断和危机事件的划分与分期有一定关联（即应急、连续性和危机的划分本身就是一种分期），所以应急和危机策略主要考虑分类和分级。分类可以根据引致事件的主要风险源的性质，如火灾、洪水、地震、断电等的性质，确定事件应对的主责和参与部门以进行专业化

应对。分级主要是根据事件对其关注对象造成（或可能造成）影响的大小，如事件预警分级（红色、橙色、黄色、蓝色等）或事件响应分级（一般、较大、重大、特别重大事件等），确定所需动员资源的规模。分期的方法在公共安全应急管理中的讨论已很充分，可供参考的资料比较多，此处就不多说了。相较而言，业务连续性策略的分类和分级有明显的不同，以下进行详细说明。

我们知道，运营中断是由支撑业务活动正常运行的关键业务要素不可用引起的，如用于生产的关键物料无法及时到货、办公场所不能进入、关键岗位人员失联、ERP 系统数据出问题、特种经营牌照被吊销或暂停使用等。不管这些关键业务要素不可用的原因是什么（可能是自然灾害造成供应商停产或交通问题导致关键物料无法及时到货，火灾、修路造成办公场所不能进入，事故、突发疾病造成关键岗位人员失联，断电或勒索软件造成 ERP 系统数据出问题，舆情事件或政府治理整顿造成特种经营牌照被吊销），这些关键业务要素一旦不可用，就可能造成运营中断。

保障连续性（包括不中断和中断后及时恢复两种情况）通常有两类方法：一是为关键业务要素提供备份或冗余，根据该业务要素的重要程度提供 $1 : n$ 直至 $n : 1$ 备份，即为 $n$ 个该业务要素提供 1 个备份直至为 1 个该业务要素提供 $n$ 个备份；二是当为关键业务要素提供备份或冗余存在困难（如成本太高或其他条件不许可）时，首先要尽可能降低该业务要素不可用的可能性，如通过主动性维护尽可能缩短关键生产设备的停机时间，而一旦该业务要素不可用，我们就必须通过调整业务活动的运行方式来保障产品和服务的交付，如将产品或服务外包，或将其转移到组织的其他生产或服务单元。

由此，业务连续性策略可以按照关键业务要素的种类进行分类。ISO 22301（和 ISO 22331）系列国际标准中提到："考虑的资源类型应包括，但不限于：人员、信息和数据、物理基础设施（如建筑、工作场所、其他设施及配套公共服务）、设备和消耗品、ICT 系统、交通运输和物流、资金以及合作伙伴和供应商。"《商业银行业务连续性监管指引》中提到："关键资源应当包括关键信息系统及其运行环境，关键的人员、业务场地、业务办公设备、业务单据以及供应商等。"在实务中，我倾向于使用"关键业务要素"而非"资源"和"关键资源"来表述支撑业务活动正常运行的资源、条件等要素，因为除了上述提及的资源类型外，业务要素还可能包括金融（或其他重监管）行业的牌照、有条件授权使用的工艺或专利等。一般而言，同一个行业中业务活动正常运营所依赖的关键业务要素种类大致相似，每个组织都需要确定适宜的关键业务要素类型。

在按照关键业务要素的种类对业务连续性策略进行分类时，常见的策略包括以下几种。

（1）热站，即同时在多个场所提供产品和服务，如金融业常提到的"两地三中心"，甚至"三地六中心"。

（2）温站，即将产品和服务提供转移到经简单调整即可提供产品和服务的工作场所。

（3）冷站，即将产品和服务提供转移到仅提供基础公共服务的工作场所，需要一定时间准备方可进行产品和服务提供。

（4）产品和服务转移，即将产品和服务提供转移到组织的其他设施，适用于有多个产品和服务设施的大型组织。

（5）移动站点，即通过可移动的、临时的设施提供产品和服务，如移动应急通信车、移动银行车等。

（6）远程办公，包括"在家办公"，适用于较小型的组织或部分业务单元，在新冠肺炎疫情中，此方式也被许多大型组织采用。

（7）互惠协议，即和提供类似产品和服务的机构签署协议，在运营中断发生时由该机构代为提供产品和服务，适用于公共服务机构（如相邻的急救组织）或没有竞争关系的商业机构（如在不同地区经营的城市商业银行）等。

（8）事后重建（有保险），即只购买保险，以在事后进行业务恢复和重建，适用于损失不大、RTO较大的业务。

（9）无策略，适用于低关键性的业务、高风险偏好的组织，也适用于产品生命周期较短的业务。

对业务连续性策略分级是指按照特定策略能满足的RTO范围对业务连续性策略进行分级，如将能满足RTO为数分钟到1小时范围的策略定为A级，将能满足RTO为1小时到1天范围的策略定为B级，将能满足RTO为1天到1周范围的策略定为C级，……当然，业务连续性策略也可以分为金、银、铜或1、2、3、4等级别。在对这些业务连续性策略分级进行命名时，组织要使不同相关方理解分级的依据是策略满足的RTO范围，因此尽量不要用"重要""关键"这些容易引起相关方情绪反应的词语。

综上所述，业务连续性策略可以按照特定策略适用的业务活动或关键业务要素的类型分类，如适用于业务活动 A、业务活动 B、业务活动 C，或适用于人员、信息和数据、物理基础设施、设备和消耗品等，并按照可满足的 RTO 范围进行分级。表 13-2 是 ISO/TS 22331：2018 给出的一个交通运输和物流策略（分类）的分级策略。

表 13-2　交通运输和物流策略（分类）的分级策略

| 满足的最小恢复时间 | 业务连续性策略示例 | 前提条件 |
|---|---|---|
| 数小时 | 现有物流服务提供商有额外的服务能力 | 提前从两个或两个以上的公司采购运输；确定有合同约定了待命的额外能力 |
| | 员工乘坐出租车或公交车出行 | 确定与备用交通提供商签有合同 |
| | 使用多种交通方式或通过不同媒介交付合同规定的能力 | 记录变更交通方式所需的所有变化，如重新包装 |
| | 请求客户安排运输 | 考虑与客户达成事前协议 |
| 数天 | 中断发生后与其他物流供应商签订合同 | 无 |

当然，组织也可以采用其他方式对业务连续性策略进行分类，如按照保护业务使其不中断、中断后尽快恢复以及减轻影响 3 个方面可将其划分为保护优先活动的策略，稳定、连续、重续和恢复优先活动的策略，缓解、响应和控制影响的策略；按照业务连续性能力框架将其划分为预防策略、保护和减灾策略、情报和监测策略、预警和警报策略、应急响应策略、业务恢复策略、危机沟通和管理策略以及事后重建策略。

## 13.2.3　识别和选择业务连续性策略和方案

为达成在能力规划环节中确定的核心能力目标，组织需要识别和选择业务连续性策略和方案，并在策略的引领下建设和保持包含人员、资源、ICT 系统和数据、外部能力、计划、组织领导、培训、演练和评估等构成要素在内的一揽子能力解决方案。识别业务连续性策略和方案，即通过对业务连续性策略分类和分级，识别出能满足核心能力目标要求的策略和方案，并分析实施相关策略和方案的过程（方式方法）和前提条件。选择业务连续性策略和方案，即针对已识别出的可满足核心能力目标要求的策略和方案，考虑特定的环境（地理、经济、社会和文化等方面）、风险偏好、相关策略和方案的成本（建设成本和维护成本）效益，选择适当的业务连续性策略和方案。

相关人员应安排一次正式会议以向业务连续性管理委员会汇报候选的业务连续性策略和方案，逐一介绍候选策略和方案侧重于哪些业务连续性任务领域（预防、保护和减灾、情报和监测、预警和警报、应急响应、业务恢复、危机沟通和管理、事后重建），以及它们的优缺点、成本效益等，并提出建议，由业务连续性管理委员会和组织的高层管理团队决定选择哪个业务连续性策略和方案。

特别要说明的是，业务连续性策略有时也被称为"业务连续性战略"，如《商业银行业务连续性监管指引》第六条指出："商业银行应当根据本行业务发展的总体目标、经营规模以及风险控制的基本策略和风险偏好，确定适当的业务连续性管理战略"。此处的业务连续性管理战略（BCM Strategy）是组织级的业务连续性管理战略，主要涉及组织级的业务连续性管理目标、为实现该目标建立的组织结构以及相关的风险限额等，一般不会形成一个独立的文件，大多在业务连续性方针（即业务连续性项目集的章程文件）中体现。而本主题中的业务连续性策略（BC Strategy）与上述业务连续性管理战略不同，指的是业务（流程或活动）级的业务连续性策略，主要描述突发事件或业务中断的应对方法以及对如何运用有效资源实施这一方法进行说明，有时也特指业务连续性管理中的一个重要过程（或环节），可形成一个独立的"业务连续性策略"文件，也可作为小型组织的业务影响分析报告的一部分。

## 13.2.4　实施业务连续性方案

实施业务连续性方案，即按照人员、资源、ICT 系统和数据、外部能力、计划、组织领导、培训、演练和评估等分项实施业务连续性能力的构成要素方案。这些构成要素方案可能采用自行建设方式，也可能采用外包方式，还可能调整现有的业务运行方式，或对合作伙伴和供应商提出新的要求等。有些方案实施周期短，可以立即实施并投入使用；有些方案实施周期长，需要列入建设规划逐步开展。但两种方案都需要纳入业务连续性项目集进行管理并跟踪进展。

下面选择能力构成要素中的组织领导、资源（包括 ICT 系统和数据、外部能力）分别予以简要说明，其他要素将在主题 14、主题 15、主题 16、主题 19和主题 20 中涉及。

## 13.3 应急组织设计

应急组织是事件管理的重要组成部分，它决定了"战时"体系决策和指挥的效率，影响着业务连续性管理体系的功能、应急响应和业务恢复的有效性。组织结构是对人员职责、权限和相互关系的安排。应急组织设计，是针对性地设立面向运营中断事件管理的责任部门和协助部门，并明确这些部门的岗责体系和协调机制的活动。

由于可能造成运营中断的事件种类繁多、形态各异、难以预测，无论采用哪种形式（直线制、职能制、直线职能制、事业部制或矩阵制），快速反应、协调联动都是建构应急组织的基本前提。应急组织不仅要通过专业分工提高应急质量和效率，而且要注重组织各部门间的高效协同作业。

通常，一个完善的应急组织结构包括应急委员会、应急指挥部和各专业应急组，它们分别对应不同层次的应急过程，如图 13-3 所示。

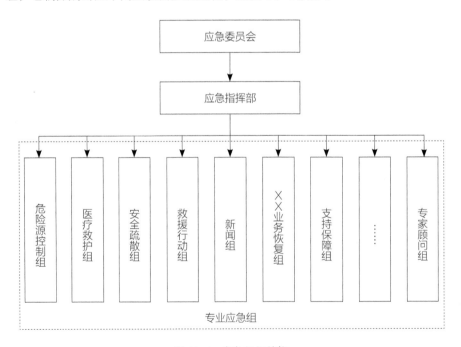

图 13-3　应急组织结构

（1）应急委员会属于战略层，对应应急管理和决策过程，其主要职责是审定突发事件和运营中断事件应急预案，做出重大应急和恢复决策。

（2）应急指挥部属于战术层，对应应急响应和业务恢复过程，负责协调事件应对期间各个机构的运作，统筹安排应急和恢复行动。其主要职责是落实应急和恢复计划，做好应急准备，指挥、控制和协调应急和恢复行动。

（3）各专业应急组属于执行和操作层，在事件应对过程中执行专业应急响应、业务恢复和支持保障工作。例如，新闻组是负责与新闻媒体接触的组织，处理一切与媒体报道、采访、新闻发布会等相关的事务，以保证事件报道可信、真实和权威；××业务恢复组是负责××特定业务恢复工作的组织，通常由负责该业务运行的人员组成；支持保障组是应急和恢复行动的保障力量，提供物质资源、人员支持和技术支持等，全方位保证应急和恢复行动的顺利完成。

组织可以根据自己的特点设计应急和恢复时所需的组织结构。下面简单介绍美国的事件应急指挥体系、英国的"金、银、铜"三级应急指挥模式和我国商业银行的应急处置组织架构，以供参考。

### 小资料：美国的事件指挥体系

美国是联邦制国家，有专门负责管理突发事件的国土安全部及其下属的联邦应急管理署，基层应急能力以消防和社会应急响应队伍为主。美国的突发事件应对由地方主导，在大规模突发事件应对中，联邦政府只提供相关应急资源，并不接管地方的应急指挥权。美国是最早研究突发事件现场应急指挥体系的国家之一，事件指挥体系的雏形就源于美国加利福尼亚州的森林火灾问题。1970 年 9 月，一连串的森林火灾破坏了加利福尼亚州的森林火灾防护体系，给许多参与救灾的突发事件管理部门造成了极大的混乱，而造成这种混乱的原因主要是救灾单位间缺乏一致的通信频率和代码，以及没有共同指挥和控制范围幅度的管理方法。为改善这种情况，新的事件指挥体系随之产生。美国国土安全部要求，凡是接受联邦政府资助的机构都须采用该指挥体系。

事件指挥体系是一套指挥、控制和协调应急机构的工具，也是协调各单位、达到稳定应急状况、保护人员财产和环境安全的一种方法。它虽然源自森林火灾应急指挥，但已经发展成为适用于各种类型的突发事件的体系，并被证实是能有效处理突发事件的方法与原则。美国的事件指挥体系的基本组织框架如图 13-4 所示。

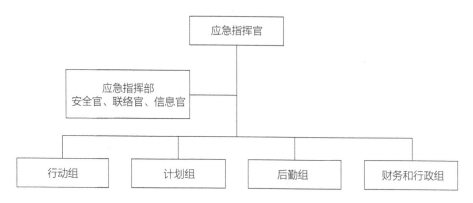

图 13-4　美国的事件指挥体系的基本组织框架

- 应急指挥官：制定应急管理的目标和优先级，对要处理的突发事件负大部分的责任，具体包括负责保障应急整体安全、制定应急策略及救援计划、协调及监督所有应急活动；统一指挥、组织后勤需求、确定所有应急成员都能获知任务内容、提供态势报告及评估表现。

- 安全官：监控所有救援行动及环境的危险状况，组织防护行动，负责保障现场全体应急人员的安全。

- 联络官：负责事故现场部门间的联络以及与其他单位的联系。

- 信息官：处理所有媒体需求并与应急指挥中心的公共事务人员协调信息发布事宜。

- 行动组：负责直接与现场应对行动有关的主要任务。

- 计划组：负责收集、评估和传达与事故有关的技术信息，准备进一步的行动计划。

- 后勤组：为各项应急管理行动提供所需的应急资源和其他服务。

- 财务和行政组：为各项应急管理行动提供经费和财务分析，并监督各行动的支出情况。

### 英国的"金、银、铜"三级应急指挥模式

英国由英格兰、苏格兰、威尔士和北爱尔兰 4 个组成部分，其中苏格兰、威尔士和北爱尔兰各实行不同程度的自治，英格兰下设的 9 个大区不是一级地方政府，仅是中央的派出机构。英国在内阁设立的内阁办公室国民紧急事务秘书处这一办事机构，不是独立的职能部门，仅负责有关协调工作。英国的应急指挥官一般来自警

察部门。英国内阁可以接管地方政府无法处置的影响很大的突发事件。就突发事件类型和规模而言，英国的突发事件规模比美国的小，类型比美国的少。

在突发事件指挥过程中，英国建立了"金、银、铜"三级应急指挥模式，以实现突发事件应急指挥与协调的高效与统一。英国突发事件的应急处置一般由地方的警察部门牵头，既需要消防救助、医疗救护等第一类应急响应部门、紧密协作单位和事发地政府第一时间参与，也需要供水、电力、油气、交通、通信、气象、环境、卫生、防疫、食品等部门，以及广泛的社会力量，甚至军队的参与。由于历史原因，英国的警察、消防、医护等主要应急部门内部和相互之间的独立性很强，在很长的时期内存在命令程序及处置方式不同和通信联络不畅、缺乏协作配合等问题，而建立"金、银、铜"三级应急指挥模式就是为了解决这些问题。

"金、银、铜"三级指挥模式确定了3个层级，各层级的组成人员和职责分工各不相同，此模式通过逐级下达命令的方式有效保证了处置命令在战略、战术以及操作层面都能得到贯彻、实施，从而形成分工明确、协调有序的工作局面。

金级是战略层，如果突发事件的影响范围较大，就需要启动金级处置机制。金级主要解决"做什么"的问题，由应急处置相关部门的代表组成，无常设机构，但明确专人并定期更换，以召开会议的形式运作。该层级负责从战略层对突发事件进行总体控制，制定目标和行动计划并下达给银级。

银级是战术层，主要负责应急管理和协调，组织应急处置的实施工作。银级主要解决"如何做"的问题，由事发地相关部门的负责人组成，指定专人并定期更换，可直接管控所属应急资源和人员。该层级负责战术层面的应急管理，根据金级下达的目标和计划对任务进行分配，简洁地向铜级下达执行命令（时间、地点、参与者、做什么、如何做等），并可根据不同阶段处置任务及其特点的不同，任命相关部门人员分阶段牵头负责处置任务。

铜级是行动层，负责具体完成应急处置任务，由在现场指挥处置的人员组成，直接管理应急资源的运用。该层级执行银级下达的命令，确定正确的处置和救援方式，"在合适的时间以合适的方式做合适的事情"。事件发生后，铜级指挥处置人员首先到达现场，指挥官需要立即对情况进行评估。

## 我国商业银行的应急处置组织架构

《商业银行业务连续性监管指引》第二章第十八条至第二十二条给出了对商业

银行建立图13-5所示的应急处置组织架构的相关要求，具体包括以下内容。

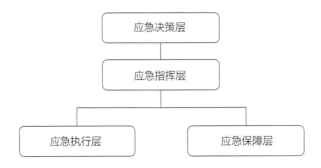

图13-5 商业银行的应急处置组织架构

第十八条 商业银行应当建立运营中断事件应急处置的组织架构，包括应急决策层、应急指挥层、应急执行层和应急保障层。

第十九条 应急决策层由商业银行高级管理人员组成，负责决定应急处置重大事宜，包括：决定运营中断事件通报、对外报告和公告；批准启动总体应急预案等。

第二十条 应急指挥层由商业银行的业务连续性管理主管部门、执行部门和保障部门负责人组成，负责运营中断事件处置应急指挥和组织协调，督导应急处置实施。

第二十一条 应急执行层由商业银行业务连续性管理执行部门组成，负责业务条线与信息技术应急处置工作。

第二十二条 应急保障层由商业银行业务连续性管理保障部门组成，负责应急处置所需人力、物力和财力等资源的保障，应急处置对外报告、宣告、通报和沟通与协调，以及对外媒体公关、秩序维护、安全保障、法律咨询和人员安抚等相关工作。

组织可结合业务连续性管理目标、风险态势以及自己的业务和组织结构设计适宜的应急组织，并将其形成文件。在具体的应急组织设计过程中，组织应重点考虑以下5点内容：

（1）有效解决多部门协调困难的问题。这主要通过分层级来解决，上级管理人员负责决策和协调，下级专业部门负责执行。

（2）尽量结合而不是打乱当前的组织结构。在分层及专业处置上尽可能结合当前的组织结构，以便保障应急和恢复行动的执行效率和效能。

（3）保证管理幅度合理和指挥一元化。考虑到管理能力限制，每一单元的直接下级尽量保持在5~9个，同时每一单元原则上只对一个上级负责。

（4）规范指挥手段，实现指挥顺畅。建立应急处置和业务恢复的制度流程和相关预案，"平时"多培训和演练，"战时"会更顺畅，而不会显得混乱。

（5）与外部的信息沟通和行动协调。组织的应急响应和业务恢复行动涉及多个外部机构，所以组织有必要与外部相关方保持信息沟通，并协调行动以达成预期结果。

# 13.4　资源分类和管理

任何一种实践活动，都离不开物质资源的投入。业务连续性管理作为组织应对运营中断的一种方式，是一项涉及多方面因素的系统工程，只有通过实践活动才能得以实现，因此必然需要组织投入一定的物质资源。业务连续性资源是组织在管理业务连续性的过程中所使用的各种（非人员）类型的资源的总称，既包括在预防、保护和减灾、情报和监测、预警和警报、应急响应、危机沟通和管理、业务恢复等能力运用过程中所需要的设施、装备和物资等资源，也包括在业务连续性准备过程中所需要的各种物资资源。

## 13.4.1　资源分类

资源是业务连续性能力的基本维度，是另一维度"人员"能力的延伸和增强，也是业务连续性管理工作的重要基础。关键的业务连续性资源是业务连续性策略和方案有效落地的物质保障。常言道，"巧妇难为无米之炊。"充足的业务连续性资源是实施应急响应和业务恢复的基础和保障，是开展业务连续性管理工作必不可少的前提，它主要包括场所设施、关键设备、ICT 以及应急物资等，如表13-3所示。

表 13-3  业务连续性资源的分类

| 类型 | 内容 |
|------|------|
| 场所设施 | 专用场所：应急指挥中心、IT 灾备中心、消防水池、应急物资储备中心和应急屋等 |
| | 非专用场所：多用途的车间、办公场所、培训中心、会议室、食堂和临时庇护所等 |
| 关键设备 | 应急救援装备：侦测设备、消防设备、危险物质泄漏控制设备和特殊装备等 |
| | 业务恢复装备：应急电力设备、备用生产设备等 |
| | 其他装备：通信装备、交通工具、照明装备和重型设备等 |
| ICT | 业务相关系统：管理信息系统、办公系统、工业控制系统、IT 基础设施及相应的备用系统等 |
| | 业务连续性管理系统：监测系统及业务运营、预警和警报的基础设施，应急指挥平台，IT 灾难恢复系统，网络安全系统等 |
| | 相关的信息和数据：空间数据、属性数据等 |
| 应急物资 | 救生和防护类：防护用品、救生用品、急救器械和药品等 |
| | 生活类：衣被、方便食品、救灾帐篷、净水器械等 |
| | 业务类：生产物料、设备维护物资等 |

场所设施。业务连续性管理工作和业务活动一样，都需要一定的空间来承载，而场所设施为业务连续性管理工作的开展提供必要的空间和配套设施服务。从使用方式来看，场所设施通常可分为两大类：专用场所和非专用场所。专用场所包括应急指挥中心、IT 灾备中心、消防水池、应急物资储备中心和应急屋等专门用于开展业务连续性管理活动的场所；非专用场所主要指多用途的车间、办公场所、培训中心、会议室、食堂和临时庇护所等。当然，这些场所应根据具体用途配备水、电、气、暖和通信等基础服务。

关键设备。业务连续性管理工作的开展也离不开关键设备，组织只有依靠精良的关键设备才能有效发挥业务连续性能力。根据实用性、功能性、安全性及客观条件配置，关键设备通常可分为应急救援装备、业务恢复装备和其他装备。应急救援装备主要指开展应急响应工作所需的侦测设备、消防设备、危险物质泄漏控制设备和特殊装备等，如消防输水装置（及软管喷头）、灭火器、危险物质泄漏控制/探测/封堵设备等。业务恢复装备主要指开展业务恢复工作所需的生产设备等（与特定的业务密切相关），如应急电力设备（备用发电机）、备用生产设备等。其他装备包括组织在应急响应和业务恢复过程中需要用到的通信装备、交通工具、照明装备和重型设备等，如移动电话、固定电话、对讲机、应急通信设备、小汽车、客运 / 货运车辆等。

ICT。ICT 的发展为应急响应和业务恢复提供了有效手段。遥感技术、通信技术、高精度对地观测技术和物联网的结合，有助于组织迅速获得突发事件和运营中断的信息，及时启动应急响应和业务恢复措施来开展业务连续性管理工作。但 ABC（AI、Big Data、Cloud，人工智能、大数据、云计算）等技术和传统产业的结合在带来巨大产业回报的同时，也引入了新的风险和脆弱性，如数据泄露、黑客攻击、工控系统安全问题等，需要组织进行有效的控制。ICT 包括业务相关系统、业务连续性管理系统以及相关的信息和数据等。其中，业务相关系统主要包括用于支持管理决策的管理信息系统、办公系统，支持业务及系统运行的工业控制系统、IT 基础设施及相应的备用系统等；业务连续性管理系统主要包括监测系统及业务运营、预警和警报的基础设施，应急指挥平台，IT 灾难恢复系统，网络安全系统等；相关的信息和数据主要包括危险源、重点防护保卫目标、应急救援和业务恢复队伍空间分布以及供水、供电、供气的管理分布和闸门开关位置分布等安全信息的空间数据，以及救援和恢复设施、装备、物资、药品等的使用情况的属性数据等。

应急物资。应急物资主要指在应急响应和业务恢复过程中使用的各类消耗性物资，一般分为 3 类：救生和防护类，如防护用品、救生用品、急救器械和药品等；生活类，如衣被、方便食品、救灾帐篷、净水器械等；业务类，如用于保障业务正常运营所需的生产物料和设备维护物资等。

## 13.4.2 全生命周期管理

突发事件和运营中断具有不确定性强、突发性强、涉及面广、影响力大的特征，所以组织有时很难预测其发生、发展态势。为切实满足应对突发事件和运营中断的资源需求，组织在常态下落实各种应急和恢复的综合应变措施，依据核心能力目标及业务连续性方案要求，加强图 13-6 所示的业务连续性资源的全生命周期管理（规划设计、采购建设、运行维护和处置报废）至关重要。当然，在实务中，从规划设计、采购建设到运行维护和处置报废并不是一个简单的、线性的过程。例如，对于重要产品的关键物料，当监测其二级（或更上游）供应商存在断供可能性时，组织就需要与一级供应商迅速沟通，根据情况及时调整该物料的安全库存。

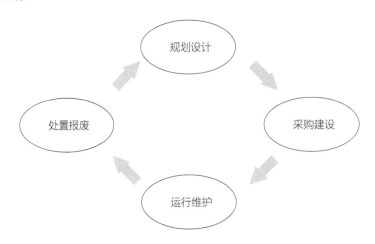

图 13-6　业务连续性资源的全生命周期管理

规划设计。良好的资源规划设计，一方面可使组织通过做好预防工作避免许多运营中断的发生；另一方面可保证组织能够在事件发生时及时控制损失，从而达成业务连续性管理目标。当运营中断发生时，组织在短时间内可能需要供应大量应急和恢复资源，这要求组织在业务连续性能力建设和保持上做好充分的准备，按照"分类管理、科学管理"的原则管理好业务连续性资源。场所设施建设周期长、运维成本高，所以组织需要科学决策、提前规划，以使其能在需要时为业务连续性运营提供有效保障。关键设备、ICT 和应急物资的种类及规格繁多、需求不确定，所以在业务连续性策略的引导下利用实物、资金和生产能力进行协调储备，是资源规划设计的关键问题。

常见的业务连续性资源储备方式包括：组织自备、协议企业实物储备、协议企业生产能力储备以及其他储备方式。考虑到业务连续性资源种类的多样性、需求环境的复杂性，单纯采用一种储备方式对某类资源进行储备，可能会产生保障能力不足、储备成本过高、资源得不到有效利用等诸多问题。根据不同储备方式在保障能力和储备成本上的差异，组织可以多样化某些资源的储备主体，即以多种储备方式合成的方式进行协调储备。依据"科学性、互补性、保障业务连续性需求、节约储备成本"的原则，将组织自备、协议企业实物储备、协议企业生产能力储备 3 种方式进行不同的组合，可构成多种资源协调储备方式。以不同方式协调储备适当种类的业务连续性资源，能够在满足业务连续性需求的前提下节约储备成本、提高资源利用效率。组织可参考表 13-4 对业务连续性资源储备方式进行分析。

表 13-4　业务连续性资源储备方式

| 储备方式 | 储备主体 | 组织成本 | 协议企业成本 | 保障能力/总成本排序 |
|---|---|---|---|---|
| 组织自备 | 组织 | 采购成本、储存成本 | 生产成本 | 1 |
| 协议企业实物储备 | 协议企业 | 采购成本、实物补贴 | 生产成本、储存成本 | 4 |
| 协议企业生产能力储备 | 协议企业 | 采购成本、生产能力补贴 | 生产成本、生产能力持有成本 | 6 |
| 组织与协议企业实物协调储备 | 组织和协议企业 | 采购成本、储存成本、实物补贴 | 生产成本、储存成本 | 2 |
| 组织与协议企业实物、生产能力协调储备 | 组织和协议企业 | 采购成本、储存成本、实物补贴、生产能力补贴 | 生产成本、储存成本、生产能力持有成本 | 3 |
| 协议企业实物、生产能力协调储备 | 组织和协议企业 | 采购成本、实物补贴、生产能力补贴 | 生产成本、储存成本、生产能力持有成本 | 5 |

采购建设。无论组织是自建、租赁使用还是购买服务，采购都是业务连续性资源管理中必不可少的一环。当然，比较复杂的、为组织定制的业务连续性资源，还会进一步涉及建设过程。根据业务连续性资源需求规划，相关部门对需要的资源实行集中采购，按照质优价廉原则，引入市场竞争机制，降低采购、储存和保有成本。在业务连续性相关服务的采购中，组织需要特别注意 SLA 条款的设计及验证。由于业务连续性资源需求具有不确定性，组织应安排适当比例的资金以备事件发生时能进行临时采购（事先建立临时采购机制和流程有助于减少事件处置应对中发生的混乱）。此外，业务连续性资源的采购建设应纳入组织财务预算，这有利于保障业务连续性管理工作的及时性和效益性。

运行维护。所有业务连续性资源只有被恰当地运行、维护，保持良好的状况，才能在需要的时候发挥应有的作用。对于场所设施、ICT，组织需要建立运维管理制度，指定专人或团队负责，按照运行和维护标准，做好日常运维以及事件和问题管理，及时对场所设施和 ICT 系统进行更新、补充和改进，保证其始终处于良好状态。对于关键设备和应急物资，组织需要编制设备和物资分类目录，建立储备物资管理制度，严格制定储备仓库的建设和管理标准，规范入库、保管、出库和存放管理的要求。在合理调拨使用资源的过程中，组织应严格按照相关制度和程序，做好资源的调拨使用管理工作，严防意外事件发生；建立业务连续性资源的调拨使用审批程序，明确调运接受要求，加强业务连续性资源的调拨使用管理检查。

处置报废。健全的业务连续性资源管理要求组织不仅要在平时注重对资源的储备和维护，为提高资源的使用效率、节约成本，还需要加强对适用资源的使用和回收：明确储备物资发放使用要求，做好发放使用记录；订立回收物资合同，以明确责任；确定储备物资使用回收期限及报废处理办法，及时处理报废物资，以免造成不良影响。

# 13.5　能力集成、验证和保持

系统的要素与结构共同构成系统，而结构就是要素与要素之间、要素与系统之间的各种关系的总和。要素在结构的规定下有机结合形成系统，从而产生特定的功能。对业务连续性能力系统来说，这种功能的产生就是业务连续性能力的形成和发展。

在现实中，业务连续性能力不是凭空产生的，而是由人员、资源、ICT系统和数据、外部能力、计划、组织领导、培训、演练和评估等构成要素生成的，业务连续性能力形成和发展的基本前提和基础就是具备业务连续性能力构成要素，缺少任何一种构成要素，业务连续性管理目标就无法达成。如果没有人员，业务连续性活动就无法开展；没有资源（技术），业务连续性活动就成了无本之木；没有外部能力，业务连续性活动就完全由组织自身承担，理想的效率和效果都不太可实现；没有计划、组织领导等，业务连续性就没有对象和目标，活动就无法有效开展。

### 13.5.1　能力集成

组织进行业务连续性管理的目的和理想目标之一，是在复杂的环境中实现对复杂的能力构成要素的整合，即在特定的时间和空间内将组织在中断状态下所需要的各种构成要素条件，整合成统一的组织力量，形成综合的业务连续性能力，实现整体能力构成要素配置的规范化和效益最大化。当然，业务连续性能力要发展，仅靠能力构成要素齐全是不够的。这些构成要素只有有机地结合在一起，相互依赖、相互作用，才能形成业务连续性能力。业务连续性能力的形成和发展，是一个循序渐进、复杂变化的过程。受众多因素的影响，各能力构成要素相互作用是业务连续性能力产生的根本原因。人和组织（团队）的能力、系统与装备的能力相结合，即经过适当计划、组织领导、培训、演练和评估，形成了能保障业务持续运营的业务连续性能力。也就是说，业务连续性能力的形成和发展，是组织在其整体规划下，明确业务连续性管理的各主体部门／团队，对人员、资源、ICT 系统和数据、外部能力、计划、组织领导、培训、演练和评估等进行集成的过程。

### 13.5.2　能力验证

在能力集成过程中，组织还需要采用适当的方式进行能力验证，否则得到的很可能只是"沙滩上的城堡"。有些组织只是将业务连续性管理视为合规建设，看似风险评估和业务影响分析报告、制度预案、培训演练记录齐备，但并未认真进行能力集成和验证，当发生运营中断时，才发现根本无力应对。演练是常见的能力验证方法，无论是基于桌面的穿行测试、人员呼叫树（Call Tree），还是部门级的功能演练、全面演练等，都可以有针对性地发挥作用。根据能力现状和薄弱点，组织可以选择不同的能力验证方法对能力构成要素或集成能力进行验证。例如，有些组织要求关键岗位人员必须满足岗位能力要求，通过相关考核后才能上岗；也有些组织制定了较为完善的预案管理办法，将预案分类分级管理，要求部分重要的预案必须经评审、演练后才可以正式发布、投入使用。这些都是值得推荐的实践。

### 13.5.3 能力保持

在组织的日常运营实践中，与业务连续性能力相关的人员、资源、ICT 系统和数据、外部能力、计划、组织领导、培训、演练和评估等能力构成要素始终处于动态的变化过程中，如信息科技部灾备负责人调岗，供应链管理部门重组，生产线技术改造升级，客户关系管理系统"云"化（转向云服务），更换了主要的物流供应商，……事实上，在变化的组织环境中，由于业务连续性能力的各构成要素也始终处在变化中，如何保持业务连续性能力已是业务连续性管理负责人必须重点关注的问题之一。例如，某企业在新建灾备中心后的演练中表现优异，但一年后在重要业务系统发生故障时，投资巨大的灾备中心无法及时、有效地接管该业务系统，这说明其在能力保持方面存在问题，需要该企业重点关注。

### 13.5.4 外部资源（和能力）管理

组织从来都不是孤立的存在，在选择业务连续性策略和方案时，组织会根据业务类型、组织规模和行业特点的不同，使用适当的外部资源和能力模块。这些外部资源需要纳入业务连续性资源管理，外部能力模块也需要集成进业务连续性能力方案中，并被持续验证。

**延伸阅读**

1．宋劲松：《突发事件应急指挥》，中国经济出版社，2011 年。

2．DoD: CJCSI 3170. 01I JOINT CAPABILITIES INTEGRATION AND DEVELOPMENT SYSTEM（JCIDS），2015.

3．刘娇，王雷：《应急决策、指挥与处置》，中国人民公安大学出版社，2016 年。

4．ISO/TS 22331：2018 Security and resilience - Business continuity management systems - Guidelines for business continuity strategy.

## 主题 14
# 应急预案和业务连续性计划

**问题**：如何编制和管理应急预案和业务连续性计划？

相关问题如下：

"应急预案和业务连续性计划是什么关系？我需要都编制吗？"

"业务连续性计划包括哪些计划？"

"应急预案有哪些内容？它是否就是正式成文的应急程序？我应该怎么编制和管理？"

"应急预案是制度文件吗？如果将其当作制度文件进行管理，每年修订都要走一遍流程，那就太麻烦了。"

**简答**：应急预案是组织为应对未来可能发生的某些事件（突发事件、运营中断或危机事件），综合运用各能力构成要素进行应对以达成组织管理目标的工作方案，从本质上讲，它是包含人员、资源、ICT 系统和数据、外部能力等能力构成要素在内的一揽子能力解决方案，是对满足组织业务连续性要求的业务连续性能力的书面描述。

应急预案的编制和管理涉及编制和评审发布、宣传培训和演练、评估和修订维护，是业务连续性项目集管理的重要组成部分，也是在业务连续性管理委员会领导下开展的项目或活动（与组织规模、业务复杂度和应急预案体系结构相关）。

**问题**：应急预案和业务连续性计划是什么关系？我需要都编制吗？

**回答**："一案三制"中的应急预案和业务连续性管理中的业务连续性计划既有很多交叉和重叠部分，也有一定的互补部分。组织可以根据实际情况和需要，编制适宜的应急预案体系，涵盖业务连续性计划中不同功能的计划。

**问题**：应急预案有哪些内容？它是否就是正式成文的应急程序？我应该怎么编制和管理？

回答：应急预案体系中不同类型的预案及其编制和管理方法见后文。需要明确的是，应急预案既包含程序化的部分，还包含人员及其组织方式、应急保障以及对外部合作伙伴和供应商的要求等。

问题：应急预案是制度文件吗？如果将其当作制度文件进行管理，每年修订都要走一遍流程，那就太麻烦了。

回答：应急预案要发挥效用，离不开制度般的强制力和问责制的实施，也就是说，应有相应的"责任与奖惩"条款。同时，应急预案可以被认为是组织实施非常态管理的、程序化的工作方案，需要组织结合面临的风险环境、自身的应急和连续性能力现状进行灵活调整。在实务中，建议将其制度化的部分通过《应急预案管理办法》或其他类似文件制度化，将应急预案体系中的专项应急预案、现场处置方案主要作为程序化的工作方案使用。至于综合应急预案是否需要制度化，组织可根据实际情况确定。

关键词：应急预案，业务连续性计划，"一案三制"，综合应急预案/总体应急预案，专项应急预案，现场处置方案，事件分类，事件分级，事件分期。

解题：应急预案和业务连续性计划是业务连续性管理中必不可少的部分，下面从应急预案和业务连续性计划基础、应急预案体系以及应急预案的编制和管理等方面进行讲解。

# 14.1　应急预案和业务连续性计划基础

## 14.1.1　"一案三制"与应急预案体系

"应急预案，有时简称'预案'，是为控制、减轻和消除突发事件引起的严重社会危害，规范突发事件应对活动而预先制定的方案。应急预案是针对可能发生的突发事件，为保证迅速、有序、有效地开展应急与救援行动、降低人员伤亡和经济损失而预先制定的有关计划或方案。"《突发事件应急预案管理办法》提出，应急预案，是指各级人民政府及其部门、基层组织、企事业单位、社会团体为依法、科学、有序应对突发事件，最大程度减少突发事件及其造成的损害而预先制定的工作方案。2003 年之后，我国开始建立以"一案三制"为核心的应急管理体系，其中应急预案是应急管理的行动体系，应急体制主要是指应急管理的组织体系，应急机制主要是指应急管理的流程体系，应急法制主要是指应急管理的规则体系。行动体系是组织体系、流程体系和规则体系共同作用的产物，应急预案是应急体制、应急机制和应急法制的综合体现。经过多年的建设，我国基本形成了"横向到边、纵向到底"的应急预案体系，也建立起了预案编制、评审、发布、演练、修订等一系列制度。从"一案三制"的实践来看，应急预案直接作用于应急管理，是应急管理政策体系与应急管理具体实践的衔接点，居于应急管理的中心地位。

主题 1 已讲过，全国突发公共事件应急预案体系包括突发公共事件总体应急预案、突发公共事件专项应急预案、突发公共事件部门应急预案、突发公共事件地方应急预案、企事业单位应急预案以及重大活动应急预案。其中，突发公共事件总体应急预案是全国突发公共事件应急预案体系的总纲，是国务院应对特别重大突发公共事件的规范性文件；突发公共事件专项应急预案主要是国务院及其有关部门为应对某一种类型或某几种类型突发公共事件而制定的应急预案；突发公共事件部门应急预案是国务院有关部门根据突发公共事件总体应急预案、突发公共事件专项应急预案和部门职责为应对突发公共事件制定的预案；突发公共事件地方应急预案具体包括省级人民政府的突发公共事件总体应急预案、专项应急预案和部门应急预案，各市（地）、县（市）人民政府及其基层组织的突发公共事件应急预案；企事业单位应急预案是企事业单位根据有关法律法规制定的应急预案；重大活动应急预案是举办大型会展和文化体育活动等重大活动时，主办单位制定的应急预案。

《突发事件应急预案管理办法》提出，"应急预案按照制定主体划分，分为政府及其部门应急预案、单位和基层组织应急预案两大类""政府及其部门应急预案由各级人民政府及其部门制定，包括总体应急预案、专项应急预案、部门应急预案等""单位和基层组织应急预案由机关、企业、事业单位、社会团体和居委会、村委会等法人和基层组织制定，侧重明确应急响应负责人、风险隐患监测、信息报告、预警响应、应急处置、人员疏散撤离组织和路线、可调用或可请求援助的应急资源情况及如何实施等，体现自救互救、信息报告和先期处置特点"。此外，"大型企业集团可根据相关标准规范和实际工作需要，参照国际惯例，建立本集团应急预案体系""对预案应急响应是否分级、如何分级、如何界定分级响应措施等，由预案制定单位根据本地区、本部门和本单位的实际情况确定"。

## 14.1.2　业务连续性计划和业务连续性管理体系

业务连续性计划在ISO 22301：2019中的定义是"指导组织应对中断并重续、恢复和还原与其业务连续性目标一致的产品和服务交付的成文信息"。FCD-1对连续性计划的定义是"详细说明组织如何确保它能够在影响其正常运作的各种事件中持续履行其基本职能的成文计划"。

显然，业务连续性计划是在管理业务连续性的过程中用到的重要的成文信息。在业务连续性管理实践中，业务连续性计划"有不同类型的程序组成"（见ISO 22301：2019 8.4.1）。事实上，狭义的业务连续性计划就是指用于指导团队应对中断、重续基本业务活动的成文程序。英语中的"plan"、"program"和"procedure"在特定情况下都可以译为"计划"，因此，广义的业务连续性计划可包括如图14-1所示的10个计划。

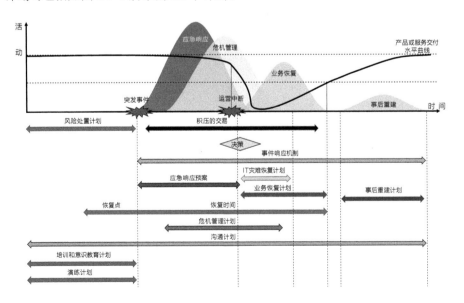

图 14-1　业务连续性计划示意图

（1）风险处置计划，也称为风险缓释计划，是在进行风险评估后制定的用于缓释风险的预防、保护和减灾措施。

（2）事件响应机制，是对突发事件和运营中断进行响应的机制安排，主要包括事件分类、分级、分期准则，应急指挥结构，事件升级程序，事件报告制度等。

（3）应急响应预案，有时也称为应急救援预案，是在应对突发事件时，用以保护生命财产安全、控制/稳定事态的、协调化的计划。

（4）IT 灾难恢复计划，是在 ICT 系统发生中断时，尽快使其恢复运行的、协调化的计划，也包括在关键人员、设施及外包合作伙伴和供应商不可用时的安排。

（5）业务恢复计划，即业务重续计划，是在运营中断后，指导将产品和服务交付恢复到 MBCO 的、协调化的计划，也被称为业务连续性程序。

（6）事后重建计划，即业务还原或重建计划，是在事后重建设施，将业务从临时状态恢复至正常状态的计划。

（7）危机管理计划，是由高管层直接领导的、应对不确定的、可能会对组织品牌、声誉、战略方向等产生重大影响的计划。

（8）沟通计划，是面向所有相关方的"全过程"沟通计划和安排。

（9）培训和意识教育计划，即培训和意识教育项目集，通常按年度或跨年度规划，由多个培训和意识教育项目组成，包括面向管理人员（高层管理人员、中层管理人员和基层管理人员）、专业人员（业务连续性管理人员以及各部门的业务连续性协调员）和业务人员（在业务连续性计划中有岗位职责的应急和恢复人员）的定向培训，以及面向组织中所有人员（包括在组织工作场所工作的外包人员）的风险和安全意识教育等。

（10）演练计划，即演练项目集，与培训和意识教育计划相似，也是按年度或跨年度规划，由多个演练和测试项目组成。

### 14.1.3　应急预案和业务连续性计划的异同和联系

在进行比较之前，我们首先需要明确的是此处讨论的"应急预案"是"一案三制"中的应急预案，是我国应急管理政策和实践体系的核心；其次，业务连续性管理方法自引入我国后，由于接受度和实践有限，因此业务连续性计划在中文和英文中的含义没有差异。

从主体来看，任何类型的组织都可以制定应急预案和业务连续性计划。应急预案通常用于应急管理，其主要目标是"预防和减少突发事件的发生，控制、减轻和消除突发事件引起的严重社会危害，规范突发事件应对活动，保护人民生命财产安全……环境安全和社会秩序"等。政府及其部门制定的应急预案用于组织、协调社会资源以应对公共领域的各类突发事件；单位及基层组织（包括大型企业集团）制定的应急预案主要用于应对自身所处厂界、社区范围内的各类突发事件。业务连续性计划通常用于业务连续性管理，其主要目标是"保护关键相关方的利益、声誉、品牌和创造价值的活动"。各类组织制定的业务连续性计划用于降低中断发生的可能性，以及在发生中断时将产品和服务交付在预定时间内恢复到预定水平并尽可能减轻中断的影响。

从客体（作用对象）来看，应急预案和业务连续性计划明显不同。应急预案面向的是各类突发事件，主要包括自然灾害、事故灾难、公共卫生事件和社会安全事件；业务连续性计划面向的是运营中断。任何突发事件都有一定的影响范围和影响程度，可能会对一定范围内的组织产生影响，也可能造成部分组织运营中断；而运营中断可能与突发事件有关，也可能只是一个特殊的意外。

从形式上来看，应急预案和业务连续性计划存在异同。二者的相同之处在于：它们都包含正式的、文件化的程序，都被预先编制出来应对事件，都需要及时进行维护和更新，以保持持续的适用性和有效性。二者的不同之处在于：应急预案体系可由总体／综合应急预案、专项应急预案和现场处置方案等组成，业务连续性计划可包括风险处置计划、事件响应机制、应急响应预案、IT 灾难恢复计划和业务恢复计划等在内的 10 个计划；在实践中，应急预案的形式要求更加严格，有标准化的编制导则，在评审时也有形式和内容（要素）要求，而业务连续性计划则相对灵活一些。

从主要内容来看，应急预案和业务连续性计划的相同之处较多，主要体现在以下几个方面。

（1）它们都包括应急指挥体系。一般情况下，应急预案体系中的总体应急预案还包括日常管理组织架构，业务连续性计划则不包含日常管理组织结构（在业务连续性方针等文件中描述）。

（2）它们都包括事件的分类、分级和分期，事件升级机制和事件报告。

（3）它们都包括独立的 ICT 连续性保障计划。应急预案大多将其列入保障（专项应急预案）部分，业务连续性计划则有独立的 IT 灾难恢复计划。

（4）它们都可以包括重建计划。一般情况下，在应急预案和业务连续性计划中，重建计划都比较粗略，因为在可以重建时，生命财产已得到保护，社会秩序和公共利益已得到维护，业务方面已恢复产品和服务交付，时间要求并不特别敏感。所以，重建计划主要界定主要参与方的任务及资金保障即可。

（5）它们都可以包括危机管理计划。危机通常由那些未识别的或远超预想规模和强度的风险造成，也可能由多个独立风险叠加出现引起。危机管理需要处理那些程序化措施无法处置的复杂情况，因此危机管理计划需要由高管层直接领导，从而进行创造性的应对。业务连续性计划中可以有独立的危机管理计划，应急预案则是通过将事件升级以由高层领导直接负责解决，如《商业银行业务连续性监管指引》中的"总体预案通常用于处置导致大范围业务运营中断的事件"也是一种特殊的安排。

（6）它们都包括沟通计划。应急预案通常包含突发事件中的危机沟通与舆情应对，业务连续性计划则可以包括日常管理和应急处置中的沟通安排。

（7）它们都可以包括培训和意识教育要求。一般情况下，应急预案会提出培训和意识教育要求，并通过其他安排落实；在业务连续性计划中，培训和意识教育计划本身就是业务连续性项目集的一个子项目集，会有相关的一系列项目集文档、程序等。

（8）它们都可以包括演练要求。应急预案会提出应急预案演练要求，并通过其他安排落实；在业务连续性计划中，演练计划本身就是业务连续性项目集的一个子项目集，会有相关的一系列项目文档、程序等。

应急预案和业务连续性计划在内容方面的不同之处主要有以下两点。

（1）应急预案可以有预防和准备、预警分级等，但一般不包括风险缓释措施；业务连续性计划则可以包括在进行风险评估和业务影响分析后制定的风险处置计划。

（2）应急预案包括保障生命财产安全的应急响应（应急救援）预案，这是应急预案的核心内容，一般情况下，业务连续性计划不包括这部分内容。业务连续性计划包括将业务从中断中恢复到预定水平的业务恢复计划，一般情况下，应急预案不包括这部分内容。

从能力管理角度看，应急预案和业务连续性计划都极为重要，它们都处于能力建设、保持和运用的衔接点上。就能力建设而言，应急预案是应急体制、应急机制和应急法制的综合，业务连续性计划则是组织、人员、流程和技术的综合，二者都包含了能力构成要素的集成、验证和保持。就能力运用而言，在发生突发事件时，采取紧急措施是根据应急预案，在发生运营中断时，采取恢复行动是根据业务恢复预案。就地位而言，"一案三制"中的应急预案比业务连续性管理中的业务连续性计划更重要，这是因为"一案三制"中的应急预案还包括组织的应急管理目标、日常管理组织架构等，如果从业务连续性管理角度看，可理解为其还包含了（部分）业务连续性方针的功能。

综上所述，"一案三制"中的应急预案和业务连续性管理中的业务连续性计划既有很多交叉和重叠部分，也有一定的互补部分。因此，鉴于应急预案在我国有相当多的相关法律法规、标准规范要求和优秀实践，以及业务连续性计划对组织业务运营的重要性，接下来我们将介绍与二者相关的知识。

## 14.2　应急预案体系构成与主要内容

组织级应急预案体系需要具体规定事件应对管理工作的组织指挥体系与职责、事件管理机制、事件的预防与预警措施、处置和恢复程序、保障措施以及事后重建措施等内容，主要由综合应急预案、专项应急预案、现场处置方案和操作指南构成，如图 14-2 所示。

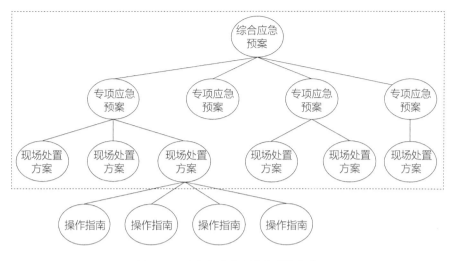

图 14-2 组织级应急预案体系的构成

- 综合应急预案，是组织为应对突发事件和运营中断而制定的综合性工作方案，是组织应对突发事件和运营中断的总体工作程序、措施和应急预案体系的总纲。

- 专项应急预案，是组织为应对某一种或者多种突发事件或运营中断，或者针对重要生产设施、重大危险源、重要业务、重大活动保障、应急资源保障等预先制定的专项性工作方案。

- 现场处置方案，是组织根据突发事件和运营中断的不同类型，针对具体场所、装置、系统/应用或者设施所制定的应急和恢复处置措施。

- 操作指南，是组织在编制应急预案的基础上，为重点岗位、重点人员制定的应急处置程序和措施，应急处置卡是操作指南的一种形式。

组织应根据有关法律法规和相关标准，结合自身管理体系特点、业务特点、生产规模、风险情况和能力现状，与相关预案保持衔接，确定应急预案体系的具体构成。综合应急预案体现战略性，专项应急预案体现战术性，现场处置方案体现操作性。风险单一、危险性低、业务简单的中小型组织，可以只编制现场处置方案。大中型企业集团可根据相关标准规范和实际工作需要，参照国际惯例，建立适合本集团的应急预案体系，并可根据实际情况，确定是否编制专项应急预案。跨领域、跨区域经营的大型企业集团可根据自身业务情况及区域分工情况，在总部编制综合应急预案和专项应急预案，在区域公司及专业公司编制二级综合应急预案和专项应急预案，并在基层一线编制现场处置方案和操作指南。应急预案中的预警和响应是否分级、如何分级、如何界定分级响应措施等，由组织根据实际情况确定。

### 14.2.1 综合应急预案

风险种类多、可能发生多种类型的事件的组织，应当组织编制综合应急预案。综合应急预案主要从总体上阐述事件应对的基本原则，总体组织架构，各层级预案的定位和衔接关系，对突发事件和运营中断的预警、报告、分析、决策、处理、恢复等处置程序，以及应急保障的总体安排等，明确各相关方的职责和任务。

一般情况下，综合应急预案的主要内容可包括以下几点。

（1）总则，具体包括编制目的、编制依据、适用范围、应急预案体系、事件应对基本原则。

（2）业务概况和风险描述，具体包括业务概况及恢复目标、主要风险描述。

（3）应急组织机构与职责，具体包括应急组织的形式及组成单位或人员（可用结构图的形式表示），构成部门的职责。

（4）预警及信息报告，主要根据监测监控系统的数据变化状况、事件险情紧急程度和发展势态或有关部门提供的预警信息进行预警，明确预警的条件、方式、方法和信息发布的程序。

（5）应急响应，具体包括响应分级、响应程序、处置程序等；

（6）业务恢复，具体包括基础设施恢复、ICT恢复、业务恢复（验证和作业追补）等。

（7）信息沟通，主要明确与有关新闻媒体、社会公众和关键相关方沟通事件信息的部门、负责人和程序以及沟通原则。

（8）事后重建，主要明确污染物处理、设施修复、业务复原、医疗救治、人员安置、善后赔偿、事件评估等内容。

（9）保障措施，主要包括通信与信息保障、应急和恢复队伍保障、物资装备保障和其他保障等。

### 14.2.2 专项应急预案

为应对某一种或者多种类型的事件风险，组织可以编制相应的专项应急预案，或将专项应急预案并入综合应急预案。可独立编制的专项应急预案有应急响应（救援）、业务恢复、重要目标物保护、节假日与重大活动期间、重大活动保障、环境保护、媒体公关和应急保障等类型。

- 针对突发事件应对的应急响应（救援）专项应急预案，侧重于明确突发事件的预警信息传播、组织先期处置和自救互救、信息收集报告、人员临时安置等内容，体现先期处置和自救互救的特点。
- 针对运营中断应对的业务恢复专项应急预案，侧重于明确运营中断的信息沟通、损失（资源）评估和控制、备用资源启用、业务重续及验证等内容，体现业务按恢复优先级和恢复时间目标有序恢复的特点。
- 针对重要基础设施、生命线工程等重要目标物保护的专项应急预案，侧重于明确风险隐患及防范措施、监测预警、信息报告、应急处置和紧急恢复等内容。
- 针对节假日与重大活动期间的专项应急预案，侧重于明确节假日与重大活动期间的应急值班、信息报告、业务运营安全保障和应急处置等内容。
- 针对重大活动保障的专项应急预案，侧重于明确活动安全风险隐患及防范措施、监测预警、信息报告、应急处置、人员疏散撤离组织和路线等内容。
- 针对环境保护的专项应急预案，侧重于明确现场指挥机制、应急队伍分工、信息报告、监测预警、不同情景下的应对流程和措施等内容。
- 针对媒体公关的专项应急预案，侧重于明确媒体沟通策略、领导小组构成、新闻发言人机制、舆情监测和应对程序等内容。
- 针对应急保障的专项应急预案，侧重于明确组织指挥机制、资源布局、不同种类和级别事件发生后的资源调用程序等内容。

综合而言，专项应急预案主要规定专项应急指挥机构及职责、处置程序和措施等内容，并明确与该类型专项应急预案相关的事件风险特点、目标、信息报告和响应分级等；与公共安全应急预案相衔接的专项应急预案，还应明确指挥权移交、警戒疏散等内容。数字化程度较高的组织可制定独立的 IT 灾难恢复专项应急预案或 IT 灾难恢复综合应急预案（作为二级综合应急预案）；组织也可根据实际情况，将媒体公关专项应急预案扩展为面向多个相关方的（危机）沟通专项应急预案。

一般情况下，专项应急预案主要包括事件风险分析与预案工作目标、应急指挥机构及职责、处置程序和措施等内容。

（1）事件风险与预案工作目标，与专项应急预案的类型相关，可以明确风险的危害程度、影响范围，预案的工作目标等。

（2）应急指挥机构及职责，要求根据专项应急预案的类型，明确应急指挥机构负责人及各成员单位或人员的具体职责。

（3）处置程序，要求明确事件及事件信息报告程序及内容、报告方式和责任人等内容；根据事件响应级别，具体描述事件接收报告和记录、应急指挥机构启动、应急指挥、资源调配、应急救援、扩大应急、业务恢复等应急程序。

（4）处置措施，要求针对可能发生的事故风险、事故危害和影响，制定相应的应急处置措施，明确处置原则和具体要求。

### 14.2.3　现场处置方案

基层（或一线）部门应针对具体的场所、装置、系统／应用或设施，根据风险评估结果、岗位操作规程以及控制措施灵活制定现场处置方案，该方案主要包括风险分析、应急工作分工和职责、应急处置和注意事项等内容。

（1）风险分析，主要包括事件类型、事件发生的区域、装置或系统／应用的名称，事件发生的可能时间、事件的危害严重程度及影响范围，事件发生前可能出现的征兆，事件可能引发的次生、衍生事故。

（2）应急工作分工和职责，要求根据现场工作岗位、组织形式及人员构成，明确各岗位人员的应急工作分工和职责。

（3）应急处置，主要包括事件应急处置程序、现场应急处置程序、业务恢复程序，要求明确报告负责人、报告电话、上级管理部门、相关外部救援或服务单位的联络方式和联络人员，事件报告基本要求和内容等。

（4）注意事项。

### 14.2.4　操作指南

组织可在编制应急预案的基础上，针对工作场所、重点岗位的特点，为一线从事应急响应和业务恢复的人员编制简明、实用、有效的操作指南。操作指南的内容主要包括应急处置程序和措施，以及相关联络人员和联系方式。便于重点岗位、重点人员携带和使用的卡片式操作指南也可称为"现场重点岗位作业人员应急处置卡"或"重点岗位应急处置卡"。一般而言，操作指南可作为应急预案体系的补充，但并不是应急预案。

## 14.2.5　附件

组织的应急预案应有附件，以提供一些重要信息和格式化文本。附件的主要内容可包括以下几个方面。

（1）有关应急部门、机构或人员的联系方式。

（2）应急物资装备的名录或清单，应急预案涉及的主要物资和装备名称、型号、性能、数量、存放地点、运输和使用条件、管理责任人和联系电话等。

（3）规范化格式文本，如应急信息接报、处理、上报等的格式化文本。

（4）关键的路线、标识和图纸，包括警报系统分布及覆盖范围，重要防护目标、危险源一览表、分布图，应急指挥部位置及救援队伍行动路线，疏散路线、警戒范围、重要地点等的标识，相关平面布置图纸、救援力量的分布图纸等。

（5）有关协议或备忘录，如与相关应急救援部门签订的应急救援协议或备忘录，与合作方分建和运行异地灾备中心的互惠协议等。

当附件信息发生变化时，组织应及时更新，以确保其准确、有效。

表 14-1 简要描述了应急预案体系主要内容。

表 14-1　应急预案的主要内容

| 综合应急预案 | 专项应急预案 | 现场处置方案 |
| --- | --- | --- |
| 1. 总则 | 1. 事件风险与预案目标 | 1. 风险分析 / 预案目标 |
| 2. 业务概况和风险描述 | | |
| 3. 组织机构及职责 | 2. 组织机构及职责 | 2. 组织机构及职责 |
| 4. 预警及信息报告 | 3. 应急程序<br>（应急响应 / 业务恢复 /……） | 3. 应急处置 |
| 5. 应急响应 | | |
| 6. 业务恢复 | | |
| 7. 信息沟通 | | |
| 8. 事后重建 | | |

续表

| 综合应急预案 | 专项应急预案 | 现场处置方案 |
|---|---|---|
| 9.保障措施 | 4.应急保障 | |
| 10.附则 | 5.附则 | 4.注意事项 |
| 11.附件 | 6.附件 | |

在实务中，组织在设计应急预案体系时还需要考虑以下事项。

（1）组织（单位和基层组织）制定的应急预案体系的总纲一般称为综合应急预案，政府及其部门制定的公共安全应急预案体系的总纲一般称为总体应急预案，但也有例外，如《商业银行业务连续性监管指引》第三十四条要求，"商业银行应当制定总体应急预案。总体应急预案是商业银行应对运营中断事件的总体方案，……"。

（2）"综合应急预案—专项应急预案—现场处置方案"的层级结构便于对预案进行结构化管理，但并未反映应突发事件形态从单一型向复合型、从局部向跨部门、跨区域演化的特点，也未考虑需同时启动两个及以上一级专项应急预案的情形，因此组织在制定综合应急预案时需考虑其启动条件以满足进行危机管理的需要。

（3）为保护生命财产安全，维护社会秩序和公共利益，组织应依法、依规制定特定类型的应急预案，也可编制专项应急预案或二级综合应急预案。

（4）某些现场处置方案（具体内容可略做调整）可以直接对接综合应急预案，组织应根据实际情况选择，不必拘于形式专门为其制定专项应急预案。

（5）专项应急预案的对象可以是突发事件、运营中断、重要基础设施等，现场处置方案的对象是具体的场所、装置、系统/应用或设施。这些预案都涉及多人（3~5人或更多）或多个团队之间的沟通、协调和协作，一般默认应急预案的颗粒度也如此。操作指南（应急处置卡）针对重点岗位、重点人员制定，因此可被视为应急预案体系的有益和必要补充而不是其必需部分（IT 灾备预案中为单个人员/岗位制定的操作指南也一样）。

（6）组织编制的各类应急预案应当相互衔接，并与相关政府及其部门、应急救援队伍和涉及的外部合作伙伴或供应商的应急预案相衔接。

# 14.3　应急预案的编制和管理

## 14.3.1　应急预案编制准备

编制应急预案需要提前做好 3 件事：组建预案编制小组、完成资料收集工作、确定预案管理原则。

组建预案编制小组。业务连续性管理委员会应结合组织业务、部门职能和分工，成立预案编制小组，如委托或指定专人（可以是组织主要负责人或分管负责人）担任预案编制领导小组组长，指定编制小组负责人，吸收预案涉及的主要部门的业务相关人员、有关专家及有现场处置经验的人员加入编制小组，明确工作职责和任务分工，制定工作计划，组织开展应急预案编制工作。编制不同层级的应急预案应注意确定编制人员的组成：组织主要负责人应负责综合应急预案编制工作，并对应急预案的真实性和实用性负责；各分管负责人应当按照职责分工负责相关专项应急预案的编制并负责落实；现场作业人员及安全管理专业人员应共同参与编制现场处置方案。

组织可以自行编制应急预案，也可以委托相关专业技术服务机构编制应急预案。委托相关专业技术服务机构编制的组织，应指定有关人员全程参与并对预案负责。

完成资料收集工作。预案编制小组应收集与预案编制工作相关的法律法规、技术标准、应急预案、国内外同行业企业事故资料，同时收集组织的安全生产、环境保护、产品生产或服务运维等相关技术资料，并做好风险评估、业务影响分析以及内、外部应急能力和资源评估，确定能力差距和核心能力目标。

确定预案管理原则。组织应结合自身业务、部门职能和分工以及业务连续性方针（或业务连续性项目集章程）确定预案管理原则，做到依法依规、统一规划、符合实际、注重实效。组织要为每个预案确定具体负责部门，坚持谁主管谁负责、谁运行谁负责、谁负责谁编制、谁编制谁维护。对于每个现场处置方案和操作指南，组织要保证人人都能"看得懂、学得会、记得住、用得上"。

## 14.3.2 应急预案的编制、评审、发布和备案

组织是编制应急预案的责任主体，对应急预案内容的真实性和可操作性负责。应急预案编制完成后，应组织评审。应急预案评审合格后，由组织主要负责人（或分管负责人）签发实施，并根据相关要求进行备案管理。

应急预案编制。组织应基于前述应急预案编制准备工作，编制应急预案。根据需要，应急预案编制小组可为各级应急预案编制人员提供应急预案编制模板、格式及编制指南。在应急预案编制过程中，组织要达到以下基本要求。

（1）符合有关法律法规、规章和标准的规定。

（2）充分考虑本地区、本组织、本部门的业务特点和能力现状。

（3）充分考虑本地区、本组织、本部门的风险情况。

（4）应急组织和人员的职责分工明确，并有具体的落实措施。

（5）有明确、具体的应急程序和处置措施，并与应急能力相适应。

（6）有明确的应急保障措施，能满足本地区、本组织、本部门的应急和恢复工作需要。

（7）应急预案基本要素齐全、完整，应急预案附件提供的信息准确。

（8）应急预案内容与组织内部以及外部部门和单位相关应急预案相互衔接。

（9）根据法律法规、规章的规定或者实际需要，征求相关专业应急队伍、公民、法人或者其他组织的意见。

应急预案评审。评审分为内部评审和外部评审，内部评审由组织主要负责人牵头进行，外部评审由受邀的外部有关专家等进行评审。评审专家可包括应急预案涉及的相关政府管理部门人员、相关行业协会代表和相关专业领域的专家等。根据需要，组织还可以开展应急预案演练以对应急预案进行检验。应急预案评审主要包括评审预案是否符合法律法规要求，是否与有关应急预案相衔接，应急预案基本要素是否完整，组织体系（责任分工）是否明确、合理，应急响应级别是否合理，应急处置程序和措施是否有针对性、简明有效，恢复预案是否能达到恢复目标，以及应急保障措施是否充分等。根据相关法律法规要求，部分组织的应急预案评审应形成书面评审纪要。

应急预案发布。应急预案经评审或者论证后，由组织主要负责人签署，向组织内部人员发布，明确应急预案实施的具体时间、负责制定（修订）与解释的部

门，并及时发放给组织有关部门、岗位和相关应急响应、业务恢复队伍。事故风险可能影响周边其他组织、人员的，组织应将有关事故风险的性质、影响范围和应急防范措施告知周边其他组织、人员。

组织应按照应急预案的规定，落实应急指挥体系、应急响应／业务恢复队伍、应急和恢复物资及装备；对重大危险源登记建档，并定期检测、评估、监控；建立应急和恢复物资、装备配备及其使用档案，并对应急和恢复物资、装备进行定期检测和维护，使其处于适用状态，随时准备应对突发事件和运营中断。

应急预案备案。组织应按照国家有关规定将本组织的重大危险源及有关安全措施、应急措施报有关部门备案。需要注意的是，特定行业或领域的应急预案的编制、评审和备案可能是法定责任。

### 14.3.3　应急预案的宣传培训和演练

组织应通过编发培训材料、举办培训班、开展工作研讨等方式，对与应急预案实施密切相关的管理人员、应急响应和业务恢复人员等开展应急预案宣传培训。应急预案培训作为业务连续性管理培训的重要内容，应被纳入管理人员培训、应急和业务连续性管理人员的日常培训内容。对需要全体员工参与的、非涉密的应急预案，组织应当充分利用内联网、视频、海报、意识活动周等多种形式广泛宣传，制作通俗易懂、易记管用的宣传普及材料并发放，同时组织开展与应急预案、应急知识、自救互救和避险逃生技能相关的培训活动，使有关人员增强安全意识，了解应急预案内容，熟悉应急职责、应急处置程序和措施。培训的时间、地点、内容、师资、参加人员和考核结果等情况应如实记入教育和培训档案。

组织应根据业务和风险特点，制定年度（或跨年度）应急预案演练计划（项目集），建议每年至少组织一次综合应急预案或专项应急预案演练，每半年至少组织一次现场处置方案演练。应急预案演练结束后，组织应对应急预案演练效果进行评估，撰写应急预案演练评估报告，分析存在的问题，对应急预案提出修订意见，并根据相关法律法规要求将演练评估报告上报相关政府部门或监管机构。

### 14.3.4　应急预案的评估和修订

组织应按照国家法律法规要求和自身实际情况，建立预案评估制度，定期或不定期地评估应急预案，对应急预案内容的针对性、实用性和可操作性进行分析，并判定是否需要修订应急预案。组织可邀请相关机构的专业人员或有关专家参加应急预案评估，必要时可委托专业服务机构实施评估。

应急预案评估可采用资料分析、现场审核、推演论证、人员访谈等方式。

（1）资料分析：针对评估目的和评估内容，查阅法律法规、标准规范、应急预案、风险评估、业务影响分析和能力评估方面的资料，梳理有关规定、要求及证据材料，初步分析应急预案存在的问题。

（2）现场审核：依据资料分析的情况，通过实地查看、设备操作检验的方式，准确掌握并验证应急资源、生产运行、工艺设备方面的问题。

（3）推演论证：根据需要，采取桌面推演、实战演练的形式，对机构设置、职责分工、响应机制、信息报告方面的问题进行推演验证。

（4）人员访谈：采用抽样访谈或座谈研讨的方式，向有关人员收集信息、了解情况、考核能力、验证问题、沟通交流、听取建议，进一步论证有关问题。

应急预案评估的内容主要包括以下几个方面。

（1）应急预案管理要求，即法律法规、标准规范及上位预案是否对应急预案做出新规定和要求，主要包括应急组织机构及其职责、应急预案体系、事故风险描述、应急响应、业务恢复及保障措施。

（2）应急组织机构与职责，主要涉及组织体系是否发生变化，重点部门应急职责与分工是否重新确定，应急处置和业务恢复关键岗位职责是否调整，应急组织机构或人员对应急职责是否存在疑义，应急机构设置与职责能否满足实际需要等。

（3）风险分析和恢复目标，主要涉及风险分析是否全面客观；风险等级确定是否合理；是否有新增事故风险；业务恢复优先级和目标是否发生变化；风险处置和控制措施能否满足实际需要；业务连续性恢复能力目标是否科学等。

（4）应急资源，即组织对于内部应急、恢复资源和合作区域内可请求援助的资源调查是否全面、与风险评估得出的实际需求是否匹配；现有的应急资源的数量、种类、功能、用途是否发生重大变化等。

（5）应急预案衔接，即各类应急预案是否相互衔接，是否与相关政府及其部门、应急救援队伍和涉及的其他组织的应急预案相衔接，对信息报告、响应分级、恢复时间要求、指挥权移交、警戒疏散是否做出合理规定等。

（6）实施反馈，即在应急演练、应急处置、监督检查、体系审核及投诉举报中，是否发现应急预案存在组织机构、应急响应程序、先期处置及后期处置方面的问题。

（7）其他，即其他可能对应急预案内容的适用性产生影响的因素。

以上前 6 项中有重大变化或重大问题的，应急预案应及时修订。应急预案修订涉及组织指挥体系与职责、应急处置程序、主要处置措施、应急响应分级等重要内容变更的，修订工作应参照正式的应急预案编制程序进行，并按照有关应急预案报备程序重新备案；仅涉及其他内容的，修订程序可根据情况适当简化。

## 14.4　应急预案和业务连续性计划进阶之一：应急响应的连续性保障

在应急预案体系中，专项应急预案包含应急响应（应急救援）和业务恢复等类型。这些专项应急预案可以帮助组织在遇到突发事件和运营中断时"迅速、有序、有效地开展应急响应与业务恢复行动、降低人员伤亡和经济损失"，"按照预定的业务连续性目标持续交付产品和服务"。但有一个例外，即遇到严重扰乱组织工作秩序的情况，组织（总部）无法履行其应急决策、指挥和协调职能时，组织的应急响应和业务恢复活动就无法有效开展。那么，应急响应的连续性应如何保障？

答案就是将应急响应视为组织必须持续运行的一项基本活动（或基本职能），和对待其他优先活动一样，考虑可能导致其中断的主要威胁，指挥链及关键岗位人员的续任计划，必要的备用通信能力，足够的设施、装备和所需物资，以及周密的准备计划（如启用后备应急指挥中心时如何转移的计划）等。至于将这个特定的应急预案具体放在应急预案体系的哪一部分，是作为综合应急预案的一个章节还是放在某个可能造成该职能中断的专项应急预案中或者其他位置，组织可在具体设计应急预案体系时根据实际情况确定。

假如还有人担心业务恢复专项应急预案无法执行的情况，这在前面已讨论过，请查阅前文中识别和选择业务连续性策略的内容。

# 14.5 应急预案和业务连续性计划进阶之二：事件分类、分级和分期

不同类型事件发生的原因、导致危急状态的程度和范围、对组织造成影响的严重程度有很大不同，这使得组织的应对措施和手段也有所不同。此外，相同类型事件的不同阶段对组织的处置措施的要求也不同。然而，组织很难为可能出现的各类事件制定出一一对应的管理方案并提供相应的物资和人力储备。因此，深入分析各种表现形式不同的突发事件和运营中断，抓住其本质特征，对事件进行分类、分级与分期，建立应急预案的管理基础是完善的应急管理体系的基本要求。

## 14.5.1 事件分类

不同类型的事件造成的后果和对组织产生的影响不同，但都需要组织进行专业化的应对。例如面对地震、台风、设备故障或供应链中断事件，我们肯定会采用不同的、专业化的方法进行处置。对事件予以科学的分类，是应急管理的首要基础。组织可以参考如表14-2所示的突发公共事件类型及示例，并结合区域特点、行业特点和组织实际情况对事件进行分类。

表 14-2　突发公共事件类型及示例

| 类型 | 示例 |
| --- | --- |
| 自然灾害 | 水旱灾害、台风、冰雹、雪灾、高温、沙尘暴等气象灾害,地震、山体崩塌、滑坡、泥石流等地质灾害,森林火灾和生物灾害等 |
| 事故灾难 | 企业安全事故,交通运输事故,供水、供电、供油和供气等城市生命线事故以及通信、信息网络、特种设备等的安全事故,核辐射事故,环境污染和生态破坏事件等 |
| 公共卫生事件 | 群体性不明原因疾病,食品安全和职业危害,动物疫情,以及其他严重影响公众健康和生命安全的事件 |
| 社会安全事件 | 重大刑事案件、涉外突发事件以及群体性突发事件等 |

一般情况下,对突发事件进行分类主要基于事件发生的"来源"和诱因,对运营中断进行分类主要基于可能中断的业务活动。例如,一家组织将需要应对的突发事件分为外部突发事件和内部突发事件。外部突发事件可按政治、经济、自然灾害、公共事件等来分类:政治因素引发的事件,如由政局不稳、罢工等引发的事件;经济因素引发的事件,如由经济危机、汇率突变、经济政策变动等引发的事件;自然灾害引发的事件,如由地震、洪水、台风、沙尘暴、雷击等引发的事件;公共事件引发的事件,如由基础设施中断、公共卫生事件、危险品泄漏等引发的事件。内部突发事件可按供应链事件、安全生产事件、设备故障、网络安全事件、外部服务中断、产品质量缺陷等方面进行分类。

当然,各类事件并不是截然割裂的,而是相互联系、相互影响的,往往呈现出多元和共时的特征,在特定的情景下还可能相互转化,即产生次生、衍生事件及耦合事件,形成灾害链或复合式灾难。另外,还有些事件很难说是自然原因、人为原因还是其他原因造成的;一些事故灾难(如有毒物质的泄漏)也可能导致生态破坏。

事件分类可帮助组织明确不同类型事件的应急和恢复管理的牵头部门和单位,即确定该类型事件的负责人,而其他有关部门和单位在事件应对处置中应提供必要的支持和协作。

## 14.5.2　事件分级

同一类型的事件,由于其影响范围、紧急程度和造成的后果不同,需要组织投入的应急和恢复能力也不同。将事件划分为不同的级别,从而采取不同强度的应急措施，是应急、连续性和危机管理的共同经验。对于可预见的事件，组织还可以建立预警制度，并划分等级。例如，我国将突发公共事件按照其性质、严重程度、可控性和影响范围等因素分为4级，即Ⅰ级（特别重大）、Ⅱ级（重大）、Ⅲ级（较大）和Ⅳ级（一般）。

影响事件分级的要素复杂繁多，组织可以从主、客观两个方面考虑。主观要素包括认知程度、社会影响程度以及应对能力强弱：认知程度依赖于现有的科学知识水平以及对以往经验的总结，对事件发生机理及处理机制的掌握情况；社会影响程度包括事件对组织及其产品和服务在公众和股东中的形象和信心的影响程度。客观要素包括影响范围、危害/损失程度、持续时间以及资源保障程度：影响范围包括组织各相关业务部门和相关方所受的影响，也包括危害的扩散速度；危害/损失程度涉及经济损失、信用损失等；持续时间，主要指事件可能持续的时间；资源保障程度涉及人力、设备等，资源包括事件发生前组织已经储备的应对事件的资源和外部可利用的资源。

事件分级的重要性在于，事件级别将直接决定预警信息的发布水平、预案的启动级别、响应级别、处置规模与手段的选择等。在级别的指标方面，要以组织的应急和恢复管理能力为中心，并综合其他要素。一般情况下，只有在事件的规模和破坏程度超出了直接受事件影响的组织的处置能力范围时，上一级组织才会介入。当然，具体到特定组织，应急响应和预警是否分级、如何分级、如何界定分级响应措施等，由组织根据实际情况确定。

## 14.5.3　事件分期

每一类型、每一级别的事件，都有发生、发展和减缓的阶段，需要组织采取不同的应急措施。因此，按照危害和影响的发生过程将事件进行阶段性分期得到的结果，可以作为组织采取应急措施的重要依据。总体上，我们可将事件划分为预警期、爆发期、缓解期和善后期4个阶段：预警期的主要任务是预防、阻止事件的发生，或者把事件控制在特定类型及特定区域内，其关键在于预防、保护和减灾、情报和监测以及预警和警报；爆发期的主要任务是及时控制事件并防止其蔓延，其关键在于应急响应和沟通（对大多数组织而言，重点在于信息报告、先期处置、人员疏散和自救互救）；缓解期的主要任务是逐步降低应急措施的强度并尽快恢复正常的功能和业务；善后期的主要任务是从临时状态恢复至正常业务运行状态，对整个事件处置进行调查、评估并总结经验教训，其关键在于事后重建和善后学习。事件分期重点如表 14-3 所示。

表 14-3　事件分期重点

| 分期 | 发生阶段 | 能力要求 | 主要任务 |
|------|---------|---------|---------|
| 预警期 | 事前 | 预警防范 | 预防、阻止事件的发生，尽可能控制事态发展 |
| 爆发期 | 事中 | 应急响应 | 及时控制事件并防止其蔓延 |
| 缓解期 | 事中 | 业务恢复 | 降低应急措施的强度并尽快恢复正常的功能和业务 |
| 善后期 | 事后 | 重建学习 | 从临时状态恢复至正常业务运行状态，对事件处置进行调查、评估并总结经验教训 |

　　事件分期涉及应急和恢复的微观问题，组织可通过建立一个"全过程"事件管理模式，科学地界定不同参与方在各个阶段的应对措施和工作重点。

　　事件分类、分级和分期将帮助组织根据各类事件的发生过程、性质和机理，结合应急组织机构的设置情况，有效运用业务连续性能力的各构成要素，建立一个全面整合的业务连续性管理模式，从而不断增强预防、应对和减灾能力。

**延伸阅读**

　　1.薛澜，钟开斌：《突发公共事件分类、分级与分期：应急体制的管理基础》，2004 年。

　　2.陈国华，张新梅，金强：《区域应急管理实务：预案、演练及绩效》，化学工业出版社，2008 年。

　　3.闪淳昌，薛澜：《应急管理概论：理论与实践》，高等教育出版社，2012 年。

　　4.李尧远：《应急预案管理》，北京大学出版社，2013 年。

　　5.《GB/T 29639—2020 生产经营单位生产安全事故应急预案编制导则》。

　　6.《AQ/T 9001—2019 生产经营单位生产安全事故应急预案评估指南》。

问题：如何进行人员能力和意识准备？

**简答：** 人员是业务连续性能力构成要素之一，也是构成要素中最基础、最灵活、最能体现杠杆作用的。只有在组织、业务流程／职能部门、团队／小组和个体等多个层级做好人员能力规划和管理，组织才能做好人员能力和意识准备。在具体工作中，组织应以年度培训和意识项目集为中心推动培训和意识活动管理。

**关键词：** 人员能力（Competence），人员能力规划模型，培训和意识项目集，ADDIE 模型，教学方案五线谱，柯氏四级评估，风险感知。

**解题：** 人员是业务连续性能力构成要素之一。好的业务连续性管理实践，离不开反映业务需要和风险状况的业务连续性方针，离不开业务连续性资源建设及配套的管理、操作和技术控制，更离不开各岗位上称职的人员。事实上，如果不重视人员能力和意识准备，组织将面临巨大的风险，因为方针、技术、流程等方面的问题最终还是人员的能力和意识问题。下面从能力、能力规划和管理，培训和意识项目集管理，培训活动和意识活动管理等方面进行讲解。（如无特别说明，则下文讨论的能力指的是人员能力，是业务连续性能力的构成要素之一。）

## 15.1　能力规划和管理

### 15.1.1　能力规划

ISO 22301：2019 明确要求，组织应确定参与业务连续性管理体系工作的人员的必备能力，确保这些人员能胜任工作，在需要时采用如培训、指导、重新分配工作或招聘等措施获得必要的人员与能力。

事实上，组织对人员能力的要求不是一成不变的。随着内外部环境的变化，组织的业务连续性方针和与之匹配的业务连续性能力需要调整，组织所要求的人员能力也应随之变化，这样才能支持组织的发展。例如，当移动互联网时代到来时，组织选择了数字化转型，考虑到数字化技术内在的脆弱性，数字化业务的连续性管理成为重点，此时组织需要更多既熟悉业务又精通数字化技术的人才，以有效支持组织战略更好、更快地满足客户需要。下面介绍一个成熟的人员能力规划模型，如图 15-1 所示，它可以帮助组织系统地规划人员能力，确保业务连续性方针的实施有效。（此模型摘自杨国安的《组织能力的杨三角：企业持续成功的秘诀》。）

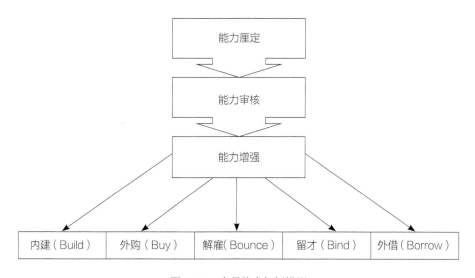

图 15-1 人员能力规划模型

在业务连续性管理领域，人员能力规划模型主要有以下 3 个问题。

（1）能力厘定：根据组织未来 3 年的业务连续性战略，我们需要什么样的人才？需要的人才数量是多少？这些人才必须具备什么能力？

（2）能力审核：我们目前拥有多少人才？这些人才具备什么能力？要实现组织未来 3 年的业务连续性战略目标，这些人才在数量上是否足够，在质量上的主要差距在哪里？

（3）能力增强：了解了人员当前的能力水平与未来所要求水平之间的差距

后，组织如果要有效增强人员能力，可以采取以下5种方式（5B）。

- 内建（Build）：在内部培养现有人员。
- 外购（Buy）：从外部招聘合适的人员。
- 解雇（Bounce）：淘汰不合适的人员。
- 留才（Bind）：保留关键人员。
- 外借（Borrow）：借用不属于自己组织的外部人才。

## 15.1.2 能力管理

人员对组织至关重要。组织的业务连续性绩效在很大程度上取决于人员在工作中如何有效地运用能力，业务连续性管理的成功需要组织、团队/小组和个体层面的能力管理。采用有计划的、系统化的方法管理人员能力，对组织增强业务连续性能力，保障组织在任何情况下都能按预定水平交付产品和服务具有重要意义。

ISO 10015：2019给出的能力管理过程包括规划、实施、检查和改进，如图15-2所示。

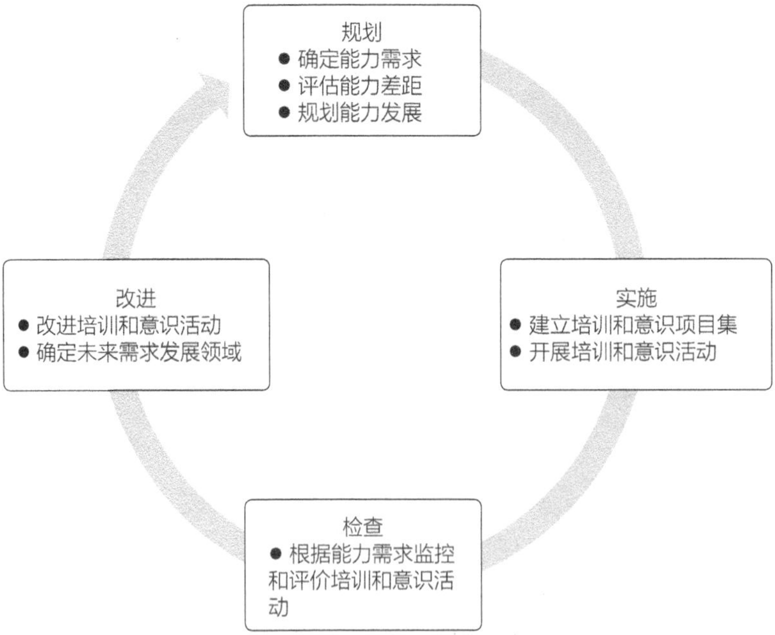

图15-2　能力管理过程

　　能力管理覆盖组织的所有业务流程、职能部门和管理层级。组织在确定所需能力时，应评估当前的能力水平及制约条件，结合业务连续性要求，最终确定能力需求。能力规划活动可按计划定期进行或根据情况变化进行。除招聘／解聘和外包外，能力管理主要通过培训和意识项目集落地。

# 15.2　培训和意识项目集管理

## 15.2.1　培训和意识

　　ISO 22300：2018 将培训定义为旨在促进知识、技能和能力的学习和发展，并改进特定任务或角色绩效的活动。也就是说，培训致力于培养相关和必要的知识和技能，以提升学员的工作绩效。

　　而意识旨在改变行为或强化良好的工作实践。意识不是培训，其目的只是使人们将注意力集中到某个主题上，让人们认识到可能产生的影响（并做出相应的反应）。

　　培训和意识之间最显著的区别在于，培训旨在通过传授知识和技能，使学员履行特定的职责；而意识则试图将个人的注意力集中在一个问题或一组问题上。需要指出的是，培训并不都是"坐在房间里静静地听课"，相当多的技能需要实际动手练习才能习得，因此军事学中将"training"译为"训练"而非"培训"。此外，在培训中获得的技能可能需要建立在适当的意识基础上。

　　培训和意识之间的另一个区别在于，在意识活动中，学员是信息的接收者，而培训活动中的学员更为积极。意识活动常采用吸引人注意力的"包装技术"触达广泛的受众（因此在中文语境中多用"宣传教育"、"宣教"或者"宣传"来代替意识活动）；培训则更加正式，其目的是积累知识和技能，以提升学员的工作绩效。

## 15.2.2　培训和意识项目集

业务连续性培训和意识是通过培训、意识等有计划、有组织的系统化的活动，使组织的全体人员采取有利于应对运营中断的行为，消除或减少危险因素，增强安全风险意识、提高应急和恢复技能，并对培训和意识后果做出评价的过程和活动。业务连续性培训和意识面向组织中的全体人员，不同管理层级、不同职责岗位的人员需要具备不同的能力和意识。

在组织中，管理人员的行为将为其他人员树立榜样，高层管理人员的意识将决定培训和意识工作的最终成效。因此，培训和意识工作一定要从高层管理人员做起。同时，培训和意识之所以重要，是因为它们是传播人员（包括经理层）履行职责所需信息的重要工具。在业务连续性管理领域，全体人员都需要知道组织的业务连续性方针，他们的角色、责任和需要遵循的程序，以及不按要求做的后果，即人员首先要被告知组织的期望。只有完全知情、训练有素和敏锐的人员才可能真正承担起责任。

组织中不同角色和职责的人员在运营中断事件应对过程中的任务不同，需要具备的能力自然也各不相同。我们需要根据人员的不同特点确定培训和意识活动的重点。在业务连续性培训和意识活动中，我们把培训对象分为管理人员、专业人员和岗位人员。

- 管理人员包括高层、中层和基层管理人员。高层管理人员需要为组织的使命与长期发展负最终责任，侧重于战略性、长期的问题，因此更关注服务对象（客户）保护、组织的声誉与品牌形象、利益相关者的信任、事件的中长期影响及可能存在的机会；中层管理人员负责组织的业务流程和日常运营，侧重于战术性、中期的问题，因此更关注特定业务的运营是否正常、市场份额 / 收入和毛利等问题；基层管理人员负责特定业务和流程的日常执行，侧重于实际事务的执行，因此更关注具体的、特定的场所和环境下的操作。

- 专业人员主要指组织中负责应急、连续性和危机管理，各类安全主管部门中负责专业管理工作的总监、经理、专岗，以及各业务部门中负责相关工作的协调员（接口人）等，其主要职责包括为制定应急、连续性和安全政策提供建议，推动和落实应急、连续性和安全管理活动（如风险

评估 / 业务影响分析，分析可行的策略和方案并提交建议，编制和管理应急预案，培训、演练和维护改进等），在事件应对过程为管理人员做好参谋等。此外，专业人员还包括组织内外部的应急、连续性专家、顾问和审计人员等。

● 岗位人员，即负责应急响应、业务恢复等的重点岗位人员，在应急响应和业务恢复等预案中需要完成相应任务。

组织中不同人员需要重点关注的内容也不同，如表 15-1 所示。

**表 15-1　组织中不同人员需要重点关注的内容**

| 分类 | 角色 | 需要重点关注的内容 |
|---|---|---|
| 管理人员 | 高层管理人员 | 法律法规、应急预案和业务连续性计划，应急和危机决策方法，应急指挥程序与交流沟通方式等 |
| | 中层管理人员 | 应急预案、业务连续性计划、应急指挥程序，增强安全和风险意识，增强应急、业务连续性管理和重大事件处置能力 |
| | 基层管理人员 | 应急响应和业务恢复措施等，增强安全和风险意识，现场风险和业务状况，增强排查安全隐患和第一时间处置事件的能力 |
| 专业人员 | 应急 / 连续性经理或协调员 | 应急预案、业务连续性计划和相关工作制度，增强辅助领导决策和开展应急、连续性工作的能力，有针对性地增强风险评估 / 业务影响分析、预案编制和管理、演练和培训、应急值守、信息报告、技术通信等方面的能力 |
| 岗位人员 | 应急救援队伍（可能是外部队伍） | 相关危险品特征、具体技术设施等技术方面的内容；现场救护和应急自救、应急设备操作、应急装备使用等技能 |
| | 业务恢复岗位人员 | 所涉及的事故导致的潜在后果，危险因素及事故发生的征兆，岗位人员自身的作用和责任；（在需要疏散时）限制未经授权人员进入事故现场，现场安全区域的划分、基本的事故控制技术；必需的恢复资源、业务恢复程序、措施和操作 |
| 全体人员 | | 应急、业务连续性和安全政策，自己在事件处置过程中的角色、职责和操作程序，不按要求做的后果，事件报告程序，人员撤离和疏散程序，基本自救互救知识和技能等 |

业务连续性培训和意识项目集是将组织中不同级别、不同岗位的人员纳入培训和意识总体安排，进行全面、系统的培训和意识教育，形成以应急、连续性和危机管理理论为基础、以相关法律法规和预案为核心、以增强预防、保护和减灾、应急响应和业务恢复能力为重点的培训和意识项目集活动。如果组织规模较大、

业务比较繁杂，涉及的人员培训和意识活动就比较多，可以采用项目（集）管理方法，即用项目集（作为业务连续性项目集的子项目集）方法管理培训和意识活动。培训和意识项目集管理的重点是按照能力目标确定年度计划，并按照计划推进培训和意识活动。

## 15.2.3　年度培训和意识计划

年度培训和意识计划是关于业务连续性培训和意识活动的内容、方法、所用资源、预期收益等基本问题的全年运作计划，它为全年的业务连续性培训和意识活动的开展提供规划和指导，是业务连续性管理工作中一份非常重要的文件。年度培训和意识计划还可分为组织年度培训和意识计划、部门年度培训和意识计划，它应被整合到组织年度培训工作计划中。

年度培训和意识计划一般由以下内容组成。

（1）封面与目录，即计划的名称和计划的目录。

（2）培训和意识计划概要，对整个培训和意识计划的制定过程、目的和意义、要点做高度的概括、提炼。

（3）培训和意识工作重点和目标，要具体、强调量化，同时不宜太多，5个左右最好，最多不超过7个。

（4）培训和意识项目运作计划，明确当年的培训和意识总体目标、培训和意识项目、课程类别、面向对象、项目开展时间、讲师资源等项目操作要点。

（5）培训和意识资源管理计划，对培训和意识活动费用，如培训项目运作费用、讲师费、外部顾问费等费用预算，以及课程体系开发、讲师队伍建设、教材开发、设施购置等投入预算提出明确的计划。

（6）培训和意识组织和机制建设计划，结合组织在人力资源管理和培训管理方面的组织和机制，提出业务连续性培训和意识方面的人员使用、专／兼职讲师的培养、讲师激励及培训效果转化管理等计划。

（7）行动计划及管控措施，将培训和意识项目运作计划、资源管理计划、组织和机制建设计划中的重点工作项目按照最终完成时间做时间倒排计划，明确主责人、协助人、阶段性的目标及标准、检核的里程碑、检核人等管理要素。

（8）风险分析及应对，阐述年度培训和意识计划实施过程中可能会遇到的问题与阻力，并分析其产生原因，思考相应的对策，简要给出建议和解决方案。

（9）结论及建议，强调年度培训和意识计划制定的具体依据和理由，说明落实年度培训和意识计划的关键和需要的支持。

（10）附件及名录，一般包括年度培训和意识需求分析报告、年度培训和意识项目 / 进度计划表、年度培训和意识预算表、分支机构年度培训和意识项目 / 进度计划表等。

## 15.3　培训活动管理

在制定了年度培训和意识计划后，组织接下来要做的是开展好每一个培训活动。但在现实中，不少组织已在反思，为什么投入了培训资源却没有达到预期效果？为有效使用培训资源、达成培训活动的目标，我们需要用一个结构化、系统化的培训教学方法指导培训活动管理：培训课程主题如何设计、培训框架如何搭建、培训内容如何开发、培训过程如何实施以及培训效果如何进行有效的评估等。

### 15.3.1　ADDIE 模型

培训教学方法有很多种，各企业在应用时也是因"企"而异。目前国际上应用广泛、实施效果比较好的模型之一，就是图 15-3 所示的 ADDIE 模型，它包括分析（Analysis）、设计（Design）、开发（Develop）、实施（Implement）和评估（Evaluate）5 个环节。

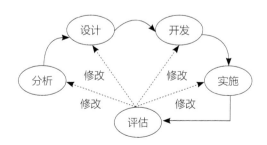

图 15-3　ADDIE 模型

分析包括对培训任务和目的、培训对象、资源和支持情况以及培训评估策略的分析。分析环节是培训活动的前提和基础，对培训活动来说，确认培训任务和目的是首要的，其次是定位培训对象，依据培训对象的特征和需求确定培训目标，最后对所需的培训工具及培训环境做补充分析，以实现因人而异、因材施教、有针对性地设计课程。

设计包括对课程总体框架和详细内容、教学方案以及评估方案等的设计。设计环节指对将要进行的培训活动进行总体设计，如紧紧围绕培训主题和目标搭建培训总体框架（一级大纲），并在培训总体框架的基础上细化培训内容；对不同类型的知识、技能和态度目标采取不同的、符合学员特点的教学方法，从而形成清晰、完整、结构化的培训方案，并设计出相应的评估学习效果的策略和方法。

开发包括对课程学习资料、课前测试调研、讲师手册、学员手册、教学辅助材料和课后评估工具等的开发。开发环节主要是为培训活动开发面向学员、讲师和教务的、完整的材料包，并验证实施计划，纠正可能存在的错误。

实施包括具体开展培训活动，并对培训教学过程进行记录，同时进行实施支持等工作。实施是对培训开发成果的具体应用，这个环节主要是提供培训实施过程的步骤指引，包括培训活动实施前、中、后需要做的工作和注意事项，以确保整个培训活动能够有条不紊地开展。

评估包括对已经完成的培训活动从学员反应、学习情况、行为改变、业务结果以及投资回报率等方面进行评估等工作，以寻找差距、积极改进。

1975 年，ADDIE 模型由佛罗里达州立大学提出，最初是一个包括 5 个核心过程和 19 个具体步骤的线性模型。这个模型在美国陆军中较好地解决了训练什么、训练谁、如何训练、需要什么训练资源等问题，取得了巨大成功。后来，商业企业也开始大量应用 ADDIE 模型，并衍生出了很多教学系统设计模型，但这些模型大都包括分析、设计、开发、实施和评估 5 个阶段。今天的 ADDIE 模型已发展成可以迭代的、敏捷的教学开发模型，虽然其每个阶段都建立在前一阶段的基础之上，但各个阶段的实施并不一定完全按照顺序进行，每个阶段的具体步骤也可以结合实际应用情境，结合其他学习理论和教学设计模型确定，以减少重复工作、提高开发效率和取得更好的教学效果。

由于培训活动涉及组织者、设计者、讲师、现场支持、学员等多种不同的职能，这些职能在培训活动的不同阶段有不同的参与度和关注度，只有保障他们共同关注的利益，培训活动才能达到最好的效果。首先，教与学是培训活动这一体之两面，组织者、设计者、讲师等站在一面，学员（及其领导或出资者）站在另一面，了解学员的学习动机（无论这种动机是内在的好奇心、求知欲、责任感、学习兴趣和成功感，还是外在的长者、权威、领导或群体提供的分数、奖金和职称等诱惑）并确认学员的学习需求是最重要的第一步，因为学员的主动参与是培训活动成功的基础。其次，设计者并非一个单独的职能，若是指整个培训活动的策划设计，那么它与组织者职能重叠；如果是指培训流程的设计，它就与讲师职能重叠。同时，现场支持的职能也可以涵盖组织者或讲师的职能。为了简化，下面只重点考虑组织者和讲师职能的不同。

组织者主要负责培训需求的接收和确认、活动执行和转化跟踪以及培训评估等，也就是说，组织者是以培训活动为中心的，是活动价值的决定性因素。讲师主要负责课程规划设计和开发、授课方法设计、授课过程及课后测试等，也就是说，讲师是以课程为中心的，是决定课程质量好坏的核心。在培训需求分析环节，组织者和讲师各司其职，相互配合；在培训方案设计和内容开发环节，讲师主导，组织者提供所需的各种支持；而在活动执行和转化以及培训评估环节，组织者主导，讲师负责与自己相关的部分。

下面我们以 ADDIE 模型为基础，从培训需求分析、方案设计、内容开发、活动执行和转化以及培训评估 5 个方面简要介绍培训活动管理。

## 15.3.2　培训需求分析

培训能解决的问题是很有限的，正如美国培训大师鲍勃·派克所说：培训是第六个解决方案。针对业务连续性管理培训，我们要排查培训要解决的问题是与资源（如设施、装备 / 设备、ICT 系统和数据等）、组织（如公司政策等）、过程（如组织制度、业务流程）等有关，还是与人员能力有关。培训更适合解决的问题主要是与人员能力有关的问题，如以下几种。

- 懂和不懂的问题：对应知识类的培训。
- 会和不会的问题：对应技能类的培训。
- 做得差和做得好的问题：对应提升效率、提升绩效的培训。

对于与人员能力有关的其他问题，如意愿、态度类的不愿做、不想做的问题，组织需要具体分析，了解失去动力的原因是什么。

在确认了面临的问题可以用培训来解决之后，组织接下来需要确定培训任务和目的、培训对象、资源和支持以及培训评估策略，这是培训需求分析环节的主要工作内容。对此，组织可以进行如下调研。

（1）培训任务和目的

● 您希望培训解决什么样的业务连续性（管理）问题？

● 如果该问题不解决，可能会造成什么样的影响？该问题对组织的品牌声誉、客户满意度、财务 / 运营绩效、法律合规等会产生多重要的影响？

● 培训如何帮助解决这些问题？

● 除了培训，是否还有其他方式可以解决这些问题？

● 培训成功的标准是什么？

（2）培训对象

● 是否了解学员的基本信息（包括他们的岗位、人数、性别、年龄段、学历等）？

● 学员的工作时间有多长？

● 学员是集中在某地还是分散在各地？

● 学员会从该培训中获得价值吗？

● 学员目前的知识和技能与期望的要求之间的差距如何？

● 学员对该培训的态度如何？

● 学员对该培训了解多少？以前是否参加过类似培训？效果如何？

● 学员参与该培训的动机是什么？

● 在以往经历中，什么类型的培训更受学员的欢迎？

（3）资源和支持

● 怎样安排培训时间？有什么特别的限制吗？

● 学员需要什么样的激励？

● 是否有合适的培训场地及培训环境？培训场地应如何布置？

● 是否有装备 / 设备可以用于动手操作？如果有安全风险，是否有保护和应对措施？

● 预算是否充足、合理？

● 培训活动由谁负责？团队成员有哪些人？团队成员各自的职责是什么？

● 目前有什么样的内容和资源可以用在课程设计中？

- 什么样的方式能够使培训更有意义？有与工作相关的设备／装备、文件、图片和其他资料吗？

（4）培训评估策略

- 评估方式有哪些？
- 参与评估可行的方式是什么？

在调研的过程中，只要有可能，组织就应尽量从培训需求提出者、学员的领导和学员等多方了解信息，为确认培训目标建立基础。越重要、越关键的培训，越需要组织在需求分析环节付出更多的精力和努力。

培训目标是需要预先确定的、对培训后学员应该表现出来的外在行为的具体、明确的表述，也是培训所要达到的效果。目标是落实培训的工作指标，是后续培训方案设计的具体指导，也是评估的重要依据。业务连续性培训可以实现 3 个方面的培训目标：认知目标、技能目标和态度目标。这些目标又可以分为 4 个不同的层次，每个层次的要求逐渐提高，如表 15-2 所示。

表 15-2　不同类型和层次的培训目标举例

| 培训目标的类型 | 培训目标的层次 | 目标表达常用的行为动词（组） | 举例 |
|---|---|---|---|
| 认知目标 | 1 级：知道 | 说出……名称，背诵，标明，排列……的顺序，界定……的范围；为……命名，陈述 | 陈述风险评估的过程 |
| | 2 级：熟悉 | 熟悉……，详细介绍，准确区别，阐述原理，描述过程，确认事物，概括说明，区别……概念，归类，解释，图解，推出……原理，判断 | 说明业务连续性管理委员会的人员组成 |
| | 3 级：胜任 | 对比说明，补充，利用查明原因，查阅，推导，修改，概括说明，判断，完善 | 完善本单位的应急决策流程 |
| | 4 级：精通 | 评价，拟订，推理，制定，编写，设计，预测，批判，比较 | 制定本单位的应急预案 |
| 技能目标 | 1 级：模仿 | 按照讲师的示范做，查到，接受，识别，觉察 | 能完成小组下派的任务 |
| | 2 级：适应 | 独立地执行，实施 | 在讨论中提出自己的见解 |
| | 3 级：运用 | （在实际中）解决问题，说服，比较并做出决定，制定，选择，系统化，解决问题 | 在小组内富有建设性地工作 |

| 培训目标的类型 | 培训目标的层次 | 目标表达常用的行为动词（组） | 举例 |
|---|---|---|---|
| 技能目标 | 4 级：创新 | 协调、和谐、完整、均衡、流畅、快速和稳定地解决问题，设计、修改，建立理论模型 | 代表本部门与其他部门的同事有效合作 |
| 态度目标 | 1 级：注意 | 愿意注意某种特定的现象或刺激 | 认识到合作的重要性 |
| | 2 级：响应 | 主动参与，积极响应，表示出较深厚的兴趣 | 有意识地主动出主意、想办法 |
| | 3 级：接受 | 接受或偏爱某种价值标准或愿意为某种价值标准做出贡献 | 对主动合作有坚定的信念 |
| | 4 级：综合 | 对各种价值观加以比较，确定它们的相互关系及它们的相对重要性，接受自己认为重要的价值观，形成个人的价值观体系 | 认识到主动合作、积极沟通、通过化解冲突来增强团队工作能力是业务连续性管理团队建设最重要的任务 |

培训任务在最初提出时可能是模糊的，如"监管要求每年做培训，我们就开展一次活动吧"或者"年底了，预算还有些节余，为给员工们提供福利，我们开展一次培训吧"；也可能是不合理的，如"我们部门的小张是去年入职的某知名大学的毕业生，很不错，能不能安排一次培训，以让他能全面负责马上要启动的业务连续性管理体系建设"……培训需求分析环节的核心是在前述调研分析的基础上，与培训需求提出者达成共识，确定清晰、合理、可落地的培训目标。

## 15.3.3 培训方案设计

培训方案包括培训框架结构和内容、教学方案以及评估学习效果的方案。培训方案设计环节的主要工作是在已确定的培训目标的基础上，完成培训方案设计。

### 15.3.3.1 总体框架

总体框架是培训活动的整体知识体系框架。培训目标产生之后，组织要分析实现这个目标需要多少个知识模型，而每个知识模型就是一个课程结构（大纲）。培训活动中如果少了一个知识模型，就等于有一个需求问题没有解决。培训目标如同屋顶，而总体框架就是把屋顶支撑起来的框架。少了框架，屋顶上的瓦会摔得粉碎；缺乏框架，培训的目标和功能也就失去了支撑。

如果培训活动面临的需求比较具体、集中，并不是很复杂，涉及的知识模型较少，只需用半天或一天时间，那这个培训活动相当于只盖"一间屋子"；如果需求较多并且比较复杂，涉及的知识模型较多，需要多天甚至多期培训，那这个活动相当于要建"楼房"或"院子"。总体框架就是这个"屋子"、"楼房"或"院子"的总体设计，其建构的目的是按照一定的逻辑关系将培训内容进行科学的安排，形成章节合理、条理清晰、点面结合、重点突出、时间分配得当的有机体系，以实现已确定的培训目标。

明确了总体框架后，具体每个课程模块怎么设计可以结合以下情况进行选择：有现成课程或只需较少定制的课程，还是需要重新设计课程；组织内部有讲师还是需要与外部机构合作。如果组织有现成课程或只需较少定制的课程，可以直接跳过下一小节的"课程结构"进入"教学方案设计"。

### 15.3.3.2　课程结构

金字塔原理中的 4 个基本原则，可以用来搭建课程结构，如图 15-4 所示。

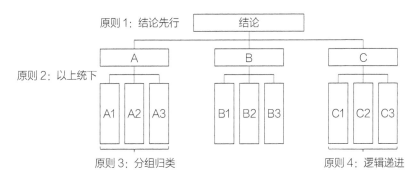

图 15-4　金字塔原理中的 4 个基本原则

（1）结论先行，即尽早提出鲜明的观点，这是最重要也最容易被忽视的一个原则。常见的错误是"只有内容，没有观点"或者"讲了很多内容，最后才抛出观点"，这很容易让学员觉得一头雾水。

（2）以上统下，即任一层次的思想必须是对下一层次思想的总结概括，每一下层是对上层的解释说明，不能交织。要注意 3 个关键点：上下一致，上层的观点与下层的论证是匹配、一致的；有理有据，要有足够有说服力的论证来佐证提出的观点；一次一观点，一个观点解释论证结束后再开始解释论证下一个观点，不能把多个观点交织、堆积在一起。针对每个观点，组织可以采用 PEE 方式，即 Point（观点先行）—Explanation（对观点进行深度解释或说明）-Example（用数据、实例、经验等论据论证观点）解释论证。

（3）分组归类，即每组中的思想必须都属于同一个逻辑范畴。如果希望一组思想可以被抽象出来以支持上一个层次，那么这一组思想必须在逻辑上具有共同点。

（4）逻辑递进，即每一组思想必须按照逻辑顺序组织。排列的顺序可以是演绎顺序（大前提、小前提、结论），时间/步骤顺序（第一、第二、第三），结构/空间顺序（亚洲、美洲、欧洲、大洋洲、非洲）或程度/重要性顺序（最重要、次重要、一般）等。

也就是说，在运用金字塔原理时，组织首先要确定总论点和主题，然后按照内在的逻辑关系列出主题下的各个子题，接着在每个子题下列出分论点或其他素材。当然，由于培训时间总是有限的，在不少情况下，学员不可能完全按照体系系统化地学习。所以组织一定要紧紧围绕培训目标，针对需要解决的问题，以适用为原则，对课程结构进行综合平衡。

常见的课程结构有 3 种模式：WHY-WHAT-HOW 模式、流程模式和要素模式。

（1）WHY-WHAT-HOW 模式是最常用的一种逻辑结构，符合人们理解和接受新知识、新信息的思维模式。WHY 即为什么，如我们为什么要做业务影响分析；WHAT 即是什么，如业务影响分析是什么，有什么好处，做了能解决什么问题，不做有什么问题，与风险评估有什么不同等；HOW 即怎么做，如业务影响分析怎么做，可以分为几步，每一步的重点是什么，有什么合适的方法和工具可以使用等。学员对其已有一定了解的培训，可将该模式调整为 WHAT-WHY-HOW 的结构。

（2）流程模式是指按照流程、步骤或时间线来设计整体课程的一种模式，如风险评估 5 步法就是按照流程设计的。

（3）要素模式适用于课程各个模块之间有一定的关系这一情况，如业务连续性实务框架包含项目集管理和领导力、能力规划、能力建设和保持、能力运用以及管理评价 5 个模块，这些模块之间不是简单的流程、步骤类的线性关系，可以按照要素模式进行组织。

当然，组织在进行课程结构设计时，也可能 3 种模式都用到了，如大的结构采用 WHY-WHAT-HOW 模式，在 WHY 部分用要素模式来组织内容，在 HOW 部分运用流程模式来组织内容。总之，组织可以根据培训目标、主题和内容灵活组合运用这些模式。

### 15.3.3.3 教学方案设计

课程结构搭建完成后，就可以转化成更清晰、明了的教学方案五线谱。所谓五线，是指教学的内容线、时间线、情绪线、方法线和资源线。内容线，指课程的关键内容及课程细节划分；时间线，指每部分内容所用的培训时间；情绪线，指每段时间学员的情绪或状态；方法线，指每部分内容用到的教学方法；资源线，指每部分培训需要用到的工具、材料或其他资源。这 5 条线从课程的开场导入一直延伸到课程的尾声，其中内容线是主线，其他线围绕内容线展开。组织只有综合考虑这 5 条线，才能设计出生动、有趣、有效的教学方案。

（1）内容线设计。内容线展示的是课程的内容或大纲的一级目录。通过内容的布局，我们可清楚地看到课程的要点和重点。内容设计得成功与否主要取决于两方面：一方面是内容是否有助于实现培训目标，另一方面是内容是否符合逻辑。

培训内容可以按照三段式结构进行组织：开场—主体—结尾。其中主体部分很容易理解，其核心就是前面设计的课程结构（大纲和主要内容）。需要注意的是，在设计内容时要控制要点的数量（一般半天的课程最多设计 3 个要点，一天的课程最多设计 5 个要点，两天的课程不超过 7 个要点，当然，这里指的是内容结构的第一层）。一般情况下，培训的组织者和讲师对内容主体部分都很重视；但部分讲师对开场和结尾的重视不够，从而影响了培训的最终效果。

● 开场部分要构造培训和学员的关联，即说明这个培训和他们有什么关系，以引起学员的兴趣、吸引大家的注意力，因此不要讲一大堆和学员毫无关系的客套话，或者自己的经历……这些和学员没有关系。要多讲"你们"（最好以"你们"开头），说出学员关心的事；可以使用有震撼力的数字，也可以提出问题，如"你们当中有多少人遇到过现金流只够支撑 3 个月的情况？""有没有人知道这一事故会造成多少中小企业倒闭？"……切记，有时候开场已经决定了培训的成败。

- 主体部分可在引起学员的兴趣后衔接，也可以根据需要在主体部分之前加入讲师的简介。有可能的话，还可以加入培训课程路线图，让学员了解这次培训有多长时间，让学员预览整体培训安排，还可以设定互动规则和培训过程中的注意事项。

- 结尾部分是培训活动的收尾，不再给学员提供任何新的信息、观点和数据。有些培训会在课程主体部分之后安排问答环节：讲师希望听听学员们的反馈并试图回答几个常见的问题，等回答完几个问题，结束时间一到，培训就无声无息地结束了。这是培训活动的大忌，讲师千万不要在问答环节结束培训，而一定要自己收尾。

所有培训的最终目的都是让学员的思想或行为发生变化，并将这些变化体现在未来的工作中。所以，讲师在培训活动收尾时应该号召学员行动起来，并让学员设想这些行动会带来的变化。在结尾部分，讲师可以安排问答，进行简要的回顾和总结（与培训课程路线图呼应）。但更重要的是，结尾部分应是讲师把感性发挥到极致的时候，因此讲师不能草草收场，而要用非常感性的东西，如用一则故事或轶事、一个比喻或想象、名人名言或与开场呼应的故事等引起学员的共鸣，在其情绪到达顶点时结束培训。

元代陶宗仪提出了"凤头、猪肚、豹尾"文章创作六字法，要求文章起头要奇句夺目，引人入胜，如同凤头一样俊美精彩；文章主体要言之有物，紧凑而有气势，如同猪肚一样充实丰满；文章结尾要转出别意，宕开警策，如同豹尾一样雄劲潇洒。这也是一种典型的三段式结构。彼德·迈尔斯和尚恩·尼克斯合著的《高效演讲》提出的著名的"坡道—发现—甜点"也是典型的三段式结构，都可以供我们借鉴。

（2）时间线设计。时间线展示的是课程内容的时间刻度与分布。"时间"对培训而言是一种稀缺资源。要在有限的时间内实现培训目标，要让学员听得津津有味，组织在设计教学方案时，不仅需要关注内容，还要关注学员的注意力和时间的精确规划之间的关系。在时间规划方面，成人教学中的"90/20/8"原则十分重要。

90分钟。经测验，90分钟是一个成年人带着"理解"的能力能倾听的最长时间。因此，每隔90分钟就要给学员一些休息的时间。

20分钟。20分钟是一个成年人带着"吸收"的能力能倾听的最长时间。

因此，最好每隔 20 分钟就变化一下学习方式，如讲授 8 分钟后，安排讨论 10 分钟，再给 5 分钟呈现讨论成果。

8 分钟。据统计，一个成年人坐在座位上持续保持专注的时间为 6 ~ 8 分钟，之后注意力就容易分散。特别是在现在这个时代，一些人更是习惯隔几分钟就看一下朋友圈和微信群。

如何根据该原则设计课程呢？比较有效的办法就是将每段课程的时长控制在 90 分钟左右，再将每个小环节的时长设计成 20 分钟，在每个 20 分钟的小环节里，让关键的知识点分布在 8 分钟里，充分调动学员的积极性，不断变换授课方法，如讲个故事、提个问题、举个例子等，这样可以持续吸引学员的注意力。

时间线是为内容线量身定制的。在设计时间线时，一般花在重点或要点上的时间长一些，次要点的时间则稍短一些。另外，上午应尽量安排理论内容，下午为了避免学员走神或者犯困，可多安排一些实操性或参与性强的内容。

（3）方法线设计。方法线展示的是针对各个知识点的授课方法，方法设计是使用恰当的授课方法帮助学员发现与吸收内容的过程。根据成年人学习的规律，培训课程应该摆脱以往单一的授课方法，将课程内容和学员理解结合起来，充分调动学员的学习积极性，这样才有助于改善学习效果和实现培训目标。

常见的授课方法有很多种，如讲授、观看视频、分组讨论、案例分析、演示模拟（现场示范）、角色扮演、游戏、测验、问答、比较和对比、头脑风暴、案例分析、沙盘模拟、论坛、访谈、实战演练、阅读、提问 / 问答、评论、辩论等。接下来我们简要介绍常见授课方法的特点及适用范围。

- 讲授法指讲师通过语言表达，系统地向学员传授知识。讲授法的优点是可以在有限的时间内传递大量的信息，能够系统化地讲解各种材料和想法，并且不受学员数量的影响；局限在于只传递讲师的观点，学员被动参与，学习效果易受讲师的个性和水平影响。讲授法是很多授课方法的基础，适用于有关理念性信息的培训和意识活动。

- 问答法又称提问法，指讲师按照一定的教学要求向学员提出问题，通过问答的形式引导学生获得或巩固知识。问答法的优点是可以针对学员的具体学习需求，提供明确的讲解内容，也可以调动教学双方的积极性，激发学员的挑战热情和学习热情；局限在于如处理不好容易变得太正式、有威胁性，造成尴尬的局面。问答法是课堂教学中的常用方法，适用于多种教学目的，并且很容易和其他方法结合起来使用。

- 分组讨论法指将学员按每组 4 ~ 8 人进行分组，讨论特定的主题，并回到大组里汇报。分组讨论法的优点是可在有限的时间内充分讨论，能够提升学员参与程度，便于组内成员分享知识和经验；局限在于讨论可能会变得肤浅、散乱，并且容易被小组里的个别人主导，需要有能力的组长来掌控时间和进度。分组讨论法适用于巩固知识，锻炼学员分析、解决问题的能力与人际交往的能力，对讲师要求较高。同时，分组讨论法不太适用于超过 40 人的情况。

- 专题研讨会法指让 3 个或更多有不同观点的人分别进行演讲，允许学员与演讲者交流沟通（或在主持人的引导下进行问答式的讨论）。专题研讨会法的优点是可以针对同一个专题的不同侧面呈现多种观点，并且通过问答方式进一步澄清信息，以满足具体的需求；局限在于课题选择的好坏直接影响培训的效果，对整体策划和演讲者要求高，要求主持人的引导技巧好、讨论氛围自由。专题研讨会法可以帮助学员培养意识、交流信息、产生新知识，比较适用于培训管理人员或解决有一定难度的管理问题。

- 示范法指在学员面前展示完成一项工作和制作一件东西的过程和方法。示范法的优点是示范程序比较具体，可以阐明技术和技巧，并展现过程或方法的结果，可重复进行；局限在于因场地或其他环境限制，学员人数不能过多，并且常常需要特殊的环境加以配合，如场地、设备、材料、温度、灯光等。示范法在技能教学中有其独特的作用，适用于教授某种特殊技能或介绍某种新的程序或技巧。

- 练习法指给学员提供一定的机会尝试或练习所学的或已感到生疏的知识或技能。练习法的优点是有助于激发学员的学习兴趣和学习动力，让学员通过尝试将理论和实际相结合；局限在于需要事先精心策划和试验，如果练习过程需要辅导和协助，学员人数就不宜过多。练习法可以和示范法结合，同样适用于教授某种特殊技能或介绍某种新的程序或技巧。

- 案例分析法指把实际发生过的问题作为案例，用书面或视频的形式向学员详细描述情况，由学员依据背景材料分析问题并提出解决问题的方法。

案例分析法的优点是教学方式生动具体，学员参与性强，可以将学员解决问题能力的增强融入知识传授中，有利于学员参与企业实际问题的解决；局限在于案例准备耗时较长，有时案例的来源不能满足培训需要。案例分析法由美国哈佛商学院推出，其目的是让学员通过分析个性化案例，找到解决问题的共性规律，再用共性规律去解决个性化的问题，从而培养学员的分析、判断和决策能力，帮助他们学习如何在紧急状况下处理各类事件和解决问题。案例分析法比较适用于介绍解决问题的程序或技巧，对新员工、管理人员、业务干部、后备人员等均适用。

● 角色扮演法指选择小组成员扮演一个情景或事件中的人物，之后扮演者、观察者联系情感体验来分析和评估表现出的行为。角色扮演法可以分为两类：一类是结构性的，角色扮演的条件、问题是预先设计好的，是从普通的管理问题中抽象出来的特例；另一类是自发性的，学员在学习过程中会学会发现新的行为模式。角色扮演法的优点是给学员机会去实际感受人际关系的情境，并体验或探索可能的解决方案；局限在于如果没有经过精心设计和安排，容易显得刻意或仅仅是自娱自乐，最后变成为了表演而表演，而不能解决预先设计的问题。将角色扮演法和讲授法、讨论法结合使用，能产生更好的效果。角色扮演法可以在决策、管理技能、访谈等培训中使用，适用于对实际操作人员或管理人员的培训。角色扮演法也适用于对新员工、岗位轮换和职位晋升的员工的培训，其主要目的是尽快让员工适应新岗位和新环境。

每种授课方法就其本质来说都是相对和辩证的，既有优点，又有局限。一种授课方法可能可以有效地解决一些问题，而在解决另一些问题时可能无效。因此，为达到既定的培训目标，组织需要将各种授课方法有机地结合起来，以发挥其最佳功效。在选择授课方法设计方法线时，组织需要从两个方面考虑。

第一，原则上，同样的内容可以用不同的授课方法阐述，但不同的授课方法对学员的刺激不同。组织可以据此绘制一张授课方法设计心电图，如图 15-5 所示。如果心电图走势很平缓，就可以预判培训现场的氛围会比较沉闷。在这种情况下，每过一段时间发现不好的苗头（学员走神了或犯困了）时就转换一下授课方法，就可以持续让学员集中注意力。

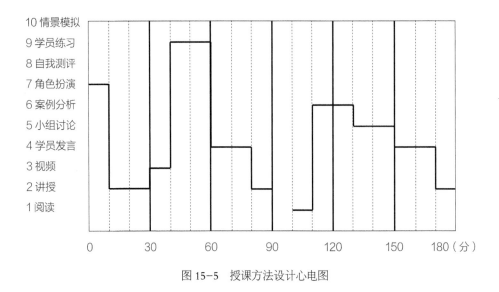

图 15-5  授课方法设计心电图

第二，同样的主题可以用不同的方法进行教学，但不同的授课方法能达成的培训目标并不一致。例如，讲授法可以达成"了解业务影响分析过程"的培训目标，却无法达成"完善组织的业务影响分析过程"的培训目标。本质上，培训目标是培训的基础，在培训中起着统率全局的作用，具有导向性。因此，组织需要根据培训目标的不同选择适宜的授课方法。

（4）情绪线设计。情绪线反映的是学员的情绪或状态，是学员随着课程推进的情绪反应曲线，如学员何时思考，何时焦虑，何时会有积极情绪等。不同的情绪或状态可反映出学员在学习时的投入度。例如，代表学员全身心参与、积极的情绪或状态有惊喜、思考、兴奋、喜悦、开心等；代表学员对学习不感兴趣、消极的情绪或状态有失望、无聊、困倦、疲惫、不耐烦、对立、对抗甚至睡觉等。学员的情绪或状态将直接影响学习的效果。

很多人认为，能否调动和控制学员的情绪或状态在于讲师和学员的临场表现。我们需要承认，讲师和学员的临场互动十分关键。但一个出色的课程应能预先在教学设计环节，充分考虑学员在每个阶段的情绪反应，考虑在每个阶段期望学员有什么样的情绪或状态，应该用什么样的授课方法"生成"这些情绪或状态。理想的情况是让学员的情绪随着内容的推进呈波浪状，时而兴奋、时而反思、时而感慨、时而开心，让学员一直在愉悦的氛围中学习，使学习效率更高。

与此相反，如果一个课程在教学设计环节没有预见哪里会出现掌声，哪里能产生共鸣，哪里能引起反思，讲师在培训现场面对的可能就是气氛沉闷、混乱的场景。

（5）资源线设计。资源线指的是在课程的各个阶段用到的各种资源。培训活动需要软、硬件和环境等方面的支持，如海报、视频、练习单、教学活动道具（如铃铛、秒表、白纸、彩笔等）；讲师还需要很好地掌握相关知识点的辅助资源，如背景知识、辅助阅读材料、参考网址、书目等。

资源线是方法线的延伸。根据方法线的设计，事前设计和准备所需的各类设施和材料，是培训顺利进行的有力保障。组织可利用图 15-6 所示的表格来明确相关内容。

教学方案五线谱

| 培训活动背景信息 | | | | | |
|---|---|---|---|---|---|
| 培训对象： | | 培训主题： | | 学员人数： | |
| 学员分组：共＿＿＿组 | | 桌椅摆放形状：□岛屿形<br>□弧形 □圆形 □其他 | | 本节共用时： | |
| 教学方案五线谱 | | | | | |
| 内容线 | | 时间线 | | 情绪线 | 方法线 | 资源线 |
| 环节 | 内容 | 开始 | 用时 | | | |
| | | | | | | |
| | | | | | | |
| | | | | | | |
| | | | | | | |
| | | | | | | |
| | | | | | | |
| | | | | | | |
| | | | | | | |
| | | | | | | |

图 15-6　教学方案五线谱

总之，在进行培训方案设计时，组织要在既定培训目标的引领下，结合学员的特点、数量和组织的资源条件，综合考虑课程主题和结构、主要内容、时间安排、授课方法、学员的情绪或状态，完成培训总体框架、课程结构和教学方案设计。

## 15.3.4  培训内容开发

培训内容即培训课件包，包括 PPT 课件、讲师手册和学员手册。培训内容开发环节的主要工作是在已确定的培训方案的基础上，完成培训课件包开发、试讲和培训准备工作。

### 15.3.4.1  课件包开发

在设计好课程的"蓝图"后，接下来就是根据"蓝图"进行课件包的制作，包括 PPT 课件、讲师手册和学员手册的完善。

PPT 课件内容是在课程结构和主要内容以及内容线设计的基础上进行开发的，在此不做赘述。在内容之外，要注重 PPT 课件的表达方式，即"颜值"。PPT 课件的"颜值"在一定程度上体现了课程的成熟度。有些讲师在制作 PPT 课件时只是将 PPT 课件当作文档使用，在其中放置了大量信息，让人眼花缭乱，实际效果很不好。其实，PPT 课件制作是一门学问，制作好了可以起到如虎添翼的作用。

人们浏览 PPT 课件的顺序一般是从上到下，从左到右；先标题后段落，先图片后文本；先看突出强调的部分，再看没有强调的部分。所以，PPT 必须能让人一目了然。讲师要多花些时间和精力在 PPT 课件制作、美化上。实际上，制作 PPT 的水平是很容易提升的，讲师多看看相关资料、看看好的课件设计，就可以快速提升制作水平。目前已有大量关于 PPT 课件制作、美化的书籍，如《演说之禅》《PPT 演绎：故事化设计》《写给大家看的设计书》等，也有许多专业网站和公众号，大家可自行查阅、浏览。要谨记：PPT 课件的制作必须以受众为导向，受众愿意看、易看懂的 PPT 课件才是好的 PPT 课件。

PPT 课件制作完毕后，是否就大功告成了？事实上，还不是！因为同一份 PPT，如果没有辅助性的讲师手册和配套的学员手册，就很难保障培训课程的交付质量和学员的学习效果。在大多数情况下，讲师手册及学员手册是必不可少的。

讲师手册通常由课程概述、课前准备、授课计划和授课要点以及培训工具包（案例与活动说明）组成。

● 课程概述旨在介绍本门课程的名称、授课时长、培训形式、学员人数（分组）、目标学员、必修课程、学习目标等基本情况，有些课程还需说明课程开发的背景。通过课程概述，讲师能了解课程的整体情况，尤其是能对目标学员、学习目标、学员报名前应该具备的条件等关键信息进行了解。

- 课前准备包括讲师对课程的内容准备和行政准备两个方面：第一个方面提醒讲师要重点关注的课程内容；第二个方面提醒组织培训活动的相关人员做好课程的相关行政工作安排，以保证课程顺利实施。

- 授课计划分为整体授课计划和单元授课计划，分别与课程设计中的框架设计和详细设计相对应。整体授课计划是对课程模块的划分和对时间的分配，其中，时间分配包括合理分配学习、练习和复习的时间。单元授课计划要说明每个单元的互动逻辑、教学活动的组织要点及内容讲解要点。讲解要点按照"教学方案五线谱"展开，包括内容线、时间线、情绪线、方法线和资源线，详细说明每个小节、每个活动、每页 PPT 的实施操作和讲解要求。

- 培训工具包对培训课程中的教学案例、教学活动等进行说明并补充背景资料。

讲师手册的呈现形式多种多样，详细程度也各有不同。根据课程的重要程度、授课难度等，我们可将其分为简单注解版、互动逻辑版和详细话术版 3 种。

- 简单注解版讲师手册多适用于专家个人开发的，以知识传授为主，在小范围内使用的培训课程。其优点是开发工作量小且速度快，缺点是只能起到简单的提示作用，授课时大量的关键信息都在讲师本人的头脑中。

- 互动逻辑版讲师手册重点说明课程的互动逻辑，包括每个教学活动的互动组织要点、每页 PPT 的互动组织方式，以及前后知识点的过渡和承接要点。该类讲师手册多采用团队开发模式，以技能技巧为主要内容，并在课程中大量使用互动教学活动。其优点是可以汇总讲师团队的知识和经验，使开发团队按照预先设计的教学策略和互动模式开发课程，既能保证课程内容的质量又能保证互动的质量。其缺点是隐藏在开发团队头脑中的信息无法传递给最终的授课讲师，保留开发团队中优秀讲师的授课录像可以在一定程度上弥补这一缺点。总体来说，互动逻辑版讲师手册适用于讲师数量较少的课程，是一种高效传递课程关键信息的方式。

- 详细话术版讲师手册的特征是将课程的互动逻辑、每个环节的详细实施要点、学员可能的反应及应对方式、参考资料等所有内容都详细写出来，具体到每句话如何讲解。该类讲师手册的优点是易于传承，缺点是开发工作量大、开发周期长，需要经过多次试讲，修订才能使用，而且限制了讲师根据内容自由发挥的空间。

在编写讲师手册时，一定要注意：交互是基础。也就是说，讲师手册的编写要充分体现交互感，以确保取得良好的培训效果。

学员手册是为了使学员更好地认知培训课程目标、了解课程内容结构及具体信息，以及为课堂学习及课后复习提供参考而开发的。有讲师直接把 PPT 课件打印出来提供给学员作为学员手册使用，这样做的效果并不好（最多只能作为时间、资源等不足时的下下之选）。

在培训工作中，学员手册一般按照应用情况的不同分为两类：一类是培训项目的学员手册或培训班的学员手册，作为整个项目或培训班运作的标准化告知文本，包括学员通讯录、培训注意事项、住宿及交通安排等内容；另一类是培训课程的学员手册，作为下发给学员用于辅助学习的教材。这里指的是第二类学员手册的编写。学员手册和 PPT 课件最大的不同在于，PPT 课件是"帮人讲的"，一定要有利于讲师授课，所以应设计简洁，不放与内容无关或者会转移学员注意力的内容，以让学员将关注的焦点落在重点上；而学员手册是"给人看的"，要有利于学员学习、记笔记和课后复习，可以有很多的文字、图形，信息量大。

学员手册一般包括封面（组织 Logo、课程编码、课程名称）、课程开发者信息、讲师信息、保密要求、课堂规则、课程目标、课程大纲、课程内容、课程知识点回顾等内容。在编写学员手册时，一般要遵守以下几个原则。

（1）准确性：确保所有内容准确无误，与课堂教学内容保持一致。

（2）针对性：学员手册内容紧紧围绕学习目标来编写，在满足学习目标要求的基础上增强学习的趣味性。

（3）难易适中：不同学员在文化程度和理解能力上可能存在差异，编写学员手册时要充分考虑这种差异，使手册难易适中。

在遵守以上 3 个原则的同时，学员手册还要有关键内容提示，注意在重点知识点或问题处留白；有学员可以记笔记的地方；提供可以体现研讨案例的详细资料；结合课程目标，在重点知识点处设置一定量的思考题或课后复习题；适当补充相关知识以便学员自学，拓展学习深度；附上供学员课后学习的参考资料。

#### 15.3.4.2　试讲和培训准备

在课件包开发完成之后、开始正式培训之前，建议安排一个环节——试讲。试讲可以帮助讲师及时发现问题，对课程内容和形式进行调整。实践证明，经过严格试讲后的课件才是真正经得住考验的课件。试讲也可以帮助讲师掌握课程节奏，强化对课程和学员的掌握。讲师在讲授一门新课程时，即使课件内容完全是自己编写的，也难免会有逻辑不顺、内容不连贯、时间控制不当等问题。这些问题不能被带到正式的课堂中，而应该在试讲阶段被解决掉。

试讲组织安排一般包括前期准备、试讲反馈和后期调整 3 个环节。

- 前期准备环节主要是选择合适的观摩学员、邀请培训专家和业务专家，以及准备观摩资料。在选择观摩学员时，最好能找到未来课程面向的真实学员，告知他们学习的内容，请他们记录有关课程的信息并在课后提供反馈。培训专家将从培训课程设计和授课角度提出意见，业务专家则从讲授业务的角度、深度、实用性等方面提出意见。

- 试讲反馈环节指在试讲结束后，组织大家进行反馈研讨。在课程内容方面，重点关注内容是否切中员工工作中的实际问题，提供的技巧或知识是否实用，内容是否对工作绩效的提升有帮助，授课方法是否易于理解或接受，哪些内容受到认可，哪些需要调整，其中的例子、案例等素材是否合适，是否能引起共鸣，是否能引发学员思考；在现场授课方面，重点关注时间是否被有效控制（如为避免超时或时间过短，应将时间控制在指定范围内），是否通过提问、参与环节与学员进行了有效互动，学员的参与度如何以及是否需要进行调整等。在这一环节中，讲师还需要完成对培训课程所用教具的测试。

- 后期调整环节主要是讲师根据试讲的反馈意见进行适当调整，如有必要可再安排第二次、第三次试讲。

培训准备是培训内容开发工作的最后一步，需要讲师确认 PPT 课件、讲师手册和学员手册的最终版本，确定将在培训中用到的教具等。

### 15.3.5　活动执行和转化

活动执行和转化环节的主要工作包括培训活动执行及效果转化。这一环节由培训组织者主导、推动和支持，讲师主要负责培训现场的授课，双方各负其责，协同完成培训活动。以下主要从培训组织者角度介绍活动执行和转化。

### 15.3.5.1　活动执行

培训活动执行是按照事前计划与准备的内容进行的，有经验的培训组织者会根据活动执行检查清单逐步落实每一项工作，通常涉及以下方面。

（1）活动准备：学员报到交通（是否接机、接站；如培训地点较远，是否还需要安排市内交通）和住宿安排；学员手册印刷及资料袋准备；讲师交通和住宿安排；培训场地准备（如引导牌、横幅、灯光、音响等）、桌椅摆放布局（是否与培训方案要求一致）；培训期间重点事项（领导是否参与/如何参与，是否有开课仪式，是否聚餐，是否合影等）安排；培训结束安排（是否有结课仪式、交通安排等）；其他重点关注事项（如安全注意事项、特殊情况人员疏散程序和路线）。

（2）活动开始：要尽可能正式，因为正式的培训活动能够从一开始就让学员和讲师迅速进入状态，而组织松散的培训活动会对学员和讲师产生负面的心理暗示。正式的活动开始方式包括：有学员签到仪式，有制作精美的学员座位牌，培训现场有视觉宣传效果，领导简短讲话（必要时），有严格的课堂纪律，有隆重介绍讲师的仪式等。

（3）活动进行：要重视培训现场的控制和应变。有些培训组织者在培训活动开始、把学员交给讲师之后，就会离开现场，或者只是作为一名普通听众坐在学员席上。这是不对的。无论是由内部讲师还是外部讲师授课，培训组织者都比讲师更了解学员情况，因此，应给予讲师必要的帮助，包括调节课堂学习气氛，鼓励不太积极的学员积极参与发言或讨论问题，利用适当的时机把有影响力的学员介绍给讲师等。这些举动将对培训活动的成功产生积极影响。

一次成功的培训活动必然会出现许多精彩的瞬间。培训组织者应该习惯于拿着照相机、摄像机把这些精彩的瞬间记录下来，这些照片和影像可用来呈现培训部门的工作业绩。照片和影像还可以用于创办组织内部的学习刊物、板报、墙报，或上传到组织内网或外部网站上宣传组织的形象。同时，这些照片和影像还可以供学员们下载——人们看到自己的良好形象时一般都会很高兴，而这种高兴最终会转化为对培训活动和组织者的满意。

（4）活动结束：配合讲师结束授课活动，并和培训活动执行小组举行总结会（半小时以内），让参与活动准备和执行过程的人员总结活动执行情况，记录主要的改进意见，并在此基础上改进活动执行检查清单。

#### 15.3.5.2　效果转化

培训的最终目的是改变学员的行为，从而改变学员的工作绩效。而要使学员的绩效发生改变，仅仅在培训前和培训中下功夫还不够，还需要在培训后促进培训效果转化。培训组织者可以从 4 个方面对培训效果的转化施加影响。

一是通过在课后测试学员的培训效果来强化他们对课堂所学知识和技能的记忆。事前告知学员课后要进行测试等信息，可以加强学员对学习的重视。

二是在培训后要求学员制定将课堂所学知识与技能应用于工作的行动计划，并公开做出承诺。多数情况下，当众承诺过的行动计划至少部分是可以得到执行的。

三是在组织内营造良好的应用新知识和新技能的氛围，如制造机会让直属部门领导积极嘉奖下属员工的学习效果转化行动。

四是企业高层管理者通过亲自倡导并出台相应的制度（如相关奖惩制度）来促进培训效果的转化。要让高层管理者清楚，促进培训效果转化不只是业务连续性管理部门和培训主管部门的责任，更是他们的责任。

## 15.3.6　培训评估

简单地说，培训评估是指通过一定的方式了解员工和组织从培训中获得的收益。对员工而言，"收益"是指他们学到了什么新的知识或技能，这些知识或技能对他们的态度或行为的影响，以及最终他们的能力和绩效因培训发生了怎样的改变；对组织而言，"收益"是指培训是否使组织业务连续性能力得到增强、风险评估 / 业务影响分析得到改善、预案 / 资源管理质量得到提升，以及是否使中断事件数量减少、恢复时间缩短、客户满意度和监管合规水平提高等。

柯氏四级评估是目前培训评估中最为成熟、应用最广泛的方法，它由威斯康星大学的教授唐纳德·L. 柯克帕特里克提出，主要包括反应、学习、行为和结果 4 个级别的评估，如表 15-3 所示。

表 15-3 柯氏四级评估

| 评估级别 | 评估重点 | 评估内容 | 常见问题 | 评估方式 | 评估时机 | 评估产出 | 优势势 | 注意点 |
|---|---|---|---|---|---|---|---|---|
| 一级评估 反应评估 | 学员反应：针对学员对培训课程及学习过程的满意度进行评估 | 课程内容、讲师、教学方法、教材、场地等 | 学员是否喜欢该培训课程；课程对学员是否有用；学员对讲师及培训内容等有何意见；课堂反应是否积极 | 效果评估表、小组座谈、访谈等 | 课程结束时 | 培训效果评估表 | 优势：可操作性强，是最基本、最普遍的评估方法 劣势：易出现以偏概全、主观、不够理智的现象 | 强调评估的目的，要求大家配合；将课程、讲师评估分开 |
| 二级评估 学习评估 | 学习效果：针对学员对知识的掌握程度和效果进行测验或对操作实施评估 | 掌握知识和技能的程度，如学员吸收/会操作的程度等 | 学员在培训项目中学到了什么；学员在知识、理论、技能上有多大程度的提升 | 测验、现场实操、课后行动改善计划等 | 课程结束时 | 学员成绩单、作业、成果文件 | 优势：对学员形成压力并促使其真认学习，对讲师形成压力并促使其更认真地准备培训课程 劣势：压力大、可能导致报名不踊跃 | 针对不同培训课程采用不同的评估方法 |
| 三级评估 行为评估 | 行为改变：针对学员回到工作岗位后，其工作行为是否因培训而发生预期的改变进行评估 | 培训后行动跟进，其工作后行为的改变 | 学员在学习上是否有改善行为；学员在工作中是否使用了培训内容 | 上级、同事、下属等通过观察评估，以及学员自评估 | 培训后3～6个月 | 培训后行动计划实施与跟进报告 | 优势：直接反映培训效果 劣势：耗费时间和精力；问卷设计等配合难度较高；学员行为易受其他因素的影响 | 课程需适合用该方法进行评估；选择合适的评估时机；充分利用专业讲师和咨询公司的力量 |

续表

| 评估级别 | 评估重点 | 评估内容 | 常见问题 | 评估方式 | 评估时机 | 评估产出 | 优势势 | 注意点 |
|---|---|---|---|---|---|---|---|---|
| 四级评估<br>结果评估 | 绩效提升<br>针对学员培训后<br>工作绩效的改善<br>情况进行评估 | 是否对企业的<br>经营结果产生<br>了直接影响，<br>如操作技能的<br>培训是否使次<br>品率下降 | 行为的改变对组织<br>的影响是否积极；<br>组织是否因为培训<br>而在业务连续性管<br>理上更加有效 | 通过特定指标<br>衡量，如事故<br>率、中断恢复<br>时间等 | 培训后<br>6～12 个<br>月 | 学员绩效<br>总结报告 | 优势：有详细的、令<br>人信服的调查数据，<br>有助于实现最优的投<br>入产出比<br>劣势：短期内难以得<br>出结论；缺乏经验的<br>技术和经验；仅对比<br>数据，意义不大 | 必须取得管理者<br>的支持，得到培<br>训的相关数据；<br>分析与课程有关<br>的结果，并分析<br>它们在多大程度<br>上相关 |

唐纳德·L.柯克帕特里克认为，4个级别的评估是一个递进的过程：学员只有满意，才可能学到知识和技能；他们学到了知识和技能，他们的工作行为才可能发生改变；他们的工作行为发生改变，才可能导致好的工作结果。还有人在此基础上发展了第五级评估，即投资回报率评估。严格意义上讲，真正完成四级评估的企业不多。

对于业务连续性管理培训，我认为培训评估的关键在于两点：是否达成了预先确定的培训目标？能找到哪些培训中的不足并持续改进？柯氏四级评估的优势在于从人的行为（反应）到组织的成果（绩效层）规划了一条完整的价值链，组织可以其为基本框架，结合课程类型、评估时机进行设计，聚焦于评估产出。

# 15.4　意识活动管理

业务连续性意识和业务连续性培训有很多共同点，都与组织能力中的人员要素相关，都希望改变人们的行为，都需要在年度培训和意识计划的基础上有计划、有组织、有系统地进行，都涉及需求分析（主题和目标确定），方案设计、开发、执行和评估等环节。因此，对于业务连续性意识活动，组织可以采用与培训活动类似的方法进行管理。当然，组织还需要注意到两者的不同：业务连续性培训致力于培养相关和必要的知识和技能，而业务连续性意识活动则是让人们将注意力集中到业务连续性上，让人们认识到可能产生的影响（并做出相应的反应）。

为了将人员的注意力集中到业务连续性上，也就是为了"吸引眼球"，组织要采用多种有创新性（喜闻乐见）的形式和手段来传递信息，如海报（张贴画）、墙报、网站、宣传册、游戏、培训（是的，培训也是可用的方式之一）、演练、员工入职培训、年会、活动周（月）……总之，组织应将精心选择的宣传口号送到每一个有必要送至的地方，将信息传递给组织中的每一个人。在推动业务连续性意识增强的过程中，组织还需要重点关注以下两点。

### 15.4.1　从风险感知出发推动业务连续性意识增强

"未来一年内本省／市发生 7 级或 7 级以上地震的可能性有多大？地震后的人员伤亡和财产损失分别可能达到多少？地震后，全省／市范围内有多少机构会停业？地震对组织造成的影响有哪些？"

"未来 3 年内，本省／市暴发流行病的概率有多大？哪种类型的疾病最有可能暴发？暴发后会对组织造成什么样的影响？"

…………

多年来，突发事件的损失估算一直局限于财产损失和伤亡人数，而且统计期限往往只包括事件过后的较短时间内，如几天或几小时。现在，业务影响分析（和风险评估）模型的时间范围已经扩大到几周甚至几个月，覆盖范围也扩大到了营业额、复工过程追加投入以及商业流动性等领域。随着专业人员不断扩大损失和影响评估的时间和覆盖范围，评估变得越来越复杂，预测也夹杂了越来越多的不确定因素。人们变得更加迷茫，对如何预防和应对灾难感到更加困惑。

业务影响分析（和风险评估）关注灾难的客观损失，如财务损失，而风险感知关注与灾难和风险有关的心理状态和情绪反应。研究发现，一些人对低概率、高损失事件的感觉和专业人员的大相径庭——在面对不太可能发生的事件时，他们一般不愿意深究低概率是什么意思，对灾难的感知在很大程度上影响了他们的决策过程和行为选择。也就是说，一些人对风险的认识依赖于主观判断，基本上根据自己的经验来判断可能面临的风险。例如，人们在互联网上讨论某大型工程的防灾抗灾能力"万年一遇""千年一遇""百年一遇"，其实并不清楚是怎么回事。如果某个极端事件刚刚发生不久，或者影响很大，人们一般不会考虑同样的事件近期再次发生的概率，而是总想着如果类似情况再次发生，后果会是什么样子。例如，某金融机构的高管当面对我说："我们（机构）怎么可能发生营业中断呢？"，然后他问坐在他旁边的风险管理部负责人："我们（机构）是不是只在前年遇到光缆被挖断了一次？在这个方面要注意一些"。

业务连续性意识活动的本质是采用多种形式、多种手段集中人们的注意力，加深人们对营业中断风险的认知——这既需要持续进行风险沟通，也是做好业务连续性管理工作的基础所在。

## 15.4.2　领导者以身作则牵头建设业务连续性文化

运营中断事件应对是一个动态的、多要素联动的过程，领导者是应对事件或由此引发的危机的主体，是这个动态过程的控制者，也是整个过程的"实施者"，在事件应对中处于核心地位。

在事件或由其引发的危机应对过程中，各级涉事领导者构成了组织领导的核心链环。相对低级别的领导者是上级领导者意图的传递者、宣传者和执行者，同时又是基层事件应对的倡导者、决策者和监督者。领导者在应对事件和危机中的表现，是其自身素质、处突能力、业务能力、道德修养、工作作风等的综合、集中反映，是衡量其能力的重要标志之一。

组织中各个业务、各个职能、各个岗位的员工是应急、连续性和危机管理工作最重要的执行者和实践者，在事件应对中起基石的作用，决定着应急响应和业务恢复的成效。让组织管理下的所有人员（包括在组织工作场所工作的外包人员）知道组织的业务连续性管理目标和方针，知道如何降低运营中断发生的可能性以及他们在预防、保护和减灾、预警和监测、自我保护、疏散、响应、连续性和恢复方面的相关角色和责任，知道遵循业务连续性方针和程序的重要性和不按要求做的后果，知道组织对供应商和外包合作伙伴有依赖性，知道组织运营变化带来的影响，知道他们在业务连续性管理体系有效性方面的贡献（包括提升业务连续性管理体系绩效的好处）是业务连续性意识工作的重要目标。

运营中断或由其引发的危机事件处理得是否及时、得当，大则影响组织的生存发展，小则影响员工的日常工作。因此，领导者以身作则牵头建设全员参与的业务连续性文化是业务连续性管理工作的关键。

**延伸阅读**

1．R．M．加涅，W．W．韦杰，K．C．戈勒斯：《教学设计原理》（第5版），华东师范大学出版社，2007年。

2．李晶：《要培训，不要赔训》，金城出版社，2015年。

3．鲍勃·派克：《重构学习体验：以学员为中心的创新性培训技术》，江苏人民出版社，2015年。

4．周平，范歆蓉：《培训课程开发与设计》，北京联合出版公司，2015年。

5．金才兵，陈敬：《好课程是设计出来的》，机械工业出版社，2016年。

6. 哈罗德·D.斯托洛维奇，艾瑞卡·J.吉普斯：《交互式培训：让学习过程变得积极愉悦的成人培训新方法》（第 2 版），企业管理出版社，2016 年。

7. 楼剑：《成为明星讲师：TTT 培训全案》，人民邮电出版社，2016 年。

8. NIST SP 800-16 Information Technology Security Training Requirements: A Role- and Performance-Based Model, 1998.

9. NIST SP 800-50 Building an Information Technology Security Awareness and Training Program, 2003.

10. ISO 10015: 2019 Quality management – Guidelines for competence management and people development.

问题：如何做好演练？

相关问题如下：

"领导对我上次做的'念稿子'式的演练很不满意，觉得投入了不少资源和时间，但效果并不理想。这次我该怎么办？"

"领导让我负责这次演练，但我的预案写得不好。不是说必须有预案才能演练吗？那我该怎么办？"

"什么样的演练才是好的演练？"

**简答：** 演练可以用来增强意识、锻炼队伍、支持各能力构成要素的集成；但其核心作用是验证业务连续性能力（或其构成要素）是否达到业务连续性能力目标。另外，演练也是业务连续性能力被交付运用前应通过的一个关键环节。演练通过创造出一个受控的"现实环境"，让组织展现其应对特定运营中断场景的真实能力，可用于验证业务连续性能力、政策、组织、装备、人员、预案等是否达到规划目标和满足现实需要。要做好演练，组织需要从演练项目（集）管理以及演练活动的策划准备、实施和评估改进两个层面做好工作。

**问题：** 领导对我上次做的"念稿子"式的演练很不满意，觉得投入了不少资源和时间，但效果并不理想。这次我该怎么办？

**回答：** 以"演"为主的展示性演练是必要的，但"光演不练假把式"，主要的演练还是要回到评估和检验业务连续性能力（或其构成要素）上。建议多组织检验性演练，让演练真正有助于增强组织的业务连续性能力。

**问题：** 领导让我负责这次演练，但我的预案写得不好。不是说必须有预案才能演练吗？那我该怎么办？

回答："能力目标—应急预案—演练"三者的关系类似于"教学大纲—教材—考试"的关系，同一个教学大纲，可以有多种不同的教材。应急预案即使有问题也并不影响演练，我们完全可以基于"教学大纲"（能力目标）来设计"考试"（演练）。

问题：什么样的演练才是好的演练？

回答：好的演练应该具备科学性，即它虽然只是模拟事件，但它应该像真的事件一样发生发展，让参演者感觉"身临其境"。因此我们应该和业务人员、专业人员多沟通，多收集、积累以往的事件案例，尽可能从日常业务场景、曾经发生的事件或对曾经发生的事件的合理推导中寻找业务场景、主要事件和详细事件的素材（这也是我在成立演练策划组时强调要把运营中断事件设计团队和突发事件设计团队分开的主要原因，因为这两个领域各有其专业性）。

同时，好的演练必须能够实现演练目标，即所有的演练目标都应有相对应的演练任务和评估任务，而这些演练任务所需要的场景事件构成了场景事件清单。

另外，好的演练还应该能够"激动／打动人心"，特别是有意识教育要求的演练，让参演者沉浸其中并获得启发很重要。在这一方面，电影是很好的借鉴对象。在构建演练事件链时，组织不能只是简单地堆砌（毕竟不是做物理电学实验），也要考虑角色（即人物）的动力、事件带来的压力、冲突等。

简而言之，好的演练应该是真（科学）、善（目的）、美（艺术）的统一。

关键词：演练活动参与人员（参演人员、导调人员、评估人员、模拟人员、观摩人员），演练类型（桌面演练、实战演练），演练事件体系清单，演练策划会议（意向会、启动会、中期会、审议会、终审会），演练实施，演练评估改进。

解题：在选定了业务连续性策略和方案，经历了应急组织建设、预案编制、技术装备和物资储备、人员训练后，如何确定组织的业务连续性能力能否满足业务连续性要求？对投入了重要资源和管理层精力的能力建设和保持来说，这是一个非常重要的问题。俗语说得好："光说不练假把式。"下面从演练基础、演练活动各个阶段的管理等方面进行说明。

# 16.1 演练基础

## 16.1.1 演练的概念

ISO 22300：2018 对演练的定义是"组织中培训、评估、练习和改进绩效的过程"，注释中提及，"演练可用于验证政策、预案、程序、培训、装备和组织间协议；澄清和培训人员的角色和职责；改进组织间协调和沟通；识别资源缺口；改进人员绩效并确认改进机会；在受控中练习应变"。

《国土安全演习和评估计划》（HSEEP 2020）提出，"演练是讨论型（桌面）或行动型（实战）的事件或活动，用于制定、评估或验证管辖区 / 组织达成计划目标的预案、政策、程序和能力"，同时指出，"精心设计的演练提供了一个低风险环境，使人员熟悉角色和职责；促进跨辖区 / 组织的、有意义的互动和沟通；评估和验证预案、政策、程序和能力；确定强项和需要改进的领域"。

事实上，英语中的"exercise"在不同的语境中有不同的含义。在军事领域，有演习和军事演习；在教育培训中，有角色扮演或情景模拟教学活动；在日常生活中，有体育运动 / 体育锻炼；在学校学习中，有练习和测验；在应急、连续性和危机管理领域，有应急演练、灾备演练、网络安全演练和预案演练等。一般来说，演练是组织的一种活动，它通过创造出类似于真实情况的情境（如一个或多个特定风险导致重要业务运营中断），让参演人员在其中履行职责、执行任务或进行操作，以评估、验证组织的政策、预案、程序、人员 / 组织、技术、机制和综合能力。

与演练相关的术语还有操练和测试。ISO 22300：2018 中，操练的定义是"练习特定技能并经常重复数次的活动"。相比而言，HSEEP 2020 对操练的解释更直接："一种通常用于验证单项操作或功能的实战演练。"ISO 22300：2018 中，测试的定义是"一种特别的演练，它将通过与否与计划演练的目的或目标组合起来"。也就是说，操练侧重于关注特定技能的练习和验证，而测试侧重于关注演练是否能达成预定目标。

## 16.1.2　演练的作用

在能力规划完成后，组织应根据设定的业务连续性能力目标，确定并选择适当的业务连续性策略，再在业务连续性策略的指导下，展开包括人员、资源、ICT 系统和数据、外部能力、计划、组织领导、培训、演练和评估等能力构成要素在内的一揽子能力解决方案的建设工作。训练可以用来集成各能力构成要素以生成满足要求的业务连续性能力；演练则是用来验证各能力构成要素或其集成的业务连续性能力是否达到业务连续性能力目标的关键方法，也是业务连续性能力被交付运用前应通过的一个关键环节。因为应急预案体系涉及业务连续性能力的各构成要素，各专项应急预案和现场处置方案是对特定情景下综合运用各能力构成要素进行应对的主要构想，所以，应急预案演练是验证应急预案可行性、合理性和有效性的终极方法。（因此有良好实践将演练作为应急预案发布的必要条件，要求未经演练的应急预案不得发布。）

在演练建立的低风险环境中，参演人员进入"实战"状态，履行职责、执行任务和进行现场操作；演练组织人员可以评估、验证组织的政策、预案、程序、人员 / 组织、技术、机制和整体能力是否达到规划要求和满足现实需要。总体来看，演练有助于达到以下目的。

（1）明确职责，锻炼队伍。组织可通过演练使决策指挥和处置人员明确自己在相关情境下的角色和职责，增强各类人员对预案的熟悉程度，增强其应对事件的能力。

（2）检验技术，验证机制。组织可通过演练检验技术系统（如应急通信系统、灾难恢复系统）以及装备、物资等方面的准备情况；检验和改进不同组织（如与政府或供应商等）、部门和团队之间的协同合作机制。

（3）评估政策，检验预案。组织可通过演练检验和评估有关政策，如评估在营业网点业务中断时安排客户到附近网点的政策是否可行；检验应急 / 恢复预案、现场处置方案和操作规程中存在的问题和不足。

（4）宣教沟通，建立信心。组织可通过开展与演练活动相关的知识宣传、现场观摩活动，积极与政府部门（监管机构）、领导、客户、供应商、社区和社会公众等沟通演练情况，建立各相关方对组织应对事件的信心。

（5）依法依规，规范管理。组织依据法律法规和其他方面对演练主题和频次的要求，结合实际情况，开展演练的策划准备、实施和评估改进工作，以满足合规要求，规范组织的业务连续性管理活动。

（6）增强能力，完善准备。对在演练中发现的问题和不足及时予以调整、改进，有助于组织增强应对事件的能力，做好业务连续性准备工作。

总的来说，演练有助于整个组织团结起来，按照管理层确定的优先事项，检验并提高组织的业务连续性准备水平。

能力规划、能力评估以及能力建设和保持活动都可以归入业务连续性准备工作，生成的业务连续性能力是否能够应对可能发生的运营中断，通常有两种验证方式。一是在运营中断发生时看组织是否可以有效应对，这是一种被动的方法，其结果在事发前不可知，并且可能因为准备不足带来较大的损失，所以尽量不要采用这种方式。二是使用演练方法模拟可能发生的运营中断情景，由组织中的相关部门和人员进行应对，观察他们的行为和表现，这是一种主动的方法，只需投入较少的成本，可以既评估组织的业务连续性能力和准备情况，又不会造成损失，是最常用的方式。

需要说明的是，演练可以锻炼队伍，起到培训和意识宣教的作用。从能力管理角度看，培训和意识活动在增强人员能力的同时，还起到了将人员、资源、ICT 系统和数据、外部能力等能力构成要素集成的作用，而演练则主要用于验证当前的业务连续性能力（或其能力构成要素及其组合）是否达到预期规划目标。

## 16.1.3　演练的主体

人员是演练活动的主体。一般而言，演练活动参与人员可分为 5 类，分别是参演人员、导调人员、评估人员、模拟人员和观摩人员，如图 16-1 所示。

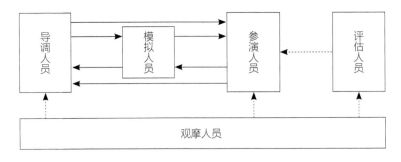

图 16-1　演练活动参与人员

（1）参演人员。参演人员是演练活动参与人员的主体，人数最多，比例最大，也是演练所要检验的主要对象。参演人员主要来自组织中的各职能、业务和保障部门，是与运营中断事件应对直接相关的人员。在演练过程中，参演人员应尽可能对运营中断情景在规定时间内做出最真实的反应，他们所承担的任务可能包括：保护财产和公众安全，评估损失和可能产生的影响，获取并管理各种应急资源，恢复重要信息系统和追补数据，启用备用场地和设备，重续重要业务，与其他人员协调应对各类紧急事件等。

（2）导调人员。导调人员是根据演练方案，控制演练时间和进度的人员，即演练的总指挥和各主要负责人。在演练中，导调人员的职责是保证演练按照方案进行，使演练的目标得到充分的展示。当演练陷于停滞状态时，导调人员应给参演人员一些提示，"刺激"演练推进。此外，导调人员要保证现场演练人员的安全，保证演练在可控的安全范围内进行。例如，及时警告演练现场存在不安全行为的人员和队伍；在现场出现突发紧急情况时，做出延迟或取消演练活动的决定等。

（3）评估人员。评估人员是负责观察演练进展情况并予以记录的人员，是演练中不可缺少的部分。评估人员不直接参与演练活动，但必须对整体演练方案有所了解。评估人员可由组织中的管理人员、同业机构的业务连续性管理人员、业务连续性管理领域的专家等担任。评估人员的主要职责是观察参演人员的事件应对行动、记录观察结果、评估整理结果，以及在不干扰演练的前提下，协助导调人员保证演练按照预定方案进行。

（4）模拟人员。模拟人员是在演练中模拟、代替某些关联业务、支持活动和外部组织（如科技／业务部门、客户、供应商或专业救援机构等）的人员或模拟紧急事件、事态发展的人员。有些主题的演练需要使用专业的模拟器材，如烟雾发生器等。模拟人员要熟悉这些器材的使用方法，了解所模拟组织／人员的职责、任务和能力，能够在演练中模拟这些组织和个人所采取的行动，积极与参演人员互动，增强演练的真实性。

（5）观摩人员。观摩人员是指来自组织内外部相关部门、旁观演练过程的人员。组织应在演练现场划分专门的区域供观摩人员活动，并指定专人负责现场秩序的维护，从而保证所有观摩人员能清晰、安全地观摩演练活动。

演练中最关键的是导调人员、参演人员和评估人员这三者之间的关系。导调人员是演练活动的组织者，参演人员是演练活动的主体和被评估者，导调人员与参演人员通过演练信息相互联系起来，他们之间的行为方式由演练规则进行规范；评估人员是演练活动的评估者，通过观察演练活动开展评估工作，这三者构成了演练的基础结构。模拟人员辅助导调人员开展演练活动，观摩人员通过观察演练活动学习、了解相关内容。在小规模的演练（如有些桌面演练）中，由于参与人数较少，会出现一人兼多职的情况，如模拟人员可由主持人（导调人员）兼任。随着演练规模的扩大和参演人数的增多，人员的职能划分必须清晰，并且人员要佩戴特定的标志。

## 16.1.4  演练的类型

业务连续性涉及组织运营的方方面面，至少与 ICT 连续性、供应链连续性、运营管理、应急响应、业务恢复和危机管理等主题有关。组织在确定了要进行哪个主题或哪几个主题相结合的演练后，可在以下 6 种类型的演练中选择。

- 导入演练。
- 基本桌面演练。
- 高级桌面演练。
- 专项演练。
- 功能演练。
- 综合演练。

导入演练、基本桌面演练和高级桌面演练都属于桌面演练。桌面演练是指参演人员利用地图、沙盘、流程图、计算机模拟、视频会议等辅助手段，针对事先假定的演练情景，讨论和推演事件可能造成的影响并进行应急、恢复决策及现场处置的过程。举行桌面演练的目的是在友好、压力较小的情况下，促进相关人员掌握预案规定的职责和程序，增强指挥决策和协同配合能力，以及解决在相互协作和职责划分方面存在的问题。桌面演练通常在室内进行，在实务中常作为大规模综合演练的"预演"。

导入演练是向团队介绍新的（或修订的）预案或为团队介绍新的角色的演练，如向业务部门介绍他们的新业务恢复预案，或者向高层管理者介绍他们在危机管理中的角色，用于帮助关键岗位人员了解应急、恢复程序及其职责。导入演练可以采用讲座、小组讨论或一般性讨论等方式来完成，所有在预案或程序中出现的人员都应参加导入演练。导入演练还可以与培训结合起来，如先对新的预案或角色进行培训，接下来让参演人员使用学习内容进行一场导入演练。培训中还可以包括对以往案例（如果有）的回顾，这有助于参演人员更好地学习和掌握新的知识。

基本桌面演练是最常见的桌面演练，它从一个事先假定的事件情景开始。演练主持人按设计的顺序多次给出不断发展的问题情景，参演人员随着情景的发展不断做出分析与决策，以讨论的方式回应挑战，告诉主持人"这就是我们解决问题的方法"。演练设计人员可以将事件应对过程的分析决策点系统化、结构化，让基本桌面演练尽可能地模拟事件处置过程；参演人员要根据情景的发展不断地追加对问题的分析，不断做出新的决策。

高级桌面演练是指参演人员在与演练导调人员和模拟人员的互动过程中，针对与真实情况处置情境相仿的不断变化、动态更新的情境，不断沟通、协调，并提出新的对策的演练。高级桌面演练和基本桌面演练最大的不同在于其引入了模拟人员，这样就可以尽可能地模拟真实的事件情景，如在参演人员说了"我要启动灾备系统，请安排4辆汽车将生产（数据）中心的运维工程师送到灾备（数据）中心"后，负责模拟行政后勤的人员回复"不好意思，因交通限行，晚上8点前只能安排1辆汽车"，这会使参演人员认真考虑他们的预案是否过于想当然，预案是否能真正应对各种复杂的实际情况。

导入演练、基本桌面演练和高级桌面演练有不同的内容，如表16-1所示。

**表 16-1　不同桌面演练的内容比较**

|  | 导入演练 | 基本桌面演练 | 高级桌面演练 |
|---|---|---|---|
| 重点目标 | 导入新预案或新角色 | 检验参演人员对事件应对过程和重点的熟悉程度 | 检验参演人员应对事件的分析和决策能力 |
| 参演人员的演练经验 | 无经验 | 有一定的演练经验 | 经验丰富 |
| 形式 | 进行小组讨论，通过讨论研判形势、做出决策 | 参演人员随着不断呈现的信息做出判断和决策 | 模拟人员传递演练注入事件，参演人员实时响应，两方高度交互 |
| 真实程度 | 缺乏真实压力感 | 有一定的真实过程感 | 尽可能真实，但不涉及调配人员和资源 |

| | 导入演练 | 基本桌面演练 | 高级桌面演练 |
|---|---|---|---|
| 演练氛围 | 无压力 | 有轻度压力 | 紧张，有压力 |
| 演练设计 | 通常不需要 | 需要 | 需要 |
| 主要参与人员 | 主持人、参演人员 | 主持人或导调人员，参演人员，可能有评估人员 | 参演人员、导调人员、评估人员和模拟人员 |
| 演练地点 | 会议室或指挥中心 | 会议室或指挥中心 | 指挥中心 |
| 装备使用 | 无 | 无 | 无 |
| 复杂度/成本 | 低<br>容易规划，准备时间不超过1个月 | 中<br>规划准备需要1～2个月 | 高<br>规划准备需要2个月左右 |
| 演练时长 | 1～2小时 | 1～3小时 | 至少3小时 |
| 正式评估 | 无，或参演人员自评、主持人观察 | 简单评估（参演人员自评、主持人和评估人员观察） | 正式评估（参演人员自评，导调人员和评估人员观察） |

专项演练、功能演练和综合演练都属于实战演练。实战演练是指参演人员在特定场所，利用应急处置和业务恢复的装备和物资，针对预先设置的事件情景及其后续事件，通过实际决策、行动和操作，完成真实应急响应和业务恢复的过程。举行实战演练的目的是验证预案、政策、程序和协议的有效性，明确角色和职责，发现资源差距，检验和增强相关人员的临场组织指挥、队伍调动、应急处置、业务重续技能或综合保障等能力。实战演练的特点是具有真实性，在实务中可围绕特定功能或业务展开，以控制演练规模、降低演练成本并保障"实战"的效果。

专项演练，即单项操练，是只涉及一个特定应急响应/业务恢复功能或现场处置方案中的一系列应急响应/业务恢复操作的演练活动，如人员疏散演练、备用发电机启用演练、媒体沟通演练等。专项演练常用于检验一个特定操作或功能的实际操练情况，是实战演练中最容易实施的基础性演练（演练方案通常并不复杂，易于组织和操练），可以作为更为复杂的系列演练活动的一部分，如作为功能演练或综合演练的分解演练。

功能演练是用真实的方式测试和评估能力和功能的演练活动（通常只有资源的移动是模拟的）。功能演练的规模比较大，有专门的模拟人员和评估人员，过程中可能有大量的注入事件，可以在指挥中心举行（组织还可以调用有限的资源同时开展小规模的现场演练）。功能演练的主要目的是针对特定的应急响应或业务恢复功能，检验人员以及技术系统的响应／恢复能力，如数据中心火灾情景下的柜台转账业务恢复演练主要检验是否能够有效安排灭火操作和事件报告、受影响区域人员及时疏散、火灾损失快速评估和灾备系统切换决策、在预定时间内实现转账系统切换、业务－科技部门协同、数据和业务验证，以及外部沟通等。在实务中，功能演练主要围绕特定功能和能力展开，无须启动全部应急响应和业务恢复功能，既控制了演练规模、降低了演练成本，又取得了"实战"的效果。

综合演练是指涉及应急预案中多项或全部应急响应／业务恢复功能，检验、评估组织整体应急响应和业务恢复能力的演练活动。与功能演练不同，综合演练要求应急预案所涉及的部门都要参加，以检查他们之间相互协调的能力，检验各个部门或业务在压力较大的情形下能否充分地调用现有的人力、物力资源来降低事故后果的严重程度并确保业务重续运行。综合演练的特点是具有真实性和综合性，演练过程涉及应急响应和业务恢复的每一个要素，是最高水平的演练活动，能够较客观地反映当前组织应对运营中断所具备的业务连续性能力，但演练的成本也最高，因而不宜频繁开展。同时，鉴于综合演练规模大和接近实战的特点，组织必须确保所有参演人员都已接受过系统的培训并通过考核，从而保证演练过程的安全。

专项演练、功能演练和综合演练有不同的内容，如表 16-2 所示。

表 16-2　不同实战演练的内容比较

|  | 专项演练 | 功能演练 | 综合演练 |
|---|---|---|---|
| 重点目标 | 检验参演人员的单项技能 | 检验参演人员的特定能力和功能 | 检验参演者的综合能力 |
| 参演人员的演练经验 | 无经验 | 有一定的演练经验 | 经验丰富 |
| 形式 | 就一个技能科目进行演练 | 就多个技能科目进行演练 | 对一系列即时发生的事件做出响应 |
| 真实程度 | 较真实，使用了有限的实际资源 | 较真实，使用了实际资源 | 尽可能真实，使用了大量实际资源 |
| 演练氛围 | 不是很紧张 | 较紧张，有压力 | 高度紧张，有压力 |
| 演练设计 | 通常不需要 | 需要 | 需要 |

| | 专项演练 | 功能演练 | 综合演练 |
|---|---|---|---|
| 主要参与者 | 参演人员、导调人员、评估人员、观摩人员等 | 参演人员、导调人员、评估人员、模拟人员、观摩人员等 | 参演人员、导调人员、评估人员，观摩人员等 |
| 演练地点 | 一个现场 | 指挥部或现场 | 指挥部和现场（可能有多个） |
| 装备使用 | 有 | 较多 | 大量 |
| 复杂度/成本 | 低<br>容易规划，准备时间不超过1个月 | 中<br>规划准备需要2～3个月 | 高<br>规划准备需要4个月以上 |
| 演练时长 | 10分钟～1小时 | 最少4小时 | 4～8小时 |
| 正式评估 | 可有可无 | 正式评估 | 正式和全面评估 |

除了以上6种演练类型，按照不同的划分方式，演练还可以有多种不同的分类。如按演练主题划分，演练可分为地震救援演练、火灾救援演练、安全生产演练、供应链连续性演练、网络安全演练等；按演练目的和作用划分，演练可分为检验性演练、示范性演练和研究性演练；按演练模式划分，演练可分为工程式演练、反思式演练和展示性演练。不同类型的演练相互结合，可以形成网络安全实战演练、IT灾备桌面演练、火灾单项桌面演练、人员疏散实战演练、安全生产示范性单项演练、业务连续性综合实战演练等。

## 16.1.5　演练项目（集）管理

演练在能力建设和保持环节起着"守门人"的作用，即所有重要的业务连续性能力建设工作都应通过演练进行验证。由于演练活动涉及组织内外不同部门人员、资源的调用和整合，其策划准备、实施和评估改进也有专业性要求，因此需要组织采用项目方法进行管理。中小型组织每年开展的演练活动数量有限，且每个演练规模不大，组织可将其作为业务连续性项目集年度计划的一部分，或者与年度培训和意识计划合并；有多个分支机构的大中型组织每年需开展的演练活动数量、种类较多，组织就需要将其作为业务连续性项目集的子项目集进行管理，以保障业务连续性能力的验证和交付。

有效的演练项目（集）管理可以帮助组织最大限度地提升资源、时间和投资的使用效率。一个好的演练项目（集）应具有如下特征。

- 与组织的业务连续性战略保持一致。业务连续性演练项目集应与组织的业务连续性方针、业务连续性核心能力目标相一致，体现一定时期内的业务连续性能力建设重点（和优先级），获得相关领导和业务连续性管理委员会的支持。

- 以能力建设和有效交付为总目标。在业务连续性项目集的管理框架下，演练项目（集）应与应急预案、人员、组织结构、资源、数据、外部能力、过程以及计划、组织领导、装备和培训这些能力建设和保持工作紧密集成，以充分发挥评估和检验能力的作用，保障业务连续性能力的有效交付。

- 渐进有序的（跨）年度演练计划。组织要根据实际情况，并依据相关法律法规和业务连续性方针及（跨）年度工作计划的规定，制定（跨）年度演练计划。

- 有效使用各种资源。组织要有效使用、整合相关资源，使演练工作有充分的人力、物力和财务保障。

与其他项目集管理工作类似，演练项目集管理也需要做好收益和组件整合管理、相关方争取以及关键组件活动的参与。由于演练项目集是业务连续性项目集的子项目集，组织在收益和组件整合管理上更要注重以特定业务连续性能力为线索，与相应的预案、人员和组织结构、资源和技术装备、数据、外部能力以及培训等工作整合；在相关方争取上，要注重获得高层管理者和演练关联部门负责人的支持。在大部分组织中，业务连续性经理默认作为演练项目集的负责人。

演练项目集管理工作的重点在于（跨）年度演练计划的规划、实施和总结改进。（跨）年度演练计划是对业务连续性演练活动的主题、类型、所用资源、预期收益等基本问题的（跨）年度安排，它为业务连续性演练工作的开展提供规划和指导，是业务连续性管理中非常重要的文件。根据国内外相关经验，综合演练由于开销大、规划工作复杂、涉及面广，一年只需举办一次，常安排在年底举行；功能演练适宜每季度举办一次，演练内容以关键的应急响应和业务恢复功能为主，也可以根据业务连续性能力的薄弱环节，有针对性地开展；而桌面演练和专项演练由于开展流程相对简单，每个季度可举办多次。整体上组织要保证至少每3年对全部重要业务都开展一次业务连续性演练。因此，组织可结合实际情况、业务连续性能力建设目标和优先级考虑，采用渐进式的规划，按照"先单项后综合、先桌面后实战，循序渐进、时空有序"原则，合理规划业务连续性演练的频次、规模、形式、时间、地点等，并将其形成（跨）年度演练计划。

（跨）年度演练计划一般由以下部分组成。

（1）封面与目录，即计划的名称和计划的目标。

（2）演练计划概要，对整个演练计划的目的和意义、优先级安排和计划要点做高度的概括和提炼。

（3）工作重点安排，逐一阐明业务连续性能力建设和保持工作的重点（3～5个，一般不会超过5个），明确相应的核心能力、支持该能力的（培训）演练。

（4）演练活动时间表，以时间表的形式列出演练活动的类型与名称（与以上工作重点相一致），明确主责人、协助人、阶段性的目标。

（5）重要资源保障计划，列明演练所需要的关键场地、设备及占用时间等。

（6）附件及名录。

下面从演练前的策划准备、演练实施以及演练后的评估改进等方面阐述演练活动管理。

# 16.2　策划准备阶段（演练前）

演练的策划准备阶段是指从组织根据实际情况，依据相关法律法规和应急预案的规定及（跨）年度演练计划，在开展演练前提出工作计划，报请有关领导批准，进行演练方案设计开发及准备工作至演练正式实施前的阶段。策划准备阶段的主要工作包括：启动项目，制定演练计划；设计方案，编制演练文件；综合保障，完成演练准备。

## 16.2.1　启动项目，制定演练计划

启动项目是演练策划准备工作的起点。演练项目的启动一般有两种情况：一是组织按照演练项目集年度计划或业务连续性项目集年度计划的安排启动演练项目；二是组织根据外部相关方（政府、客户或其他组织）的要求启动演练项目。演练计划是指组织根据实际情况，依据相关法律法规和应急预案的规定，对拟举行演练的基本构想及准备、实施等活动的初步安排。业务连续性管理人员根据高层管理者的意图、指导和演练项目集重点工作进行演练项目筹备，其主要任务包括建立演练组织、分析演练需求和制定演练计划。

### 16.2.1.1　建立演练组织

建立演练组织是实现演练目的的基础和重要保证。组织应在相关应急预案确定的业务连续性领导机构或指挥机构下开展演练活动，成立由相关领导及专家组成的演练领导小组（具体负责指导和协调演练策划准备、实施和评估改进工作），根据需要下设演练策划组、演练实施组、演练评估组和演练保障组等工作组，并对各组的工作职责、任务等予以明确。工作组核心成员应来自各相关业务和职能部门，具有不同的专业背景。各工作组及其工作内容具体如下。

（1）演练领导小组，是负责组织领导演练活动的临时性机构，审批决定演练的重大事项，一般包括组长、副组长、组员。演练领导小组组长一般由演练主办组织或其上级组织负责人担任，副组长一般由演练主办组织或主要协办组织相关负责人担任；成员一般由各参演单位相关负责人担任。根据需要，组织还可以设立演练执行指挥部，由其负责具体组织、策划、实施演练相关工作，由演练总指挥负责演练实施过程的指挥控制，副总指挥协助演练总指挥对演练实施过程进行控制。如未设立演练执行指挥部，在演练实施阶段，演练领导小组组长、副组长分别担任演练总指挥、副总指挥。

（2）演练策划组，负责演练场景和场景事件开发、演练计划和演练方案编制、演练总结报告编写以及演练文档归档与备案等工作，设组长1名、副组长若干名。组长（即总策划）是演练策划准备阶段各项工作的主要组织者，一般由演练主办组织中具有事件应对处置工作经验的人员担任；副组长（即副总策划）协助组长开展工作，一般由演练主办组织或参演组织的有关人员担任；小组成员应具有一定的演练组织经验和事件应对处置经验。演练策划组应独立组建突发事

件设计和运营中断设计两个团队，并明确他们的不同组成和任务。突发事件设计团队由熟悉演练事件应对的应急人员组成，运营中断设计团队的成员来自关键业务线，以及人力资源、公共关系、设施管理、安保和其他演练涉及的业务线和部门。突发事件设计团队将深入研究演练"故事"的细节并开发演练初始场景和演练事件发展的时间线；在突发事件的时间线设计完成后，运营中断设计团队根据突发事件和时间线，开发他们的注入事件，即从他们的角度看待突发事件造成的运营中断问题、影响及应对处置。如果演练涉及危机管理，演练策划组还可单独组建危机事件设计团队。

（3）演练实施组，负责演练实施组织和演练现场的总体指挥调度等工作，设组长1名、副组长若干名。组长（即总导调）是演练实施阶段各项工作的主要组织者，在演练实施过程中，在演练总指挥的授权或直接指挥下，向演练活动参与人员传达各类控制信息，引导演练进程按计划推进；副组长（即副总导调）是总导调的助手，协助总导调开展工作。演练实施组成员常被称为演练导调人员，根据演练方案和现场情况，通过发布控制信息和指令，引导和控制演练进程，最好有一定的演练经验，也可以由演练策划组成员担任。

（4）演练评估组，负责设计演练评估方案和编制演练评估报告等工作，设组长1名、成员若干名。其成员一般是应急、连续性管理专家、具有一定的事件处置经验或演练评估经验的专业人员，常被称为演练评估人员。演练评估组对演练策划准备、组织实施及其安全事项等进行全过程、全方位评估，发现演练中存在的问题，及时向演练领导小组、策划组、实施组和保障组提出意见或建议。演练评估组可由上级部门组织，也可由演练主办单位自行组织，或邀请第三方专家或机构组织。

（5）演练保障组，负责调集演练所需物资装备，购置和制作演练模型、道具、场景，准备演练场地，维持演练现场秩序，保障运输车辆调度，保障人员生活和安全等，设组长1名、副组长若干名。演练保障组可分为技术保障团队和安保后勤团队，其中技术保障团队负责保障演练可能涉及的有线通信、无线调度、视频会议、移动指挥、图像信息管理、应急信息管理、业务连续性管理、现场显示大屏等技术支撑系统的正常运转，并参与演练技术系统调度工作，根据应急演练工作方案拟订应急演练技术支持脚本；安保后勤团队负责制定安保后勤工作方案，负责演练当天的交通秩序维护、安全保卫与引导工作，并做好预演和演练期间的消防、卫生、供水、餐饮等各项保障工作。

根据需要，组织还可设置新闻宣传组和综合协调组。新闻宣传组负责与组织内外部宣传部门沟通，编制宣传方案，起草新闻通稿，组织新闻媒体和开展新闻发布活动，制作演练录像、画册等宣传资料；设组长 1 名，成员包括演练主办组织、参演单位新闻宣传部门负责人员及相关媒体工作人员。在演练事件涉及新闻报道时，新闻宣传组可为演练策划组提供专业支持。综合协调组负责与演练涉及的相关组织以及本组织有关部门之间的沟通协调，其成员一般为演练主办单位及参演单位的行政、外事等部门的人员。

当然，不同类型和规模的演练活动，可适当调整组织机构和职能。在演练的策划准备过程中，演练组织机构的设置、参演单位和分工、人员配备等，可根据实际需要随时调整。在演练方案获得批准后，演练组织机构得以最终确立。

### 16.2.1.2　分析演练需求

演练需求包括演练主办组织和参演人员为什么要演练、演练什么、怎么演练等问题。分析演练需求是制定演练计划、设计演练方案和实施演练项目的前提，是正式启动演练项目的首要环节，其主要任务包括确定演练目的、界定演练范围和选择演练目标。

确定演练目的。演练的目的是验证、评估和增强组织的能力，从根本上说，就是要验证和增强组织及参演人员在预防、保护和减灾、情报和监测、预警和警报、应急响应、危机沟通和管理、业务恢复以及事后重建等方面的能力。确定演练目的就是确定需要通过此演练项目验证和增强的业务连续性能力，即对为什么演练和所要达到的演练效果进行文字确认，如"为了落实 ×× 组织业务连续性能力目标，增强 ×× 业务的应急处置和业务恢复能力，检验 ×× 应急预案，特举办此次演练"，或"本次业务连续性演练的目的是评估和增强如下业务连续性能力：①……；②……"。

界定演练范围。演练范围的核心要素包括：演练事件类型，演练时间与地点，演练业务或功能，参与人员，演练类型以及观摩、宣传等。界定演练范围就是界定演练的核心要素，即聚焦于演练的对象、规模和时空安排。演练范围的具体内容如下。

（1）演练事件类型。运营中断可能由自然灾害、人为事故、技术故障或其他事件引起，组织要确定引发运营中断发生的事件（主要事件）及涉及的次生或衍生事件有哪些、达到多大强度、持续多长时间等。

（2）演练时间与地点。根据需要，组织可以选择应急指挥中心、后备工作场所（灾备中心）、会议室、操场或开阔地，以及医院、新闻发布厅等地点，也可以选择一个最容易发生运营中断事件的地点；根据资源和人员等情况选择合适的演练时间及持续时间（半天、一天或数天）。

（3）演练业务或功能。运营中断应对涉及领导决策、综合协调、应急响应、业务恢复和危机沟通等功能，所以组织要确定演练哪些业务中的哪些功能，这有助于确定演练对象和目标。

（4）参与人员。参与人员包括演练的组织人员、参演人员，以及其他相关人员。其中，参演人员可能涉及与应急响应和业务恢复任务有密切联系的组织、部门中的代表，如决策人员（如高层管理者、部门领导）、指挥协调人员（应急办代表、部门副职）、处置人员（专业处置人员、关键岗位人员）、外部代表（供应商/外包合作伙伴、客户、政府机构）等，通常是在应急预案中明确的相关领导和人员。

（5）演练类型。在确定演练类型时，组织需要考虑自己最需要什么样的演练，哪种类型的演练是必须进行的，参演人员是否具备相应的经验，想达到什么样的压力程度，对演练时长的要求是什么等。组织可以从基础演练类型中选择一种，也可以借鉴基础演练类型，组合或创新出一种新的演练形式。

界定演练范围还应考虑演练面临的限制条件，如演练经费预算、可动用的人员和其他资源，以及演练准备时间等。

选择演练目标。演练目标是组织需要完成的主要演练任务及希望取得的效果，是落实演练目的的工作指标，是后续演练方案设计的具体指南，也是演练评估的重要依据。选择并清楚地表述演练目标，有助于演练主办组织和参演人员清楚演练的具体要求及工作方向。演练目标应简单、具体、可量化、可实现，它是对参演人员在演练中应表现出的外在行为结果的具体、明确的文字表述，一般说明"由谁在什么条件下依据什么标准，完成什么任务，取得什么效果"，如表16-3所示。

**表 16-3　演练目标描述**

| | |
|---|---|
| 情况 | 机房不间断电源市电输入变压器故障，故障恢复时长不确定，蓄电池经不间断电源对负载供电 |
| 标准 | 20 分钟内 |
| 谁 | 数据中心动力运维组 |
| 具体行动 / 效果 | 完成发电机组启动、倒闸和供电操作 |

　　演练目标是在目的确定和范围界定的过程中逐渐变得清晰、明确的。一次演练一般有若干项演练目标，每一项演练目标都应在演练方案中由相应的事件和演练活动予以体现，并在演练评估中由相应的评估标准判定该目标的实现情况。组织可根据演练规模选择与其相关的演练目标。通常，小型演练可以有 2～3 项演练目标；涉及多个地区、多个现场的大型综合演练可能有上百项演练目标。对普通的演练，建议设定 10 项或更少的演练目标。

　　简而言之，分析演练需求就是要弄清"为什么要做这个演练"，需要了解的关键信息有：高层领导的意图和要求；业务连续性核心能力目标、（跨）年度演练计划及其重点；以往的演练总结报告和改进计划；同业和同一地区的运营中断事件案例；业务影响分析和风险评估报告；相关方准备和能力评估情况及合作协议；组织的政策、预案和程序以及监管机构的要求等。组织应在充分了解以上信息的基础上，分析组织的总体业务连续性能力要求是什么，当前实际能力与期望能力的差距在哪里，本次演练需要重点解决哪些问题、增强哪些能力、改进哪些工作。

　　此外，参演人员是演练的对象和主体，要求组织无论是确定演练目的、界定演练范围，还是选择演练目标，都要考虑参演人员的实际水平和个体需求。参演人员实际水平是指参演人员之前是否参加过相应的培训和演练、是否具有实际事件处置经验等，具体包括年龄特点、知识水平、事件处置经验和学习能力等。在了解和掌握参演人员背景、所在组织的演练需求及事件处置经验的基础上设计场景，不仅会使演练有的放矢、更易于达成演练目的和目标，也会使参演人员对自己的经验重新进行评价，整合已有知识和新获得的启示和灵感，生成新的知识和体验。分析参演人员的个体需求一般可以通过召开座谈会、进行个别谈话、查看档案、阅读预案等方式进行。

### 16.2.1.3　制定演练计划

演练计划，即演练项目计划，是对拟举行演练的基本构想及准备、实施等活动的初步安排，一般包括演练目的、演练范围、演练目标、演练组织、进度计划及预算等。

（1）演练目的：举办演练的原因、演练需要解决的突出问题和期望达到的效果等。

（2）演练范围：根据演练需求、经费、资源和时间等条件的限制，明确演练事件类型、演练时间与地点、演练业务或功能、参演人员、演练类型等。

（3）演练目标：根据演练主办组织和参演人员的需求、目的等提出一系列演练目标。

（4）演练组织：演练组织机构构成、职能及具体人员组成。

（5）进度计划及预算：演练各阶段的主要任务和完成时限，包括应急演练方案设计、相关文件编写与审定的期限、物资器材准备的期限、演练的拟实施日期、评估改进报告的时间等；编制演练经费预算，明确演练经费来源及渠道等。

需要说明的是，建立演练组织、分析演练需求和制定演练计划并不是一个简单的线性过程，因为建立演练组织和分析演练需求的过程可能交织在一起，演练目的、演练范围和演练目标也会互相影响。演练策划组在与各有关方进行充分沟通的基础上，起草演练计划，该计划经过修改、完善后，被上报至演练领导小组审核，经批准后成为正式的演练计划。

## 16.2.2　设计方案，编制演练文件

在演练计划获批后，各小组应严格按照进度计划开展工作，做出任何变更都应有充分理由并需报送演练领导小组以再次进行审核批准，并通知整个团队，以避免混乱。演练策划组、实施组和评估组在演练计划的基础上设计演练方案，编制演练文件。

### 16.2.2.1　设计演练方案

演练方案，也称演练工作方案或演练实施方案，是对整个演练活动的详细安排。演练活动是在一定演练场景下展开的，这个演练场景是参演人员所要应对处置的假设情景。根据需要，有的演练只有一个初始场景，即假设的风险或事件在

某一时点上的情况；有的演练还有一系列动态情景，即假设的风险或事件不断发展的情况。演练方案设计的核心是设计演练场景，就是要勾画出假设的事件体系和参演人员的预期行动，以及在此基础上进行场景信息设计。在实际工作中，这些工作环节往往是交叉的。为便于说明，下面按照设计初始场景信息、设计事件体系、设计预期行动和设计场景信息清单的顺序进行介绍。

（1）设计初始场景信息。初始场景信息是对假设事件的时空环境、假设事件及其发生后的初步情况进行的叙述性说明，也是参演人员最先面对的事件情况信息。初始场景有两个主要功能：一是启动假设事件（"出事了"），营造演练氛围（"出大事了"）；二是为后续的系列情况设置了开端，是事件应对处置行动的逻辑起点，将进一步引导后续场景信息的设计和参演人员的行动。

初始场景信息既是参演人员进行演练的基础性信息，也是演练设计人员进行设计工作的基础性信息，其要素可包括自然环境、社会环境、组织运营环境及业务概况、突发事件和运营中断事件要素、管理要素等。自然环境包括时间、地点、地理条件和气象条件等；社会环境包括人口、人群、经济、交通等因素；组织运营环境及业务概况包括组织所处行业特点、组织历史及重要业务概况、竞争对手及产业链上下游情况等因素；突发事件和运营中断事件要素包括事件类型、事件发展状况、事件影响范围与危害程度等；管理要素主要包括已采取的措施和现有业务连续性能力等。

在真实的运营中断事件应对过程中，人们通常不可能在事发后第一时间掌握所有的信息，所以提供给参演人员的初始场景信息可以是有限的、不完整的，但应是准确的和逻辑清晰的。同时，演练设计人员要给参演人员留下想象和发挥的空间，可将事件升级和衍生的信息通过后续动态信息逐步传递给参演人员；还应用简洁的语言为后续情景事件的出现埋下伏笔。一般情况下，设计初始场景信息要避免详细描写，不要把构想全写进去，文字不宜过多，千字以内为宜。

（2）设计事件体系。设计事件体系是以某一初始场景为起点，针对假设事件的发生、发展过程，设计出一系列有逻辑关系的次生、衍生事件。所有次生、衍生事件都围绕着初始场景展开，各事件连接起来形成一个树状结构的事件体系。参演人员在演练中的决策指挥和处置行动，主要是为应对假设事件及其变化。设计事件体系的目的有两个：一是统筹安排一系列有逻辑关系而非随意出现的次生、衍生事件（有助于采取相互关联的应对行动）；二是把假设事件与期望参演人员采取的行动联系起来，即通过一系列需要组织开展应对行动的事件，引导演练不断深入，从而全面检验演练指标的达成和目标的实现情况。

事件体系包括以初始事件为起点的若干主要事件和一系列详细事件。主要事件指从初始场景的次生、衍生系列事件中筛选出的阶段性的标志性事件，是演练中需要处置的主要问题。通常，根据演练目的分析出所有事件中哪类事件的处置有助于检验演练目标，就应选择该类事件作为主要事件；也可以从演练初始场景衍生出的高潮性事件中筛选主要事件。详细事件作为主要事件的组成部分，是参演人员要应对的具体情形。每一个详细事件，都对一个或多个参演人员提出了应对任务，需要他们采取一定的行动。在确定详细事件时，演练设计人员可以列出可能伴随主要事件出现的详尽问题的清单，把这些问题转化为详细事件；也可以先确定希望参演人员采取的行动（即预期行动），然后列出一系列能触发这些行动且与主要事件相关的问题，再把这些问题转化为详细事件。无论采用哪种方式，关键都是要形成与预期行动密切相关的一系列详细事件。详细事件的多少与详略与演练的要求和总体任务量有关，当总体任务很少时，就没必要区分主要事件和详细事件。

对业务连续性演练而言，主要事件应聚焦于运营中断及其造成的影响，也可能涉及突发事件和危机事件（与具体的演练目标有关）。演练设计人员要精心设计每一个主要事件和详细事件，形成书面的事件体系和事件信息清单。

（3）设计预期行动。预期行动是指希望由参演人员采取的、展示其能力的行动。设计预期行动，就是针对每一个具体事件，为了验证参演人员的能力，根据法律法规、应急预案、管理规程等的要求，设计参演人员处置该事件时应当采取的行动和做出的决定。预期行动是演练评估的核心和设置评判标准的依据。

预期行动的设计是伴随着事件体系的设计进行的，包括对各个主要事件和详细事件的预期行动设计。针对主要事件的预期行动往往是多个参演人员的一系列行动，而针对详细事件的预期行动往往是个别参演人员的一个具体行动。

换个角度看，预期行动与演练目标密切关联，可视为参演人员采取的实现演练目标的行动。演练目标作为一个整体，决定了参演人员的总体预期行动。

（4）设计场景信息清单。在演练场景的核心内容——事件体系和预期行动确定后，演练设计人员就需要以准确的文字表述演练场景信息。场景信息是对演练事件（通常是详细事件）的展开。一个事件通常需要一条或多条场景信息来表述。例如，针对数据中心断电的详细事件——不间断电源和备用柴油发电机将在半小时后停止运行，灾备中心在启用中遇到数据库故障无法承载全部应用，可以设计以下场景信息。

- 业务部门 A（负责纯线上业务）打来电话：我们的业务运行必须得到保障。

- 业务部门 B（部分业务可手工替代，RTO=30 分钟）打来电话：我们的业务运行必须得到保障。

- 业务部门 C（主要负责线下业务，每天需要进行一次批处理作业）打来电话：我们的业务运行必须得到保障。

- 外包服务商电话确认：支持工程师要在一小时内赶到灾备中心现场。

…………

场景信息清单是包括初始场景信息和后续场景信息在内的表单，它是事件体系内容的具体化，是演练的全部场景信息的集合，由信息单元构成。信息单元是预先设计的，在演练中发送给参演人员的信息。一条信息可代表一个事件，或者几条信息能告知参演人员一个事件。每条信息都是为了促使参演人员采取一个或多个预期行动。由一系列信息单元构成的场景信息清单能够形成可信的、前后连贯的动态事件场景。

表 16-4　场景信息清单

| 信息编号 | 时间 | 发布者 | 接收者 | 发布方式 | 信息类型 | 信息内容 | 预期行动 | 备注 |
|---|---|---|---|---|---|---|---|---|
| 1 | | | | | | | | |
| 2 | | | | | | | | |
| 3 | | | | | | | | |
| 4 | | | | | | | | |

如表 16-4 所示，信息单元一般包括信息编号、时间、发布者、接收者、发布方式、信息类型、信息内容、预期行动、备注等要素。

信息编号：信息的顺序编号，也可以结合信息类别进行编号，如 1-1 表示第 1 类信息的第 1 条，2-4 表示第 2 类信息的第 4 条，等等。

时间：信息的发布时间，与下一条信息的间隔时间即为处理该事件需要耗费的时间，也可以标注为开始时间和结束时间。

发布者：信息由哪个模拟角色发布。

接收者：信息由哪个参演角色接收，如应急指挥部、某个部门或某个特定人员。

发布方式：信息是由人工递送，还是借助电话、对讲机、视频、传真机等方式递送。

信息类型：信息是描述性信息还是行动性信息。描述性信息是描述基本背景或基础场景的信息，有些描述性信息（如事故情况、中断带来的影响等级等）对决策起间接支持的作用；也有些描述性信息是为了营造行动的环境，不需要参演人员立即采取行动，因此不需要标注预期行动。行动性信息是要求参演人员做出决策、采取行动的信息，包括事件发展情况的描述、恢复现场信息、上级指挥部指令等，这些信息直接要求或暗示参演人员必须尽快做出决策或行动。

信息内容：具体的场景信息，是信息单元的核心。根据需要，信息内容最终可能表现为文本、图表或音像，也可能被结合使用。

预期行动：一般以主要事件或详细事件为单位进行表述，即几条信息共享一个预期行动，也可以每一条信息有单独的预期行动。

备注：对演练所需的支持条件加以说明，也可以就某些情况做特殊说明或提醒，如器材准备、使用等。

根据需要，演练设计人员还可以设计一些具有干扰性的场景信息。由于演练的目的、目标、难度、时长、规模不同，场景信息清单设计的工作量和内容也有所不同。一次简单的研讨式桌面演练可能只需要一页至数页的场景信息描述，而一次持续数日的交互式桌面演练可能需要数百条场景信息来支撑。有时，为了使演练脉络清晰、更方便地对各参演方进行导调控制，演练设计人员可以为各参演方编制场景信息清单子表。在实际演练中，演练设计人员也有可能根据情况对场景信息进行临时的调整。

一般来说，场景信息设计的依据是业务影响分析、风险评估的结果和演练目的、目标等。场景信息是参演人员进行演练的依据，参演人员是否能沉浸其中，是全身心投入、半身心投入，还是敷衍了事，与场景的真实性及其与参演人员的关联有直接关系。因此，场景信息的思路、来源要真实，如一些演练场景元素可能来自某一个或几个发生过的事件。同时，场景信息又是推动演练顺利开展的基础。要达成演练目的和目标，场景信息的整体时间假设和某些细节只能是虚拟的

（这样才能激发预期行动），这需要由策划人员创造出来。

另外，需要说明的是，演练脚本是我国演练实践中常用的一个术语，是演练的详细现场活动描述和参演人员台词的设定文本，供演练组织人员和参演人员共同使用，是展示性演练必不可少的准备内容，如同戏剧艺术中的剧本。而场景信息清单仅供演练组织人员，即导调人员使用，故与演练脚本有根本区别。

广义的演练方案还应包括演练评估方案和演练宣传方案。演练评估方案将在演练评估改进部分提及，在此不再赘述。演练宣传方案主要考虑宣传目标、宣传方式、传播途径、主要任务及进度安排、技术支持等，应安排专人或专门的团队负责落实。

### 16.2.2.2  演练设计开发方法

在演练方案的设计开发过程中，召开不同主题的会议是重要的工作方法。下面介绍 5 种演练策划会议——意向会、启动会、中期会、审议会和终审会，它们代表了演练设计开发过程中的主要里程碑事件，如图 16-2 所示。当然，根据演练规划和复杂度的不同，有些会议可以省略或合并；同时，主要的演练设计开发工作是在正式会议之间进行的，会议更多是交流、讨论、确认信息并进行决策的正式活动和里程碑事件。

图 16-2　演练策划会议

意向会是演练启动前为勾勒演练项目的粗线条计划而召开的会议，是演练设计开发的第一个专业性活动，其召开目的是初步讨论和确定演练的目的、范围和目标。召开意向会应达成以下目标。

（1）就演练的类型、假设事件、能力需求，演练目的、演练目标与任务，演练希望解决的突出问题及演练涉及的优先重点达成一致意见。

（2）就演练的时间进度表、关键任务和事项、下一次启动会的召开日期达成共识。

（3）确定演练策划组成员。

（4）确定参演部门或机构。

演练策划组通常在演练意向会后组建，策划组将决定后续会议的类型和次数。

启动会是为完善演练范围和目标、形成正式演练计划而举行的会议。不太复杂的演练和资源有限的组织，将意向会和启动会合并，只开一次启动会就够了；但复杂的、参与层次高的演练，往往需要在意向会后再召开启动会。

启动会的召开目的是细化演练计划，对演练设计开发、综合准备与演练实施、评估改进等工作提出明确要求。召开启动会应达成以下目标。

（1）确定在意向会中未确定的演练范围要素。

（2）明确演练目标及相关的业务连续性能力。

（3）确定评估目标和评估任务。

（4）进一步明确定义演练模拟场景（如威胁情况，危害范围，发生的地点、时间和条件）。

（5）确定参与演练的组织机构和参演人员。

（6）确定演练设计所需的所有文件（如政策、法规和预案等）。

（7）确定时间进度表、关键任务或事项及保障事务的职责。

演练计划将在启动会后被上报给演练领导小组，在通过审批后成为正式的演练计划。

中期会是设计演练场景及准备安排等的讨论会。如果只安排3次演练策划会议（即启动会、中期会和终审会），中期会的后半段就将被用于讨论详细的演练场景信息。

中期会主要讨论详细的演练组织和人员配备、假设情景和时间安排、日程、后勤和行政需求。召开中期会应达成以下目标。

（1）全面审查演练概要介绍、参演人员手册等文件。

（2）审查演练导调人员和评估人员的手册草稿。

（3）审查精心设计的演练初始场景和注入事件（如果不安排审议会）。

（4）就演练场地达成一致意见。

（5）确定演练准备和综合保障要求。

（6）确定终审会的召开日期和地点。

审议会是确定演练场景信息清单和注入事件的讨论会。对于复杂的演练，组织需要召开专门的会议以审定演练场景信息。如果不专门召开会议，审议会就可并入中期会或终审会。

审议会的重点是编制演练场景信息清单和注入事件。召开审议会应达成以下目标。

（1）确定主要事件、详细事件及其关联排序。

（2）确定关键的注入事件及发布时间。

此次会议不一定能最终确定演练场景信息清单和注入事件，如果不能确定，就需要指定相关人员完成后续工作。

终审会是为确认审核演练方案而召开的正式会议，是在演练策划准备过程中召开的最后一次正式会议。会议前，演练组织团队应收到所有演练文件的最终草稿；会议上，不应当对演练的设计、范围及其支持文件做重大修改。终审会应确保所有保障要求都能得到满足，发现并解决所有明显的问题，使所有演练文件都能在做出必要的最后修改后付诸印刷。

终审会的主要任务是对演练方案和保障准备情况做最后的审定。召开终审会应达成以下目标。

（1）与会人员清楚地理解并最终批准演练方案。

（2）批准成形的演练文件和材料。

（3）发现并解决临时出现的问题。

（4）落实后勤准备工作，涉及视听设备、演练场地、日程安排表、餐饮、茶歇等。

### 16.2.2.3　编制演练文件

演练文件是指导演练方案实施的详细工作文件，是演练实施和评估中的必备工具。根据演练类别和规模的不同，演练文件可被编为一个文件或多个文件，编为多个文件时，可包括工作人员手册、参演人员手册、观摩人员手册和演练方案等，分别供相关人员使用。对涉密应急预案的演练或不宜公开的演练内容，组织还要制定保密措施。

工作人员手册。工作人员手册包括导调人员手册、模拟人员手册和评估人员手册，这些手册分别是导调人员、模拟人员和评估人员参与演练工作的辅助文本。工作人员手册的目的是帮助参加演练的导调人员、模拟人员和评估人员有效地引导和评估演练。工作人员手册有助于导调人员、模拟人员和评估人员准确了解他们在演练实施和评估中要发挥的作用与履行的职责，通常包含全部或部分详细的场景信息，描述导调人员、模拟人员和评估人员的职责分工以及他们应遵循的工作程序。工作人员手册只分发给相应的对象。

不同的演练对手册的要求不同，演练组织人员可以根据需要进行编制。对于简单的演练，其主持人（桌面演练）或导调人员（实战演练）可能只需要一页纸的注意事项或工作流程；并且，由于不设模拟人员和评估人员，也不需要为其编制工作人员手册。而对于复杂的演练，相关人员可能需要参考使用厚厚的工作人员手册。根据需要，导调人员、模拟人员和评估人员手册可以合并，也可以分为3个独立的手册。总体来看，用于小型演练的手册可以合并，用于大型演练的手册宜分开。

在导调人员、模拟人员和评估人员手册中，部分共同的内容如下。

（1）手册的目的和作用。

（2）演练目的、范围和目标。

（3）导调人员、模拟人员和评估人员的角色、职责和工作流程。

（4）演练的初始场景、各种外围条件的假设。

（5）相关参演人员的角色和职责分工。

（6）相关预案或标准化操作程序。

（7）演前指导和培训安排。

（8）演后热反馈、总结和评估报告等工作安排。

此外，导调员手册还应包括导调人员与参演人员、模拟人员的沟通方式，演练场景信息清单；模拟人员手册还应包括模拟人员与导调人员、参演人员的沟通方式；评估人员手册还应包括评估注意事项（具体在评估改进部分讲述）。

参演人员手册。参演人员手册主要供参演人员使用，帮助参演人员了解演练基本情况，明确在演练中的角色和职责。对于简单的演练，参演人员手册可能是只有一页纸的注意事项、工作流程或者一份相关的预案；对于复杂的演练，相关人员可能需要参考使用厚厚的参演人员手册。参演人员手册通常不包含详细的场景信息。

下面是一份参演人员手册的内容框架。

（1）演练概述：手册的目的和作用，演练目的、范围和目标，演练的初始场景和假设，演练的框架内容和演练流程、演练要求。

（2）参演人员角色和行为规范：参演人员分组及角色描述，行为规范，演练规则。

（3）沟通方式：参演人员之间的沟通方式，参演人员与模拟人员、导调人员的沟通方式。

（4）座次分布：演练场地布置及参演人员、模拟人员座次分布。

（5）附件：相关演练活动参与人员（参演人员、模拟人员）的职责分工，相关预案或标准化操作程序。

观摩人员手册。观摩人员手册供观摩人员或观察人员使用，是帮助观摩人员理解演练基本情况及自身行为规范的文字。

观摩人员手册的内容可参照工作人员手册的内容确定，通常会更简略，主要内容包括以下几方面。

（1）手册的目的和作用。

（2）演练目的、范围和目标。

（3）演练的初始场景、各种外围条件的假设。

（4）相关参演人员的职责分工。

（5）演练场景信息清单（有时会提供）。

（6）相关预案或标准化操作程序（有时会提供）。

（7）对观摩人员行为的建议或观摩注意事项。

（8）观摩人员与服务人员的联系方式。

有时，为了使观摩人员对演练主办组织或参演人员有更多的了解，手册还会包含演练主办组织或参演人员背景信息介绍。

演练方案。在实务中，当全部演练场景设计和文件开发工作完成后，还要形成一个全面的演练实施方案（简称为"演练方案"），其主要内容包括指导思想、工作原则、演练目的和目标、演练场景、演练时间和地点、主办和承办组织、组织体系、参演组织及职责、参演力量、演练流程、评估标准与方法、后勤保障、安全注意事项及有关附件等，通常是演练计划、演练场景信息和演练文件开发成果的浓缩合集。

演练方案由演练策划组、实施组和评估组编制，经策划组审查后报演练领导小组审核批准。演练方案以文字性资料为主，方案中涉及的增强演练真实感的辅助手段和措施（如音像资料、必要的道具等），可在方案审批通过后由相关保障人员组织资源进行准备。对综合性较强、风险较大的演练，在报批演练方案之前，应组织相关专家进行评审，确保演练方案科学、安全、可行，以确保演练活动顺利进行。对重大综合性展示性演练，还应编写演练脚本，描述演练场景、起止时间、执行人员、处置行动、指令与对白、适时选用的技术设备、视频画面与字幕、解说词等。

## 16.2.3 综合保障，完成演练准备

演练准备是完成演练计划、演练方案编制后，正式演练前的所有工作的统称。演练不是只发生在想象中，演练的方案、场景、氛围，以及参演人员获得的设备和材料越真实，参演人员就会越认真地对待"假设的"场景和事件，演练的效果就越好。综合演练保障和其他演练准备是将演练方案转换成"真实场景和事件"的途径，也是演练安全、顺利实施的保障。

### 16.2.3.1 综合演练保障

综合演练保障包括人员保障、经费保障、场地保障、物资和器材保障、技术保障、安全保障等。

人员保障。演练活动参与人员包括演练领导小组、演练总指挥／副总指挥、总策划、策划人员、导调人员、评估人员、保障人员、参演人员、模拟人员等，有时还包括观摩人员等其他人员。演练主办组织和参与组织应合理安排工作时间，确保相关人员参与演练活动的时间；通过组织观摩学习、培训和分解演练，提高参演人员的素质和技能。各类人员在演练现场应佩戴特定标志，以便于区分与管理。

经费保障。演练主办组织每年要根据业务连续性项目集年度计划编制演练经费预算，将其纳入该单位的年度财务预算，并按照演练需要及时拨付经费。财务部门应对经费使用情况进行监督检查，确保演练经费专款专用。

场地保障。演练主办组织要根据演练方式和内容，经现场勘察后选择、确定合适的演练场地。开展桌面演练一般可选择会议室或应急指挥中心等；开展实战演练应选择与实际情况相似的地点，并根据需要设置指挥部、集结点、接待站、供应站、救护站、停车场等设施。演练场地应有足够的空间，良好的交通、生活、卫生和安全条件，尽量避免干扰公众生活和业务正常运营。

物资和器材保障。演练主办组织应根据需要，准备必要的演练材料、物资和器材，制作必要的模型设施等。对于桌面演练，可视情况准备用于场景展示的多媒体视听文件；对于实战演练，可视情况搭建必要的模拟场景及装置设施等。相关内容主要包括以下几点。

（1）信息材料：主要包括应急预案和演练方案的纸质文本、演示文档、图表、地图、软件等，以及演练方案确定的用于增强演练真实感的音像资料等。

（2）物资设备：主要包括各种应急抢险物资、特种装备、办公设备、录音摄像设备、信息显示设备等。

（3）通信器材：主要包括固定电话、移动电话、对讲机、海事电话、传真机、计算机、无线局域网、视频通信器材和其他配套器材（尽可能使用现有通信器材）。

（4）演练情景模型：搭建必要的模拟场景及装置设施。

技术保障。在演练过程中，应急指挥机构、总策划、控制人员、参演人员、模拟人员等之间要有及时可靠的信息传递渠道。根据演练需要，演练主办组织可以采用多种公用或专用通信系统，必要时可组建演练专用通信与信息网络，确保演练控制信息的快速传递。技术保障组根据演练方案，预先设计技术连续性保障方案，保障演练所涉及的各类技术支撑系统正常运转。当工作流程发生变化后，技术保障方案也需进行相应的调整。

安全保障。演练主办组织应高度重视演练期间的安全保障工作。对于大型或高风险演练活动，要按规定制定专门的应急预案，采取预防措施，并对关键部位和环节可能出现的突发事件进行针对性的演练；根据需要为参演人员配备个体防护装备，购买商业保险。对于可能影响公众生活、易引起公众误解和恐慌的演练，演练主办组织应提前向社会发布公告，告知演练内容、时间、地点和组织单位，并做好应对工作，以免造成负面影响。演练主办组织应确保演练现场有必要的安保措施，必要时可对演练现场进行封闭或管制，保证演练安全进行。在演练出现意外情况时，演练总指挥与领导小组其他成员在会商后可提前终止演练。对于实战演练，演练主办组织应根据需要指派一名安全官，负责从安全角度掌控整场演练。演练当天，安保后勤人员要加强演练现场管控，防止无关人员进入，从而保障现场安全。若演练涉密或有不宜公开的内容，演练主办组织需要制定严格的保密措施，防止因工作不当出现失密、泄密事件。

#### 16.2.3.2　其他演练准备

宣传（和对外沟通）准备。重要的演练大都会引起媒体的注意。演练设计得越好，越会被媒体进行正面报道。演练主办组织要根据需要制定正式的宣传方案，并把媒体宣传纳入其中，以通过合理的媒体参与帮助演练赢得支持，提升组织的正面形象。

观摩活动准备。演练主办组织可邀请相关单位领导和人员观摩演练，除邀请组织内相关人员观摩外，还可邀请本地区相关组织、客户、供应商和监管机构代表观摩演练，以强化宣传教育效果。在需要请上级领导观摩的演练的方案被批准后，演练主办组织应根据确定的演练时间安排，提前起草领导活动安排，包括演练名称、主办与协办单位名称、演练时间、地点、观摩领导名单、活动议程、主持人、新闻单位、注意事项等内容。

演练中止。在演练中，尤其是时间较长的演练中，可能会发生真正的突发事件或运营中断。在某些情况下，如在突发事件和运营中断应对处置的人手不够或演练妨碍真正的事件应对处置时，演练主办组织需要中止演练来处理真实的突发事件或运营中断。每一场演练都应该有一个预先计划好的中止程序，从而使人员、设备能够迅速回到正常岗位。中止程序要包括约定的提示语。导调人员和安全官可用提示语来提示以下情况：演练已经中止；所有人员应该回到他们的常规职责岗位报到；所有的通信设施将恢复正常使用。在演练之前，中止程序应当通过检测以确认可行。

预演。为保证正式演练效果，在前期培训的基础上、演练正式实施前，可安排一次或多次预演。对于大型综合性实战演练，演练主办组织可结合年度演练工作计划，按照先易后难、先分解后合练、循序渐进的原则，采用室内桌面推演、现场单项预演、演练场景分阶段推演、现场集体合练等形式，检查、验证演练的局部或全部工作环节，强化参演组织与人员的协同配合意识，查找问题和不足，动态改进演练工作方案和脚本。检验性或研究性演练一般不进行预演。

良好的演练效果建立在坚实的演练策划准备工作的基础之上。在策划准备阶段的工作全部完成之后，演练主办组织就可以进行演练实施了。

# 16.3　演练实施阶段（演练中）

演练实施阶段是指正式演练从开始至结束的阶段，其主要任务包括提前检查装备与通信器材，进行情况说明与动员，按照演练方案启动演练，有序推进各个演练场景，完成各项演练活动，妥善处理各类突发情况，宣布结束与意外终止演练，并开展现场点评等。下面分别对演练实施基本过程、桌面演练实施、实战演练实施、导演方法和导演技巧以及其他注意事项予以介绍。

## 16.3.1　演练实施基本过程

演练实施包括演练预备、演练执行和演练结束 3 个部分。

演练预备。演练预备是演练实施的首要环节，指演练前发出预备指令，全体人员迅速进行演练预备，直至准备就绪的过程。根据情况，在演练前一天或演练当天，导调人员在演练正式开始前向所有演练活动参与人员进行情况介绍，包括演练情况说明和简短动员，以使其了解演练规则、应急演练场景、各自的岗位职责和注意事项。桌面演练可在播放演练场景展示多媒体文件前进行，实战演练可在各集结场地分别进行。演练实施当天，演练保障人员应提前到达现场，对演练涉及的各类设施、设备进行全面检查和调试，保证其处于正常工作状态。

演练执行。演练执行是演练实施的主体阶段，指发出演练开始的指令后，按照演练方案组织实施演练过程，既包括按计划有序推进各个演练场景，也包括临机局部调整，直至演练结束的全过程。这一过程通常以演练方案设定的内容为基础，随着时间的推移，不停顿地向前发展，直至演练结束或终止（正式宣布演练结束，或者按照事先约定，如果出现突发事件或其他情况，提前终止演练）。在这一过程中，导演双方互为条件、相互依存，呈现出有序的循环性。

演练结束。演练结束是演练实施的收尾阶段，指发出演练结束的指令后，演练活动参与人员迅速聚集，直到全部撤离演练现场的过程。在这一过程中，室内演练的导调人员和参演人员全部就位，等待讲评；室外现场演练的导调人员和参演人员也全部聚集，点验装备器材，清理演练现场，做好点评或检阅准备。演练结束环节的热反馈是获得各方反馈和相互学习的好方式。热反馈通常以参演人员的发言为主，演练主办组织的发言主要阐述事实，并在此基础上以表现和肯定为主，对演练做出初步评价。

### 16.3.2　桌面演练实施

桌面演练实施指的是经过充分的策划准备之后，演练组织人员和参演人员一起根据所设定的演练目标，在一个会议室内完成整个推演过程。简单的桌面演练实施由一名主持人和参演人员共同完成，复杂的桌面演练实施由主持人、导调人员、模拟人员、技术保障人员和参演人员共同完成。

我们知道，桌面演练的目的是通过具体的情景模拟，使参演人员参与事件应对的决策指挥和处置过程，从而评估参演人员的相应能力水平。因此，演练主持人要引导参演人员在演练过程中全身心投入，也要把重点放在评估参演人员处理问题的能力上，要让参演人员在复杂的条件下和有压力的环境下进行有效决策、沟通和协调。

桌面演练实施包括演练导入、演练推进、导调控制 3 个环节。

演练导入。在参演人员和观摩人员来到演练会议室后，演练主持人引导大家坐到自己所扮演角色的位置上，了解设施设备使用情况，进行必要的设备测试，并确认人员与设备设施的对应使用情况。待外围工作完成后，演练主持人开始介绍演练总体情况，包括：本次演练的总体情况，如演练目的、目标和演练日程安排（如表 16-5 所示）；演练方法简要讲解；事件描述和知识讲解；给参演人员发放演练背景材料，使每个参演人员了解应急预案和组织框架及自己的职责；向参演人员讲明演练规则，如参演人员要假设演练场景是真实发生的，不要质疑演练设定是否真实；演练要求；演练终止程序等。桌面演练通常是以初始情景说明开始的，初始场景信息可以通过大声朗读来呈现，也可以通过视频、PPT 来呈现，或者通过发放文本的形式来呈现。

表 16-5　桌面演练日程安排示例

| 活动安排 | 时间 | 主持人 |
| --- | --- | --- |
| 演练介绍 | 13:00—13:15 | 演练发起人（高管） |
| 桌面演练 | 13:15—16:00 | 演练主持人（导调人员） |
| 茶歇 | 16:00—16:15 | |
| 演练总结 | 16:15—16:45 | 演练主持人（导调人员） |
| 下一步安排 | 16:45—17:00 | 演练发起人（高管） |

演练推进。在讨论式或分析式桌面演练中，演练活动主要围绕所提出的问题展开。演练主持人以口头或书面形式，引入一个或若干个问题。参演人员根据情况分析问题，讨论应采取的行动。在角色扮演式或推演式桌面演练中，演练主持人和导调人员按照演练方案发出信息指令，参演人员依据接收到的信息，通过分组（各组可按应急预案扮演不同角色）回答问题或模拟操作的形式，完成处置活动。桌面演练通常按照以下 5 个环节循环往复。

（1）注入信息：演练主持人和导调人员通过多媒体文件、沙盘、消息单等多种形式向参演人员展示演练场景，展现事件发生发展情况。

（2）提出问题：在每个演练场景中，演练主持人和导调人员在场景展现完毕后根据演练方案提出一个或多个问题，或者在场景展现过程中自动呈现事件处置任务，供参演人员根据各自的角色和职责分工展开讨论。

（3）分析决策：根据演练主持人和导调人员提出的问题或所展现的事件处置任务及场景信息，参演人员分组展开思考、讨论，形成处置决策意见。

（4）表达结果：在组内讨论结束后，各组代表按要求提交或口头表述本组的处置决策意见，或者通过模拟操作与动作展示处置活动。

（5）现场反馈：在各组处置决策意见表达结束后，演练主持人和导调人员可进行反馈，然后接着注入新的信息，推动演练活动依照演练方案逐步进行。

导调控制。导调控制的目的是通过传递动态场景信息等手段，让参演人员对注入信息做出反应，引发参演人员之间的沟通、讨论和协作。为使参演人员在各种情况下仍然能够合理和有序地工作，找出解决问题的有效方法，开展导调控制工作至关重要。导调人员可通过调节注入信息流来控制演练进度和节奏，如在演练过于忙乱时适度放慢节奏，在进程过慢时加快节奏。在导调控制过程中，导调人员可以主动发出信息对演练进行控制，也可以回应参演人员的信息或行动，还需要观察演练的情况，以为后期评估提供支持。

一般而言，在用时较短（如为期一天）的桌面演练中，演练主办组织可以模拟处置真实发生时持续较长时间（如一两周或更长）的事件和形势；对用时较长的桌面演练，演练主办组织可以将演练分为多个阶段进行控制，在各阶段之间安排反馈和休息。

### 16.3.3 实战演练实施

参与实战演练的有导调人员、模拟人员、参演人员、评估人员和安全官，还可能有观摩人员。在有多个场地的实战演练中，演练主办组织可设置多个导调小组，并为每个导调小组指定组长。所有的导调小组组长在演练总指挥或现场导调负责人（副总指挥）的管理下合作开展导调工作。实战演练可能存在潜在的安全问题，因此演练主办组织需要委任一名安全官。演练主办组织还应指定导调人员对模拟人员进行管理和协调。

**表 16-6  实战演练日程安排示例**

| 活动安排 | 时间 | 主持人 |
| --- | --- | --- |
| 事件预警 | 7:45 | |
| 初步评估会 | 8:00 | |
| 演练 1 | 8:30—11:30 | |
| 午餐 | 11:30—12:15 | |
| 演练 2 | 12:15—15:15 | |
| 休息 | 15:15—15:30 | |
| 演练总结（全体） | 15:30—16:15 | |
| 下一步安排 | 16:15—16:30 | |

实战演练实施包含演练导入和演练推进两个环节。

演练导入。预备会一般在演练之前召开，其主要目的是告知参与人员其职责分工及注意事项。为避免分发不相关材料，演练主办组织可以分别为导调人员、评估人员、模拟人员、参演人员和观摩人员安排演练预备会。

在工作人员（导调人员、评估人员和模拟人员）预备会上，演练主办组织要先对演练做总体介绍，然后介绍演练的场地和区域，演练时间安排，主要演练场景，演练导调的理念，导调人员，评估人员和模拟人员的职责，演练中的安全问题，出现真实紧急情况的应对程序等。演练主办组织还需要向评估人员介绍评估方法及演练评估表的填写说明等，向模拟人员介绍模拟角色、症候卡等，分发用于识别身份的标牌和所模拟角色的症候卡等物品。对于复杂的实战演练，演练主办组织应分别召开导调人员、评估人员和模拟人员预备会。

在参演人员预备会上，演练主办组织要介绍每组参演人员的职责分工、演练相关参数、安全保障、角色标牌，以及演练后勤问题；要向所有参演人员说明演练规则，帮助参演人员理解他们在演练环境中的角色，理解什么是恰当的行为，明确安全注意事项，防止造成个人伤害或财产损失。

观摩人员预备会一般在演练当天举行，用于告知观摩人员演练的背景、事件场景、演练日程安排（如表16-6所示）、对观摩人员的限制等。观摩人员常常不熟悉事件处置程序，会随时对他们看到的演练活动产生疑问。演练主办组织可指定专人陪同他们观摩演练，及时回答他们的问题，这样可以防止他们直接向参演人员、导调人员或评估人员提出问题。

演练正式启动前一般要举行简短的仪式，由演练总指挥宣布演练开始并启动演练活动。演练的启动形式可以是来自报警服务台的一个电话、一份管理通报，也可以是来自监管机构的一个电话等。当然，演练的目的、作用不同，演练启动形式也不同。展示性演练一般由演练总指挥或演练主办组织领导宣布启动演练；检验性和研究性演练，既可以由演练总指挥宣布启动，也可以在到达演练时间节点或警报、演练场景出现后自行启动。

演练推进。演练总指挥负责演练实施全过程的指挥控制，在演练总指挥不兼任总导调时，一般由总指挥授权副总指挥（总导调）对演练过程进行控制。按照演练方案要求，各参演组织和人员采取针对模拟事件的处置行动，完成各项演练活动，主要演练活动参与人员的工作及关系如图16-3所示。

（1）演练总指挥和现场导调组组长通过传递信息指令来控制演练进程。演练总指挥和现场导调组组长按照演练方案发出信息指令，导调人员向参演组织和人员以及模拟人员传递信息。信息指令可由人工传递，也可以通过对讲机、电话、手机、传真机、网络等方式传送，或者通过特定的声音、标志与视频等呈现。

（2）导调人员按照演练方案规定程序，熟练发布控制信息，调度参演组织和人员完成各项演练任务。在演练过程中，导调人员应随时掌握演练进展情况，并向演练总指挥和现场导调组组长报告演练中出现的各种问题。

（3）各参演组织和人员，根据导调信息和指令，依据演练方案规定的流程，按照发生真实事件时的处置程序，采取相应的应急处置和业务恢复等行动。

（4）模拟人员按照演练方案要求，做出信息反馈。

（5）评估人员跟踪参演组织和人员的响应情况，进行成绩评定并做好记录。

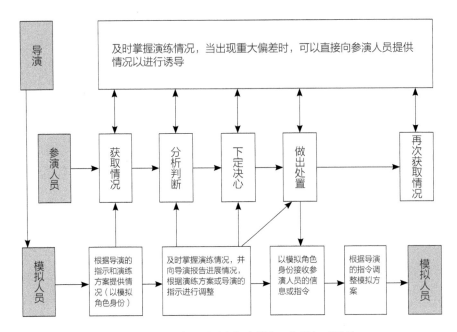

图 16-3　主要演练活动参与人员的工作及相互关系

在演练过程中，注入预先设计的动态信息是控制演练进程的主要手段。引导控制演练进程的总指挥要按照演练方案严格管理演练现场各个方面的工作，从各个方面综合协调导调人员的行动，确保整个演练现场有序、无安全问题；同时，最大限度地模拟真实事件发生时的整体图景，让每一个场景、每一个具体的场面都呈现符合设计要求的"活"的信息，与一定的演练目标相呼应。

为防止与真实世界的沟通混淆，所有的沟通必须明确标注为与演练相关。例如，可以在所有书面形式的沟通材料上明确地标注"仅作为演练材料"，在每次口头沟通时首先说明"这是一场演练"，或者使用演练指挥部同意的其他类似说明。为应对可能发生的真实的突发事件和运营中断，演练策划组应制定备用程序，根据需要暂停、推迟或取消演练。如果演练实施有可能影响到对真实事件的响应，或者真实事件妨碍演练的实施，演练指挥部和总指挥应立即研究，确定适当的行动调整方案。在确定了最终行动方案后，演练指挥部应通过事先确定的沟通机制，向所有演练活动参与人员通报这一行动方案，并予以执行。

### 16.3.4　导演方法和导演技巧

演练在实施时有两个同步进行的过程，一个是参演人员为应对事件而进行决策指挥和处置行动的参演过程，另一个是演练主办组织引导演练的导演过程，这两个过程相互影响。参演过程是参演人员模拟事件应对处置的过程，参演人员既要按照事件应对的要求和逻辑参与演练，也要接受导调人员的建议、引导和指挥；导演过程是演练主办组织的主动引领过程，演练组织人员通过密切观察参演人员的行为，在必要时给予其积极的、有益的反馈，既要按照演练方案推动演练任务完成，又要对演练进程、节奏、内容进行微调，管理好演练的环境、安全和秩序，确保参演人员在适宜的环境中开展演练。可以说，导演工作的质量直接决定着演练的质量。

导演方法通常分为计划导演、自由导演和半自由导演 3 种。

计划导演指按照预定的演练方案实施导演，由导演根据演练目的预先确定演练方案，而后组织演练活动参与人员按照演练方案进行演练。若演练指挥员的决心及处置与演练方案不一致，导演可增加补充情况诱导其纠正；如果出入过大，导演可宣布演练暂停，组织演练活动参与人员共同研究，统一认识后再继续演练。计划导演便于导调人员有效控制演练态势的发展，有助于演练活动参与人员有条不紊地推演规定的演练内容，能较好地体现应急预案思路，便于初次参演人员掌握组织与实施演练的方法。但由于参演人员受方案的约束，不利于充分发挥参演人员的积极性和创造性，因此这种导演方法多用于示范性（展示性）演练。

自由导演指按照演练指挥员的决心及处置实施随机导演，通常由导演在演练前根据演练目的和演练问题，拟制演练的总体情况和实施计划，并考虑多种腹案和相应的补充情况。在演练过程中，导演只提供必要的演练条件，对演练指挥员的决心及处置不加干预，任其自由发挥，并记录演练的重要过程和优缺点。当演练指挥员的决心及处置出现重大失误时，导演可通过指出失误导致贻误战机、损失过大、灾情继续蔓延等方法诱导演练指挥员自动修正错误。自由导演由于不受演练方案限制，能较好地发挥参演人员的积极性、创造性，便于其实施谋略，灵活运用自身的知识和基本技能，从而能客观地反映参演人员的真实水平和能力，因此多用于检验性（考核性）演练。但导演也难以准确掌握参演人员的决心及处置，不便于控制演练的态势和发展。

半自由导演是计划导演和自由导演相结合的导演方法，通常在演练重点部分以自由导演为主，在非演练重点部分以计划导演为主。在演练前，导演根据演练事件类型、演练目的和目标等，拟制张驰有度的演练方案。在演练过程中，只要参演人员在主要问题上的决心及处置基本符合演练方案，导演就不应干预；如出现原则问题，导演再用补充情况加以诱导，使其修正。半自由导演灵活性较强，既便于发挥演练指挥员的主观能动性，又受一定的计划制约，易于达到演练的预期目的，因此适用的范围较广。

导演技巧是导演组织演练工作所用的技能和技巧，是演练顺利实施并取得最佳效果的保障。这种技巧主要表现在提供情况、掌握和分析情况、调控演练态势等方面。

提供情况。演练场景信息是导演促使演练向着一定方向发展和参演人员研判形势、下定决心并做出处置的重要输入，导演的主要工作就是将预先设计并经过临机修改的场景信息或随机构想的情况，不失时机、连续不断地提供给参演人员。为增强演练的真实感，帮助参演人员了解和掌握事件信息来源的广泛性，增强其利用多种渠道广泛收集情况的自觉性，导演应本着与事件信息来源一致的原则，从不同角度、不同侧面向参演人员提供其所需的信息。一般来说，提供信息的渠道主要有指令、报告、通报等。同时，为使不同参演人员都能展开思考、全面锻炼自己，导演可采用明暗结合、虚实相间的方法，提供错综复杂、曲折多变、内容多样的场景信息，并本着直接提供渠道和间接提供渠道相结合、以间接提供渠道为主的原则，充分利用现有装备器材，发挥导调人员和模拟人员的作用，通过发送人员报告、口述等方式向参演人员提供信息。

掌握和分析情况。掌握和分析情况是做好导演工作的基础。导演应密切关注各类工作人员情况，及时、准确、全面地掌握导调情况和演练态势，要善于利用一切可利用的手段保持与其他工作人员和参演人员的联系，及时、全面地掌握第一手材料。掌握情况的方法包括以上级身份接受参演人员的请示报告，接受导调人员、模拟人员的报告，以及直接观察参演人员的情况。导演在演练过程中分析情况的方法有预测分析、适时分析和结果分析等。

调控演练态势。调控演练态势指导演在演练中的动态导调，是在综合分析实际演练情况和演练目标实现程度基础上进行的，是演练实施过程中导调工作的重要环节。调控演练态势要注意：在考虑态势内容时力求全面，一般应考虑时间、空间、灾情、趋势和响应、恢复队伍的情况及有利或不利因素等，在此基础上向参演人员提供情况；在设计演练时多做分析和储备；在调控演练态势时既要突出态势的严峻性，要求参演人员及时、果敢、审慎和妥当地处置，又要注重态势的合理性，即使其符合事件实际的发展态势。

## 16.3.5　其他注意事项

在演练实施过程中，演练主办组织还应做好解说、记录、现场点评、宣传报道等方面的安排。

解说。演练主办组织可以安排专人对演练过程进行解说。解说内容一般包括演练背景描述、进程讲解、应急组织业务连续性管理情况及业务连续性能力准备情况介绍、案例介绍、环境渲染等。对于有演练脚本的展示性综合演练，演练主办组织可按照脚本进程和场景，提前准备好相关背景资料的解说词，以便随时进行插播讲解。

记录。在演练实施过程中，演练主办组织一般要安排专人采用文字记录、摄影、摄像和录音等手段，全程采集演练的相关资料。文字记录可由演练评估组负责采集，主要包括演练实际开始与结束时间、演练过程控制情况、各项演练活动中参演人员的表现、意外情况及其处置等内容，尤其要详细采集可能出现的运营"中断"、"中断"时长、"损失"和"影响"等情况。摄影、摄像可由专业人员或宣传部门人员在不同现场、不同角度进行，以尽可能全方位反映演练实施过程。

现场点评。当演练活动结束时，演练主办组织应在演练现场组织专家和观摩领导，对演练总体情况、取得的效果、参演人员的表现、存在的问题等进行点评，为撰写评估报告和总结报告提供素材。

宣传报道。新闻宣传组按照演练宣传方案，认真做好信息采集、（新）媒体组织、广播电视节目现场采编与播报等工作，以强化演练的宣传教育效果。同时，演练主办组织要对涉密内容应做好相关保密工作。

意外终止。在演练实施过程中出现以下情况时，演练总指挥应按照事先规定的程序和指令终止演练：出现真实突发事件和运营中断，需要参演人员参与应急响应和业务恢复，以使参演人员迅速回归工作岗位，履行处置职责；出现特殊或意外情况，短时间内不能妥善处理或解决。

场地清理和恢复。安保后勤组负责组织人员对演练场地进行清理和恢复。

# 16.4 评估改进阶段（演练后）

演练活动结束后，演练正式进入评估改进阶段。评估改进阶段是指演练活动结束后到完成评估总结报告，并对照演练暴露出的问题进行改进提高的阶段。

全面的评估改进工作从演练设计团队制定目标和启动演练设计时开始，贯穿演练活动的所有阶段。有效的评估改进包括组建评估组、制定演练评估方案并编写演练评估指南、演练评估表等文件；细致观察演练行为、分析演练记录及相关资料，通过对比参演人员的表现与演练目标要求，对演练活动及其组织过程进行反思和分析，做出客观评价，撰写并提交演练评估报告；有效落实基于演练成果的纠正措施和改进计划。在演练活动的不同阶段，评估改进有不同的任务、重点工作和支持工具，主要内容如表 16-7 所示。

表 16-7　演练评估改进的任务、重点工作和支持工具

| 阶段 | 演练前 | 演练中 | 演练后 | |
|---|---|---|---|---|
| 任务 | 准备演练评估 | 观察、收集数据 | 评估总结 | 改进提高 |
| 重点工作 | ●组建评估组<br>●制定演练评估方案<br>●编写演练评估指南、演练评估表等文件 | ●召开预备会<br>●观察并记录参演人员的表现<br>●对参演人员的表现做出初步判断<br>●参加热反馈 | ●参加事后研讨会<br>●分析演练问题<br>●撰写并提交演练评估报告<br>●召开总结会 | 跟踪检查改进工作 |
| 支持工具 | 演练评估方案（演练目标、评估方法、评估过程及评估表等） | 评估人员记录表 | 参演者反馈表、演练评估表、事后研讨会纪要、演练评估报告 | 管理评审和内外部审计材料 |

下面从准备评估改进、执行评估总结和落实改进提高 3 个方面讨论演练评估改进。

## 16.4.1　准备评估改进

评估改进准备工作包括：组建评估组，确定评估组组长及成员，招募、培训和分配评估人员，明确对评估小组的要求；制定演练评估方案，编写评估指南、评估表等文件。准备评估改进是广义的演练策划准备工作的组成部分，也是确保评估改进顺利完成的第一步。

组建评估组。为了更好地对演练进行评估，演练需要组建评估组。评估组负责设计演练评估方案、观察并记录演练情况、编写演练评估报告等。演练评估组可由上级部门组织，也可由演练组织人员自行设置，还可由受邀的第三方专家或机构负责组织。评估组设组长 1 人，成员若干人。针对规模较大、参演人员较多或多地点举行的演练，还可设多个评估小组，并在评估组组长之下设评估小组组长。只有拥有足够规模的评估组，组织才能对演练的情况、参演组织和人员的表现做出全面的评估。

评估组组长是演练评估工作中的关键角色。评估组组长应是业务连续性评估专家，熟悉应急预案、政策、程序和目标，熟悉指挥管理体系和应急决策制定过程，熟知与演练相关部门间的沟通、协调的方式方法。评估组组长还应具备管理能力，能够管理评估人员的工作表现并掌握评估过程。另外，评估组组长应具备一定的分析技能，能够对演练目标进行充分和精确的分析。

评估人员可能来自演练组织内部或外部。如果要开展有考核性质的演练评估工作，与参演组织或参演人员有直接利害关系的人员应回避。参演组织的领导可以评估人员的身份参与评估。评估人员要有时间参加演练前培训，理解演练的概念和熟悉场景，掌握演练评估表及其填写方法；按演练方案和时间表规定的时间提前到达演练地点报到并签到；在演练过程中观察参演人员的表现并收集信息，参加热反馈；参加事后研讨会，参与分析演练活动，撰写演练评估报告并召开演练总结会。

制定演练评估方案。演练评估是通过观察、体验和记录演练活动，比较演练的实际情况和目标之间的差异，总结演练成效和不足的过程。评估人员手册是帮助评估人员充分了解自己在演练实施和评估中的作用和职责的资料包，其核心内容是演练评估表。演练评估表是评估人员在演练过程中观察、收集数据和捕捉表现结果的工具，每位评估人员都需要填写与其任务相对应的评估表。

演练评估应以演练目标为基础，而演练目标可以表述为"由谁在什么条件下依据什么标准，完成什么任务，取得什么效果"。因此，我们可以针对每个演练目标设计合理的评估方法、标准。例如，可以用选择项法（如是／否判断，多项选择）、主观定性法（如1——差、3——合适、5——优秀）、定量测量法（如响应时间、被困人数、到达后备场所时间、恢复时间）等方法进行评估，如表16-8、表16-9、表16-10所示。

表16-8　演练评估表（选择项法）示例

| 序号 | 评估内容 | 评估结果 | |
| --- | --- | --- | --- |
| | | 是 | 否 |
| 1 | 是否启动业务恢复预案 | | |
| 2 | 是否及时调集恢复人员到岗 | | |
| 3 | 是否指定专人负责协调技术恢复工作 | | |

表16-9　领导指挥组评估表（主观定性法）示例

| 序号 | 评估内容 | 评估标准 | | | | |
| --- | --- | --- | --- | --- | --- | --- |
| 1 | 能否对事件的总体情况及事件性质做出准确判断 | 5 | 4 | 3 | 2 | 1 |
| 2 | 能否准确把握敏感信息并做出回应 | | | | | |
| 3 | 能否对事件的发展及潜在后果做出前瞻性判断 | | | | | |
| 4 | 决策程序是否合理、合规 | | | | | |
| 5 | 决策是否果断、及时、准确 | | | | | |
| ...... | | | | | | |

表16-10　评估表及部分内容填写示例

| 任务1：分公司指挥部成立 | | | | | |
| --- | --- | --- | --- | --- | --- |
| 评价细则 | 完成情况 | | | 不适用 | 备注 |
| | 达到要求 | 未达到要求 | 未观察 | | |
| 分公司应急（值班）指挥负责人在事发后10分钟内到达指挥中心就位 | √ | | | | |

| 分公司技术负责人在事发后 30 分钟内到达指挥中心就位 | √ | | | |
|---|---|---|---|---|
| 分公司保障负责人在事发后 30 分钟内到达指挥中心就位 | | √ | | 保障负责人外出办事，因交通堵塞，在事发后 1 小时 10 分钟内到达指挥中心就位 |

| 任务 2：…… | | | | |
|---|---|---|---|---|
| 评价细则 | 完成情况 | | 不适用 | 备注 |
| | 达到要求 | 未达到要求 | 未观察 | | |
| | | | | | |
| | | | | | |
| …… | | | | |

| 任务 3：…… | | | | |
|---|---|---|---|---|
| 评价细则 | 完成情况 | | 不适用 | 备注 |
| | 达到要求 | 未达到要求 | 未观察 | | |
| | | | | | |
| | | | | | |
| | | | | | |
| …… | | | | |

| 演练过程中发现的问题： |
|---|
| 　年　月　日 |

　　演练评估的核心是对参演人员的演练活动进行评估。此外，为了今后更好地开展演练工作，从改进演练工作的角度出发，我们也可以对演练组织活动进行评估。对演练组织活动进行评估，同样要建立在演练目标的基础上。根据是否实现演练目标，我们可从演练组织准备、演练组织活动、演练组织效果等方面设置不同的评估内容。

　　为提高演练工作的质量，我们应制定演练评估方案，以为演练评估工作提供一致的行动程序和指南。演练评估方案以演练方案为主要依据，由评估组组长负责组织编制。通常，演练评估方案的内容也是评估手册的主要内容，包括以下几点。

（1）演练概要，包括演练的目的、范围和目标，场景描述，应急响应和业务恢复行动、措施简介等。

（2）评估内容，依据演练目标，通常包括演练的决策指挥、应急响应和业务恢复等，也可以包括信息沟通与媒体应对，以及演练组织活动等内容。

（3）评估标准，应依据法律法规要求、应急预案要素和措施以及演练方案建立，要具有科学性、可操作性。

（4）评估程序，是对评估过程的程序性规定及描述。

（5）评估队伍，即评估队伍组织、人员的构成及职责，明确评估人员的职责（负责制定具体评估工作计划）。

（6）附件，包括与演练评估相关的表格、工具、联络方式等。

简单演练的评估方案比较简单，复杂演练的评估方案会比较复杂。在有条件时，我们还可以使用专业评估软件等工具。

## 16.4.2　执行评估总结

演练主办组织在演练前要召开评估人员预备会，用来核实评估人员的角色、职责和分配情况，确保评估人员充分理解评估表中的所有事项；说明变动情况（如果有）；使评估人员熟悉演练地点的地理情况和相应机构等，明确自己的观察位置。召开评估人员预备会还要给评估人员提供询问的机会和时间，使评估人员提出的问题能得到解答、询问的信息能得到澄清，保证评估人员完全理解自己的角色和职责，了解演练流程、明确评估任务、掌握评估方法，并且已为执行评估准备就绪。

评估总结是一个从获取事实到评价事实，再到提出建议的过程，主要包括观察、收集数据，汇总、分析数据；起草编制报告，召开总结会议。

观察、收集数据，汇总、分析数据。评估组执行评估总结的首要任务是观察收集数据，记录发生在演练期间的讨论等。评估人员要能够熟练使用演练评估表，对所负责领域的演练行动进行记录。在演练过程中，评估人员要做到不介入、不参与演练组织人员和参演人员的工作。如有参演人员向评估人员提出问题或要求进行某种澄清，评估人员应将问题转给演练组织人员。评估人员应当位于可以很好地观察参演的行动、听到参演人员的谈话内容但不妨碍其行动的位置。有些情况可能需要在某一地点或区域安排多个评估人员。

　　演练活动结束后，评估人员应参与由参演人员、组织人员举行的讨论会——热反馈，趁大家对演练有清晰的记忆征集其对演练的评价。随后，评估人员还要立即核对参演人员填写的反馈表，以及自己所填的表格、所做的笔记和观察记录。若有缺失的地方，评估人员可以通过与个别参演人员进行访谈、召开座谈会、倾听参演人员陈述、收集参演人员的讨论和反馈表等多种方式补足信息。

　　在演练评估组召开的会议上，评估人员要汇总、分析收集的数据、总结经验。评估人员使用收集的数据，按照演练的时间顺序对每一项能力和活动进行分析评述，识别发生的情况与期望发生的情况之间的差别，消除收集的数据间的差异，制作包括与待检验能力有关的要点在内的综合控制时间表。评估人员在分析数据时要汇总和分析在各项任务中收集到的信息（观察的任务、活动叙述、详细的评估人员观察），了解分析这些数据意味着什么。评估组组长可以将每项活动的分析任务分配给具备相关专业知识的评估人员或评估小组，也可以与评估组共同分析。评估人员需要从自己的认识或者实战经验出发，对观察到的情况及处置效果进行评价，既要分析参演人员在演练过程中展示出的成功之处，也要分析预案、决策指挥处置程序和措施以及管理体系中存在的不足和问题以及有待改进的地方。

　　在此基础上，评估人员还要深入分析问题的根源。要检查每一项没有很好地完成的关键任务和没有实现的能力目标，通过分析参演人员在演练过程中展示的行动和演练目标间的差距，探寻每个事件发生或没有发生的直接原因，特别是要探究形成问题的根本原因。要想找到形成问题的根本原因，评估人员可以采用类似"鱼骨图分析"的方法。对于参演管理层的决策指挥在实际工作中会导致什么后果或结果，评估人员要注重依靠经验来分析；对于参演执行人员的处置过程和程序，评估人员也要注意依据自己的实战经验来判断，而不能只从理论上进行分析。

　　演练评估的最终目的并不只是评估参演人员完成核心任务的能力、确定参演人员是否完成了关键任务、演练目标是否实现，更是在这些内容的基础上提出整改建议并增强组织的业务连续性能力。因此，评估人员需要结合演练目标，针对演练中的重大发现或突出问题、演练任务完成情况以及演练表现，提出在预案修订、组织优化、设施设备投入、加强培训等方面的改进建议或改进措施。其中，改进建议应直截了当、具体，并以观察和分析结果为支撑，不能偏离实际情况。改进建议的质量取决于评估组的经验和判断，改进建议是否采纳最终由管理层决定。

评估人员应对收集、分析的材料进行整理，针对每个演练目标及其相关活动形成一个分析小结。合格的分析小结应包括：观察到的演练的成功之处；观察到的预案、程序、组织、能力等方面的具体问题；对问题及其原因的分析；提高成效或解决问题的改进建议；建议的负责执行纠正改进任务的部门、机构和负责人。

起草编制报告，召开总结会议。演练的复杂程度、目的和目标等不同，演练评估流程也不尽相同。对于简单的、时长为半天左右的研讨式演练或其他桌面演练，用半小时到一小时就可完成评估工作；对于复杂的演练，完成评估工作可能需要一周到一个月的时间。演练评估时间过短，易使评估人员因草率、马虎而无法很好地完成各项评估任务；时间过长，易使评估人员变得拖沓、无效率。

在演练结束后的一个月内，演练主办组织应召集所有参演组织参加总结会，并应在召开总结会之前完成演练总结报告初稿起草工作，作为上会材料。各参演组织从自身角度出发，分析、总结演练的经验和教训，提出改进意见和建议。演练评估组负责起草评估报告，征求所有参演组织的意见后，将评估报告提交给演练主办组织。演练评估报告既是对演练情况的详细说明，也是向参演组织就其在演练中的表现提供的反馈及建议，客观、详细、周全是它的基本特点。评估报告一般包括以下内容。

（1）执行摘要：1～2页的基本情况和结论介绍，宜简洁、清晰。

（2）演练概述：演练的基本信息，包括演练背景及目的、范围和目标、参演组织，演练活动的策划准备和实施情况等。

（3）演练评估：评估的方法、标准、程序和过程等的概要。

（4）能力分析：演练的能力表现及分析，是评估报告的主体内容。能力分析应针对演练目标确定待检验的每项业务连续性能力（或能力构成要素），列出其对应的活动，描述观察到的行为，列出不同参演人员的表现，明确评估组对这些表现的判断和看法、分析和建议等。能力分析要涵盖成功之处、观察到的问题、可改进的地方及改进建议。

（5）演练总结：对主要结论的简要总结，是评估报告的结论，即演练发现，应包括在演练中表现出的实际能力、得到的经验教训、主要建议等。

（6）附件：演练评估表及各种有必要列出的分析数据。

演练组织要注重对演练参与组织及人员进行考核，对在演练中表现突出的组织及人员，可给予表彰和奖励；对不按要求参加演练，或影响演练正常开展的，可给予相应批评。演练考核与奖惩可作为演练总结会的一部分。

演练活动完成后，演练主办组织应及时收集、汇总演练相关资料并归档保存，主要包括演练计划、演练方案、评估报告以及图片、影像等资料。对于上级有关部门、监管机构要求或参与组织的，以及法律法规和有关规章要求备案的演练活动，演练主办组织应将相关资料及时报有关部门备案。

## 16.4.3　落实改进提高

改进提高可能不是演练评估组的任务，但演练的最终目的是增强组织的业务连续性能力，因此对演练暴露的问题，演练主办组织和参演组织要制定改进计划，并按照改进计划及时采取措施，在规定时间内完成各项改进工作任务，包括修改完善应急预案、有针对性地加强人员的教育和培训、有计划地更新物资装备等。

演练主办组织和参演组织应将改进提高纳入更全面、综合的业务连续性项目集管理工作，指派专人按规定监督、检查整改情况，确保暴露的问题得到及时解决，各项改进工作真正落到实处，并通过内部审核和管理评审跟踪落实情况。

延伸阅读

1．夏保成，张小兵，王慧彦：《突发事件应急演习与演习设计》，当代中国出版社，2011 年。

2．广东省安全生产应急救援指挥中心，华南理工大学安全科学与工程研究所：《安全生产应急演习实务》，科学出版社，2011 年。

3．赵勇，高玉峰：《美国国土安全演习与评价计划》，地震出版社，2012 年。

4．方文林：《情景式应急演练策划与组织》，中国石化出版社，2018 年。

5．沃尔夫冈·鲍尔：《世界创建指南》，四川美术出版社，2018 年。

6．李雪峰：《应急管理演练式培训》，国家行政学院出版社，2013 年。

7．李雪峰：《应急演练规划指南》，中国人民大学出版社，2018 年。

8．李雪峰：《应急演练准备指南》，中国人民大学出版社，2018 年。

9. 李雪峰：《应急演练实施指南》，中国人民大学出版社，2018 年。

10. 李雪峰：《应急演练评估指南》，中国人民大学出版社，2018 年。

11. Regina Phelps Cyber breach: What if your defenses fail? Designing an exercise to map a ready strategy, Chandi Media, 2016.

12. Regina Phelps: Emergency Management Exercise: From Response to Recovery, Chandi Media, 2010.

13. 《AQ/T 9007—2019 生产安全事故应急演练基本规范》。

14. 《国土安全演习和评估计划》（HSEEP 2020）。

15. ISO 22398：2013 Societal security – Guidelines for exercise.

问题：如何应对中断（或可能发生的中断）？

相关问题如下：

"好几个网点报告网上转账总是失败，好像服务出问题了，怎么办？"

"刚接到通知，明天晚上 6 点至后天早上 10 点断电，怎么办？"

"如果因暴雨形成的城市内涝导致断电，那我们该启动极端天气专项应急预案、电力中断专项应急预案还是其他？"

"这次疫情影响这么大，政府已启动一级响应，我们该启动几级响应？"

简答："养兵千日，用兵一时。"成功的运营中断处置依赖于业务连续性能力的规划、建设和保持，涉及业务影响分析、风险评估、策略确定和选择、应急预案建设、组织建设和优化、设备设施等物资投入、人员培训、演练及能力优化等，这些工作的成功完成是运营中断事件处置的基础。

成功的运营中断处置还取决于事件处置过程中的策划运筹和行动执行，包括初始响应、确定目标、制定方案、下达指令和执行方案在内的事件处置的"P"过程。组织只有在这些方面下足功夫，才可能降低运营中断发生的可能性，也才能在运营中断发生时快速恢复业务并尽可能减少运营中断带来的影响。

问题：不少网点报告网上转账总是失败，好像服务出问题了，怎么办？刚接到通知，明天晚上 6 点至后天早上 10 点断电，怎么办？

回答：对这两种情况的处置都不复杂，直接启动相关应急预案就可以了。区别在于第一个事件已经发生，第二个是有预警的事件。

问题：如果因暴雨形成的城市内涝导致断电，那我们该启动极端天气专项应急预案、电力中断专项应急预案还是其他？

回答：根据事件发生发展的具体情况，组织可能会同时启动多个专项应急预案。

组织可根据需要启用联席会议或成立总指挥部以协调多个现场指挥部的事件处置行动。

**问题**：这次疫情影响这么大，政府已启动一级响应，我们该启动几级响应？"

**回答**：这要看组织自身的应急预案是如何界定响应等级的。更现实的是，大多数企业并未制定可操作的疫情应对预案。在（当时）这个时间点，建议启用危机管理预案（如果有），因为我们明显可以判断出疫情对企业运行带来的冲击是多方面的；或者，新成立疫情防控领导小组，定期或不定期召开多部门参与的协调会议进行事件处置。

**关键词**：事件行动方案，事件处置的"P"过程。

**解题**：运营中断可能由组织内部的突发事件引起，如火灾造成办公场所和关键生产设备不可用，从而引发运营中断；也可能由危机事件引起，如网络舆情引发财务流动性问题，造成运营活动异常；还可能由与组织无明显关联的外部事件引起，如极端天气、……运营中断与突发事件、危机事件之间相互关联，还可能相互转化，这 3 类事件虽然特点不同，但可以采用类似的方法进行应对。下文介绍的事件管理基础、事件行动方案和事件处置过程等主要针对运营中断，但也适用于应对突发事件和危机事件。

# 17.1　事件管理基础

当发生运营中断或可能发生运营中断时，组织可以依据应急预案迅速行动起来。事实上，如果业务连续性准备工作就绪，组织应该已为运营中断（或可能发生的运营中断）建立好了事件管理的基础——事件管理机制和应急预案体系、指挥管理体系和能干称职的人员、装备和物资保障体系、供应商与合作伙伴管理。

### 17.1.1　事件管理机制和应急预案体系

不同类型的事件造成的后果和对组织产生的影响不同，但组织都必须专业地应对，如面对地震、台风、设备故障或供应链中断事件，组织肯定会采用不同的专业方法进行处置。同一类型的事件，由于其影响范围、紧急程度和造成的损失不同，需要组织投入的业务连续性能力的范围和"强度"也有所不同。将事件划分为不同的级别，从而采取不同强度的应对措施，是应急、连续性和危机管理的共同经验。每一个级别的事件，都有发生、发展和减缓的阶段，需要组织采取不同的应急措施。因此，按照危害和影响的发生过程将事件进行阶段性分期，是组织采取应急措施的重要依据。深入分析各种表现形式不同的突发事件和运营中断，抓住其本质特征，对事件进行分类、分级与分期，是事件管理的基础。

应急预案是组织为应对未来可能发生的运营中断而对相关业务连续性能力（及其构成要素）进行集成和综合的工作方案，用于统筹安排事前、事发、事中、事后各个阶段的工作。应急预案体系具体规定了事件管理的指挥管理体系与职责、事件管理机制、事件的预防与预警措施、处置和恢复程序、保障措施以及事后重建措施等内容，主要包括综合应急预案、专项应急预案、现场处置方案等。应急预案体系为组织综合运用各种能力构成要素应对事件提供了构想，详细内容可参阅主题 14。

### 17.1.2　指挥管理体系和能干称职的人员

指挥管理体系是事件管理的组织基础，即我们将用什么样的组织和人员架构去应对事件，它决定了"战时"体系决策和指挥的效率，影响着应急、连续性和危机管理的有效性。由于运营中断的原因种类繁多并且难以预测，参与事件处置的部门和机构也很多，合理的指挥管理体系需要将多个部门和机构纳入其中，通过明确它们的岗责体系和协调机制，来保障事件处置的质量和效率。指挥管理体系的详细内容可参阅主题 13；能干称职的人员涉及人员能力和意识准备，详细内容可参阅主题 15。

### 17.1.3 装备和物资保障体系

"巧妇难为无米之炊。"任何一种实践活动，都离不开物质资源的投入，运营中断事件处置也是如此。装备和物资保障体系是事件管理的物质基础，是组织在应对运营中断的过程中保障各种物质类型资源的体系化安排，涉及预防、保护和减灾、情报和监测、预警和警报、应急响应、危机沟通和管理、业务恢复和事后重建所需要的技术、装备、场所等资源，也包括业务连续性准备过程中所需要的各种物资资源。根据情况，组织应妥善管理 IT 灾备中心、应急指挥中心等关键基础设施的运行维护。运营中断具有不确定性强、突发性强、涉及面广、影响力大的特征，所以组织有时很难预测事件的发生发展态势。为切实满足应对运营中断的资源需求，在常态下做好各种设施设备、物资资源的全生命周期管理（规划设计、采购建设、运行维护和处置报废）至关重要，详细内容可参阅主题13。

### 17.1.4 供应商与合作伙伴管理

组织从来都不是孤立的存在，没必要也不可能完全自建和维护所有必需的资源和能力，如生产制造企业需要从供应商处采购原材料，数字化程度高的企业（如电商企业）需要使用云计算服务……由此可见，供应商与合作伙伴也是组织正常运行的重要基础。在运营中断发生或可能发生时，按照事先制定的计划和协议使用外部资源或能力是运营中断应对处置的重要组成部分，也就是说，日常的准备工作至关重要。

虽然很难预测运营中断何时会发生，但组织可以努力做到，在运营中断发生（或可能发生）时，组织已经为之做好了如下准备。

- 完善的事件分类、分级、分期管理方法。
- 结构清晰、模块化的应急预案体系。
- 精干的指挥管理体系和称职的人员。
- 即时可调用、充足的物质资源保障。
- 灵活高效的供应商与合作伙伴管理。

## 17.2 事件行动方案

### 17.2.1 事件行动方案和应急预案

在应急、连续性和危机管理领域，事件不会象你预先设想的那样发生发展，真正发生运营中断时，你可能无法完全按照预先设计的那样执行任务。也就是说，应急预案中的应急和恢复程序需要根据实际情况调整。但你基于应急预案建设和保持的能力却是实实在在的，同时，修改一个基本计划也比从零开始容易得多。

事件行动方案是组织用以应对事件的具体工作方案。应急指挥人员通过事件行动方案指挥、调度处置力量，统筹调配应急物资（包括应急装备／设备、备用场所和消耗品等），协调外部机构参与应急处置（增派处置力量及增加救援物资），决定提请更高层人员或上级组织／机构协调解决现场处置无法协调解决的问题和困难等。

应急预案很可能不能直接用作事件处置，但在制定应急预案时进行的大量细致分析、事件发展推演等，在事件爆发时非常有助于决策和事件行动方案的制定、修订和执行。有时，事件行动方案可以视为应急预案的"实例"。表 17-1 给出了应急预案和事件行动方案在制定依据、制定时间、计划产物以及资源要求方面的对比。

表 17-1　应急预案和事件行动方案比较

|  | 应急预案 | 事件行动方案 |
|---|---|---|
| 制定依据 | 在业务影响分析、风险评估、资源和能力评估基础上对未来事件的假设 | 现实世界动态发展的事件（即时获得的信息，可能是片面和不准确的） |
| 制定时间 | 由项目集管理方确定（数周或数月） | 取决于事件事态发展的实际情况（可能数小时、数天或数月） |
| 计划产物 | 应急预案体系（综合预案、专项预案、现场处置方案等） | 命令或通告等 |
| 资源要求 | 对队伍和资源的需求不是很详细，供执行任务队伍有限参考 | 一旦任务确定，对资源和队伍的需求明确；如果资源和队伍不足，需考虑立即向上级机构或外部寻找更多支持 |

## 17.2.2　事件管理过程

组织可启用预先建立的应急组织应对运营中断事件。一般而言，组织在业务连续性（或应急/危机）管理委员会常设应急指挥协调机构（如应急办），负责统一接收、研判和处理组织内部各类运营中断的信息报告，协助领导指挥处置各类运营中断事件；根据事件处置需要，协调调动各部门、各分支机构的应急响应和业务恢复队伍以及物质资源参与事件处置工作；配合政府相关部门做好公共安全应急处置。

### 17.2.2.1　现场负责人

为提高事件处置水平，确保事件指挥统一、有序、高效，组织可建立健全事件现场指挥协调机制。现场负责人是指在事件现场统一组织、指挥事件处置工作的最高指挥人员。事件现场处置工作实行现场负责人负责制，现场负责人全权负责指挥现场应急响应和业务恢复工作。事件处置队伍及相关部门负责人、各类人员应当服从和配合现场负责人的指挥。

在事件发生前后，负责牵头处置事件的部门或分支机构应当按照相关应急预案的应急响应程序启动现场负责人机制；没有相关应急预案的，应根据实际需要，设立现场指挥部、指定现场负责人。当事件事态复杂、影响严重时，组织应根据工作需要，组建总指挥部和现场指挥部两级指挥部，由组织或事发部门领导、相关职能部门人员及应急和恢复队伍负责人等组成。对于超出组织现有处置能力，或需由政府部门直接处置的突发事件，组织应及时向政府应急指挥中心或政府专项应急指挥部报告并提出请求，由政府应急指挥机构组织协调处置救援行动，现场指挥部由政府应急指挥机构设立并确定现场指挥，组织全力支持现场指挥并做好处置工作。当事件涉及多个地点时，组织根据需要可设立多个现场指挥部，在总指挥部的统一指挥协调下进行事件处置工作。

一般情况下，现场指挥部设总指挥一名、副总指挥或执行指挥数名，主要负责：决策会商；协调调动本级物质资源；组织制定事件行动方案并组织实施；组织维护现场秩序；做好受影响人员的安置工作；按照相关授权发布事件信息等。对于由政府应急指挥机构组织协调的处置救援活动，在人员生命和财产安全得到保障、事态稳定后，政府组织的处置救援活动结束，现场指挥权移交给组织的现场指挥部，由其继续事件处置活动直至业务重续运营。

### 17.2.2.2　事件处置的"P"过程

总（现场）指挥部是一个集体，要有效合作和密切配合，对运营中断的形势要形成共同的理解和判断，在判断分析形势、确定行动目标、制定行动方案后，还要把任务分派下去，对指令进行适当的描述，并持续跟进任务执行，重复以上过程直至所有目标实现、业务重续运行。

事件处置的行动周期可分为 5 个阶段，从初始响应、确定目标、制定方案，到下达指令和执行方案，然后开始新一轮行动。在事件处置过程中，阶段 1（初始响应）只会执行一次，从阶段 2（确定目标）到阶段 5（执行方案）的行动周期，是事件行动方案制定和执行的循环往复过程。因为从阶段 1 到阶段 5 形成了类似英文字母"P"的过程，所以这一过程也称为事件处置的"P"过程，如图17-1 所示。

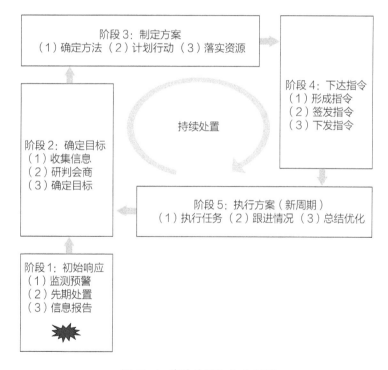

图 17-1　事件处置的"P"过程

阶段 1：初始响应。发现事件的人员应立即向有关主管部门或值班人员报告。事发部门和组织在事发地的分支机构等作为事件"第一响应人"，应第一时间组织开展初始响应工作。事发部门或值班部门负责人要做好监测预警，调动现场资源和处置力量进行先期处置，及时疏散、安置受影响的人员，做好现场管控，第一时间控制现场事态，并按照相关要求做好信息报告。对可能造成运营中断的事件，组织要根据有关应急预案或者实际需要立即成立现场指挥部，将现场指挥权从事发部门或值班部门移交给现场指挥部，视情况组织成立专家组。

对影响人员生命财产安全、环境保护及社会秩序等的公共安全事件，组织要立即向所在地政府、有关主管部门或当地紧急报警中心、非紧急救助服务中心报告。事发部门和组织在事发地的分支机构负责人要第一时间组织开展自救互救，并在地方政府和相关机构的指挥下做好秩序维护、道路引领等先期处置工作。在政府应急指挥机构成立现场指挥部后，组织要与现场指挥部保持密切联系，配合现场指挥做好处置救援工作。

阶段2：确定目标。指挥部应及时收集信息，抓紧掌握事件基本情况、先期处置情况、事件发展情况，物资储备库、应急救援和业务恢复队伍、庇护场所、后备运营场所、有关典型案例的信息，各级领导就事件处置做出的指示（批示）等。

指挥部负责确定参会人员范围，组织现场各部门有关负责人和专家召开会议，对现场态势进行研判会商，并以上级批示（指示）、应急预案、损失评估及现场态势为依据，确定事件处置（应急响应/业务恢复/影响控制等）的目标。

阶段3：制定方案。指挥部通过判断、预测、推论和假定进行任务目标分析，围绕处置目的、响应和恢复目标、恢复顺序及处置行动风险、处置工作重心和决策点等筹划要素，确定达成处置目标的方法。在确定处置方法的基础上，指挥部以具体处置队伍为施行主体，拟订具体的行动计划（谁、何时、何地、做什么、使用什么资源），开展计划时间与空间冲突检测与优化，形成时间最优化、空间效率最大化的事件行动方案（草案）及配套资源保障方案。

在事件行动方案制定过程中，指挥部如果需要向上级组织或相关机构申请物质资源，应立即向上级组织或相关机构发出请求，在获得物质资源后，在情况研判和方案制定环节更新相应变化。如果事件行动方案与计划需要审核批准，指挥部应立即向上级组织或相关机构汇报以取得批准。

阶段4：下达指令。指挥部根据确定的事件行动方案，按照相关要求形成正式的指令（或通告）并由指挥部总指挥（或其指定人员）签发；召集处置队伍负责人，下发处置行动指令；发布相应通告。一般而言，指令要有适当的描述，如基本形势、处置目标、详细指令（关键要素，如谁、以什么方式、做什么、期限是什么等）。

在实践中，为提高反应速度，决策层和现场指挥可能采用口头方式来请示处置事宜、下达各类命令；但同时也应将正式的请求、命令文书上传或下达，以备存档和查询。

阶段 5：执行方案。当指挥部正式下达处置行动命令后，接受命令的处置队伍根据命令，执行事件行动方案。在方案执行过程中，随着形势的演变，整个方案要保持不断的修订和完善。

在事件行动方案的执行阶段，指挥部应做好以下工作。

（1）持续跟进方案执行，根据现场处置情况、领导批示（指示）精神及专家意见，进一步完善现场处置方案，落实各级领导批示（指示）的相关事项。

（2）尽可能用事件行动方案中明确的处置队伍和资源来应对并完成任务，但如果形势演变突破原方案预期，现场负责人明确需要更多处置队伍和资源时，就需向上级提交额外的请求，请求包括但不限于设备、设施、场地、交通工具和其他物资等。

（3）当事态进一步扩大，预判凭借事发单位现有资源和能力难以实施有效处置时，指挥部要向上级组织和有关部门提出扩大响应的建议。

（4）实地督查事件行动方案的落实情况，向负责牵头处置事件的上级组织或有关机构汇报有关决定、命令的执行情况和现场最新情况、处置方案、处置情况。

（5）积极配合上级督查组做好事件处置督查工作，及时、客观地反映有关情况。

当然，以上 5 个阶段的工作并不对应任何时间期限，也不一定完全按时间顺序展开（可能因时间限制同步展开，甚至被忽略掉）。在有些情况下，组织可能不会为响应事件发布类似于预案启用的正式书面命令，具体应对事件的处置队伍收到的第一份命令文书可能直接就是行动指令。有时，事件发生后，为快速遏止事件事态演变，高层领导可能会直接命令相关队伍立即采取行动，借此显著压缩计划活动的时间。更有甚者，快速演变的事件对反应时间的极高要求可能需要指挥部在事件处置过程中采用口头通报的方式来传递信息或命令，甚至包括部署处置队伍展开行动的命令。

在事件处置过程中，指挥部还要按照信息发布和新闻宣传工作相关规定及内外部沟通专项应急预案要求，由公共关系／媒体宣传部门组织协调信息发布和舆论引导工作（详见主题 18）。

在事件的威胁和危害得到控制或者消除后，或中断的业务重续运营后，指挥部要及时向负责牵头处置事件的组织和机构提出终止事件响应的建议。

在事件处置结束后，负责确定现场负责人的单位决定是否终止现场指挥权。

组织应及时开展事件处置的总结评估工作，查找事件处置工作中存在的问题和不足，提出改进措施，及时修订应急预案和现场处置方案。

现场负责人积极履职、科学决策、指挥有力，最大限度地减少了人员生命财产损失的，负责指定的单位应当予以表彰。现场负责人处置不力或者出现严重失误的，负责牵头处置事件的部门或应急指挥机构应当及时予以撤换。现场负责人弄虚作假、工作不力、玩忽职守、造成严重后果的，指挥部应依法追究相关责任。

对在事件处置工作中做出突出贡献的先进集体和个人，组织应给予表彰。迟报、谎报、瞒报和漏报事件重要情况，应急响应和业务恢复不力，或者在事件处置工作中有其他失职、渎职行为的部门，由其上级部门或者相关管理部门责令改正；情节严重的，根据情节对直接负责的主管人员和其他直接责任人员依法给予处分。

## 17.3 营业中断险及其他

在运营中断事件的处置过程中，组织还需要注意以下两方面。

### 17.3.1 营业中断险

营业中断保险最初主要用于承保企业在遭受物质财产损失时，由于重置或修复受损财产造成"营业中断"而带来的利润损失，是一种依附于财产保险或机器损坏险等险种的扩大的保险。由于火灾、风暴、洪水、机械故障、电力中断、产

品召回等都可能造成营业中断，目前，营业中断保险已扩展到企业自身没有物质
财产损失的情况，如图 17-2 所示。例如，连带营业中断保险承保客户或供应商
营业场所发生营业中断事故给被保险人带来的利润损失等；无损营业中断保险可
以涵盖工作场所和生产设施没有遭到物理损坏的情况，如政治风险或政府措施导
致的风险；网络安全营业中断保险则覆盖网络安全事件导致的损失。通常来说，
营业中断保险主要承保营业中断期间企业本应赚取的利润、支出的运营费用以及
产生的其他成本，该保险还可以承保营业中断期间企业搬至临时营业场所并在此
开展运营所产生的额外费用，以及企业在财产维修期间为维持运营所支付的合理
费用。

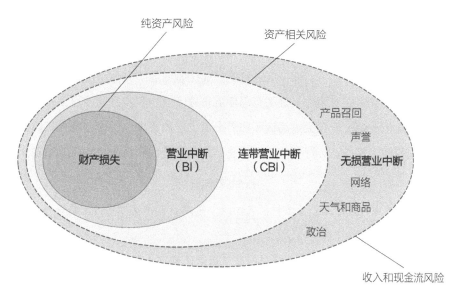

图 17-2　营业中断险

　　如果企业在运营中断事件发生前投保了营业中断保险，则要在事件处置过程
中另行成立包括法务会计、理赔专家在内的专门小组，注意搜集、保存相关证据，
并在业务恢复（事件处置结束）后尽快开展保险索赔工作。对于索赔材料准备充
分的，如果有迫切需求，大多数保险公司都会向投保人支付一笔预付赔款，供其
支付必要的直接费用，保证企业在营业恢复和理赔过程中能够继续运营业务，这
大大有助于企业快速恢复到运营中断事件发生前的水平。

## 17.3.2　良好的机制、文化氛围和合格的管理者

"若无必胜的信心，则战争必败无疑。"组织在处置运营中断时，怎样才能具备"必胜的信心"呢？

首先，当然是要具备事件处置的能力，即组织必须具备必要的情报和监测、预警和警报、应急响应、危机沟通和管理以及业务恢复等能力，当运营中断发生时，有能力及时发现并进行一系列的处置直至恢复业务；另外，组织还应该具备预防、保护和减灾以及事后重建能力，以减少运营中断发生的可能性，或者尽可能降低运营中断带来的影响。具备了这些由人员、组织、资源、数据、过程和外部能力等集成的业务连续性能力，组织就具备了成功处置运营中断事件的基础。

其次，组织应该具备良好的机制、文化氛围和合格的管理者以将这些能力运用好。让员工们"会打仗"是重要基础，除此之外，组织还必须通过考核和激励措施让员工们"爱打仗"，而良好的机制、文化氛围能够充分动员内外部相关方的资源和能力共同应对事件。好的管理者能带领大家一步步走向胜利，而无能管理者带领队伍一步步走向失败的例子在历史上也层出不穷。因此，组织应建立良好的机制和文化氛围，选择合格的管理者，从而真正保障组织持续高效运营。

**延伸阅读**

1．龙朝东，赵小卓：《冷战后美国对外军事干预作战计划制定机制》，外国军事学术，2007年。

2．王阔，曹占广：《基于预案的作战组织筹划方法与流程》，第二届中国指挥控制大会论文集，2014年。

3．知远战略与防务研究所：《美军联合作战计划流程》（上下册）（2015年修订版）。

4．广东省人民政府办公厅：《广东省突发事件现场指挥官工作规范（试行）》，2015年。

问题：怎样做好危机沟通和管理？

相关问题如下：

"危机沟通和危机管理是什么样的关系？"

"怎样制定危机沟通计划？它的主要内容有哪些？"

"网络媒体的发展加速了谣言的传播，我们该怎么应对？"

简答：从事件管理角度来看，突发事件、运营中断和危机事件，都可以采用"P"过程在前期制定预案及做好准备的基础上进行应对。危机管理人员在进行事件应对的同时，还必须做好危机沟通工作。可以说，良好的危机沟通是建立信任的基础，有助于维护组织的声誉、品牌和形象，是危机管理成功的关键因素。而要做好危机沟通，需要提前进行相关方分析，了解"黄金 8 小时"原则，了解谣言的本质及应对方式，制定危机沟通计划，在危机中做好形象管理和媒体管理，开好新闻发布会，并在事后做好总结和改进评估。

问题：危机沟通和危机管理是什么样的关系？

回答：信息也是组织提供的关键产品，满足相关方对信息的需求是组织生命中的"平常生活"。特别是在危机应对过程中，关键相关方需要组织提供及时、准确的信息以了解事件进展、进行相关决策，从而保护自身的利益。危机沟通是危机管理不可缺少的一部分，在一定程度上决定着整个危机管理工作的成败。

问题：怎样制定危机沟通计划？它的主要内容有哪些？

回答：危机沟通的实质是在事件应对过程中与相关方保持顺畅的沟通，提供尽可能准确、充分的信息以保护关键相关方的利益，维持他们对组织的信任和信心。因此，制定危机沟通计划要结构化地安排沟通对象、沟通内容、沟通方式、沟通时机和沟通主体，详见本主题相关内容。

问题：网络媒体的发展加速了谣言的传播，我们该怎么应对？

回答：为遏制谣言的传播，消除谣言带来的不良后果，组织应当建立舆情监控中心，及时发现谣言；在谣言传播早期，向大众发布真实、完整、准确的信息，同时降低谣言的曝光率，消除其带来的负面影响；在谣言已传播开时，解读谣言、理性思考，采取合适的措施进行应对，必要时可进行有力的回击。

关键词：危机，危机管理，危机沟通，危机沟通计划，关键信息，"黄金8小时"原则，谣言，形象管理，媒体管理，新闻发布会，议程设置，答问口径。

解题：危机管理和应急管理、业务连续性管理密切相关，无论是突发事件还是运营中断，即使事件处置得当，但如果危机沟通不畅，也一样会对组织的运营和发展造成重大负面影响。下面从危机、危机沟通和管理，危机沟通计划以及危机沟通的关键点等方面展开阐述。

# 18.1 危机、危机沟通和管理

## 18.1.1 危机及其特点

ISO 22300：2018 对危机的定义是"即将发生突然或重大变化、需要紧急关注和采取行动以保护生命财产或环境的不稳定状态"，对危机管理的定义是"识别威胁组织的潜在影响的一整套管理过程，该过程还为组织提供了建立韧性的框架，以具有保护关键相关方的利益、声誉、品牌和创造价值的活动的有效应对能力，以及有效恢复运营的能力"，并在随后的注释中指出，危机管理还包括对准备、减灾响应和事件中的连续性或恢复的管理，以及通过培训、演练和检查确保准备、响应和连续性计划保持最新状态的整个项目集的管理。

另一个标准 NFPA 1600-2019 对危机的定义是"严重影响或可能严重影响组织的运营、品牌、形象、声誉、市场份额、业务能力或与关键利益相关者的关系的，具有潜在战略影响的问题、事件或一系列事件"。该标准还指出，危机可能由事件引发，也可能不是由事件引发的，需要组织在战略层面持续投入，以尽量减少其对组织的影响。

大量突发事件和运营中断是可预见的，组织可以事先制定预案进行程序化的应对；如果事件是由那些未识别的或虽已识别但以远超预期的规模和强度的风险造成的，或者是由多个独立风险叠加出现引起以至于出现了不可预测的情况，危机就出现了。一般情况下，危机具有如下特点。

（1）危机不一定涉及业务活动中断或者威胁到生命和财产安全。突发事件可能对人员生命财产安全、社会秩序、公共环境（或其他公共利益）造成影响，运营中断可能对组织创造价值的活动及其声誉、品牌造成影响，而危机并不一定由突发事件或运营中断引起。

（2）危机总是会危及组织的声誉和品牌。危机可能会变得高度"政治化"，形成热点，引起公众和大众媒体的注意，造成组织经营环境的变化并进而影响到组织的生存。

（3）危机通常与高度复杂的问题相关联，很难预测。应对危机需要处理已编制完成的应急预案未能有效处置的复杂情况，因此需要组织创造性地应对。

（4）应对危机常常会面临"两难"境地。在危机应对过程中，危机的原理及实质可能尚未被有效认知，每个处置方案都可能造成严重的负面后果，以致危机管理人员不得不选择"最不坏的"方案，并不得不在后续处置过程中进行补救。

## 18.1.2 危机沟通的重要性

沟通是组织的生命线，传递组织的发展方向、期望、过程、产物和态度。

——查尔斯·贝克

有两种组织的声誉可能会受到危机的严重伤害：一种是为广大顾客认同的知名品牌，另一种是依赖口口相传招揽顾客的小型企业。这两种组织一旦因为危机应对不当受到批评或抵制，就会产生无法想象的影响。但不管是跨国企业还是地方银行，都要避免做出背叛相关方利益的事情——如果辜负他们的信任，可能要花几个月，甚至几年的时间才能重新获得这些人的好感。有些小型企业背叛顾客，顾客会因此离开而不再回来，这些企业将无法在危机发生后生存。

强生前 CEO 伯克认为："我不认为危机是可以准备的，如何处理危机根植在企业的价值体系中。"伯克认为，危机发生后，无论谁是谁非，企业都应该承担责任，去赢得公众的理解和信任。基于这样的理念，强生成功处理了多个事件，树立了为社会和公众负责的企业形象。

对于应急管理和业务连续性管理，组织的最高管理者通常是授权相关人员、认可管理方案并提供支持，但危机管理却是他不可推脱的责任，倾向于由他直接领导。很多案例表明，组织的最高管理者扮演"首席危机官"角色是危机应对团队取得成功的必要条件。

随着技术的发展，互联网将人们带入一个全新的传播时代。在这个"人人都是自媒体"的时代，组织与内部员工、外部合作伙伴、客户以及公众之间的关系也发生了深刻变化，主动或者被动的沟通已经成为组织维护内外部关系的必然之举。

危机发生后，消费者的疑虑是，这家组织是否还像以往一样靠谱？（它提供的食品是否还安全？提供的云服务是否还可靠？……）在危机应对过程中，组织忙于采取各种行动进行应急响应和业务恢复，如果遗漏了沟通，消费者会想：谁是这家公司的代表？他真的关心我们（消费者）吗，还是只关心利润衰退，或者只是关心个人的荣誉？……

大量的案例表明，那些最高管理者站在危机沟通的最前线，直面问题、解决问题（可能因此而付出巨大成本）的组织大概率会起死回生，恢复甚至超越以往水平。著名危机公关专家迈克尔·里杰斯指出：若一个组织不能就其发生的危机与公众进行合适的沟通，不能告诉社会面对灾难局面它正在采取什么补救措施，不能很好地表现它对所发生事故的态度，将会给组织的信誉带来致命的损害，甚至有可能导致组织的消亡。由此可见，危机沟通是危机管理中不可缺少的一部分。

进一步，对危机管理来说，危机沟通具有十分重要的意义。在危机应对中，危机沟通是贯穿始终的生命线，如果事件应对得好，危机沟通也做得好，效果会好上加好；事件应对得好，危机沟通做得不好，效果通常不好；事件应对得不好，危机沟通做得好，效果也许还可以。良好的危机沟通是建立信任的基础，有助于维护组织的声誉、品牌和形象，是危机管理成功的关键因素。甚至可以说，危机沟通工作的成败，决定着整个危机管理工作的成败。

因此，组织在制定危机管理计划（预案）时，必须将危机沟通计划视为必不可少的组成部分。当然，危机管理计划还包括危机应对过程中的角色、职责和职权，预警和报告程序，计划启用及事件升级机制，以及危机决策委员会和管理团队的人员构成等。因为危机的具体演化路径很难预测，一般计划（预案）中常见的处置措施在危机管理计划中会被简化。

在实际的危机管理工作中，危机应对也可以纳入事件处置的"P"过程（详见主题 17）进行管理。因此，下面主要介绍此前较少提及的危机沟通工作。

## 18.2　危机沟通计划

大多数组织会为发生概率和危害程度较高的突发事件制定应急响应预案，也有一些组织会为所有可能造成严重损害的运营中断（不管这些运营中断发生的可能性有多大）制定业务恢复预案。广义的危机沟通计划（也有人称之为危机传播方案）应当包括与应急响应预案、业务恢复预案相配套的沟通方案，以及与危机事件应对相关的沟通方案。

在危机发生期间，人的思维过程会不可避免地受到精神压力和情绪波动的影响，一份精心制定的危机沟通计划可以缓解这个问题。因为不同类型的危机需要不同的沟通信息，如为地震和为供应链中断准备的信息肯定是不同的，显然，它们涉及不同的相关方、不同的沟通方式、不同的信息。危机沟通计划的有效性与它是否是专门针对某种特定类型的事件而制定的有直接关系。所以，在制定危机沟通计划前，组织必须清楚它最有可能面对的是哪种或哪些危机，并为每种危机制定一份危机沟通计划。

事件行动方案有时候会是大量的指令性文件或通告，而危机沟通计划应当是一份更具操作性和易读的文件，通常规定危机沟通的目的、目标和策略，为每个参与人员分配不同的任务，保证危机沟通人员能以最快的方式与每个相关方取得联系。提前制定方案与不制定方案相比，前者通常会使组织与相关方的沟通更加快速、有效，并有助于组织更快地结束危机。即使出现了一些意料之外的状况，与毫无准备相比，制定危机沟通计划还是能提高组织进行危机应对的效率。

一份有效的危机沟通计划应当明确沟通对象、沟通方式、沟通内容、沟通时机以及沟通主体，具体来说，可以包括以下部分（可按照符合组织实际情况及应对特定危机的需要的顺序编排）。

（1）封面。危机沟通计划的封面，至少应包括计划的制定日期和修订日期。

（2）前言。前言通常由组织的高层管理人员撰写（或由高层管理人员授权，公关人员代写），其目的是提醒全体员工重视危机沟通计划，强调该计划的必要性和重要性，并着重指出如果该计划未被执行可能导致的严重后果。

（3）目的和目标。目的部分阐述组织进行危机沟通的基本政策，如"在危机中，应当注重与媒体进行开放、诚实的沟通"。目标部分用来回答"你希望通过这个计划达到什么效果"类的问题，目标不必是量化的，如组织可以制定以下目标：让媒体报道、传递公司非常关心它的顾客和员工的信息；确保所有的沟通都是准确无误的。

（4）关键相关方名单及沟通方式。此部分应当包括在危机期间必须与之沟通的所有相关方（不管是外部相关方还是内部相关方）名单及沟通方式。具体名单因组织的不同而有差异，大致包括但不限于客户、用户、董事会成员、股东／投资者、政府部门、监管机构、主要管理人员、员工、法律代表、合作伙伴、供应商、销售商、厂房附近居民、竞争对手、媒体等。传递信息给关键相关方的最佳途径与每组相关方的具体情况有关，如与媒体和公众沟通适合召开新闻发布会，与董事会成员通常依靠电话或传真进行联络，与投资者（机构）沟通适合召开电话会议。

（5）危机沟通小组。危机沟通小组的成员，包括替补成员，都应提前确定。该小组的负责人通常是办公室或公关部的主管（当然也有其他可能）。小组负责人需要履行以下职责：与高层管理人员进行沟通，制定决策，起草或批准重要声明，安排危机沟通小组的其他成员实施危机沟通活动。小组成员需要完成以下工作：准备新闻发布会及声明，向政府机构发送事件报告，联络媒体，通知员工及各相关方，及时向小组负责人汇报工作进展等。

（6）新闻发言人。新闻发言人必须谨慎选择，因为对公众而言，这个人就代表了组织。新闻发言人必须具备较强的表达能力，有足够的权力进行决策，在危机期间可以随时保持联系，说话简洁清晰，在镜头前能表现自如。此外，新闻发言人还应当表现出同理心等特质，可以带入自己的情感思考问题。更重要的是，他应当事先接受过培训，在危机前的演练过程中表现出色。在发表重大声明前，新闻发言人应向公司的法律顾问进行咨询并取得高层管理人员的授权。多数情况下，由于需要熟知与危机管理相关的专业知识，组织需要一个专业的新闻发言人。实际工作中，可以由几个人共同担任新闻发言人。特别地，如果危机造成了重大损失，公司领导必须担任主要新闻发言人。

（7）重要媒体名单。在通知了高层管理人员之后，媒体是下一个最重要的需要通知组织的相关方。组织应当建立一份包括重要媒体联系方式的完整名单，并按照重要性进行排序。如果某些特别的编辑或记者已与组织有过较好的合作，能够按照组织的意愿进行报道，组织最好能有一份包含他们的家庭电话号码和紧急联络号码的名单。

（8）临时新闻中心。有条件的组织可以设置临时新闻中心，为媒体和新闻记者提供服务。临时新闻中心可以与应急指挥中心设置在同一场所。在危机发生后，正常办公场所可能会遭到破坏，出现停电或无法进入等情况，因此组织必须选好临时新闻中心的位置，以保障其在需要时可用。在危机沟通计划中，组织应当列出几个可用的地点，并为临时新闻中心的运行配备所需的设备和物资。

（9）主要联络名单。组织应当准备一份主要联络名单，包括危机沟通小组成员、公司的重要管理人员，关键相关方或组织的主要负责人或联系人，重要媒体的编辑或记者（包括他们的头衔、工作、家庭电话号码、移动电话号码、电子邮箱地址，还包括他们的办公室和住宅地址等），还应包括紧急救援人员，公安、消防、卫生、公用事业等的联络方式和联络人，主要政府部门及监管机构的相关人员联络方式等。

（10）事先收集好的信息。组织应准备并收集各种在危机应对中可能会用到的信息，并在不同的场所放置统一的文件，以确保在需要时可随时找到。提前收集好的信息包括安全记录和程序、年终报告、照片、公司背景说明、公司地图、各分部办公地点、质量控制程序、产品生产流程和公司情况说明（包括员工数量、产品和服务类型以及所在市场等数据）。组织还需要根据预测到的危机，提前写好将要以公司名义发表的声明、新闻稿的框架样稿，空白区域留待填写相关数据（如事件的规模，以及相关日期和名称等）。

（11）关键信息。在危机的影响下，人们很容易忘记或者至少难以正确地表达出要向公众或某个具体相关方传递的重要信息。即使没有危机发生，有经验的新闻发言人也会提前准备好他们要强调的主要信息——通常称为关键信息或讲话要点。

提前准备关键信息有助于组织理清思路，向公众提供连贯的信息。每条信息都必须准确无误、简明扼要、便于引用且令人难忘，这样的信息也能帮助那些使用大量引用内容进行新闻报道的记者完成他们的工作。有效的关键信息能够避免错误引用内容，强化新闻发言人在报道中的立场，并让新闻发言人自如地回答陷阱性问题。最重要的是，这些信息能增强组织在危机中的公信力。

（12）社交媒体。组织使用社交媒体发布新闻，与用户及公众有效互动，可以快速回应公众、缩短危机修复所需的时间。组织发布的信息应当简明扼要（或依据危机的性质披露必要的细节内容），应当表达并彰显组织的人文关怀。对社交媒体等传播渠道进行监控是至关重要的。有时候，这种监控会帮助组织发现一些危机出现的"征兆"（即警示信号），从而有助于预防危机的出现。危机沟通计划应当包含所有与公司业务和危机类型相关的社交媒体的清单，这些社交媒体是组织与公众进行双向沟通的有效工具。

（13）陷阱性问题。当危机发生时，你能预测到媒体会向新闻发言人提出哪些问题吗？记者可能不会故意提出某些问题来刁难新闻发言人，但如果新闻发言人没能谨慎回答问题，最终就可能对组织造成严重的负面影响。因此，新闻发言人应当提前准备好应对陷阱性问题，并通过演练强化做好准备。

（14）预兆清单。预兆是危机将会发生的警示信号，组织有必要将这些预兆列入危机沟通计划。细心留意预兆常常能防止危机的发生，也有助于表明组织非常关注问题的解决。危机沟通计划的预兆部分应当定期进行更新。

除了上述主要部分，组织在制定危机沟通计划时还应注意以下问题。

（1）网络媒体的重要性毋庸置疑，但除非该危机只与网络话题或只与互联网用户有关，否则不要忽视传统媒体的作用。

（2）应当记录所有的危机沟通演练。危害程度高和最可能发生的危机如果做不到半年演练一次，至少也要保证一年一次。即使最终发生的危机情景与演练内容不同，但针对各类危机进行的演练依然会对危机应对很有帮助。

（3）核心管理人员及所有参与危机沟通的人员应在最新版本的危机沟通计划上签名，表明他们已读过这份计划并准备将其付诸实践。

（4）制定危机沟通计划并不是要求组织在进行危机应对时使每件事都"照章办事"，从而保证成功，相反，它要求组织灵活变通。

危机沟通计划既可以是一个大的危机管理计划的一部分，也可以作为一个独立的文件，用来提高危机沟通（公共关系）人员的工作效率。对于危机沟通计划，组织必须定期更新。

# 18.3　危机沟通的关键点

在危机沟通实践中，组织还要关注以下关键点：提前进行相关方沟通需求分析，了解"黄金 8 小时"原则，了解谣言的本质及应对方式，做好形象管理和媒体管理，开好新闻发布会。下面分别予以介绍。

## 18.3.1　相关方沟通需求分析

危机沟通的实质是在事件应对过程中与相关方保持顺畅的沟通，提供尽可能及时、准确的信息以保护关键相关方的利益，维护他们对组织的信任和信心。因此，组织要做好相关方沟通需求分析并确定以下事项。

（1）哪些相关方会受到事件的影响？哪些相关方需要立即知道该事件？这些相关方的类型是什么（客户、董事会成员、监管机构、员工、投资人、广告代理商、供应商等）？哪些相关方与我们关系密切，他们提供的意见可能至关重要？（沟通对象）

（2）这些相关方关心什么以及希望了解哪些信息？如何确定我们的确接收到了他们的声音和需求？从哪里可以得到这些信息？当前这些信息是否完整？什么时候这些信息会得到更新？事先可以准备好哪些声明或新闻稿的框架内容？（沟通内容）

（3）怎样与这些相关方取得联系？以什么方式向他们传递信息并接收他们

的反馈、抱怨以及要求等比较合适？（沟通方式）

（4）组织将在什么时机与这些相关方沟通，以什么频率更新沟通信息？（沟通时机）

（5）谁负责与这些相关方沟通信息？是否能安排数量足够的、能胜任的人员负责沟通？（沟通主体）

详尽、准确的相关方沟通需求分析是制定危机沟通计划和做好危机沟通准备的基础。

## 18.3.2　"黄金 8 小时"原则

"黄金 8 小时"原则是关于信息发布得及时与否的原则，即新闻发布的及时性。组织要第一时间发声，第一时间处理问题，做危机事件的"第一定义者"。

以前，组织认为危机沟通在某种程度上就是不停地"发新闻"，他们相信只需要在主要的报纸和电视频道上发布并更新信息即可。这种发布消息的方式易于执行，新闻发言人和危机沟通团队只需要在新闻发布前草拟声明与相关信息。也有人提出危机沟通的"黄金 24 小时"之说，即在事发后 24 小时内发布权威消息主导舆论是平息事件的关键。但随着新媒体的崛起、渗透与深度参与，传统的"黄金 24 小时"法则渐显无力。

微博、微信、抖音、快手、头条等平台出现后，员工可以回家上网发布信息，表明他们看到组织对员工的支持和帮助不足；事发地附近的居民可以拍摄手机短视频，这些短视频会在朋友圈或微信群内被转发，并很快被传送到公众平台上或者被新闻媒体报道。新的网络平台可让危机事件及相关组织在一夜之间从鲜为人知变成天下闻名。

"黄金 8 小时"是一种普遍标准（当然，也有人认为是"黄金 4 小时"），不至于过分严苛。8 小时是考虑了厘清事实真相、组织各部门协调工作和完成信息披露所需时间得出的。许多危机沟通都试图在此时间内达到目标。如果你能知道发生了什么事、谁被影响以及如何在 8 小时内向关键相关方传递清楚的、满足他们需要的信息（如发生了什么，组织已经采取的、正在采取的、将要采取的措施和办法等），那么你已经有一个良好的危机沟通的基础了。

与"黄金 8 小时"原则相对应的，是"黄金 8 小时媒体"，即那些能使舆论快速传播的网络媒体，以微博、微信、微信群、QQ 群、抖音、快手、公众号和人气高的 BBS 等为代表。网络媒体极快的传播速度会导致信息混杂、泥沙俱下，加之每一个网络信息的接收者又都可能成为信息的发布者，在数小时内，"黄金 8 小时媒体"就可能将突发事件传播、发酵为有着重大舆论影响的事件。

为了不成为头条新闻的主角或进入热搜榜单，"黄金 8 小时"原则应成为组织向关键相关方传递信息时遵循的重要原则，否则很有可能出现"当真理还在系鞋带时，谎言已经跑遍全世界"的情况。

## 18.3.3　谣言的产生及应对

在思考危机管理时，组织不能只想到火灾、爆炸或供应商无法供货带来的损失和影响，也要考虑谣言与社会争议是否会演变成组织的梦魇。危机的爆发可能源于突发事件或运营中断，也可能就是源于一个负面的谣言。因此，应对谣言可能成为危机沟通中一项重要的工作。

谣言是一种口头或利用电子通信手段传播的信息，其内容没有经过事实验证，也没有可靠的信息源头。谣言的内容可能是正面的，也可能是负面的。谣言可能被无意地传播，也可能被有目的地传播。对于前者，谣言的产生就像人们玩的"传话"游戏。在游戏中，第一个人用耳语告诉第二个人，第二个人用同样的方式重复给第三个人，以此类推。当传到第十个人的时候，信息通常已经与最初的内容毫不相干。对于后一种情况，被谣言恶意中伤的受害者往往并不知道谣言从何而起，也不知道谁听过这些谣言。因此，每一个参与谣言传播的人都可能会改变它，成为其来源的一部分，对相关组织的人员造成真正的伤害。

谣言可能传播得很快，甚至可以迅速传遍全国，它可能会给当事方带来持久的负面影响和巨大的经济损失。组织可能不得不通过媒体、法律等来对抗谣言，以遏制其传播。

谣言可能会逐渐平息，但有时也会再度散播。一般情况下，几乎没有公司愿意召开新闻发布会去遏制谣言，原因包括：公司不想让更多人听到谣言，但一旦召开新闻发布会，谣言就会被传递给很多原本未听说的人；另外，如果谣言不是通过媒体传播的，那么谣言同样不会通过媒体传到目标人群中，因为那些传播以及相信谣言的人，可能不是媒体的受众。

制定一个适用于应对所有谣言，并对每一步具体举措都进行说明的操作指南是十分困难的，但仍有一些基本步骤可供组织采用以降低谣言引发危机的可能性。

（1）建立谣言监控中心、小组和支持系统。成立一个谣言监控中心，或者提供一个热线电话，这样公司的员工、合作伙伴或者顾客／消费者一旦听到谣言就能够及时上报或通知组织。确保公司与关键相关方建立稳固的关系，使关键相关方对不利于公司的谣言即使不是完全不相信，至少也会持怀疑态度。公司还应让员工充分了解信息，因为所有员工都会是公司的发言人。茫然无知的员工通常会成为"滋生谣言的土壤"，许多谣言通常会以小道消息的方式迅速流传开来，而被告知真相的员工往往是公司最有力的支持者和捍卫者。定期举行谣言控制培训，指导员工在发现破坏性谣言时采取合理措施对公司十分重要。

（2）发布真实信息。当一则谣言即将产生或刚开始传播时，公司应当向大众发布真实、完整、准确的信息。当然，公司在发布信息时可以不提及谣言内容。这一举措有助于降低谣言的曝光率。

（3）解读谣言并理性思考。当谣言已经流传开来，公司应认真分析：它的来源可能是什么？制造谣言的是竞争对手、被解雇的员工、愤怒的顾客还是其他？还有多少类似的谣言在传播？人们如何看待它？为什么谣言会爆发？谣言是如何传播的（通过口述、微信、微博还是其他方式）？谣言是否只在个别地区传播？谣言会迅速扩散吗？有媒体报道谣言了吗？有人在网上提到谣言吗？谣言可能会影响哪些方面，会严重影响组织的形象及生存吗？谣言会逐渐平息吗？如果会平息，是暂时性的平息还是永久性的平息？对于不会构成威胁的谣言，公司可以采用一些低调的、不公开的方式处理。如果包含某种抱怨的谣言是合情合法的，公司应当将适当的解决办法或者公开的纠正措施发布在公司的官方网站上，或者通过社交媒体及其他更合适的方式公布这些信息。

（4）进行回击。如果谣言的源头可以被追溯，公司则可以对谣言做出回应；如果谣言的源头无法追溯，则可以对散布谣言的人员、中转的网络服务提供商做出回应。公司应当通过新闻媒体与谣言进行斗争。有时，公司必须选择是与公关部门合作来对抗谣言还是与律师合作来对抗谣言。采取公关措施一般是第一步，但如果这种方式效果不佳，或者根本不可行，公司就应当让律师参与事件处理。

一般情况下，不要静待谣言自行平息。"对大多数人而言，沉默意味着默认。"

有时候否认谣言会比保持沉默引来更多关注，也的确有公司采用这种策略（观察，等待谣言随时间逐渐平息）取得了成功。选择这种策略应当注意，要保证谣言持续存在不会对公司造成破坏，同时应持续监测事态发展。如果谣言已经广泛流传，并且可能会导致更加严重的后果，公司就有必要安排一场记者招待会，借第三方专家之口提出质疑，证明该谣言没有任何事实基础。当然，这名专家应当是业内资深人士，具有较强的权威性。在记者招待会上，若非必要，公司不可重复谣言的内容。

## 18.3.4　形象管理和媒体管理

形象管理是指为一个组织建立"适当的"形象而进行的一系列活动。格林认为，形象管理是"用来保护公司声誉的各种能力及技能的正式组合"。这种声誉可能是组织自身的，也可能是组织所拥有的品牌（或商标）的。在一定程度上，危机沟通和管理的最终目的就是保护组织的声誉、品牌和创造价值的活动。

对危机沟通人员来说，形象管理涉及一个组织如何去引导那些身在危机之中，甚至处在危机之外的关键相关方对危机的看法和反应。在日常经营中，形象管理一般被定义为对内部文化的认同和沟通，以及对外部公共关系的协调和处理。危机发生后，媒体（包括报纸、电视和新媒体）成了普通公众和关键相关方了解危机、冲突和组织反应的主要途径。如果管理者未将精力集中到形象管理上，也未采取行动去努力维护组织的"恰当的"形象，那么就不得不承受组织形象受损的痛苦。

"恰当的"形象管理应当包括以下因素。

- 在危机发生前始终保持良好形象。如果组织在危机发生前形象不好，那么大多数人会对其在危机中突然的形象改善持怀疑态度，认为其在危机发生前的形象更接近其真实形象。这种怀疑会抵消所有形象管理的努力，因此，管理者在平时就应当密切关注公众和关键相关方的看法。一旦当前的形象受损，组织就应努力去改善。
- 保持态度和行为的前后一致。当组织在危机中与危机发生前的态度和行为不一致时，如在危机中被认为对公众"漠不关心"，那其在危机发生前"关心公众和友善的"形象就会荡然无存，从而失去原来的良好形象。

另外，如果组织的声明（被视为思想行为）和行动（被视为实际行为）前后不一致，或组织声明在做什么（或将做什么），而实际并没有做，不良印象很快就能形成。

● 直面相关方关心的问题并积极处理。在危机发生后，管理者容易把眼光放在组织内部而忽略外部沟通，或者只关心如何减少物质和经济损失，也可能因缺乏公众沟通技巧而选择避开正常的相互沟通而依赖正式的声明，这些处理方式给人的印象可能会是"漠不关心，没有人情味"。有效的形象管理应当把注意力放在积极行动上以帮助受到危机影响的人们，这就要求管理者明确哪些人受到了影响，受到了什么影响，并积极行动以减轻伤害。

● 在危机发生后继续保持现有形象。由于新的问题和工作重点的出现，许多在危机中发布的声明和已开始的行动在危机不再存在时可能会终止，这会使组织在关键相关方和公众中形成消极的形象。因此，组织应当保证危机中的所有行动、承诺和公开态度在危机过后能继续保持。

危机的信息通常经由媒体而非其他途径传达给公众。因此，媒体管理是危机沟通的基本要素。成功的媒体管理可以弱化公众及媒体对组织在危机管理中暴露的问题的消极印象，从而减小危机造成的负面影响。大部分管理者漠视甚至否定媒体的作用。部分原因在于众多管理者缺乏同媒体打交道的技巧，或者即使学习了这些技巧，也没有付诸实践。管理者需要了解媒体对公众的影响，通过两个途径实现有效的媒体管理：一是投其所好；二是想办法提供能够满足媒体及公众需要的素材。

危机对组织和媒体而言具有同样的挑战性。组织需要准备危机应对预案，媒体也需要准备危机报道预案。因此，组织和媒体应当在平时（而不要等到危机发生后）就展开交流。一旦危机发生，媒体就需要组织对他们提出的问题做出满意的回答；他们既需要找到合适的专家进行采访，还需要获取报道所需的各种文字、音视频材料……组织可以在应急指挥中心所在场所设立临时新闻中心，为记者提供新闻服务和后勤服务。因此，你应当明确这样一个原则：媒体行业从业者既不是你的朋友，也不是你的敌人，更不是你的下属，他们应当成为你的工作伙伴。

大多数管理者接受过针对突发事件应急响应和运营中断业务恢复的培训，管理者其实也需要接受关于如何与媒体打交道的培训。里杰斯特强调，掌握应对媒体的有效技巧是非常必要的。他认为："对交流的有效管理如同处理危机本身一样重要。毕竟，外界对危机的看法依赖于他们所接收的信息。"

危机期间情况瞬息万变，外部条件也千差万别，组织可以选择不同的方式与媒体进行合作，以实现沟通效果和收益的最大化。

- 发布新闻通稿。这是一种常见的方式，组织可以在事故现场发布，也可通过传真或电子邮件、官方网站、长微博（微信）等形式传递。一般而言，在新闻通稿上发布的信息在 12 小时内不应当过时。

- 新闻发布会。危机期间的新闻发布会时长在 1 小时左右，除了由新闻发言人发布信息，还应留出充足的时间让媒体提问。由于危机期间新闻发布会的举行频率较高，新闻发布会的时间可长可短，组织应视危机的趋势和当时、当地的具体情况而定。组织应当在新闻发布会上发布正式的新闻通稿，为与会记者和媒体准备包括背景、详情和数在内的书面材料（即媒体打包材料）。必要时，组织应安排相关部门负责人或本领域的专家出席。在危机爆发初期，召开新闻发布会时机不成熟，来不及准备"媒体打包材料"时，组织可考虑召开小规模的"新闻通气会"或"媒体吹风会"（在危机现场举行，时长 10～15 分钟，原则上不安排记者提问，可以发布简短的新闻公报）。

- 采访。对于由媒体（主持人）主持的采访，被采访人除了要注重仪表，还要尽可能地在现场把己方的信息传递给受众。对于随机或秘密举行的采访，被采访人在表达公司和个人对所受威胁或伤害的关心后，应避免对特定问题进行猜测性回答，最好提出由组织（接受过专业训练）的新闻发言人进行回应并给出联系方式。

- 访谈（或微访谈）。访谈（或微访谈）类似于以前的"电话连线"。不同部门的人员，如管理者和专家可以在不同地点参与媒体访谈，不必聚在一起。这种方式有很强的交互性，使媒体可以获得更多的提问机会。

当然，还有群发电子邮件或传真，以及在线发布等方式。尽管任何媒体管理策略都不能保证组织在危机中毫发无损，但有效的管理能够使组织与媒体建立良好的工作关系，消除冲突和误会，帮助挽回组织已受到危机影响、逐步"下滑"的形象。应注意，糟糕的媒体管理可能会进一步拖垮企业的公众形象，并造成更大的损失。

## 延伸阅读

1．罗伯特·希斯：《危机管理》，中信出版社，2004 年。

2．特里·克拉克：《说出真相——沟通：终结公共危机裂变的有效方法》，东方出版社，2008 年。

3．劳伦斯·巴顿：《危机管理：一套无可取代的简易危机管理方案》，东方出版社，2009 年。

4．王彩平：《危机应对：政府如何发布新闻》，国家行政学院出版社，2012 年。

5．凯瑟琳·弗恩－班克斯：《危机传播——基于经典案例的观点》（第四版），复旦大学出版社，2013 年。

6．史安斌：《危机传播与新闻发布：理论·机制·实务》，清华大学出版社，2013 年。

7．王彩平：《突破危机——政府如何有效沟通》，国家行政学院出版社，2016 年。

问题：怎么评估我们的业务连续性及其管理？

相关问题如下：

"我们刚建设完成了数据中心项目，那我们的业务连续性能力达标了吗？"

"我们请知名的咨询机构辅助建设了业务连续性管理体系，获得了监管机构的认可，目前业务连续性已进入常态化管理：每年进行风险评估和业务影响分析，也会督促及时修订预案、组织培训和演练，还会进行年度的审计评估，……但领导怎么会说有时担心得睡不好觉？"（来自一家大型机构的业务连续性负责人）

"我去检查时，他们有风险评估和业务影响分析报告，有预案，也有培训和演练记录，还有第三方的年度审计报告，……一切都没有问题。可刚过两个月，他们就出了这么大的中断事故！我究竟该怎么检查？"（来自一家监管机构的工作人员）

"业务连续性管理是不是靠运气？你看 A 企业，管理得其实很一般，被查出过不少问题，但运气好，就是没出过大事；而 B 企业，管理得很不错，但年年都会出些事（故）。"

简答：在现实中，要做好对业务连续性及其管理的评估，首先要理清评估目的、评估对象、评估方法以及它们之间的关系。目前，组织管理层和监管机构等首先关心的是业务连续性能力是否能达到能力目标，但大量评估实践却集中在业务连续性管理（合规）评估上，这样的评估对象、评估方法无法支持评估目的。

直接的建议是以业务连续性能力评估为主重新建立评估框架。国内一些企业要么尚未建立业务连续性管理体系，要么刚刚建立业务连续性管理体系。在这个阶段，结果导向的评估更有意义，组织可以由此逐步过渡到结果和过程并重的评估。也就是说，组织应先以业务连续性能力评估为主建立评估框架，逐步过渡到兼顾业务连续性能力和业务连续性管理工作的评估（因为业务连续性能力就是搭建业务连续性管理体系的结果）。

具体而言，组织可从评估机制入手，建立规范性、系统性、制度性的工作方法，明确评估主体、评估客体、评估目的、评估流程、评估标准和评估结果应用等一系列问题。对于这一机制，组织可以以"业务连续性评估工作办法"或类似方式在组织内公布实施。

**问题**：我们刚建设完成了数据中心项目，那我们的业务连续性能力达标了吗？

**回答**：业务连续性能力是否达标，关键要看业务连续性能力的目标是什么，即组织的业务连续性能力具体包括哪些能力，这些能力的目标是否被量化了，然后再具体进行测评。一般而言，数据中心属于组织的关键信息基础设施，是业务活动的关键支撑。数据中心肯定有自己的建设目标，达成这些建设目标会促进业务连续性能力达标，但并不代表组织的业务连续性能力已经达标。

**问题**：我们请知名的咨询机构辅助建设了业务连续性管理体系，获得了监管机构的认可，目前业务连续性已进入常态化管理：每年进行风险评估和业务影响分析，也会督促及时修订预案、组织培训和演练，还会进行年度的审计评估，……但领导怎么会说有时担心得睡不好觉？（来自一家大型机构的业务连续性负责人）

**问题**：我去检查时，他们有风险评估和业务影响分析报告，有预案，也有培训和演练记录，还有第三方的年度审计报告，……一切都没有问题。可刚过两个月，他们就出了这么大的中断事故！我究竟该怎么检查？（来自一家监管机构的工作人员）

**问题**：业务连续性管理是不是靠运气？你看 A 企业，管理得其实很一般，被查出过不少问题，但运气好，就是没出过大事；而 B 企业，管理得很不错，但年年都会出些事（故）。

**回答**：这 3 个问题本质上是同一个问题，也是当前业务连续性管理实践中的重大误区之一。在实践中，中断事件及其处置存在相当大的偶然性和随机性。中断事件发生与否、发生的数量多少与频率高低并不与业务连续性管理工作的好坏直接相关，中断事件应对处置的好坏也不能充分反映业务连续性管理工作的水平。但是，业务连续性管理工作的好坏，会体现在业务连续性能力上，而业务连续性能力的强弱，直接关系到中断事件应对处置的效果。也就是说，业务连续性能力是其中关键的一环，不重视业务连续性能力就很难将业务连续性管理工作做好。

当前，不少组织做了大量的业务连续性管理工作，但其中很多组织并不清楚自己所需的业务连续性能力有哪些，目标又分别是什么，这造成的后果就是常态的业务连续性管理工作没有清晰、具体的目标，而相应的监管、检查、评估工作完全围绕业务连续性管理工作进行，都没有针对业务连续性能力进行评估，这样的业务连续性管理工作很容易为了合规而合规，流于形式(好听的说法是"进入常态化管理")。因此，强烈建议有能力的组织将业务连续性能力评估纳入评估框架，以指导、引导业务连续性管理工作的方向。

**关键词**：评估机制，业务连续性能力评估，业务连续性管理工作评估，中断事件评估。

**解题**：业务连续性是一种关键的能力，确保业务连续性需要进行业务影响分析、风险评估、预案编制、设备采购和运行维护、培训和意识教育、演练……，可能是一种代价高昂的投资。这些投资是否得到了预期的回报？投资是合理的、不足的，还是过度了？各项管理工作是否存在进一步优化的空间？另外，如何从已发生的运营中断及事件应对中汲取经验教训？这些都是业务连续性评估要面临的问题。下面从评估基础、业务连续性管理中的评估、评估流程和业务连续性管理中的评估方法等方面展开探讨。

# 19.1 评估基础

## 19.1.1 评估的定义及定位

ISO 22300：2018 对评估的定义是"将测量结果与公认准则比较，确定预期绩效与实际绩效之间差异的系统化的过程"，并在后续的注释中指出"绩效差距是持续改进过程的输入"。也就是说，评估支持人们通过比较预期绩效和实际绩效之间的差距以进行持续改进。

从广义上理解，任何评价或者确定特定对象价值的活动都可称为评估。我们每个人都会评价自己努力的效果，如厨师会尝尝菜的味道，篮球运动员会看看是否投中了球，几乎没有人在打开水龙头后不检查水温就直接淋浴。在这个层次上，人们是将常识应用于各种环境进行评估。更复杂的各种有组织的行动与努力，如教育服务、医疗服务、工作培训、社区安全、福利救济、航空安全、娱乐服务等，同样需要进行各种形式的评估，如评价需求的必要性和可行性，检查项目的执行情况，判断目标的达成情况，比较类似项目的成本与效率水平等。

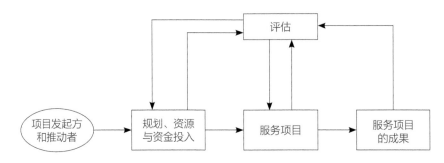

图19-1　评估的定位（改编自埃米尔·J.波萨瓦茨和雷蒙德·G.凯里的

《项目评估：方法与案例》）

如图19-1所示，没有反馈（或不及时的反馈），任何活动可能都无法有效地开展。评估作为"反馈"环节的重要组成部分，通过为人们提供被观测活动的各种反馈（提供相关信息）来帮助改善活动，在活动的规划执行中起着承上启下的作用。可以说，评估是人们主动采取的一种行动，通过采用科学的方法，如抽样调查、高级统计方法、实验甚至演练等，在一定的环境下，系统地搜集、分析、解释和沟通有关项目或活动的实施情况和绩效。

## 19.1.2　评估中的关键问题

对评估而言，最具挑战性的就是没有"通用"方法，即不存在一个万能的"模板"。每项评估的情境都有其特点，如评估不只是帮助投资人决定是否终止项目，还要为决策者改进服务提供信息反馈；评估还要反映评估对象的设计和组织思路，这样评估的设计和资料搜集工作才能和情境相适应；评估还会受到时间、人员、资金和其他类似资源的限制等。

评估可能很简单，如是否采用SOHO（Small Office Home Office，居家办公）策略帮助组织在运营中断期间提升复工复产效率；评估也可能相当复杂，如对组织近3年来各分公司开展业务连续性管理活动的效果进行全面评估。不过，从根本上说，任何评估都必须考虑以下 3 个方面的内容。

（1）评估要解决的问题。评估涉及的问题可能很多，如用户的需求以及他们是否被充分考虑，服务的管理、运营和效果如何，服务是否达到预期效果，服务的成本和效率，等等。没有一项评估能够或者应该涵盖所有的问题，评估应聚焦于评估的基本目的、相关问题的细化，以及所关注问题的优先级安排。

（2）评估采用的方法和程序。评估的关键是要掌握评估对象在各方面表现出来的有效的、及时的、可信的信息。许多科学和社会研究的技术和概念化工具有助于这一任务的完成。组织在评估时应该选择切实可行、能够帮助解决问题的方法和程序，并在工作规划中详细描述它们。

（3）评估人员与各相关方的关系。经验表明，虽然人们假定各相关方对评估结果感兴趣，但事实上，各相关方对评估结果的认同和应用从来都不是自觉的。因此，组织在评估中要规划与各相关方的有效互动，通过互动来提出和归类问题、实施评估并有效利用评估结果。组织要让各相关方认识到，评估人员只是扮演了顾问或推动者的角色，而组织对计划、实施、利用评估承担首要责任。

好的评估重点关注要解决的关键问题，既能找到解决问题的可信和有效方法，又能适应评估的社会和组织环境，最终达到改进项目或活动的目的。

### 19.1.3　评估的目的和作用

在评估实践中，评估主要有以下一个或几个主要目的（也可以说，评估能起到其中一项或几项主要作用）。

（1）改进优化，即评估的结果为指导评估对象的改进优化提供指导性信息，这种评估也称为形成性评估或发展性评估。形成性评估往往在项目或活动早期就介入，甚至贯穿项目或活动的全生命周期。形成性评估可能包括或表现为：执行评估，评判评估对象是否按照计划的方式执行任务；进展评估，分析项目或活动中每个过程或环节的运转情况。前形成性评估从评估对象的基本概念入手（此时项目或活动还未正式启动），本质上是一种预评估、概念评估或者可行性评估，也是形成性评估的一种特殊形式。

（2）决策问责，即评估的结果用于在评估完成后供决策者进行决策及问责，如某项目是否应该继续，是否进行推广，是否扩大评估对象的范围，是否增加对评估对象的投入等，这种评估也称为总结性评估或责任性评估。总结性评估的结果通常被提供给决策者或监督方。总结性评估应该有明确的结论，但对决策者（管理人员、策略制定者、项目经理等）而言，信息总是会有多种来源。评估人员应该理解评估结果只是其中的一种来源，决策者没有采纳此评估结论也是正常情况。

比较而言，形成性评估更具有研究导向，而总结性评估则具有行动导向。罗伯特·斯塔克斯在形容形成性评估和总结性评估的区别时说："当一个厨师尝汤的时候，这就是一个形成性（评估），而当客户尝汤的时候，就是一个总结性（评估）。"

对大多数评估对象而言，形成性评估和总结性评估都是必不可少的。如果只有形成性评估而没有总结性评估，往往会导致激励水平不够高或导致走向错误的激励方向，使得发展和改进成为无人重视的空想；如果只有总结性评估而没有形成性评估，往往会错过评估对象的发展潜能，导致产生不充分的甚至是错误的结果。

（3）沟通宣传。几乎任何评估活动都会涉及价值判断，如比较评估对象与其有力竞争者哪个更可取，评价已确定的策略、项目和措施是否有助于问题的解决等，这些价值判断对组织内部或外部的其他相关方进行判断决策也可能有很大的帮助。在实务中，大量评估本身也确实有宣传推广的目的。一般而言，由于可信度有限，内部评估较少适用于社会宣传。外部第三方，特别是有公信力的第三方采用公认准则进行的评估的社会宣传效果比较好。

（4）分析研究。组织中的大多数评估活动对理论发展的关注很少，而与实践的联系更为紧密。但有些评估的确不是直接为决策及其相关方提供信息，而是有更复杂的目的，如向更多的受众描绘评估对象的性质和效果等，这些工作可被用来加深对项目或活动的理解，从而增加相关知识。这种评估活动通常是研究人员或学者在科学的框架中，运用可行的、严格的方法实施的，其艰巨性远超大多数评估人员的日常工作。如果是示范项目或外界资助的研究，研究结果最有可能通过学术期刊、研讨会以及其他类似的专业渠道进行发布。

对业务连续性管理领域来说，改进优化、决策问责、沟通宣传和分析研究4个作用都非常重要。业务连续性管理作为一个新兴的管理方向，需要评估帮助改进优化业务连续性方针政策、组织结构、管理过程、技术方案、应急预案和培训演练等。此外，业务连续性与企业的日常运营直接相关，运营中断及其应对处置会直接影响企业的营业收入、利润、运营效率以及声誉和品牌形象，所以决策问责也是必不可少的。同时，业务连续性管理领域要实现快速发展，也离不开有效的沟通宣传和创新性的分析研究。

# 19.2　业务连续性管理中的评估

评估可以广泛应用于组织管理的各个方面，在业务连续性的日常管理、监督和改进中起到重要的作用。

## 19.2.1　业务连续性管理中的评估分类

根据评估对象（内容）的不同，业务连续性管理中的评估可以分为 3 类。

第一类是对业务连续性能力的评估，主要是对组织和组织中各部门预防和应对运营中断的能力的评估，其目的是通过评价、反馈推动业务连续性管理工作的开展，促进业务连续性能力的增强。

业务连续性是一种组织能力，包括预防、保护和减灾、情报和监测、预警和警报、应急响应、危机沟通和管理、业务恢复和事后重建 8 种能力。作为结构化、体系化的组织能力，每种组织能力都由各能力构成要素生成。对业务连续性能力的评估主要可以分为两类：一类是对某一个部门或某几个部门（或全组织）一项或多项能力的综合性评估，如对数据中心监测预警能力的评估，对某快消品品牌制造企业应对供应链中断能力的评估，对外部合作伙伴业务连续性能力的评估；另一类是对某一个部门或某几个部门（或全组织）一个或多个能力构成要素（能力维度）的评估，如对生产制造部门技术保障能力的评估，对区域分公司人员能力和意识的评估。

从能力管理角度看，业务连续性能力是为运营中断而准备的，因此，业务连续性能力评估也被视为业务连续性准备度评估。需要指出的是，演练是业务连续性能力评估的重要方式之一。

第二类是对业务连续性管理工作的评估，也可以说是对业务连续性管理的评估，主要是对组织和组织中各相关部门常态业务连续性管理工作开展情况的评估，其目的是通过监督、检查、考核改进业务连续性管理工作，促进业务连续性管理工作效率的提升。

业务连续性管理包括为建设和保持业务连续性能力而进行的各种活动，如业务连续性策略和方案的确定和选择、应急预案的编制和管理、设备设施采购和运行维护、人员宣教培训等，以及与以上活动相关的辅助性管理活动，如业务影响分析和风险评估、年度规划和计划活动等。与之相对应，对业务连续性管理工作的评估也可以分成两类：一类是对建设和保持业务连续性能力的活动进行的评估，如业务连续性策略评估、应急预案评审、设备测试和评价、人员能力和意识评估等；另一类是对其他辅助性管理活动的评估，如对各部门应急预案修订和演练规划执行情况的评估，对管理评审改进措施落实情况的跟进等。

从能力管理角度看，业务连续性管理工作大多是对业务连续性准备能力的运用，因此，业务连续性管理评估也可视为对业务连续性准备的评估。

第三类是对中断事件的评估，主要是对非常态业务连续性管理工作的评估，可以分为对中断事件本身的评估和对中断事件应对处置的评估。对中断事件的产生原因、影响、损失的评估，不但对评估该中断事件有重要的意义，对做好类似事件的预防和处理也有非常重要的作用；中断事件发生后各相关部门如何响应、如何处置以及如何善后，直接反映了组织的业务连续性能力和业务连续性管理工作开展的效果。因此，对中断事件本身及其应对处置的评估不只是问责，还对增强业务连续性能力和改进业务连续性管理工作有重要意义。

对中断事件本身的评估，以事件定性、责任认定、损失补偿为目的，需要重点调查中断事件的发生原因、性质、过程，中断事件造成的损失和影响，如中断事件造成的经济损失、运营影响、合规影响和声誉影响等。对中断事件应对处置的评估，其目的在于判断业务连续性能力是否能够应对运营中断事件及其带来的影响，以及改进业务连续性日常管理和应急处置的各个环节，包括预案设计、组织体制、程序流程、预测预警、善后措施、保障准备等环节，涉及对中断事前、事发、事中和事后的应对处置工作的评估。这两类评估可分别进行，也可以结合在一起进行。

另外，原因调查、事件总结报告等可以归为对中断事件本身的评估；总结中断事件应急处置工作的经验教训属于对中断事件应对处置的评估。法律责任及奖励和处罚规定中对事件及其处置的调查，既包括对事件本身和对事件应急处置的评估，也包括对业务连续性能力和日常管理工作的评估。

在业务连续性管理实践中，以上 3 类评估各有其意义和价值，三者的关系如图 19-2 所示。其中，对业务连续性能力的评估应该是评估的核心，是推动业务连续性管理工作开展和增强中断事件应对处置效果的枢纽所在，需要格外重视。对业务连续性管理工作的评估是评估的基础，可以帮助发现组织和业务连续性管理部门在工作中的薄弱环节，为业务连续性管理工作指明需要加强的地方，为业务连续性管理工作部署和相关决策提供参考，监督和推动日常业务连续性管理工作的开展。对中断事件及其应对处置的评估是评估的关键，一方面，有相当一部分中断事件的发生与人为错误、过失甚至违规违纪行为相关，对中断事件本身的评估，不仅是进行事故性质认定、责任追究的基础和依据，也是完善组织管理工作，杜绝或预防类似中断事件再次发生的有效手段；另一方面，对中断事件应急处置的评估，对业务连续性管理部门总结经验教训、修订预案、改进资源准备方式、完善业务连续性管理体制和机制有着重要的价值。

图 19-2　业务连续性管理、业务连续性能力和中断事件应对处置的关系

在实务中，有将以上 3 类评估结合起来的综合性的评估。但整体而言，目前对业务连续性管理工作的评估是主流，对中断事件及其应对处置的评估深入不够并且传播有限，而对业务连续性能力的评估较为少见，这直接造成了相当一部分组织的业务连续性管理工作终日围绕合规而流于形式，忙忙碌碌却没有工作焦点和主线，其工作成果也不为领导和监管机构重视。强烈建议有危机感的企业以业务连续性能力评估为主，重新建立业务连续性的评估框架。

总体来说，3 类评估最终的目的是一致的，即通过评估，查找、发现常态和非常态业务连续性管理工作中的问题和薄弱环节，为业务连续性管理工作总结和奖惩提供依据，推动和改进业务连续性管理工作，进而建设和保持业务连续性能力，以做好中断事件预防和应对处置工作。

## 19.2.2　业务连续性管理中的评估机制

业务连续性管理中的评估机制，即实践中组织实施业务连续性评估的规范性、系统性、制度性的工作办法，应明确评估主体、评估客体、评估目的、评估流程、评估标准和评估结果应用等一系列问题。对于这一机制，组织可以以"业务连续性评估工作办法"或类似方式在组织内公布实施。

（1）评估主体，即谁来评估，包括谁负责组织评估，谁负责实施评估。评估的组织者是评估活动的发起者和推动者，在评估过程中负有监督和督促的责任。大多数情况下，评估的组织者是由相关管理规定确定的。评估的组织者有时也是被问责者，这是组织在业务连续性管理机制设计中应特别注意的问题。评估的实施者是具体实施评估活动的群体，通常称为评估组或调查评估组。多数情况下，评估的实施者不仅要对评估对象进行评估，还需要发现问题并提出解决方案。如果评估要解决的是管理性问题，那么邀请相关部门的管理人员加入评估组能更好地发现管理中存在的问题；如果评估要解决的是科学性、技术性问题，如风险评估（需要使用科学的评估方法进行量化和统计），那么邀请行业内的技术专家加入评估组更易保障评估结果的科学性和客观性。评估组人选对评估结果的影响非常大，甄选合适的人员是保证评估质量非常重要的一环。

按评估主体来源的不同，评估可分为内部评估和外部评估。内部评估是由组织内部的成员担当评估人员完成的评估；外部评估是由组织外部的评估人员完成的评估，还可以进一步分为委托方（上级管理者、监管机构）、客户（服务对象）和价值中立者（第三方）实施的评估。内部评估具有熟悉组织业务活动过程、信息资料易获得、评估结果与实际结合更紧密等优势，但易受到既有框架和视野的限制，客观性也容易被质疑。外部评估容易引入更多视角，保持客观中立，但在获取信息方面面临较大的困难，也会消耗更多的成本，评估结果容易理想化。

（2）评估客体，即评估什么，也称为评估对象。业务连续性评估的客体包括业务连续性能力、业务连续性管理工作和中断事件3类。

业务连续性能力评估的对象则是预防、保护和减灾、情报和监测、预警和警报、应急响应、危机沟通和管理、业务恢复以及事后重建 8 种能力。业务连续性管理工作评估的对象包括直接与建设和保持业务连续性相关的活动，表现为策略评估、设备选型评估、应急预案评审、人员能力和意识评估等；也包括与建设和保持业务连续性相关的辅助性管理活动，表现为业务影响分析、风险评估、工作进度评估等。中断事件评估的对象包括中断事件自身以及中断事件应对处置工作。

具体的评估客体还可能与管理层级有关，如全组织级的、一个或多个业务（部门）、一个或多个区域等。

（3）评估目的，即为什么评估，与评估主体、评估客体都有关，是评估活动的主要推动力。

对业务连续性能力和业务连续性管理工作的评估，其主要目的是改进性的，即希望通过评估（如评估业务连续性能力）寻找薄弱环节，发现业务连续性管理工作中存在的问题，继而提出相应的改进措施。这类评估有时也有问责性的考虑，特别是将业务连续性能力与业务连续性管理工作的优劣挂钩时。有时，评估也有宣传沟通的目的，特别是由外部中立评估人员进行的评估，如管理体系审核或业务连续性能力测评等。有时，评估还具有研究创新的目的，因为通过对业务连续性能力的综合评价，人们可以深入思索不同业务连续性管理工作的实际绩效，从而可能在理论、理念、方法以及技术等多个方面推动业务连续性管理的创新和改革。

业务连续性非常态管理工作的评估，其主要的目的是问责性的。部分中断事件的发生是人为因素导致的，因此评估需要对中断事件的起因予以调查核实，此类评估还需要综合调查中断事件的后果以及对财务、运营、合规和声誉等方面的影响，将评估结果与人为因素等联系起来，就会涉及问责。中断事件的最终后果不仅与事件本身有关，也与应急和恢复行动，特别是重大行动的决策有着密切的关系，因此通过评估进行问责是必不可少的。中断事件的应对处置具有突然性、紧急性、非常规性，应对处置中的决策和执行都处于高度不确定性的环境中，大量存在的问题和不足并非完全是问责性的问题，而是如何吸取教训，加以改进提高的问题。任何一次中断事件，特别是重大中断事件都是业务连续性管理工作的宝贵财富。中断事件的应急响应和业务恢复中有大量宝贵的经验和教训，此类由实践得来的知识，必须通过评估的方式总结记录，并加以传播。所以，对中断事件的评估还具有改进性和传播性的目的。

（4）评估流程，即如何评估，是评估顺利开展的制度保障。通常，业务连续性评估流程应当包括：评估周期为多少天，评估的程序是怎样的，评估报告应该交给谁，如何处理（反馈）等内容。评估流程的合理性，直接影响到评估结果的客观、公正程度，也影响到对评估结果的有效应用。

按照评估流程规范与否，评估可分为正式评估与非正式评估。正式评估是指评估主体按照预先确定的评估方案，根据一定的评估标准，采取一定的形式，通过特定的程序，最终以规定的报告格式和内容汇总评估判断和评估结果，并将其提交至规定组织或机构的评估。非正式评估指不对评估主体、评估形式和标准，以及评估程序做出特别的限制，评估人员只需要根据所掌握的正式／非正式信息及资料做出相对主观的评价和判断。

正式评估具有评估方法科学、评估过程标准以及评估结果客观的特点。正式评估要求具有严密的评估方案，遵循严格的评估程序和原则，需要具有专业素养的评估分析专家、充足的评估活动经费等，所以必须在一定的评估制度和权威授权之下进行，使用范围相对有限。非正式评估的特点是方式灵活、简单易行、成本低廉、随意性强、主观性强，这种评估可作为正式评估的辅助和补充。

对业务连续性能力和业务连续性管理工作的评估较适合使用正式评估；对中断事件及其应对处置的评估，由于中断事件本身复杂多样，在具体实施评估时，会有更多非正式评估的特点。

（5）评估标准，即用什么指标体系规范评估活动，也就是详细列举从哪些方面对评估对象进行评价。评估标准是否全面、合理，在一定程度上直接关系到评估质量的好坏。同时，评估标准还应包括使用方法，即用什么方法对相关指标进行统计、分析和说明等。

为增强评估工作的规范性，便于不同业务（或部门）进行横向比较，组织需要制定评估标准。此外，在业务连续性管理体系建设初期，这种评估标准可以帮助从事业务连续性管理的专业人员更深入地理解不同的工作环节和工作内容，所以格外重要。

（6）评估结果，即评估最终需要递交什么样的成果，包括评估报告的格式、内容有何要求，评估结果怎么应用等。

　　大多数情况下，评估结果主要通过评估报告的形式表现出来。为了规范业务连续性管理中的评估并便于各部门间进行横向比较，组织有必要对评估报告的内容和格式进行一定的规范。通常而言，评估报告分为 3 个部分：第一部分是导言，主要介绍组织或评估对象的业务连续性管理工作的基本情况，介绍此次评估的主要流程、方法和基本结论；第二部分是评估具体内容，主要是根据评估标准对详细指标进行评价打分的过程和结果，对评估对象业务连续性能力（或管理工作）的整体评价判断等，还应对在评估中发现的突出问题和有争议的内容进行说明；第三部分是改进措施和工作建议，主要针对评估结果，总结经验教训，并提出问题的解决方案和建议。

　　评估结果的一个重要应用是纳入业务连续性管理工作的绩效考核作为奖惩考评的依据。

　　表 19-1 是对业务连续性能力、业务连续性管理工作以及中断事件评估的对比。

表 19-1　业务连续性能力、业务连续性管理工作以及中断事件评估对比

| 评估项目 | 业务连续性能力评估 | 业务连续性管理工作评估 | 中断事件评估 | |
|---|---|---|---|---|
| | | | 对事件本身的评估 | 对事件应对处置的评估 |
| 评估客体 | 业务连续性能力，如预防能力、保护和减灾能力、情报和监测能力、预警和警报能力、应急响应能力、危机沟通和管理能力、业务恢复能力以及事后重建能力等 | 业务连续性常态管理工作，如风险评估、业务影响分析、业务连续性策略（方案）确定和选择、应急预案编制、设备采购及运行维护、保障和支撑体系、宣教培训和演练等 | 事件的发生原因、性质、过程以及所导致的经济、运营、合规和声誉等方面的影响等 | 事前、事发、事中、事后全过程的各项应对处置行动 |
| 评估目的 | 以改进优化为主、兼顾问责等 | 以改进优化为主、兼顾问责等 | 以问责为主、兼顾改进优化和沟通宣传 | 以改进优化为主、兼顾问责、传播和研究 |
| 主要驱动 | 查找业务连续性能力的不足和薄弱环节，推动业务连续性管理工作，提升业务连续性能力 | 查找业务连续性常态管理工作中的问题和薄弱环节，推动业务连续性管理工作，提升业务连续性能力 | 事件定性、责任追究、损失赔偿等 | 查找事件应对处置工作中的问题和薄弱环节，推动业务连续性管理工作，提升业务连续性能力 |
| 评估主体 | 组织或组织中的业务连续性主管部门，以内部评估为主，结合外部评估 | 组织或组织中的业务连续性主管部门，以内部评估为主，结合外部评估 | 组织或专业监管部门等，内部和外部评估都有 | 组织或专业监管部门等，内部和外部评估都有 |
| 评估时机 | 年中或年末 | 综合性评估一般在年中或年末进行，其他则视情况而定 | 事件结束后（特殊情况下可在事件处置阶段介入） | 事件发生及处置结束后 |

续表

| 评估项目 | 业务连续性能力评估 | 业务连续性管理工作评估 | 中断事件评估 | |
|---|---|---|---|---|
| | | | 对事件本身的评估 | 对事件应对处置的评估 |
| 评估流程 | 固定，与业务（或部门）的特定能力要求有关 | 固定，与具体部门有关 | 不固定，依事件而定 | 不固定，依事件而定 |
| 评估标准 | 依据核心能力目标制定 | 依据工作计划、业务连续性管理职能等制定 | 依据相关法律法规、标准和操作规程等制定 | 依据相关法律法规、标准、操作规程和应急预案等制定 |
| 结果应用 | 评估报告报送业务连续性管理委员会、业务连续性主管部门，根据评估业务（或部门）等，供工作督导和制定工作计划、规划等参考 | 评估报告报送业务连续性管理委员会、业务连续性主管部门，被评估业务（或部门）等，根据情况纳入绩效考核体系，供工作督导和制定工作计划、规划等参考 | 评估报告报送评估发起方（组织管理层、专业监管部门等），根据管理规定、权限和程序进行处罚、处理或追究责任 | 评估报告报送评估发起方（组织管理层、专业监管部门等），根据管理规定、权限和程序进行处罚、处理或追究责任，纳入人绩效考核体系，并针对报告中提出的建议开展后续的改进和修订工作，贯彻落实改进方案 |

# 19.3　评估过程

和其他项目评估一样，业务连续性管理中的评估也可以分为具有逻辑关系的3个阶段：评估规划、评估实施、结果应用。

当然，这些阶段之间可以存在明显的交叉部分。对于形成性评估，评估规划、评估实施和结果应用是循环往复的结构。

## 19.3.1　评估规划

评估规划从评估发起方的一个想法开始，通过一步步的分析和规划工作，逐步落实，到形成正式的评估方案和项目（进度）计划结束，该阶段的主要工作包括识别相关方，确立项目基础以及制定评估方案和项目计划。

### 19.3.1.1　识别相关方，确立项目基础

每一个评估项目都必须弄清"谁（评估主体）、对什么（评估对象）、为什么（评估目的）、依据什么（评估标准）、怎么评估（评估流程）、得到什么（评估结果）"这些基本问题。在了解评估发起方提出的初步评估想法（如评估对象、评估目的、可能的参与方等）后，有经验的评估人员要做的第一件事就是识别此评估的相关方。在清楚了评估对象的基本情况，并和相关方沟通后，评估人员应能回答以下问题。

（1）谁需要及谁支持这次评估？了解参与方是否都支持此评估，如果不是，应明确哪些参与方不支持此评估。

（2）此次评估要解决什么问题？因为介入业务连续性管理的具体活动和深入程度不同，各相关方的关注点是有差异的。评估人员应了解各相关方在评估中的关注点，找到"最大公约数"。

（3）为什么要做这次评估？不同相关方有不同的关注点和优先级考虑，所以评估人员应了解此次评估的主要目的是什么，表面目的和真实目的是否一致。

（4）是否有合适的评估方法？针对要解决的问题，有成熟且获得广泛认可的评估方法（和标准）吗？如果没有，是否有可供借鉴、改造的评估方法（和标准）？这些评估方法是否可靠并能获得专业人士的认可？

（5）何时评估？用多长时间完成评估？业务连续性管理项目的相关方通常

希望评估能够迅速完成，但评估规划需要在相关方的想法和高质量的评估之间进行平衡。

（6）有哪些支持资源？除了时间，限制评估的主要因素就是可用资源，包括可用的预算经费、可使用的人员和已有的数据资料（文件、统计数据、监测数据等）。

评估发起方还必须事先确定此评估是由内部还是外部来实施。一般而言，如果评估目的以改进和学习为主，要求评估人员非常熟悉评估对象的目标、问题和现状，而且评估建议易于实施，那最好采用内部评估。如果评估目的以监督和论证为主，那最好使用外部评估。外部评估需要考虑可用资金是否充足，内部评估需要考虑可投入的人员数量是否足够。

在清楚了以上问题后，评估人员就可以确定此评估是否可行，即进行可评估性评估，目的是确立此评估项目的合理基础。如果相关方对需求没有达成共识、没有合适的评估方法（和标准），或者没有足够多可用的资源，放弃此次评估或者暂停评估直到这些问题得到解决再开始会比较好，因为在这些情况下强行开展评估，要么会让评估发起方的期望落空，要么可能无法遵循专业标准。

### 19.3.1.2　制定评估方案和项目计划

在评估项目的基础确立后，组织就要开始准备起草正式的评估方案和项目计划了。

评估方案是对评估的目标和主要问题的具体化，主要包括以下内容。

（1）评估对象，明确评估对象是业务连续性能力、业务连续性管理工作、中断事件，还是它们的不同组合。

（2）评估目标和任务，主要明确此次评估的基本目的、要解决的问题的细节及优先级。

（3）评估实施方式，明确是内部评估还是外部评估，或者二者结合。

（4）评估参与方，明确参与评估的不同部门、团队、小组等，应找出需重点关注的参与方。

（5）评估结果，明确评估结果的主要内容及接收方。

（6）评估方法，明确主要参考的评估方法和标准。

（7）调查设计（可选项），如果评估涉及调查，组织应明确对调查设计方面的考虑，包括如何抽取样本、处理数据等。

（8）评估流程，明确如何组织评估活动的过程。

根据以上内容，再结合时间进度计划、人员配置安排以及经费预算等，就可以制定正式的评估项目计划。

在制定时间进度计划时，组织一方面要明确何时可以呈交初步结果、中期报告和最终报告，以满足评估发起方对评估时间的要求；另一方面，还要留出缓冲期，以便出现预期之外的情况（如人员访谈或问卷调查需要返工）也能在预定时间内完成评估。在进行人员配置安排时，组织要明确哪些人员应该完成哪些任务，还需要考虑相关方在何时以何种规模投入人员进行支持和配合。在做经费预算时，组织要仔细考虑各种形式的费用并对费用数额做出尽可能准确的估算。

总体而言，评估项目任务量的大小取决于评估目的、要解决的问题的分解、评估对象的复杂程度和可利用资源的多少。评估方案和项目计划以正式文件的形式，确定了评估的目标、任务、所采用的评估方法和各个行动步骤的具体顺序，一经批准，评估项目就可以进入实施阶段。

根据具体情况，评估方案和项目计划可以形成两份独立的文件，也可以合并为一份文件。

## 19.3.2　评估实施

评估实施阶段从评估方案和项目计划审批通过后开始，到提交评估结果结束，该阶段的主要工作包括开发评估工具及使用指南，以及执行调查计划，分析数据，撰写评估报告。

### 19.3.2.1　开发评估工具及使用指南

在把确定的评估方法和标准付诸实践时，组织需要结合评估项目的实际情况将其转化为评估工具，如调查问卷、访谈提纲、观察表格等，并制定配套的使用指南供评估人员使用。

一般情况下，当要了解的情形不能通过观察直接得到时，评估方法和标准会使用评估指标，如"重要业务中有备用工作场所的比例""重要业务的灾备覆盖率"等。为利用评估指标得出有价值的判断，组织还需要确定指标的"临界值"。例如，在衡量年度宣传教育的效果时，如果95%及以上的人员对业务连续性的特定认知有清晰的认同，就可以确定宣传教育的效果达到了"充分意识"，因为组织的人员存在一定的流动率，95% 的人员认同即意味着该年度的宣传教育已达到充分效果。另外，在用从 0（不认同）到 10（完全认同）的 10 级尺度量表来测量某种效果时，组织可以认为 8 代表很好，因为在一个目标群体中，所有人员很难完全认同某一想法。

结合评估方法和标准的评估指标及使用标准构成了评估工具、使用指南及示例的主要内容。在评估工具和使用指南正式使用前，组织应在小范围内进行测试，以了解最终使用者是如何理解评估问题和使用指南的。如果发现最终使用者对其的理解不一致，组织就需要对评估工具和使用指南进行修改。

如果要进行抽样调查，那么组织还必须确定参与调查的群体，也就是应该在多大程度上对总体进行调查或者从总体中选择样本。对于抽样调查，组织需决定使用什么样的抽样方法并确定样本的代表程度（如随机抽样、有意识的抽样或随意抽样），并在此基础上确定调查计划。调查计划需要确定谁在什么时间和什么样的条件下调查什么样的数据，要尽可能早地预见可能发生的困难和风险（如被调查者未到达、未准备参加）。

我们知道，评估的质量在很大程度上取决于是否能准确得到需要的信息，评估的科学性主要体现在信息收集和分析过程中，因此，评估工具及使用指南的设计至关重要。专业的评估和日常生活中的评价毕竟不是一回事，所以组织要在相关设计上多花一些时间，不要匆忙开始。

### 19.3.2.2　执行调查计划，分析数据，撰写评估报告

数据收集是评估中最复杂、最辛苦，同时也是最需要精心组织和管理的工作。评估人员在评估规划阶段所进行的各种思考、所做出的各种决策、所制定的各种方案，都将在实际的数据收集过程中得到检验和实施。数据收集工作的质量将直接影响评估结果的质量。

数据调查在很大程度上与社会科学基础研究中的工作方式相同，有 3 种主要的调查方法：询问法、观察法和非反应式方法。询问法可以简单地理解为信息交流双方主动参与问答的过程，主要包括书面方式、小组访谈和口头询问。观察法是指用自己的感官和辅助工具直接观察评估对象，从而获得资料，主要分为隐蔽的和公开的观察方式。非反应式方法是尽可能不依赖于人而是通过使用测量工具

获取信息的方式，如测量、文献查询和二手数据利用等。数据调查方法总览如图 19-3 所示。

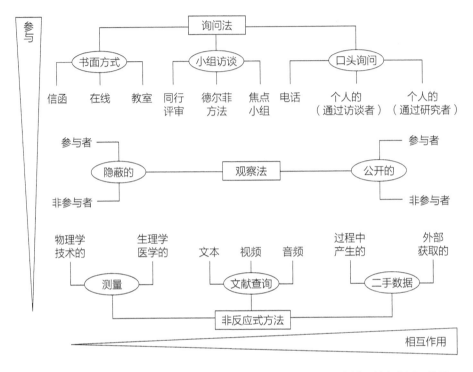

图 19-3　数据调查方法总览（Meyer 2007，摘自赖因哈德·施托克曼和沃尔夫冈·梅耶的《评估学》）

数据调查的质量与所使用的调查方法有着不可分割的关系，原则上没有哪种方法能保证所获得的信息是完美无缺的。信息在从拥有者向接收者转化的过程中会由双方通过一个感知和解释的过程加以"筛查"并有意识或无意识地在一个或多个不同的方向上"失真"，评估人员可以运用社会科学基础研究的经验和已被证实有效的措施控制与各种调查方法有关的干扰因素。

调查所得的原始数据经过审核、整理和汇总后，还需要进行系统的分析。对数据的分析主要依赖于所使用的测量工具和它们的标准化程度，其目标是通过对数据的提炼和标准化得出评估结果。与业务连续性相关的评估，其关注点可能是某些评估指标，也可能是某些评估指标随时间推移产生的变化。

评估报告是反映评估成果的书面报告，它以文字、图表等形式将评估的过程、方法和结果表现出来，其目的是告诉有关读者（不一定只是评估发起方），对评估问题是如何进行评估的，取得了哪些结果，这些结果有哪些方面的意义。对评估项目来说，评估报告是其成果的集中体现。评估报告撰写的好坏，将直接影响整个评估的成效及其对业务连续性管理的作用。

对数据和从数据中得出的结果的描述必须清楚明了，在此基础上进行的评估应该能被各相关方理解，而且评估建议应该是从对结果的分析和解释中按照逻辑推理出来的。当然，评估报告写得好并不能保证这些结果对评估发起方和其他相关方有用。因此，对评估报告的介绍不能仅局限于书面形式，无论如何都要进行口头的陈述。这种陈述能够对主要的结果和建议以简明扼要的形式进行表述，而且可以再次强调重要的观点，还可以借此机会对结果进行详细的讨论和说明。

对于以改进为主的评估项目，评估人员应在召开评估总结会之前就将评估报告草案（及评估结果）发送给被评估方进行沟通，如果被评估方强烈不认可评估结果并能提出强有力的证据，评估人员就需要重新审视评估过程及相关数据（和证据）。当然，如果评估人员有充足的理由相信自己的评估结果，仍可以在与被评估方意见不一致的情况下正式提交评估报告。

在评估实施阶段，评估工具的开发和对数据的处理及运用处于核心地位。同时，实施数据调查和分析、撰写评估报告和陈述评估结果都是评估人员的任务，为此，他们必须具备必要的专业知识。在整个评估项目周期内，这一阶段常常要花费大部分时间。

### 19.3.3　结果应用

作为业务连续性管理活动中重要的反馈环节，评估结果只有被有效应用才能体现其价值。

由于评估项目的类型与目的不同，并非所有的评估报告都要给出改进建议。但能否使评估结果得到有效应用，在很大程度上取决于评估人员是否在沟通过程中成功地对该结果进行了具有说服力的陈述，以及相关方依据其期望采取的改进措施和做出的承诺。在理想的情况下，这些改进措施可由评估人员和被评估方共同提出，并作为改进建议出现在评估报告中。或者，在提交正式评估报告的评估总结会结束后，被评估方根据评估结果向业务连续性主管部门提交正式的整改措施（及行动计划）。

组织应建立适宜的制度、机制和文化，以让评估结果充分发挥作用。

# 19.4 业务连续性管理中的评估方法

在业务连续性管理中，评估的出现源于组织"科学地"获取信息和知识的需要，与组织和相关方积极深入干预中断事件风险以及在业务连续性运营方面的承诺密切相关。总体来说，目前业务连续性管理中的评估根据评估对象的不同可以分为3种类型：第一类是对某一方面或多方面业务连续性能力的评估，如对网络安全事件预警和应急响应能力的评估、对银行启用同城灾备系统接管核心生产系统能力的评估等；第二类是对某一方面或多方面业务连续性管理工作的评估，如对业务影响分析和风险评估工作的评估、对培训和演练效果的评估、对年度业务连续性管理工作的评估等；第三类是对中断事件或中断事件应对处置的评估，如对数据中心断电事件的调查等。此外，还有将对业务连续性能力、业务连续性管理工作、中断事件的评估结合起来的组合式评估，如业务连续性准备度评估通常结合了对业务连续性能力和相关管理工作的评估，对中断事件应对处置的评估通常还会将对相应的业务连续性能力及管理工作的评估包括在内。下面简要介绍不同类型的评估方法。

## 19.4.1 业务连续性能力的评估方法

业务连续性能力是人员、资源、ICT系统和数据等能力构成要素通过一定的生成过程（计划、组织领导、装备、培训和演练）形成的组织能力，可以被组织运用，既能通过预防和应对中断事件进行验证，还可以通过演练进行验证。当然，考虑到处置中断事件的代价过高、演练的整体成本较高，组织还需要用其他方法对业务连续性能力进行评估。

组织应针对每一项业务连续性能力的能力目标，确定实现该目标的人员、资源（设施、装备和物资）、ICT系统和数据、外部能力、计划、组织领导、培训、演练和评估等能力构成要素的数量。在分析业务连续性能力是否能实现能力目标时，组织需考虑的问题如下。

（1）为使业务连续性能力达到目标水平需要什么团队和人力资源？

（2）为使业务连续性能力达到目标水平需要什么资源（设施、设备和物资等）？

（3）为使业务连续性能力达到目标水平需要什么 ICT 系统和数据？

（4）为使业务连续性能力达到目标水平需要什么外部合作伙伴和供应商？

（5）为使业务连续性能力达到目标水平需要什么政策、计划、程序或策略？

（6）为使业务连续性能力达到目标水平需要什么应急组织架构和指挥链？

（7）为使业务连续性能力达到目标水平需要什么培训课程和认证？

（8）为使业务连续性能力达到目标水平需要什么样的演练和评估？

（9）为使业务连续性能力保持目标水平需要什么样的管理措施？

对能力构成要素的描述，组织应尽可能采用量化或半量化的形式，或者按照行业公认的标准进行定性描述，以便评估人员使用。

表 19-2 是能力评估表示例，用于说明某商业银行对"启用同城灾备系统接管核心生产系统"进行能力评估的情况。

**表 19-2　"启用同城灾备系统接管核心生产系统"能力评估表示例**

| 能力名称 | 启用同城灾备系统接管核心生产系统能力 | | | |
| --- | --- | --- | --- | --- |
| 能力描述 | 在核心生产系统不能正常运行时，启用同城灾备系统接管相关核心生产系统的能力 | | | |
| 期望结果 | 在（技术）RTO 内启用同城灾备系统，核心生产系统处理能力不低于预定的 MBCO | | | |
| 主要活动 | 启用同城灾备系统，数据追补作业，业务系统运行验证 | | | |
| 能力构成要素 | 要素 | 类别 | 需求 | 现状 |
| | 人员 | 同城灾备中心业务系统运维人员 | ×× 人 | |
| | | 同城灾备中心数据库管理人员 | ×× 人 | |
| | | 同城灾备中心网络管理人员 | ×× 人 | |
| | | 同城灾备中心存储管理人员 | ×× 人 | |
| | | 同城灾备中心系统管理人员 | ×× 人 | |
| | | 同城灾备中心安全管理人员 | ×× 人 | |
| | | 同城灾备中心基础设施运维人员 | ×× 人 | |
| | 资源 | 供电线路 | 2 | |
| | | 网络通信线路 | 2 | |
| | | 运维人员办公、食宿及交通支持 | ×× 人，3 天 | |

| 能力构成要素 | ICT 系统和数据 | 同城灾备中心灾备系统 | 1 | |
|---|---|---|---|---|
| | | 同城灾备中心基础设施系统 | 1 | |
| | | 同城灾备中心备用数据 | RPO < × 分钟 | |
| | 外部能力 | 外包合作伙伴专业技术人员 | ×× 人 / × 小时响应 | |
| | | 厂商技术支持服务 | × 小时响应 | |
| | | 关键备品备件服务 | × 小时响应 | |
| | 计划 | 同城灾备系统启用接管生产系统预案 | 1 | |
| | | 数据追补作业预案 | 1 | |
| | | 业务系统运行验证预案 | 1 | |
| | 组织领导 | 应急委员会 | 1 | |
| | | 应急指挥部 | 1 | |
| | | 应急恢复专家组 | 1 | |
| | 培训 | 业务系统运维管理培训 | 每年 1 次 | |
| | | 数据库管理培训 | 每年 1 次 | |
| | | 网络管理培训 | 每年 1 次 | |
| | | 存储管理培训 | 每年 1 次 | |
| | | 系统管理培训 | 每年 1 次 | |
| | | 安全管理培训 | 每年 1 次 | |
| | | 基础设施运维管理培训 | 每年 1 次 | |
| | 演练和评估 | 桌面演练 | 每年 2 次 | |
| | | 数据库、存储和业务系统演练 | 每年 2 次 | |
| | | 基础设施、网络和安全演练 | 每年 2 次 | |
| | | 接管生产系统实战演练 | 每年 1 次 | |

对于特定业务连续性能力是否达到目标能力水平，组织可以通过其能力构成要素"有没有，够不够"进行评估；也可以通过该能力的绩效标准（在期望结果中描述）"好不好，快不快"进行评估。

中断事件应对处置遵循"木桶原理"——通常业务连续性能力中最薄弱的环节决定了中断事件应对处置的总体效果。因此，组织在对业务连续性能力进行全面评估时应强调所需能力的全面性，至少应强调针对特定类型中断事件所需能力的全面性，如对应对供应链中断事件（或网络安全事件）所需的预防、保护和减

灾、情报和监测、预警和警报、应急响应、危机沟通和管理、业务恢复以及事后
重建能力进行综合评估。

## 19.4.2　业务连续性管理工作的评估方法

业务连续性管理，即实施和保持业务连续性的过程，是一个包含多环节、多
部门和多领域的复杂体系，因此业务连续性管理工作评估的评估对象也是复杂多
样的。根据关注重点的不同，我们可以将评估对象分为输入、输出和过程 3 类。

（1）关注输入的业务连续性管理工作评估。所谓输入，是指直接或间接提
供给业务连续性管理工作的各类投入，如人力资源、设备和后勤保障、资金，以
及执行标准、运作流程、训练计划、应急预案等。此类评估中典型的是预评估，
即在决策前对不同方案进行比较、分析，确定其可行性及优缺点，以供决策者参
考，如对各类应急预案的评审。此外，大量业务连续性管理建设项目、业务连续
性管理工作计划、业务连续性建设规划以及业务连续性管理专业力量、物资储备、
避难空间、场地与设施等的规划，都需要组织预先进行评估。

对业务连续性管理工作环境的评估也属于此类，如风险评估、业务影响分析
等，甚至对各业务、各分支机构在业务连续性管理工作中的努力程度的评估也属
于此类。

（2）关注输出的业务连续性管理工作评估。所谓输出，是指业务连续性管
理工作的结果或效果，是输入和过程共同作用的产物，是业务连续性管理工作价
值的外在表现，是规范性判断的直接和首要对象。此类评估也可称为后评估，适
用于了解、认知某项计划、管理活动或已执行政策所产生效果的各个方面；也可
用于比较管理工作客观产生的效果与预期效果间的差异。

首先，对各类业务连续性管理项目、计划、规划等实施之后的效果的评估属
于此类。其次，对业务连续性管理工作的综合性评估也属于此类（从广义上来说，
业务连续性能力评估也可归入此类）。因为输出可以理解为一个多目标的集合，
此类评估可从多个维度入手，如经济、效率和效益，或适宜性、充分性和有效性，
这也是评估指标体系在此类评估中受到重视和广为应用的原因。

常见的 ISO 22301 业务连续性管理体系认证审核、业务连续性管理能力成
熟度评估以及美国联邦应急管理署的连续性评估工具都是此类评估的典型应用。

（3）关注过程的业务连续性管理工作评估。所谓过程，是指支持或者执行业务连续性管理的相关行动和活动的总和，是居于输入和输出之间的部分。此类评估也可以包含对方案的评估和对结果的评估，但更多的是将注意力集中在业务连续性管理活动或执行的过程方面，所以我们不应将此类评估视为对评估范围的简单扩大，或者视为超越了对方案和结果的评估（虽然在某些情况下，此类评估确实更为全面）。因为过程蕴含着业务连续性管理活动的核心逻辑，无论哪种业务连续性管理评估，都需要将注意力集中到管理过程上。当前我国许多组织尚处于建设和完善业务连续性管理体系的阶段，只有关注过程、强调实证性，才能逐步改进业务连续性管理工作，增强业务连续性能力。

准备是为保障达成业务连续性管理目标而对业务连续性能力进行管理而开展的各种活动，所以业务连续性管理基本与业务连续性准备重合。相应地，业务连续性管理评估也基本与业务连续性准备（注意，此准备非准备度）评估重合。

业务连续性管理工作评估是目前业务连续性评估的主流，可用的方法也相对成熟。

### 19.4.3　中断事件的评估方法

无论是中断事件评估还是中断事件应对处置评估，都是一种事后评估，大多可归于案例评估。

中断事件评估对业务连续性管理实践而言，具有不可替代的作用。再好的应急预案、再先进的技术方案和设施、再优秀的人才……，不管经过怎样的理论建构、训练、演习，都是有待考验的。只有经过中断事件的检验，其有效性才能被验证。组织要切实从中断事件中吸取经验教训，改进和完善业务连续性管理工作，必须依靠对中断事件及其应对处置的评估，并且也只有通过对中断事件及其应对处置的评估，才能对业务连续性管理工作人员进行问责。

对重大中断事件的评估在业务连续性评估中尤为重要。重大中断事件具有破坏性强、造成损失严重、发生概率低等特点，这使得重大中断事件相比一般性中断事件具有质的变化，而业务连续性管理工作的核心是对重大中断事件的预防准备和应急处置。如果不能够很好地从重大中断事件中总结经验教训，无疑是巨大的浪费，也是对组织、股东、员工和关键相关方的极度不负责任。

要有效地对重大中断事件进行总结，只能采取正式评估的方式。单凭事发部门或应急处置部门在日常工作中分散地、随意地、"工作报告式"地总结，实际等于没有总结。

一般而言，中断事件评估报告可包括以下内容。

（1）中断事件发生单位及业务活动概况。

（2）中断事件发生经过和应对处置情况。

（3）中断事件造成的直接和间接损失。

（4）中断事件发生的原因和事故性质。

（5）中断事件的责任认定以及对事件责任者的处理建议。

（6）中断事件防范和整改措施。

中断事件评估报告应当附上有关证据材料。事件调查组成员应当在评估报告上签名。

对中断事件的评估不宜推迟，应选择在业务恢复告一段落后立刻进行。因为人们的记忆可能是短暂的，特别是对危机和灾难的记忆，而且随着事后重建的开展，各类资料和信息也往往很快消散。为了更完整、准确地对中断事件进行评估，越早开展评估工作越有利。在中断事件后立即着手进行评估，也符合各相关方的要求。

中断事件评估的目的可以多样化，不应只局限于问责和改进，也不应只局限于对单一能力或单一部门进行评估——评估本身在一定程度上比评估的目的更重要。当评估以正式、正规、严谨的方式完成以后，这种对中断事件的完整记录本身就具有重要的价值。从长远来看，中断事件评估的传播和研究价值，远高于它的问责和改进价值。

## 19.4.4　评估指标、权重体系和综合评分

评估指标体系是大量评估活动的核心内容。评估指标体系的好坏在一定程度上直接决定评估的成败。在业务连续性管理实践中，因为中断事件本身种类繁多、专业性强、技术问题多，所以无论是针对中断事件的评估，还是针对业务连续性能力、业务连续性管理工作或业务连续性项目集的评估，都可以使用评估指标体系（特别是业务连续性综合性评估），以便得出有较强概括性和可比性的结论。

从评估指标体系的思想来说，该体系期望将较为复杂和难以理解的概念或目标通过层层分解，转化为比较简单和容易理解的概念或子目标，进而实现较为准确的评估。因此，业务连续性评估指标体系大多包括二级或三级指标。例如，一级指标主要是分类；二级指标是概括性强的定性指标，直接对其进行打分在很大程度上依靠主观判断，可操作性有限；三级指标是对具体工作情况的评价指标，内容更加具体，可操作性也更强。总体来说，指标越概括，判断的难度越高。有的评估指标体系，还需要有配套的权重体系。组织常用专家打分法来确定权重，其优点是方法简便、直观，便于应用，缺点是对专家评价能力的要求高，专家经验对权重的赋值起到决定性作用。

在评估实践中，为具体指标评分要容易很多。因为给不同指标打分取决于主观判断，所以经常会划定不超过10个的相对等级。一般由评估人员、一线工作人员或相关专家来打分，然后采用加权法，即 $\Sigma$（得分 $\times$ 权重），即可得到具体指标的最终评分。对评分进行统计在以评估指标体系为核心的评估中是非常重要的步骤，我们可以把复杂的评估指标转换为清晰、直观的数字，从数字中清晰地看出哪些是业务连续性管理中的重要环节，哪些方面的业务连续性管理工作还不够完善，总体的业务连续性能力如何等。不过最终评分只是评估结果的一部分，主要反映了相对结果，至于数字具体有什么含义、反映了什么问题，还需要评估人员深入理解和阐释，而正确回答这些问题才是评估的最终价值所在。

在这种评分方式下，即便有很具体的三级指标，通常也需要由经验丰富、对评估指标体系了解充分、对实际情况掌握充分的评估专家进行打分，才能够保证评估的客观性。而对于如何甄选评估专家，目前大部分实践只有"邀请相关领域专家"等模糊的描述，没有详细说明专家是通过怎样的程序和标准挑选出来的。显然，邀请专家在实践中是很难解决的技术问题，专家对评估结果的影响可能比评估指标体系的影响更大。

此外，无论是由组织根据评估指标体系进行自我评估，还是由专家或者上级部门对组织进行外部评估，确立的总体评估指标体系都反映了评估主体的价值观和指向性，而评估结果的重要性会相对弱一些。

### 延伸阅读

1. 彼得·罗希，马克·李普希，霍华德·弗里曼：《评估：方法与技术》（第

7 版），重庆大学出版社，2007 年。

2．埃贡·G.古贝，伊冯娜·S.林肯：《第四代评估》，中国人民大学出版社，
2008 年。

3．张欢：《应急管理评估》，中国劳动社会保障出版社，2010 年。

4．赖因哈德·施托克曼，沃尔夫冈·梅耶：《评估学》，人民出版社，2012 年。

5．埃米尔·J.波萨瓦茨，雷蒙德·G.凯里：《项目评估：方法与案例》（第 7
版），重庆大学出版社，2014 年。

6．GAO：Audit and Evaluation：Is there a difference？，Harry S.Havens，
1980.

7．Dwight F.Davis：Do you want to a Performance Audit or a Program
Evaluation？ 2001.

8．Kathryn E.Newcomer，Harry P.Hatry，Joseph S.Wholey：Handbook of
Practical Program Evaluation（4th Edition），Wiley，2015.

问题：怎样做好业务连续性审核？

相关问题如下：

"根据监管要求，我们银行每年一季度需要向监管机构提交业务连续性审计报告，具体该怎么做呢？"

"领导想请一家外部机构对我们的业务连续性管理情况进行审核，是不是就是要做 ISO 22301 业务连续性管理体系认证审核呢？"

简答：业务连续性审核作为一种正式的业务连续性评价，通过审核方案、审核员的能力与评价等方面补上了一般评估在系统性、专家遴选方面的短板。要做好业务连续性审核，可以从业务连续性审核方案管理、审核实施以及审核员的能力与评价这 3 个方面做起。业务连续性审核方案是与业务连续性项目集密切相关的一个项目集，组织可按照项目集管理的要点对其进行管理。审核活动包括实际进行审核活动所涉及的一切工作，从接受审核方案管理人员委托、与受审核方联系开始，到召开结束会议、分发完成的审核报告，直至发现的问题得到解决为止。审核活动一般涉及审核活动准备、审核活动执行和审核活动终结 3 个阶段，各阶段又包括多个具体的子任务，组织可按照项目管理的要点对其进行管理。审核员的能力对实现审核目标、提高审核的可信度具有决定性作用，应当通过一个正式的过程进行评价，这个评价过程要综合考虑个人素质、行为规范、知识和技能等多方面的能力要求。

问题：根据监管要求，我们银行每年一季度要向监管机构提交业务连续性审计报告，具体该怎么做呢？

回答：《商业银行业务连续性监管指引》第九十二条指出："商业银行应当于每年一季度向银监会或其派出机构提交业务连续性管理报告，包括上一年度业务连续性管理的评估报告与审计报告。"同时，第五十八条指出"商业银行应当每年对本行业务连续性管理进行审计，每三年至少开展一次全面审计，发生大范围业务中断事件后应当及时开展专项审计"，第五十九条指出"商业银行业务连续性管理审计的内容应当包括：业务影响分析、风险评估、恢复策略及恢复目标的合理性和完整性；业务连续性计划的完整性和可操作性；业务连续性计划演练过程及报告的真实性和有效性；业务连续性管理相关部门及人员的履职情况等"。

结合以上监管要求，组织应当将业务连续性管理全面审计和专项审计纳入年度和跨年度的审计计划中，安排称职的审核员按照具体要求执行审核计划并按时提交审计报告。

**问题**：领导想请一家外部机构对我们的业务连续性管理情况进行审核，是不是就是要做 ISO 22301 业务连续性管理体系认证审核呢？

**回答**：对业务连续性管理情况进行审核并不一定是做业务连续性管理体系认证审核，也可能是对业务连续性能力进行审核，或者对某方面的业务连续性管理情况，如应急预案和演练的情况进行审核；同时，审核依据可以是 ISO 22301，也可能是其他的业务连续性监管要求或标准，如 NFPA 1600 等。因此，我们还是需要先和领导沟通，了解其真正的关注点和审核目的。

**关键词**：审核准则，审核证据，审核发现，审核结论，管理体系审核，绩效审核，审核原则，审核方案，审核计划，检查表，审核报告。

**解题**：作为一项监督和评价机制，审核已被纳入业务连续性管理并用作使其有效运行的重要手段。与评估类似，审核也有审核主体、审核对象、审核目的、审核程序、审核准则、审核结论等审核要素；但审核还通过审核方案、审核员的能力与评价等方面补上了一般评估在系统性、专家遴选方面的短板。下面从审核基础、业务连续性审核、审核实施以及审核员的能力与评价等方面展开探讨。

# 20.1 审核基础

## 20.1.1 审核及相关概念

审核（Auditing），也被翻译为审计，《审计学：一种整合方法》给出的定义是"由胜任的独立人员为确定和报告特定信息和既定标准间的符合程度而收集和评价有关这些信息的证据的过程"。这个定义包含了几个关键词语和短语：信息和既定标准，收集和评价证据，胜任的独立人员以及报告。下面逐一予以解释。

信息和既定标准。要进行审核，必须存在可验证的信息以及审核员用于评价这些信息的标准。存在的信息是多种多样的，审核员既可以对具体的公司财务报表进行审核，也可以对较为主观抽象的信息（如信息系统的运行效率）进行审核。用以评价信息的标准随被审核信息的不同而变化，如财务报表审核中所依据的标准可能是美国公认会计原则（Generally Accepted Accounting Principles，GAAP），对于较为抽象的信息，确定其评价标准则更加困难。一般而言，审核员和受审核方应该在审核开始之前就相关标准达成共识。

收集和评价证据。证据是审核员用于确定被审核信息是否按既定标准表述的所有资料。审核证据的形式多种多样，包括交易的电子数据和其他数据、与外部的书面和电子联系、审核员的观察以及受审核方的口头表述等。获得充分、适当的审核证据对实现审核目标是非常重要的。审核员必须确定证据的必要类型和数量，评价信息和既定标准是否相符，这是每一次审核的关键环节。

胜任的独立人员。审核员必须具备理解所用标准的能力，了解应收集的证据的类型与数量，以期在检查相关证据后得出恰当的审核结论。此外，审核员还应具备独立的精神和态度。如果一名具备胜任能力的审核员在收集和评价证据时带有偏见，审核的价值也将荡然无存。

报告。审核过程的最后阶段就是编写审核报告，而编写审核报告是审核员向审核委托方等传达审核结论的一种手段。虽然性质不同，但各种审核报告都必须向报告使用者说明信息和既定标准之间的符合程度。审核报告的形式也各不相同，从高度专业的财务报表审核报告，到简单的小部门经营效果审核口头报告，不一而足。

国际标准化组织对审核也有类似的定义。ISO 19011：2018 对审核的定义是：
"为获得客观证据并对其进行客观的评价，以确定满足审核准则的程度所进行的
系统的、独立的并形成文件的过程。"这个定义涉及的相关术语包括审核准则、
客观证据与审核证据、审核发现、审核结论等。

- 审核准则是"用于与客观证据进行比较的一组要求"，这里的"一组要求"
  即"既定标准"，可以包括方针、程序、工作指令、法律要求、合同义务等。
- 客观证据是"支持某物存在或真实的数据"。客观证据可通过观察、测量、
  测试或其他手段获得。用于审核的客观证据通常由记录、事实陈述或其
  他与审核准则相关且可被核实的信息组成。相应地，审核证据是"与审
  核准则相关且可被核查的记录、事实或其他信息的陈述"。
- 审核发现是"将收集的审核证据对照审核准则进行评价的结果"。审核
  发现表明符合或不符合，可引导识别风险、改进机会或记录良好实践。
  如果审核准则来自法律法规（包括法定的或监管的）要求，审核发现就
  常使用术语"合规"或"不合规"。
- 审核结论是"考虑了审核目标和所有审核发现后的审核结果"。

基于以上定义，对"审核"的概念，我们可以形成以下理解。

首先，审核是一个过程，即"一组将输入转化为输出的相互关联或相互作用
的活动"。审核过程有输入，如审核方案、审核准则等；有输出，如审核发现、
审核结论等；有活动，如审核准备、审核实施等，这些活动包括收集客观证据，
将收集到的这些客观证据对照审核准则的相关要求进行比较、分析和评价，确定
满足审核准则的程度，记录评价结果及支持的证据等。

其次，审核的目的是对获得的客观证据进行客观的评价，以确定其满足一组
要求（审核准则）的程度，进而采取纠正、预防或改进措施。

再次，审核的内容是与用作依据的一组要求（审核准则或既定标准）相关的
且可被核查的记录、事实陈述或其他信息。

另外，审核的特点是系统的、独立的并形成文件的。"系统的"是指对与审
核有关的所有过程及其相互之间的关系和作用，要识别、分析，要经过策划并使
之处于受控状态；"独立的"是指对审核证据的收集、分析和评价是客观、公正
的，避免任何外来因素的影响以及审核员自身因素的影响，如要求审核员与受审

核的活动无责任关系；"形成文件的"是指审核过程要有适当的文件支持，要求形成必要的文件，如审核计划、检查表及记录、审核报告等均应形成文件。

最后，审核作为一种正式、有序的活动，还涉及审核委托方、受审核方、审核组、审核员、技术专家和观察员等参与者。其中，审核委托方，是要求审核的组织或人员；受审核方，是整体或部分被审核的组织；审核组，是实施审核的一个或多个人，需要时由技术专家支持；审核员（也称审计师），是实施审核的人员；技术专家，是向审核组提供特定知识或专业技术的人员；观察员，是陪同审核组但不作为审核员的人员。这里需要注意的是，审核委托方可以是组织，也可以是人员；审核委托方要求的事项是审核；审核委托方可以是受审核方，也可以是依据法律法规或合同有权要求审核的任何组织，如客户、认证机构、医药／食品／核能或其他管理机构。对于内部审核，审核委托方可以是受审核方或审核方管理人员；对于外部审核，审核委托方可以是监管机构、合同方或潜在客户或现有客户等。受审核方可能是一个完整的组织，也可能是一个较大组织的一部分，如工厂或该工厂的一个车间、公司或该公司的某一分公司。审核组的任务是实施审核，其中的一名审核员被指定为审核组组长，审核组组长对审核过程负责；审核组可包括实习审核员。技术专家是审核组成员，提供与受审核的组织、过程、活动、产品、服务或语言、文化有关的知识或技术，但不作为审核员实施审核。观察员不属于审核组成员，也不影响或干涉审核工作，可来自受审核方、监管机构或其他见证审核的相关方。

## 20.1.2　审核的种类与管理体系审核

按审核的委托方，我们可以将审核分为内部审核和外部审核。

内部审核，有时称第一方审核（或内审），是组织内部人员（或代表该组织的人员）有计划地、按照既定的时间间隔定期（一般每年至少一次）或不定期执行的审核，用于自我评估和检查、管理评审或其他内部目的，可作为组织自我合格声明的基础。在许多情况下，尤其是在中小型组织中，审核可以由与审核对象无责任关系、无偏见以及无利益冲突的人员进行，以表明独立性。

由组织的外部机构进行的审核称为外部审核。组织的外部机构包括两类：一是与受审核组织有关系的机构（如顾客方，通常称为第二方）；二是与受审核组织无关系的机构（如独立审核认证机构，通常称为第三方）。由此，外部审核包括第二方审核和第三方审核。

第二方审核是由组织的相关方（如顾客方）或由其他人员以相关方的名义进行的审核。第二方审核的目的包括：合同签订前的评估，以便选择合格供方；合同签订后的持续评价，以便对供方进行必要的管理；促进供方改进管理体系，提高管理绩效；沟通和加强供需双方对管理要求的共识等。第二方审核的准则主要来自顾客要求和合同要求。

第三方审核是由独立的审核机构进行的审核，如由监管机构或提供认证／注册的机构对组织进行的审核。第三方审核的目的包括：确定受审核方的管理过程是否符合规定要求；评估受审核方实现规定管理目标的有效性；使体系认证获得注册；减少重复的第二方审核，节省费用；为潜在顾客或其他相关方提供信任；查证是否满足法律法规或其他相关要求；维护受审核方的声誉，增强其竞争力等。第三方审核的准则包括各种管理体系标准，如 ISO/IEC 27001 信息安全管理体系标准、ISO 22301 业务连续性管理体系标准，适用的法律、法规和其他要求，以及组织的管理体系文件等。

有相当多的第三方审核是管理体系审核。管理体系审核是以公认的管理体系标准为审核准则的一种审核，是对受审核方管理体系进行评价的一种方式，也可分为内部审核、第二方审核和第三方审核。通常，由第三方认证机构进行的管理体系审核（即认证审核）包括以下方面的审核。

- 预审核，是一种非正式的审核，受审核方可以选择接受，也可以选择不接受。

- 初次审核，也称初审，是对受审核组织的第一次正式审核。初审是最全面的审核，通常包括两个阶段的审核：第一阶段审核和第二阶段审核。第三方实施初审后，如果通过，则向受审核方颁发认证证书。

- 监督审核，也称监审、认证后审核，是认证机构在颁发证书后，为了维护认证、确保受审核方的管理体系持续符合要求，而对受审核方管理体系的定期监督、访问。业务连续性管理体系监督审核主要是对业务连续性管理体系的某些要素进行抽样审核，以确认该体系的持续维护情况。

- 重评估审核。由于认证机构颁发的证书的有效期为 3 年，因此在 3 年审核周期即将结束时，认证机构要对已获得证书的受审核方的整个管理体系进行一次重评估或重新认证，这称为重评估审核（也称复审），其目的是确保受审核方的管理体系仍然如原来要求的那样。如果重评估审核获得通过，则认证机构为受审核方颁发（或更换）新的认证证书。为了节省资源和减少对受审核方的影响，重评估审核应代替3年审核周期中的最后一次监督审核。

在管理体系审核中，常见的还有整合审核和联合审核。当两个或多个管理体系被一起审核时，称为整合审核，如对质量管理体系、信息安全管理体系、业务连续性管理体系、信息技术服务管理体系4个管理体系一起审核，就是整合审核。当两个或两个以上的审核机构对同一个受审核方进行审核时，称为联合审核。联合审核可能有各种各样的目的，最为常见的是受审核方想得到不同认证机构的证书，如认证机构A是中国合格评定国家认可委员会（CNAS）认可的机构，而认证机构B是英国皇家认可委员会（UKAS）认可的机构，如果受审核方想同时得到CNAS和UKAS认可的管理体系证书，就可以接受联合审核。

既然讲到管理体系审核，顺便介绍一下认证、认可与合格评估的知识。

## 认证、认可与合格评定

认证是由可以充分信任的第三方对产品、过程、体系、人员或服务满足规定要求给予书面证明的程序。在所涉及的问题上，第三方是独立于有关各方的人或机构，认证活动应该公开、公正、公平，并具有权威性。

认可是由权威机构对有能力执行规定任务的机构或个人给予正式承认的程序。认可机构的权威来自政府的授权和认可机构自身的技术能力。一般情况下，按照认可对象的不同，认可分为认证机构认可、实验室及相关机构认可和检验机构认可等。

合格评定是对产品、服务、过程、体系、人员或机构满足规定要求的程序所进行的系统检查和确认活动。国际上所称的合格评定一般包括企业自我声明、第二方（使用方或需方顾客）与第三方的检验、验证等评价活动或认证、注册活动。

认证与认可均属合格评定的范畴，是合格评定链中的不同环节。认证是对组织的体系、产品、服务、人员等进行的第三方证明，而认可是对合格评定机构能力的证实，二者不能互相替代。如果认证证书带有认可标识，表明认证的结果更加可信，可以有效增强购买信心。在市场经济条件下，认可工作处于合格评定活动的最高层级。图20-1所示为认可、认证之间的关系示例。

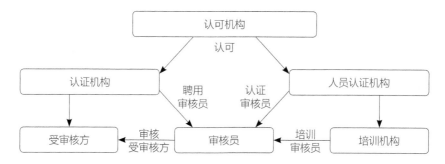

图 20-1　认可、认证之间的关系示例

此外，也有其他不同的审核分类，如按照审核内容和目的的不同，审核可分为财务审核、合规审核和绩效（经营）审核等。

- 财务审核包括提供不同程度确认和承担不同工作范围的财务报表审核和其他相关的财务审核，如对中期财务信息进行审核和对政府财政资助条款的遵循情况进行检查。
- 合规审核的目的是确定受审核方对法律、法规以及合同的遵守情况，包括审查用来保证政策、计划、程序、道德和业务规划，以及对运营和报告产生重大影响的法律、法规和合同能够得到遵守的系统，以确定受审核方对相关规定的遵守情况。
- 绩效（经营）审核的目的是对受审核方运营或项目执行的效果性、经济性和效率性进行评估或做出前瞻性分析。效果性审核是对某项目实现其目的和目标的程度进行计量。经济性和效率性审核关注的是为达到项目结果花费的成本和消耗的资源。前瞻性分析是根据受审核方在假设的未来事件中可能采取的行动和产生的影响的有关信息做出的分析或得出的结论。在绩效（经营）审核完成后，管理层一般会期待审核员提出提升绩效的建议。

## 20.1.3　审核的价值

今天，审核员在不断变化的信息业务中发挥作用。作为信息提供者，审核员可以对已有信息进行验证，从而增加信息的价值，并为受托责任和制定决策提供新信息。

（1）使已有信息增值。审核员通过核实信息、确认信息的可靠性来增加信息的价值，第三方由此可更加信赖经过审核的信息。在早期，审核员往往把重点放在财务信息上。今天的审核员除了对年终财务报表进行审核外，还要对其他很多财务和非财务信息进行核实（财务信息如预算、成本报告、各季度的收支表等，非财务信息如被审核机构支付账单是否及时，账面记录的资产是否存在，计算机软件说明书、收入来源、受审核方的内部控制评价以及员工财务状况披露是否符合规定等），甚至还会核实各政府机构提交的绩效报告。

确认服务是针对已有信息的增值服务，是专业机构为了对组织、运营、职能、流程、系统或其他对象提出意见或给出结论而做出的客观评价，是一种能为决策者提高信息质量的独立职业服务。鉴证服务是一种特定的确认服务，需要就另一主体所做的认定之可靠性出具一份报告。鉴证服务主要包括历史财务报表审核、财务报告内部控制审核、历史财务报表审阅（又称复核）、信息技术的鉴证服务，以及适用于各式各样主题的其他鉴证服务。

确认服务有价值，是因为服务是由独立且不偏向于被审核信息的专业机构提供的，而一些负责制定决策的人员需要这种确认服务以增强决策的可靠性和相关性。组织内外部的专业审核机构（无论是内部审核部门还是外部的会计师事务所）都可以提供包括鉴证服务在内的各种各样的确认服务，其主要目的是提高决策者所使用信息的质量。当然，并非只有专业审核机构才能提供确认服务，相关制度规定，审核和一些鉴证服务只对注册会计师开放，但许多其他种类的确认服务市场并没有这样的规定与限制，专业审核机构的优势在于其专业胜任能力及独立性。

（2）编发新信息。新信息是审核员在进行合规性审核、资产保护审核等过程中自然产生的。传统的信息来源不能完全满足管理层等了解组织运营或项目执行情况的需求，而审核过程中产生的这些信息包括财务和非财务方面的有关绩效的信息：服务对象的满意度、任务目标的实现情况、成本收益和成本效果、投资回报率、所有者权益、财务状况/可行性、质量、及时性、数量（产出）、成本、经济性、效率性、资产的完整性、资产安全等。审核员既报告良好的绩效，也报告不良绩效，并根据具体情况提供有关的具体信息，指出需要改进之处和改进的方法，并说明改进可能产生的影响。

咨询服务在本质上是一种编发新信息的顾问服务，一般应请求方的具体要求而开展，其性质和范围需与请求方协商确定。提高决策所使用信息的质量很重要，但管理层在很多时候还需要改进的建议：在发现问题后如何解决问题，或者在做事之初如何杜绝问题的出现。同样因为专业胜任能力及独立性方面的优势，专业审核机构还可以为组织提供咨询服务。但内部审核部门提供咨询服务被认为可能损害其作为治理程序有效性的确认者和独立分析师的价值，外部审核机构提供咨询服务被认为可能损害确认过程的价值。因此，在提供咨询服务时，专业审核机构需设法保障审核的独立性和客观性。例如，一家外部的会计师事务所，不应当为同一家组织的相关事项同时提供确认和咨询服务；内部审核部门，不应当安排同一个审核小组或审核员为关联事项同时提供确认和咨询服务。

简而言之，审核的主要价值主要体现在相关机构为组织提供确认服务使已有信息增值；而专业审核机构（及审核员）因为在专业胜任能力和独立性方面的优势，可为组织编发新信息——提供咨询服务。

## 20.1.4  审核与评估的区别

审核与评估是组织管理中的两个重要术语，是对产品、服务和管理绩效进行评价的手段。二者有许多相似之处，但也有一些明显的差异。

审核是一项独立的确认活动，它通过对人员、组织、项目、产品及服务的评价，确定审核对象的有效性和真实性，或者验证审核对象对一组既定要求的符合程度。审核专注于回答审核对象"是否达到了既定标准"的问题，其目的是对服务质量和交付是否符合既定的标准进行确认。作为一种工具，审核可以帮助决策者确认一个组织的业务和过程是否按照既定的标准和程序进行，并帮助发现违规行为。审核重在观察而非干预，通常包括以下两种。

- 内部审核，由组织内部独立的专业部门（或人员）进行，并向组织的高级管理层报告。
- 外部审核，由组织外部独立的实体机构（或人员）进行，并向受审核方的管理层报告。

评估指识别和理解一个特定的系统或过程，对其实际达到的绩效进行评价，为包括改进、问责等在内的管理目的提供反馈。评估专注于回答评估对象"达到了什么标准"的问题，在隐含的思路是你只有充分理解一个系统或一个过程，才可以通过重新设计或进行必要的修改使它变得更好。因此，评估不只关注是否取得了成果，还关注成功和失败的原因是什么，即同时关注"怎么做"和"为什么这么做"。基本上，评估被认为是学习过程中的反馈环节，主要包括以下内容。

- 我们是否在做正确的事情。
- 我们是否在以正确的方式做这些事情。
- 是否还有更好的办法做这些事情。

总结一下，审核与评估的区别在于以下几个方面。

- 审核通常是正式的评价活动；而评估可以是正式的，也可以是非正式的。
- 审核由独立于审核对象的人员实施，发生在管理周期之外，独立于管理周期活动；而评估可以由评估对象中的人员发起并实施，通常是一个持续的内部过程，是管理周期活动的一部分。
- 审核关注事情是怎么做的，而评估关注做正确的事和正确地做事。
- 审核帮助进行确认或发现违规行为，而评估旨在帮助组织以更好的方式做事，以提高系统或过程的效率。

审核与评估都可以用于提高一个组织的效率，必须同时进行。在审核与评估之间进行选择时，你需要明白发起方的目的是什么。如果是为了确认合规，或者时间比较紧急、只需要进行某些方面的确认，审核更适合；如果你想了解一个系统或项目是如何开展的、为什么这么开展，以及如何进行改进，评估比较适合。

# 20.2　业务连续性审核 [1]

## 20.2.1　概述

业务连续性管理是一个复杂的领域，几乎涉及组织范围内的所有技术和业务问题。在现实世界中，不同行业、地域和文化中的企业可能不是用"业务连续性"，

---

1　业务连续性审核即业务连续性管理中的审核，包括内部审核、外部审核等，不局限于管理体系审核。

而是用"灾难恢复"、"IT 安全"甚至"生产安全"等词语描述关键业务流程在非常境况下的连续性运营问题。业务连续性经理和审核员需要掌握多样化的技能和相关背景知识，根据组织是否采取充分的预防措施、能否确保"持续经营"来评估组织的业务连续性管理。

作为可以给决策者提供确认服务的一种有效手段，审核很早就被纳入业务连续性管理中。在 20 世纪 90 年代，许多审核员开始要求组织提供"业务连续性计划"或"灾难恢复计划"，但当时受审核组织只提供了所要求的书面计划，审核员很少对其进行深入的测试。今天，仍有一些组织把业务连续性管理理解为 IT 灾难恢复计划，或者在每年演练时只是对预案进行一次桌面级的穿行测试，也不会定期修订预案。但是勤勉的业务连续性经理希望能遵循所有已知和公认的业务连续性管理法律法规、标准规范和最佳实践，勤勉的审核员也希望能做更多的事情。目前，随着业务连续性管理研究与实践的发展，审核已深入业务连续性管理的各个方面和管理过程的所有阶段，想要列出业务连续性审核员应该了解的知识或者全面的业务连续性审核需要包含的内容已比较困难。

内部审核部门可能一年只进行一次年度业务连续性管理审核，也可能在一段时间内同时对多个业务部门和分支机构进行业务连续性管理专项审核；而组织外部的专业审核机构，可能对一个组织进行业务连续性管理体系认证审核（或监督审核），也可能应要求对一个组织进行业务连续性管理方面的专项审核（或事件调查）。在这些纷繁复杂的业务连续性审核中，审核目的不一，审核对象、审核准则、审核方法和审核重点随审核总体目标、管理成熟度和组织采用的业务连续性管理方法不同而变化。例如，在开始审核策划之前，组织需要了解：适用的法律法规有哪些？怎么确认组织是否完全合规？而要做到完全合规，需要先做好哪些事？可接受风险是什么意思？……审核员和受审核组织需要就以下问题达成共识。

- 审核的总体目标是什么，是合规，尽职调查，事件调查，还是其他？
- 受审核组织的业务连续性管理成熟度如何（初级、中级、高级）？
- 受审核组织采用的业务连续性管理（战略）方法是什么，是基于标准，基于业务（特点设计），基于 IT，还是基于其他？

对以上问题的讨论和理解将帮助决定审核的整体框架，包括时间和预算。而要做好业务连续性审核工作，需要做好审核（框架）管理、审核实施以及审核员的能力与评价这 3 个方面的核心工作，如图 20-2 所示。

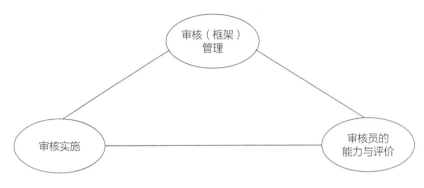

图 20-2 审核的关键要素

## 20.2.2 审核原则

业务连续性审核是由胜任的独立人员检查组织业务连续性管理的过程，与其他任何过程一样，审核需要遵循一些原则。这些原则有助于使审核成为支持业务连续性管理方针和控制的有效和可靠的工具，并为组织提供用于提高绩效的信息。遵循这些原则是得出相应和充分的审核结论的前提，也是审核员独立工作时，在相似的情况下得出相似结论的前提。根据 ISO 19011：2018，审核原则主要有以下 7 项。

（1）诚实正直：专业精神的基础

审核员和审核方案管理人员应做到以下几个方面。

- 以诚实、勤勉和负责任的精神从事自己的工作。

- 仅在能胜任的情况下开展审核。

- 以不偏不倚的方式工作，即在对待所有事务时都保持公正和无偏见。

- 在审核时，对可能影响自己判断的任何因素保持警觉。

（2）公正表达：如实和准确报告的义务

审核发现、审核结论和审核报告应当如实、准确地反映审核活动。审核员应当报告在审核期间遇到的重大障碍、审核组与受审核方之间尚未解决的意见分歧。毋庸置疑，所有沟通内容，不仅是记录和报告的信息，都应当真实、准确、及时、清晰和完整。

（3）应有的职业审慎：在审核中做出合理的判断

审核员应当珍视其所执行任务的重要性以及审核委托方和其他相关方的信任。在工作中具有职业审慎的一个重要因素是审核员必须能够在所有审核情况下做出合理的判断。

（4）保密性：确保信息安全

在整个审核过程中，审核员应当尊重他们所处理的所有信息的机密性。这意味着审核员要尽职尽责，确保在履行职责期间获得的所有信息都得到尊重和保护。确保信息安全包括在必要时，如在处理敏感或机密信息时采取特殊预防措施。

（5）独立性：审核公正性和客观性的基础

从本质上说，审核应尽可能独立于被审核的活动。审核员不应干涉被审核的活动，也不应带有任何偏见。如果可能，内部审核最好独立于被审核的职能。所有审核的关键是通过合理的过程追求公正性和客观性，以确保所有审核发现和结论都只基于审核证据。较小的组织可能会发现很难找到真正独立的审核，因此，审核员应尽一切努力消除偏见，鼓励追求公正性和客观性。

（6）循证方法：合理、可靠和可重复的结果

充分的证据是审核成功的支柱之一，是合理、可靠和可重复的结果的基础。审核证据应以可用信息的样本为基础，用于承认审核是在有限的时间、有限的资源下进行的。审核证据的收集基于一个被称为审核抽样的正式过程。审核抽样通常包括以下步骤。

- 设定明确的抽样目标。
- 确定抽样量和抽样内容。
- 选择抽样方法。
- 确定样本量。
- 进行抽样。
- 记录和报告所有结果。

（7）基于风险的方法：考虑风险和机会

基于风险的方法应当对审核的策划、实施和报告产生实质性影响，以确保审核聚焦在对审核委托方和实现审核方案目标来说重要的事项上。

审核原则适用于审核方案、审核活动以及审核员的管理。

### 20.2.3　审核方案

根据 ISO 19011：2018 给出的定义，审核方案是"为特定时间段策划的并具有特定目的的一组（一次或多次）审核的安排"。也就是说，审核方案是一组（一次或多次）审核，但不是若干次审核的简单累加，而是一组有关联的审核。业务连续性审核方案的示例如下。

（1）覆盖组织业务连续性管理体系的一年内的多次内部审核，特定时间段是一年内，特定目的是确定组织业务连续性管理体系的符合性和有效性。

（2）在 6 个月内对风险区域或关键活动的潜在供方实施的第二方审核，特定时间段是 6 个月内，特定目的是选定风险区域或关键活动的合格供方。

（3）在认证组织与审核委托方的合同规定的时间周期内，由第三方认证机构对业务连续性管理体系进行的认证和监督审核，特定时间段是合同规定的时间周期内（如 3 年内），特定目的是业务连续性管理体系认证和保持认证。

审核方案包括在特定时间段内有效和高效地组织和实施审核所需的信息和资源，因此，我们不能将审核方案简单地理解为一份文件或审核计划。事实上，审核方案是由在特定时间段具有特定目的的一组审核及相关活动组成的审核项目集。审核方案的范围应当基于受审核组织的规模和性质，以及审核对象的性质、功能、复杂性、风险和机会的类型以及管理成熟度。通常情况下，审核方案可以包括以下内容。

（1）审核方案和每次审核的目标。

（2）与审核方案有关的风险和机会以及应对措施。

（3）每次审核的范围（内容、边界、地点）、类型、审核准则以及拟采用的审核方法。

（4）审核的日程安排（数量 / 持续时间 / 频率）。

（5）审核组的选择，包括审核组选择的标准，对审核组组长、审核员的能力要求，审核员或专家的配备等。

（6）所需的资源，包括交通和住宿。

（7）其他安排，包括信息安全、健康和生命安全，以及其他类似事宜。

（8）与其他管理体系结合审核的相关安排。

（9）特殊审核的安排及相关成文信息。

当然，以上部分信息需要组织进行详细的审核策划才能得到。根据需要，审核方案中的某些内容可以形成文件，某些内容可以不形成文件。

作为指导审核及相关活动的重要文件，审核方案的主要目的是指导并监督审核的策划和实施，确保审核的有效性。组织应当指定胜任的人员从制定审核方案开始，按照一定的方法对审核方案实施动态管理。审核方案管理的过程主要包括以下内容。

（1）确立审核方案的目标。

（2）确定和评估审核方案的风险和机会。

（3）制定审核方案，包括明确审核方案管理人员的作用和职责，明确审核方案管理人员的能力，确定审核方案的范围，确定审核方案所需资源。

（4）实施审核方案，包括确定每次审核的目标、范围和准则，选择和确定审核方法，选择审核组成员，向审核组组长介绍每次审核的职责，管理审核方案结果，管理和维护审核方案记录。

（5）监视、评审和改进审核方案。监视审核方案的实施情况，在每次审核实施后，要进行总结和评价，根据发现的问题对审核方案进行修订，以确保审核方案能够对审核起到真正的指导和提示作用。

业务连续性审核方案管理人员应当与业务连续性经理保持良好的沟通和合作，使审核能够帮助业务连续性方针有效落地。管理成熟度较高的组织，可将相关审核负责人纳入业务连续性管理委员会，但是审核员不应承担特定中断事件风险的管理责任。

## 20.3　审核实施

实施审核的责任由指定的审核组组长承担，直到审核活动完成。下面从审核活动的主要过程、主要的审核工作文件与审核报告等方面简要说明业务连续性管理中的审核实施。

## 20.3.1 审核活动的主要过程

审核活动包括实际进行审核活动所涉及的一切工作，从接受审核方案管理人员委托、与受审核方联系开始，到召开结束会议、分发完成的审核报告，直至发现的问题得到解决为止。一般来说，典型的审核活动涉及审核活动准备、审核活动执行和审核活动终结 3 个阶段，各阶段又包括多个具体的子任务。

### 20.3.1.1 审核活动准备

审核活动准备阶段是与受审核方沟通并达成一致，完成审核活动前期策划和准备的过程。审核活动准备阶段的主要任务是与受审核方就审核的目标、范围达成一致，并考虑在具体的资源和时间等约束下，是否能够达成审核目标；如果审核可行，就组建审核小组，在考虑审核风险等的基础上，策划审核活动，制定详细的审核计划；向每个审核员分配审核任务，分别准备必要的审核工作文件等，具体如下。

首先，审核组组长与受审核方建立联系，确定审核的可行性。在开始审核活动之前，审核组组长必须确定审核的内容。审核方案管理人员应将审核方案中的相关信息提供给审核组组长，这些信息可能包括管理层的意见，或受审核方在业务连续性能力和管理方面的已知问题。审核组组长与受审核方建立联系，对审核领域进行初步调查，包括与受审核方代表面谈、确认审核权限、查阅相关文件等以获得审核领域的基本背景等。在了解了审核目标、范围、准则／标准、方法、可用的时间和资源以及受审核方的状况和合作等情况后，审核组组长应对被审核领域的风险进行评估，确定审核的可行性。如果可行，审核组组长应迅速组建审核小组开展后续活动。如果不可行，审核组组长应与受审核方达成协议，并向审核方案管理人员提供替代方案。

接着，审核组组长进行审核活动策划，编制详细的审核计划。审核组组长应当审查受审核方的业务连续性管理体系的成文信息，以便收集信息，了解受审核方业务连续性管理体系的运行情况；建立其业务连续性管理体系成文信息的概要及清单，确定其是否符合审核准则，并发现可能存在的问题。审核组组长要根据审核方案中的信息和受审核方业务连续性管理体系的成文信息，采用基于风险的方法策划审核活动，并制定详细的审核计划。审核计划是审核活动的项目管理计划，其详略程度应反映该审核活动（项目）的范围和复杂性，以及未实现审核目标的风险。对于审核计划，特别是其中的审核排期，审核组组长应当与受审核方共同研究确定，这有助于形成灵活和合作的氛围。此外，审核计划应当形成书面文件，可能需要经相关业务负责人批准。审核计划的问题可在审核组组长、受审核方和审核方案管理人员之间解决。

然后，审核组组长分配工作任务，安排人员准备工作文件。审核组组长与审核小组成员协商后，在兼顾公平性、客观性和审核员能力以及资源有效利用的基础上，将审核计划中的具体任务（如对特定过程、活动、职能或地点的审核），分配给每个小组成员，并酌情分配决策权。审核小组成员在接到审核任务后，要根据审核任务准备工作文件，这些工作文件包括但不限于各种形式的检查表、记录表格、审核准则及审核抽样方案等。在准备工作的最后环节，审核小组要与受审核方举行启动会议，正式与受审核方沟通审核项目的目标、范围和计划安排等（当然，在会议召开之前，双方应在这些方面达成一致意见）。

### 20.3.1.2　审核活动执行

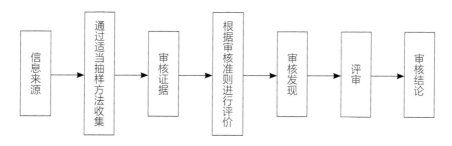

图 20-3　信息的收集和验证过程（摘自 ISO 19011：2018）

审核活动执行阶段是审核活动的主体，审核小组按照审核计划执行审核活动。审核小组在审核活动执行阶段的主要任务是收集信息、发现问题，通过验证得到审核证据；结合审核准则形成审核发现，确定审核结论；做好审核期间的沟通和管理，关键在于信息的收集和验证过程，如图 20-3 所示，详细解释如下。

收集信息、发现问题，通过验证得到审核证据。在审核过程中，审核小组采用访谈、观察和文件 / 记录查阅等方式，通过适当抽样收集与审核目标、范围和准则有关的信息（可能包括所有与中断事件和事件处置以及业务连续性准备有关的信息）。审核小组成员根据收集的信息和访谈结果分析潜在风险并确定哪些中断事件风险没有被适当地处置，并尽可能通过各种途径以验证获得的信息。有效的方式是结合运用符合性测试和实质性测试。符合性测试是在对业务连续性管理体系进行初步了解和评价的基础上，对业务连续性管理体系的状况及其是否有效运转进行测试，即通过判断业务连续性管理体系是否有效运转来确定业务连续性管理工作是否可以依赖以及可以依赖的程度。实质性测试是指为搜集直接证据进行更为深入的检查，以得到可以支撑审核发现和审核结论的证据。特殊情况下，审核员可不进行符合性测试，而直接实施实质性测试。只有经过某种程度的验证的信息才能被接受作为审核证据。在验证程度较低的情况下，审核员应使用其专业判断能力确定可将其作为审核证据的可信度。

结合审核准则形成审核发现，确定审核结论。为了确定审核发现，审核小组要根据审核准则对审核证据进行评价，而审核发现可以表明审核证据是否符合审核准则。具体的审核发现包括是否符合审核准则的评价标准及支持证据，对于内部审核（及有约定的情况），还可以包括改进机会和建议。审核小组应当记录所有不符合项及相应的审核证据，并与受审核方一起复核，以便确认审核发现是准确的（并理解不符合项）。审核小组应当综合考虑受审核方当前的风险控制措施和审核发现的整体影响，对不符合项进行分级（定性或定量）。审核小组应当尽一切努力理解所有与审核证据或调查结果有关的分歧意见，并在适当的时间评审审核发现，根据审核目标等确定审核结论。

审核结论是"在考虑了审核目标和所有审核发现后得出的审核结果"。某些情况下，业务连续性管理体系的实际运行并不符合组织的制度体系。如果这种"违规行为"由于采取了减轻风险的控制措施或者出于特定系统的性质原因，并没有构成真正的风险，则在这种情况下，审核发现并不会形成重大问题而影响审核结论。审核小组不能成为单纯的制度合规小组，而应在评估受审核方的真正风险的过程中考虑其制度，同时也要考虑所有其他相关因素。此外，如果审核计划有要求，审核结论可以包括改进建议或对今后审核活动的建议。

做好审核期间的沟通和管理。在审核期间，审核组组长应当对审核小组内部以及与受审核方、审核委托方的沟通做出正式安排；也要规范与外部相关方（如监管部门）的沟通，特别是当法律法规要求对不符合项进行强制性报告时。审核小组应定期召开会议，根据需要交换信息，评估审核进度，以及为审核小组成员分配工作。审核组组长定期与受审核方和审核委托方沟通进度、重要发现和任何有必要解决的问题。当在审核期间收集的证据表明存在直接和重大风险时，审核组组长应当立即报告给受审核方，并酌情报告给审核委托方。对于发现的审核范围外的任何问题，审核小组成员也要向审核组组长报告，以便审核组组长与审核委托方和受审核方进行可能的沟通。在审核期间与受审核方沟通顺畅，能保障审核活动更加顺利和快速地完成。如果可用的审核证据无法实现审核目标，审核组组长应向审核委托方和受审核方报告原因，以确定应采取的行动，如对审核计划、审核目标或审核范围进行变更或终止审核。在随着审核活动的开展需要对审核计划进行重要变更时，审核组组长负责提出申请，审核方案管理人员和审核委托方酌情评审和批准，并将申请提交给受审核方。

在现场审核结束前，审核小组负责召开一次正式的会议，邀请受审核方的管理者等人员出席，以受审核方能够理解和认同的方式提出审核发现和审核结论。参加会议的人员也可包括审核委托方或其他必要的人员。必要时，审核组组长要告知受审核方在审核过程中遇到的可能降低审核结论可信度的情况。审核小组和受审核方应当就有关审核发现和审核结论的不同意见进行讨论，并尽可能解决相关问题。如果未能解决，应当记录所有的意见。如果审核目标有规定，可提出改进的建议，并强调该建议没有约束性。

### 20.3.1.3　审核活动终结

审核活动终结阶段是指现场审核阶段结束直到所发现问题得到解决的阶段。在审核活动终结阶段，审核小组的主要任务是编制并发布审核报告，并将有关文件整理归档；内审部门的主要任务是跟踪审核所发现的问题直至问题被解决等，具体如下。

审核小组编制并发布审核报告，并将有关文件整理归档。审核组组长根据审核工作文件编制审核报告。审核报告应当提供完整、准确、简洁和明确的审核记录，并在商定的时间期限内提交，如果不能提交，审核组组长应当向审核委托方通报延误的理由，并就新的提交日期达成一致。审核组组长应对审核报告的编制和内容负责。审核报告应当根据审核方案要求，酌情注明日期，并经评审和批准。审核组组长应当将批准后的审核报告分发给在审核方案或审核计划中确定的相关方。在分发审核报告时，审核组组长应当考虑采取适当措施对报告予以保密。之后，审核小组应当向受审核方归还调阅的全部资料。对于外部审核，审核活动至此即告结束。

跟踪审核所发现的问题直至问题被解决。发布审核报告并不能为受审核方带来任何价值，除非组织采取行动解决在审核中发现的问题。当然，这种解决可以是消除问题，也可以是由适当的管理层确认接受风险。组织的内审部门必须设计一种机制以跟踪问题，直到问题得到解决。如果发现问题没有按照确认的解决方案在预定的时间内被解决，内审人员应负责在必要时启动上报程序。另外，内审部门还需要验证实施的解决方案是否真正解决了审核所发现的问题。切记：只有在发现的问题都得到解决之后，审核活动才算真正结束。

在每一次审核活动结束后，审核组组长应当将相关信息，特别是现场审核发现的与组织的申请材料不一致的内容、本次审核发现、下次审核的重要关注点、可能影响审核结论的信息、可能对审核风险产生影响的因素、受审核方的合理要求和建议等传递给审核方案管理人员，以便其对审核方案进行动态管理。

## 20.3.2　主要的审核工作文件与审核报告

审核工作文件是审核证据的载体和汇集，是审核员在审核过程中形成的全部审核记录和获取的资料，是审核员形成审核结论、发表审核意见的直接依据。审核工作文件形成于审核工作的全过程，从制定审核计划开始，一直到分发审核报告止。其内容包括两大部分：一是审核员在制定和实施审核计划时直接编制的、用以反映审核思路和审核过程的工作记录，如审核业务约定书、审核计划等；二是审核员从受审核方或其他有关部门处取得的、用作审核证据的各种原始材料，以及审核员接受并审阅的、由他人代为编写的审核记录，内部控制制度测试评价、各种书面证据、工作记录及审核报告副本等。下面简要说明业务连续性审核中用到的审核计划、检查表以及最终形成的审核报告。

### 20.3.2.1　审核计划

在 ISO 19011：2018 中，审核计划的定义是"对一次审核的活动和安排的描述"，对比审核方案的定义"为特定时间段策划的并具有特定目的的一组（一次或多次）审核的安排"，可以看出，审核计划是对一次审核内容和活动的安排，而审核方案是一个总审核计划，包括一组审核，审核计划是审核方案的组成部分。当某组织在一年内只有一次审核时，该年度的"审核方案"可视为"审核计划"。

审核计划由审核组组长编制，编制依据包括审核方案、受审核方业务连续性管理体系文件、委托合同或协议以及可用的法律法规等。审核组组长还需要考虑审核小组的构成及整体能力、适合的抽样技术、提高审核效率的机会、低效的审核规划造成无法达成审核目标的风险以及审核计划可能造成的受审核方的风险等。审核可以采用一系列审核方法执行，选择审核方法需要考虑所确定的审核目标、范围和准则，以及持续时间和地点。运用并组合使用多种不同的审核方法，可以优化审核的效率和效果。审核组组长或审核方案管理人员应当考虑可用的审核员的能力以及应用审核方法所产生的不确定性，并将其反映在审核计划和工作文件中。

　　审核计划的范围和内容可以不同，应具有足够的灵活性，以随着审核活动的开展发生必要的变化。一般情况下，审核计划的内容包括受审核方基本信息、审核目的、审核依据、审核范围、审核时间、审核组成员等，如表 20-1 所示。审核计划在现场审核前由审核组组长提交给受审核方，并下达给审核小组全体成员。

**表 20-1　某认证机构对某企业的第一阶段审核计划示例**

| 项目类型 | | 业务连续性管理体系认证审核 | | |
|---|---|---|---|---|
| 审核类别 | | 第一阶段审核 | | |
| 受审核方 | 名　称 | ×× 科技开发有限公司 | | |
| | 地　址 | ×× 省 ×× 市经济开发区 ×× 路 ×× 号 | 邮 编 | |
| | 电　话 | | 传　真 | 联系人 |
| 审核目的 | 1. 了解组织的基本情况（现场分布、产品和生产工艺）；<br>2. 了解组织建立的业务连续性管理体系对认证审核的准备程度，确认是否具备第二阶段审核的条件，确定第二阶段审核的重点；<br>3. 确认审核范围和认证范围 | | | |
| 审核依据 | 1.《GB/T 30146—2013 公共安全 业务连续性管理体系 要求》；<br>2. 适用于受审核方的相关体系要求的法律法规和其他要求；<br>3. 其他 | | | |
| 审核范围 | 1. 体系覆盖产品、过程 / 服务：对 ×××× 的服务和管理<br>2. 涉及区域：位于 ×× 省 ×× 市经济开发区 ×× 路 ×× 号的 ×× 科技开发有限公司 | | | |
| 审核时间 | 2020 年 8 月 18 日至 2020 年 8 月 19 日 | | | |

| 审核组成员 | 姓 名 | 性 别 | 审核职务 | 专业代码 | 资 格 | 联系电话 |
|---|---|---|---|---|---|---|
| | 孙 ×× | 男 | 组长 | ×××× | 高级审核员 | |
| | 刘 ×× | 女 | 组员 | ×××× | 高级审核员 | |

| 请组织提供的材料 | 1. 营业执照或相关证件副本复印件；<br>2. 地理位置图；<br>3. 生产工艺流程示意图；<br>…… |
|---|---|
| 审核内容 | 1. 业务连续性管理方针的制定与贯彻情况；<br>2. 业务影响分析和风险评估程序的合理性及执行情况；<br>…… |

| 日期/时间 | 部门/场所和主要工作内容 | 审核员 |
|---|---|---|
| 8月18日<br>9:00—9:30 | 与管理者代表、业务连续性负责人交流，说明审核的目的、依据、范围和对相关材料的要求，做出公正性和保密承诺； | 孙 ××/刘 ×× |
| 9:30—12:00 | 了解管理范围、产品/服务、主要过程和活动、厂区布局、周边环境、重点关注的主要业务及管理关注点、主要风险； | 孙 ××/刘 ×× |
| 14:00—17:00 | 进行文件审核，提出文件审核报告，确认审核范围； | 孙 ×× |
| …… | …… | |

注：1. 第一阶段审核必须对主要业务部门进行抽样审核，以了解审核准备程度、各级文件的接口；

2. 审核计划必须安排与受审核方交流并确认审核范围；

3. 审核组全体成员承诺保守受审核方的技术、商业、审核方面的秘密

### 20.3.2.2　检查表

检查表是一种审核工具和记录，是审核员根据相关信息编制的体现审核思路、方法和内容的文件。检查表可以为一次审核提供结构性和连续性，确保遵循审核范围；有助于确保以系统的、全面的方式进行审核，从而获得充分的证据。设计检查表是审核准备工作中的重要部分，审核员应当按审核计划及分工编制适合自己与受审核方的检查表。在实务中，以合规为主的业务连续性审核，其检查表可以基于所依据的标准编制；以绩效为主的业务连续性审核，其检查表可以基于绩效的描述及原理编制，如对业务连续性能力是否达到目标能力水平的审核可根据能力构成要素及其生成和管理的原理编制；结合合规和绩效的审核的检查表

的编制则需要将两部分内容综合起来。

检查表的内容主要包括两个部分。

- 审核内容——查什么，即列出审核要点，确保审核覆盖面（过程 / 活动、准则、区域范围等）的完整。

- 审核方法——怎么查，包括抽样方案设计，确定到哪里、找谁查、采用什么审核方法（询问、查阅、观察收集哪些审核证据，样本量是多少）。

当然，参考《独立审计具体准则第 6 号——审计工作底稿》等的要求，正式编制的检查表与其他审计工作底稿一样，还应当包括表 20-2 所示的基本要素。

表 20-2    检查表的基本要素

| 序号 | 基本要素 | 功能 |
|---|---|---|
| 1 | 被审核单位名称 | 明确审核客体 |
| 2 | 审核项目名称 | 明确审核内容 |
| 3 | 审核项目时点或期间 | 明确审核时间范围 |
| 4 | 审核过程记录 | 记载审核员所实施的审核测试的性质、范围、样本选择等重要内容 |
| 5 | 审核标识及其说明 | 方便检查和审阅工作底稿 |
| 6 | 审核结论 | 记录审核员的专业判断，为支持审核意见提供依据 |
| 7 | 索引号及页次 | 方便存取使用，便于日后参考及进行信息化处理 |
| 8 | 编制者姓名及编制日期 | 明确工作职责，便于追查审核步骤及顺序 |
| 9 | 复核者姓名及复核日期 | 明确复核责任 |
| 10 | 其他应说明事项 | 揭示影响审核员专业判断的其他重大事项，提供详尽的补充信息 |

检查表的使用不应当限制审核活动的内容，审核活动的内容可随着在审核中收集信息的结果而发生变化。审核小组要避免进行"清单式"的审核，即机械地执行检查表中的审核内容；相反，应当将重点放在与审核目标相关的重大风险上，如确保中断事件风险得到有效控制。检查表中的审核内容主要作为指导和提示，审核小组不要机械地使用，应当根据现场实际情况进行调整。检查表没有必要提交给受审核方。检查表详细时，可简单记录；检查表简略时，可详细记录。

### 20.3.2.3    审核报告

审核报告是记录审核结果的工具，对于审核小组和受审核方，它记录了审核过程、审核结论及行动方案；对于高级管理层和审核委员会，它是被审核领域的"成绩单"。

审核报告的核心要素是审核范围说明、审核执行摘要及问题清单（和解决问题的行动方案）。

（1）审核范围说明。审核组组长应在报告中说明审核的范围，必要时，还要说明哪些项目不在审核范围之内。如果某个领域或议题被明确排除在审核范围之外，则审核组组长必须在报告中如实说明，以避免产生误解。

（2）审核执行摘要。审核执行摘要的目的是让没有时间或者不愿意阅读所有细节的管理者了解业务连续性管理（或能力）的总体水平。审核执行摘要即使没有从审核报告中分离出来，也能够作为一个独立的说明文件。审核执行摘要要提供足够多的实际信息，以便管理者能够认识到最重要的相关事实。

（3）问题清单（和解决问题的行动方案）。这是审核报告的主体部分，它详细描述了审核过程中发现的所有重大问题以及如何解决这些问题。编制这一部分，需要让多个层次的读者都能理解问题，让工作在一线的业务人员能够理解问题和行动计划，让高层管理者也能够认识到风险以及减轻风险的必要性。

需要注意的是，审核报告反映的是具有代表性的审核证据，取舍标准应基于审核目标和准则确定，主要反映的应当是业务连续性能力的重要不足及业务连续性管理的严重缺陷。

审核报告应当提供完整、准确、简明和清晰的审核记录。除了以上3个基本部分，审核报告还可以包括或引用以下内容。

（1）审核目的。

（2）审核委托方信息。

（3）审核组组长和成员信息。

（4）现场审核活动的日期和地点。

（5）审核准则。

（6）审核发现和相关证据。

（7）审核结论。

（8）对审核准则遵循程度的声明。

（9）审核小组与受审核方之间未达成一致的方面。

审核报告也可酌情包括或引用以下内容。

（1）审核计划。

（2）审核过程概要，包括可能降低审核可靠性的任何障碍。

（3）确认审核目标已根据审核计划在审核范围内实现。

（4）在审核范围内但未被覆盖的领域，包括相应证据、资源或机密性问题，并附相关理由。

（5）审核结论概要及支持审核结论的主要审核发现。

（6）识别的良好实践。

（7）商定的审核后续活动（如果有）。

（8）关于内容保密的声明。

（9）对审核方案和后续审核的任何建议。

## 20.4　审核员的能力与评价

能力是"应用知识和技能实现预期结果的本领"。参与策划和实施审核的审核员（包括审核组组长和审核员）的能力对于实现审核目标、增强审核的可信性具有决定性作用。因此，组织应当通过一个正式的过程评价审核员的能力，这个评价过程应当综合考虑个人行为及其应用知识与技能的能力，还应当考虑审核方案及其目标的需要。审核员的能力评价过程应当包括以下主要步骤。

（1）确定满足审核方案需要的审核员能力。

（2）建立评价准则。

（3）选择适当的评价方法。

（4）进行评价。

能力评价的结果为选择审核小组成员、确定增强能力的必要性（如需要更多的培训）以及持续评价审核人员的绩效等提供了依据。

结合业务连续性审核的最佳实践及相关标准规范要求，一个合格的业务连续性审核员应当满足个人素质、行为规范、知识和技能等方面的能力要求，具体如

表 20-3 所示。

表 20-3　业务连续性审核员的能力要求

| 类别 | 详细要求 |
| --- | --- |
| 个人素质 | ● 有道德，即公正、可靠、忠诚、诚信和谨慎；<br>● 思想开明，即愿意考虑不同意见或观点；<br>● 善于交往，即能够灵活地与人交往；<br>● 善于观察，即能够主动地认识周围环境和活动；<br>● 有感知力，即能了解和理解环境；<br>● 适应力强，即容易适应不同处境；<br>● 坚定不移，即对实现目标坚持不懈；<br>● 明断，即能够根据逻辑推理和分析及时得出结论；<br>● 自立，即能够在同其他人的有效交往中独立工作并发挥作用；<br>● 坚忍不拔，即能够采取负责任的及合理的行动，即使这些行动可能是非常规的或有时可能导致分歧和冲突；<br>● 与时俱进，即愿意学习，并力争获得更好的审核结果；<br>● 文化敏感，即善于观察和尊重受审核方的文化；<br>● 协同力，即能有效地与其他人互动，包括与审核组成员和受审核方人员互动；<br>● 健康，即身体健康状况良好 |
| 行为规范 | ● 遵纪守法、敬业诚信、客观公正；<br>● 努力提高个人的专业能力和声誉；<br>● 帮助所管理的人员拓展其专业能力；<br>● 不承担本人不能胜任的任务；<br>● 不介入冲突或利益竞争，不向任何委托方或聘用机构隐瞒任何可能影响公正判断的关系；<br>● 不讨论或透露任何与工作任务相关的信息，除非应法律要求或得到委托方和聘用单位的书面授权；<br>● 不接受受审核方及其员工或任何利益相关者的任何贿赂、佣金、礼物或任何其他利益，也不应在知情时允许同事接受；<br>● 不有意传播可能损害审核工作或人员注册过程的信誉的虚假或误导性信息；<br>● 不以任何方式损害中国认证认可协会( CCAA )及其人员注册过程的声誉，与针对违背本准则（《CCAA 管理体系审核员注册准则》）的行为而进行的调查进行充分的合作；<br>● 不向受审核方提供相关咨询 |

续表

| 类别 | 详细要求 |
|------|----------|
| 知识和技能 | ● 审核领域知识，掌握审核领域的相关知识、方法和技术，如审核的概念、审核过程及过程中可用的审核方法，管理体系审核，多领域审核等；<br>● 掌握业务连续性管理领域的相关知识、方法和技术，如业务连续性基础概念、项目集管理、业务影响分析与风险评估、策划选择与确定、预案编制、培训与意识教育、演练与测试，业务连续性管理体系方法和能力中心方法等；<br>● 了解现行有效的业务连续性管理法律法规及相关的监管机构，掌握主流的业务连续性管理标准规范；<br>● 综合应用技能，掌握业务连续性管理要求的标准性、规范性文件以及专业知识和相关法律法规在审核实践中的综合应用技能 |
| 其他要求 | 教育经历、工作经历、业务连续性管理专业工作经历及其他相关能力要求 |

审核员的知识和技能可通过接受相关的正规教育和（或）培训获得；也可以通过在相关技术、管理或专业岗位上工作获得，这些岗位应与判断、决策、问题解决，以及与管理人员、专业人员、同行、顾客和其他相关方有关；还可以通过在业务连续性审核员的监督下进行审核获得。审核组组长应当通过获得附加的审核经历（在不同的审核组组长的指导下担任实习审核组组长）来获得必要的知识和技能。

审核员应当通过持续参与专业的发展活动，如工作、接受培训、个人学习、接受辅导、参加会议及论坛或其他相关活动，以及定期参与审核，以建设、保持和增强能力。

## 延伸阅读

1．王如燕，梁星：《审计工作底稿理论与实务》，立信会计出版社，2008 年。

2．北京注册会计师协会：《审计工作底稿指引》（上下册）（2011 年修订版），经济科学出版社，2012 年。

3．阿尔文·A.阿伦斯，兰德尔·J.埃尔德，马克·S.比斯利：《审计学：一种整合方法》（第 14 版），中国人民大学出版社，2013 年。

4．罗奈尔·B.罗姆，斯蒂芬·L.摩根：《绩效审计：一个计量的过程和方法》，中国时代经济出版社，2014 年。

5．李在卿：《管理体系审核指南》，中国质检出版社，中国标准出版社，2014 年。

6．中国电子技术标准化研究院：《GB/T 30146—2013 公共安全 业务连续性管理体系审核员培训教材》，中国质检出版社，中国标准出版社，2016年。

7. 中国认证认可协会：《管理体系认证基础》，高等教育出版社，2019年。

8. 中国认证认可协会：《审核概论》，高等教育出版社，2019年。

9. IIA：IPPF-Practice Guide：Business Continuity Management，2014.